멘토르 Mentor 는

그리스신화에 나오는 오디세우스의 친구입니다.

오디세우스는 트로이 전쟁에 출정하면서 아들 텔레마쿠스를
친구인 멘토르에게 맡깁니다.

이후 멘토르는 엄격한 스승이며 지혜로운 조언자,
때로는 아버지로서 필요한 충고와 지도를 하여
텔레마쿠스를 강인하고 현명한 왕으로 성장시켰습니다.

오늘날 멘토 또는 멘토르는 충실하고 현명한 조언자
또는 스승이라는 의미로 쓰이고 있습니다.

멘토르 출판사는 독자 여러분의 인생에 좋은 길잡이가 되는
책을 만들고자 늘 노력하겠습니다.

만들면서 배우는
워드프레스
교과서

HONKAKU BUSINESS SITE WO TSUKURINAGARA MANABU WORDPRESS NO KYOKASHO
Copyright © 2012 PRIME STRATEGY CO., LTD.
All rights reserved.
Original Japanese edition published by SOFTBANK Creative Corp.
Korean translation rights © 2012 by Mentor,Inc.
Korean translation rights arranged with SOFTBANK Creative Corp. Tokyo
through EntersKorea Co., Ltd. Seoul, Korea

이 책의 한국어판 저작권은 (주)엔터스코리아를 통해 저작권자와 독점 계약한 멘토르출판사에 있습니다.
저작권법에 의하여 한국 내에서 보호를 받는 저작물이므로 무단전재와 무단복제를 금합니다.

만들면서 배우는

워드프레스 교과서

초판 1쇄 발행 2012년 11월 20일

지은이 Prime-Strategy 주식회사
옮긴이 이규홍
펴낸이 정연금
펴낸곳 멘토르
기획 문진주, 이수정, 김미숙
진행 방세근
표지/내지디자인 想 company
마케팅 이운섭, 나길훈
경영지원 안정배, 설윤숙, 박은정

내용 문의 mentor@mentorbook.co.kr

등록 2004년 12월 30일 제302-2004-00081호
주소 서울시 마포구 동교동 198-5 신흥빌딩 3층
전화 02-706-0911
팩스 02-706-0913
ISBN 978-89-6305-116-1 (13000)
Homepage http://www.mentorbook.co.kr
Email mentor@mentorbook.co.kr
Twitter @mentorbook

* 책값은 뒷표지에 있습니다.
* 잘못된 책은 구입한 서점에서 바꿔 드립니다.
* 이 책에 실린 모든 내용, 디자인, 이미지, 편집 구성의 저작권은 (주)멘토르 출판사와 저자에게 있습니다.

WordPress 도입 • 사용성 향상 • SEO • 보안 • 액세스 해석 • 플러그인 개발 • 성능 튜닝

만들면서 배우는
워드프레스
교과서

Prime-Strategy 주식회사 저

머리말

1. 이 책의 특징 ~ 본격적인 비즈니스 사이트 완성시키기 ~

이 책의 가장 큰 특징은 "본격적인 비즈니스 사이트를 완성시키면서 그 작업 과정에서 워드프레스를 이용한 범용적인 CMS(Customer Management System) 사이트를 만드는 구체적인 방법을 배울 수 있다."는 점입니다. 이 책을 끝마쳤을 때는 실제 기업용 웹사이트와 상당히 근접한 수준의 사이트를 완성할 수 있을 것입니다. 비즈니스 사이트를 소재로 한 이유는 다음과 같습니다.

> 1. 비즈니스 사이트에는 워드프레스에서 가능한 거의 모든 것이 포함되어 있습니다.
> 2. 비즈니스 사이트의 구축 방법에 관한 지식을 얻게 되면 다른 다양한 사이트도 응용할 수 있습니다.
> 3. 비즈니스 사이트의 구축을 통해서 워드프레스에 관한 고도의 지식까지 습득할 수 있습니다.

워드프레스는 초급자도 다루기 쉬운 장점이 있지만 반면 '비즈니스 레벨의 범용적인' 웹사이트를 만들 때는 몇 가지 어려움이 있습니다. 그러나 이 책을 이용해 비즈니스 사이트를 만드는 방법을 배우면 '비즈니스 레벨의', '범용적인' 기초 지식을 얻을 수 있기 때문에 초급자에서 중급자로 레벨을 높일 수 있습니다.

2. 주요 대상자 ~ XHTML/CSS의 경험이 있는 분(단, php는 초급자)

> '비즈니스 레벨의 웹사이트를 워드프레스로 만들고 싶을 때'
> '범용 CMS 사이트를 워드프레스로 만들고 싶을 때'
> '워드프레스로 블로그는 만들 수 있지만 웹사이트를 만드는 방법을 잘 모를 때'
> 'XHTML/CSS로 사이트 제작은 가능하지만 워드프레스는 처음 사용할 때'

와 같은 경우 XHTML/CSS 경험이 있는 분(단, PHP는 초급자)을 염두에 두고 가능한 간결하고 알기 쉽게 설명했습니다. 따라서 XHTML/CSS는 일부러 최소한으로 제한하고 워드프레스를 이용해서 비즈니스 사이트를 만드는 방법에 초점을 맞추었습니다. 본격적인 비즈니스 사이트를 만들기 위해 실무에서 꼭 필요한 지식을 모두 전달하기 위해 노력했습니다.

XHTML/CSS는 제한적으로 설명했지만 이 책에서 설명한 XHTML/CSS(및 PHP)는 실제 저자의 회사에서 매일 서비스를 제공하고 있는 내용과 동일한 수준입니다. 경험이 있는 분들도 참고가 될 것입니다. PHP에 관한 지식이 전혀 없더라도 마지막까지 따라할 수 있도록 구성되어 있습니다. PHP의 소스코드는 중간중간에 간단하게 설명해 놓았기 때문에 관심이 있는 분은 읽어보고 이해의 폭을 넓히기 바랍니다.

3. 이 책의 사용법 ~ STEP BY STEP 형식으로 직접 만들면서 배우기 ~

CHAPTER 1에서 10까지 모두 STEP BY STEP 형식으로 진행하고 있습니다. 반드시 실제로 만들면서 차분하게 진행하기 바랍니다. 이 책의 과정을 그대로 따라하면 자연스럽게 본격적인 비즈니스 사이트를 완성할 수 있게 될 것입니다. 만약 도중에 모르는 부분이 있으면 이미 이해한 과정으로 다시 돌아가서 시작할 수 있습니다. 먼저 '목차'와 '이 책으로 가능한 일'을 읽고 사이트를 완성할 때까지의 과정을 연상해보기 바랍니다. 시간이 많은 휴일, 커피를 한 손에 들고 CHAPTER 1부터 천천히 시작해보면 어떨까요? 만족감과 비즈니스 레벨의 지식을 얻을 수 있는 유익한 하루가 될 것입니다.

이 책이 여러분의 실력 향상과 매일의 업무에 실제적으로 도움이 되고, 나아가 미래의 생활에 도움이 된다면 매우 행복할 것입니다. 집필할 기회를 주시고, 항상 열의를 가지고 이 책이 완성되도록 이끌어주신 소프트뱅크 크리에이티브주식회사의 미즈다 하루오 씨에게 감사드립니다.

집필자를 대표해서

2012년 3월
prime-strategy 주식회사
대표이사 니시마키 야츠오

CONTENTS

머리말 · 006
이 책으로 가능한 일 · 020
사이트 구성도 · 030
이 책의 구성 · 031

제1부 기초편

워드프레스를 설치하고 기본적인 비즈니스 사이트를 만듭니다. 샘플 데이터를 이용해 순서대로 따라하면 완성됩니다.

CHAPTER 01 비즈니스 사이트 제작 전 준비사항

1-1 테마 데이터 준비하기 · 039
01 샘플 데이터 다운로드하기 · 039
02 브라우저로 표시하기 · 040

1-2 워드프레스 설치하기 · 044
01 서버 준비하기 · 044
02 워드프레스 3.4.1 한국어 버전 다운로드하기 · 045
03 다운로드 파일 압축풀기 · 045
04 파일을 서버로 업로드하기 · 046
05 브라우저에서 접속하기 · 047
06 설치 실행하기 · 047
07 데이터베이스 정보 입력하기 · 048
08 wp-config.php를 수동으로 작성하기 · 048
09 사이트 기본 정보 입력하기 · 049
10 설치 완료 후 관리화면으로 로그인하기 · 050
11 관리화면 및 페이지 표시 확인하기 · 051

1-3 로컬 PC에서 XAMPP 테스트 환경 설정하기 · 052

- **01** XAMPP for Windows 다운로드하기 · 052
- **02** XAMPP for Windows 설치하기 · 053
- **03** XAMPP 제어판 열기 · 055
- **04** Apache 실행하기 · 056
- **05** MySQL 실행하기 · 056
- **06** XAMPP for Windows의 관리화면 열기 · 057
- **07** MySQL의 패스워드 설정하기 · 058
- **08** MySQL로 데이터베이스 작성하기 · 060
- **09** 메일 서버의 설정 확인하기 · 061
- **10** php.ini 수정하기 · 062
- **11** sendmail.ini 수정하기 · 063
- **12** Apache 재실행하기 · 064
- **13** 워드프레스를 설치할 때 주의할 점 · 065
- **14** XAMPP 환경(로컬 환경)의 제약사항에 대하여 · 066

1-4 워드프레스 테마 만들기 · 069

- **01** 테마 작성하기 · 069
- **02** 관리화면 확인하기 · 070
- **03** 사이트 방문하기 · 072
- **04** 상대경로(path) 수정하기 · 073

1-5 템플릿 분할하기 · 080

- **01** index.php 분할하기 · 080
- **02** 템플릿 태그 추가하기 · 085
- **03** 표시 확인하기 · 087
- **04** 생성된 HTML 확인하기 · 087
- **05** 태그라인 변경하기 · 089

1-6 사용자정의 헤더로 메인 이미지 표시하기 · 090

- **01** '사용자정의 헤더' 기능 활성화하기 · 090
- **02** 이미지 업로드하기 · 091
- **03** header.php에 템플릿 태그 입력하기 · 093

기본 사이트 만들기

2-1 기본 설정과 플러그인 설치하기 · 099
- 01 고유주소 설정하기 · 099
- 02 표시 확인하기 · 100
- 03 .htaccess 설정하기 · 101
- 04 표시 다시 확인해보기 · 102
- 05 샘플 포스트 삭제하기 · 103
- 06 샘플 페이지 삭제하기 · 104
- 07 '미분류' 카테고리 수정하기 · 104
- 08 이 책에서 이용하는 모든 플러그인 설치하기 · 106
- 09 플러그인 활성화하기 · 107

2-2 '포스트(글)'와 '페이지' 내용 입력하기 · 108
- 01 새 분류 추가하기 · 108
- 02 포스트의 제목과 본문 입력하기 · 109
- 03 카테고리 선택하기 · 111
- 04 포스트 공개하기 · 111
- 05 작성한 포스트 확인하기 · 112
- 06 모든 포스트 내용 입력하기 · 113
- 07 '페이지'의 제목과 본문 내용 입력하기 · 114
- 08 고유주소 편집하기 · 114
- 09 '페이지 속성' 선택하고 입력하기 · 114
- 10 '회사개요' 페이지 공개하기 · 115
- 11 '회사개요' 페이지 확인하기 · 115
- 12 '하위 페이지' 작성하기 · 116
- 13 모든 페이지의 내용 입력하기 · 116
- 14 작성한 페이지 확인하기 · 117

2-3 템플릿을 만들어 페이지 표시하기 · 120
- 01 전면 페이지의 표시 설정하기 · 120
- 02 톱페이지용 템플릿 변경하기 · 121
- 03 정적 페이지용 템플릿 만들기 · 122
- 04 sidebar.php 작성하기 · 123
- 05 워드프레스 루프로 컨텐츠 출력하기 · 125
- 06 제목과 컨텐츠 꾸미기 · 126
- 07 '회사개요' 페이지 제목과 컨텐츠 확인하기 · 126
- 08 header.php 수정하기 · 127
- 09 회사개요 페이지 다시 확인하기 · 128

2-4 사용자정의 메뉴 기능으로 글로벌 네비게이션과 유틸리티 메뉴 표시하기 · 132
- **01** 사용자정의 메뉴 기능 활성화하기 · 132
- **02** 메뉴 'global' 작성하기 · 133
- **03** 메뉴 'utility' 작성하기 · 135
- **04** header.php 수정하기 · 136
- **05** 글로벌 네비게이션의 표시와 동작 확인하기 · 140

2-5 page.php를 수정해서 포스트 표시하기 · 141
- **01** content.php 작성하기 · 141
- **02** single.php 작성하기 · 142
- **03** '인재모집 공고' 페이지 표시 확인하기 · 143
- **04** archive.php 작성하기 · 143
- **05** content-archive.php 작성하기 · 145

2-6 특성 이미지를 이용해서 포스트마다 이미지 표시하기 · 147
- **01** functions.php에 특성 이미지의 설정 입력하기 · 147
- **02** 포스트와 페이지에 이미지 등록하기 · 148
- **03** '칼럼' 카테고리에 특성 이미지 표시하기 · 151

2-7 톱페이지 표시 완성하기 · 153
- **01** Mall 개발 실적의 하위 페이지 목록 표시하기 · 153

2-8 톱페이지용 사이드바 완성하기 · 158
- **01** sidebar-top.php 수정하기 · 158

2-9 플러그인을 사용해서 몰 개발실적에 목록 출력하기 · 162
- **01** 플러그인 Child pages Shortcode 이용하기 · 162
- **02** 플러그인 Child pages Shortcode 활성화하기 · 163
- **03** Shortcode 입력하기 · 163
- **04** CSS 조정하기 · 164
- **05** 'Mall 개발 실적' 페이지의 목록 표시 확인하기 · 165

2-10 '문의' 페이지에 폼(Form) 설치하기 · 166
- **01** 플러그인 Contact Form 7 이용하기 · 166
- **02** 플러그인 Contact Form 7 활성화하기 · 167
- **03** '문의' 페이지에 코드 입력하기 · 167
- **04** 폼(Form)의 내용 입력하기 · 169
- **05** 메일 설정하기 · 173
- **06** '문의' 페이지 표시와 동작 확인하기 · 175

방문객이 사용하기 쉬운 사이트 만들기

3-1 Sub Navi로 페이지 이동 쉽게 하기 · 181
- 01 플러그인 All in One Sub Navi Widget 이용하기 · 181
- 02 플러그인 All in One Sub Navi Widget 활성화하기 · 182
- 03 위젯 영역 활성화하기 · 183
- 04 sidebar.php에 추가하기 · 185

3-2 '사이트맵' 설치하기 · 186
- 01 플러그인 PS Auto Sitmap 활성화하기 · 186
- 02 PS Auto Sitmap 설정하기 · 186
- 03 편집화면에 코드 입력하기 · 187
- 04 사이트맵 페이지 표시 및 동작 확인하기 · 188

3-3 이동경로 표시하기 · 189
- 01 플러그인 Prime Strategy Bread Crumb 활성화하기 · 189
- 02 header.php에 추가 입력하기 · 189
- 03 이동경로 표시 확인하기 · 190

3-4 '404 File not found'를 사용자 디자인으로 표시하기 · 191
- 01 404.php를 설치하고 표시 확인하기 · 191

3-5 페이지 맨 위로 한번에 이동하기 · 193
- 01 back_to_top.php 설치하기 · 193
- 02 footer.php에 코드 입력하기 · 193
- 03 back_to_top.php를 호출하기 위해 태그 입력하기 · 194
- 04 페이지 이동 표시 및 동작 확인하기 · 195

3-6 포스트에 작성자 이름 표시하기 · 196
- 01 content-archive.php에 작성자 이름 입력하기 · 196
- 02 archive.php에 제목 표시 입력하기 · 197
- 03 사용자 추가하기 · 198
- 04 포스트를 각 사용자에게 할당하기 · 200
- 05 포스트의 각 페이지에 작성자 이름과 날짜 표시하기 · 203

3-7 page navi로 페이지 목록 관리하기 · 205
- **01** 플러그인 Prime Strategy page Navi 활성화하기 · 205
- **02** archive.php에 추가 입력하기 · 205
- **03** 페이지 이동 확인하기 · 206

3-8 사이트 내 검색 기능 만들기 · 208
- **01** header.php 수정하기 · 208
- **02** search.php 작성하기 · 209
- **03** functions.php에 추가 입력하기 · 210
- **04** 검색결과 확인하기 · 211

3-9 앞뒤 페이지로 이동하기 · 213
- **01** content.php 추가 입력하기 · 213
- **02** 앞뒤 페이지 이동 확인하기 · 214

3-10 요약문의 문자 수 조정하기 · 215
- **01** 요약문의 기본 문자 수 정의하기 · 215
- **02** 요약문 입력하기 · 216
- **03** 요약문을 적당한 길이로 조정하기 · 218

3-11 RSS 링크 출력하기 · 224
- **01** 입력 추가하고 수정하기 · 224

3-12 특성 이미지를 이용해서 헤더 이미지 표시하기 · 227
- **01** 특성 이미지 등록하기 · 227
- **02** fuctions.php에 추가 입력하기 · 228
- **03** 템플릿에 태그 입력하기 · 229
- **04** 헤더 이미지 확인하기 · 229

제 2부 발전편

완성한 비즈니스 사이트를 운용할 때 실제로 필요한 요소로 고객 모으기 필수 항목이 되는 SEO 대책부터 보안 대책까지 설명합니다.

CHAPTER 04 검색엔진 최적화 대책 세우기

4-1 검색엔진의 인덱스를 허가해서 접속 수 높이기 · 233
- 01 현재 상황 확인하기 · 233
- 02 '프라이버시 설정' 변경하기 · 234
- 03 변경 후 '프라이버시 설정' 확인하기 · 235

4-2 '업데이트 서비스' 설정하기 · 236
- 01 '업데이트 서비스'에 URL 추가하기 · 236

4-3 제목을 노출시켜 검색 순위 높이기 · 238
- 01 현재 상황 확인하기 · 238
- 02 header.php 수정하기 · 238
- 03 변경 후 상황 확인하기 · 239

4-4 meta keyword, meta description 출력하기 · 240
- 01 플러그인 Meta Manager 이용하기 · 240
- 02 플러그인 Meta Manager 활성화하기 · 241
- 03 meta keyword와 meta description 설정하기 · 241
- 04 공통 keyword와 기본 description 설정하기 · 241
- 05 '회사개요' 페이지 확인하기 · 242

4-5 검색엔진의 검색 프로그램에게 사이트 알리기 · 243
- 01 플러그인 Google XML Sitemap 이용하기 · 243
- 02 플러그인 Google XML Sitemap 활성화하기 · 243
- 03 XML-Sitemaps 설정하기 · 244
- 04 sitemap.xml 확인하기 · 244

커뮤니케이션 설정하기

5-1 댓글 란을 설치해서 댓글 쓰기 · 249
- 01 single.php에 추가 입력하기 · 249
- 02 댓글 쓰기를 '칼럼' 카테고리로 제약하기 · 250
- 03 댓글 란 표시 및 동작 확인하기 · 250
- 04 코멘트(댓글) 템플릿 작성하기 · 253
- 05 코멘트(댓글) 템플릿 표시 및 동작 확인하기 · 254

5-2 소셜 서비스와 연동시키기 · 256
- 01 social-button.php 작성하기 · 256
- 02 트위터 버튼 설치하기 · 258
- 03 Google+의 +1 버튼 설치하기 · 260
- 04 Facebook의 '좋아요' 버튼(Like Button) 설치하기 · 262
- 05 OGP 설정하기 · 265
- 06 Facebook Like Box 설치하기 · 270
- 07 Facebook 코멘트 설치하기 · 272

5-3 플러그인을 이용해서 스팸 댓글 차단하기 · 275
- 01 플러그인 Akismet 이용하기 · 275
- 02 플러그인 Akismet 활성화하기 · 276
- 03 Akismet API 키 취득하기 · 276
- 04 스팸 댓글 확인하기 · 279

액세스 분석하기

6-1 Google Analyticator를 설치해서 액세스 로그 분석하기 · 283
- 01 플러그인 Google Analyticator 이용하기 · 283
- 02 Google Analytics의 계정 작성하기 · 284
- 03 플러그인 Google Analyticator 활성화하기 · 284
- 04 Google 계정으로 액세스 허가하기 · 284
- 05 Google Analyticator 설정하기 · 285
- 06 트래킹 코드 표시 확인하기 · 286

6-2 WassUP을 설치해서 실시간으로 사용자 행동 추적하기 · 288
- 01 플러그인 WassUp 이용하기 · 288
- 02 플러그인 WassUp 활성화하기 · 289
- 03 트래킹 확인하기 · 289

6-3 Counterize를 설치해서 자세한 해석 정보 얻기 · 290
- 01 플러그인 Counterize 이용하기 · 290
- 02 플러그인 Counterize 활성화하기 · 291
- 03 해석 데이터 확인하기 · 291

CHAPTER 07 SSL을 이용한 보안 설정하기

7-1 관리화면과 '문의' 폼을 보호해서 보안 높이기 · 295
- 01 플러그인 Admin SSL 이용하기 · 295
- 02 환경 준비하기 · 296
- 03 플러그인 Admin SSL 활성화하기 · 296
- 04 Admin SSL 설정하기 · 296
- 05 header.php 수정하기 · 297
- 06 https 접속 확인하기 · 299

제 3부 응용편
사이트를 더욱 발전시켜 보다 실용적인 사이트로 완성시킵니다. 또한 괜찮은 플러그인을 만들어 편리한 기능을 추가해서 간단한 설정으로 성능을 한단계 높이는 방법도 소개합니다.

CHAPTER 08 Mall의 점포 정보 쉽게 포스트하기

8-1 Custom Post Type 'shops'과 Custom Taxonomy 'mall' 등록하기 303
- 01 플러그인 Custom Post Type UI 이용하기 · 303
- 02 플러그인 Custom Post Type UI 활성화하기 · 304
- 03 Custom Post Type UI에서 Custom Post Type 'shops'와 Custom Taxonomy 'mall' 등록하기 · 305
- 04 Custom Taxonomy 'mall'의 내용 입력하기 · 308
- 05 Custom Post Type 'Shops'에서 점포 정보 입력하기 · 309

8-2 사용자정의 필드에서 'shops'의 부가정보 등록하기 · 312
- 01 사용자정의 필드에 상세정보 등록하기 · 312
- 02 모든 점포에 대한 정보 등록하기 · 314

8-3 shortcode를 작성해서 점포 정보 표시하기 · 315
- 01 shortcode 'posts' 정의하기 · 315
- 02 posts.php에 템플릿 입력하기 · 317
- 03 편집화면에서 본문 아래에 shortcode 입력하기 · 318
- 04 Shop Info 내용 확인하기 · 319

CHAPTER 09 플러그인 작성하기

9-1 구글 맵을 표시하는 shortcode 작성하기 · 323
- 01 shortcode show_google_map 정의하기 · 323
- 02 shortcode 입력하기 · 326
- 03 지도 표시 확인하기 · 326

9-2 shortcode를 플러그인으로 등록하기 · 327
- 01 maps-shortcode.php 작성하기 · 327
- 02 maps-shortcode.php 입력하기 · 328
- 03 maps-shortcode 디렉터리 작성하기 · 329
- 04 플러그인 Maps Shortcode 활성화하기 · 329
- 05 플러그인 적용 전후의 지도 표시 확인하기 · 330

9-3 관리화면에서 설정 가능한 플러그인 작성하기 · 331
- 01 fb-admin.php 작성하기 · 331
- 02 fb-admin 템플릿 작성하기 · 332
- 03 플러그인 Fb admin 활성화하기 · 333
- 04 [설정]-[Fb adimins] 표시하기 · 333
- 05 관리화면 확인하기 · 334
- 06 관리 페이지의 컨텐츠 표시하기 · 334
- 07 관리 페이지 확인하기 · 336
- 08 관리자 ID를 출력하기 위해 템플릿 태그 정의하기 · 336
- 09 완성한 플러그인 소스코드 · 337
- 10 정의한 템플릿 태그 fb_admins 이용하기 · 338
- 11 HTML 출력 확인하기 · 339

CHAPTER 10 워드프레스 최적화하기

10-1 워드프레스의 다중 실행을 방지해서 최적화하기 · 343

- 01 파이어버그로 성능 체크하기 · 343
- 02 워드프레스의 고유주소 설정으로 발생하는 문제 · 344
- 03 .htaccess 추가 입력하기 · 345
- 04 파이어버그에서 .htaccess 설정 확인하기 · 346

10-2 번역에 걸리는 시간을 단축해서 최적화하기 · 347

- 01 플러그인 001 Prime Strategy Translate Accelerator 이용하기 · 347
- 02 cache 디렉터리에 쓰기 권한 부여하기 · 348
- 03 플러그인 001 Prime Strategy Translate Accelerator 활성화하기 · 348
- 04 플러그인 001 Prime Strategy Translate Accelerator 설정하기 · 349
- 05 파이어버그에서 시간의 평균값 확인하기 · 349

10-3 WP Super Cache로 페이지 표시 최적화하기 · 350

- 01 플러그인 WP Super Cache 이용하기 · 350
- 02 플러그인 WP Super Cache 활성화하기 · 351
- 03 플러그인 WP Super Cache 설정하기 · 351
- 04 캐시 테스트하기 · 351
- 05 WP Super Cache가 만든 캐시 파일 확인하기 · 352
- 06 WP Super Cache 설정 변경하기 · 352
- 07 WP Super Cache 사용 시 주의할 점 · 353

- **A-1** '포스트'와 '페이지'의 xml 데이터 가져오기 · 356
- **A-2** 'mall'과 'shops'의 xml 데이터 가져오기 · 361
- **A-3** 이 책에서 사용한 플러그인 목록 · 365
- **A-4** 플러그인 업데이트하기 · 372
- **A-5** 디버그 효율화를 위한 3가지 방법 · 375
- **A-6** 이 책에서 작성한 템플릿 및 플러그인(PHP 파일) · 379

사이트 구성과 URL · 043

테마 작성에 필요한 파일 · 078

샘플 데이터의 각 파일들 · 079

FTP 소프트웨어 'FileZilla' · 094

'포스트(글)'와 '페이지'에 대하여 · 118

추천할만한 텍스트 에디터 프로그램(1) · 119

템플릿 구조와 우선순위(1) · 129

템플릿 구조와 우선순위(2) · 130

추천할만한 텍스트 에디터 프로그램(2) · 131

워드프레스 커뮤니티 · 176

Google Analyticator, WassUp, Counterize의 특징 · 287

인덱스 · 414

이 책으로 가능한 일

완성할 톱페이지

완성할 하위 페이지(두리안 Mall 소개 페이지)

톱페이지에서 가능한 일

하위 페이지(정적 페이지)에서 가능한 일

하위 페이지(댓글: '칼럼' 카테고리 내)에서 가능한 일

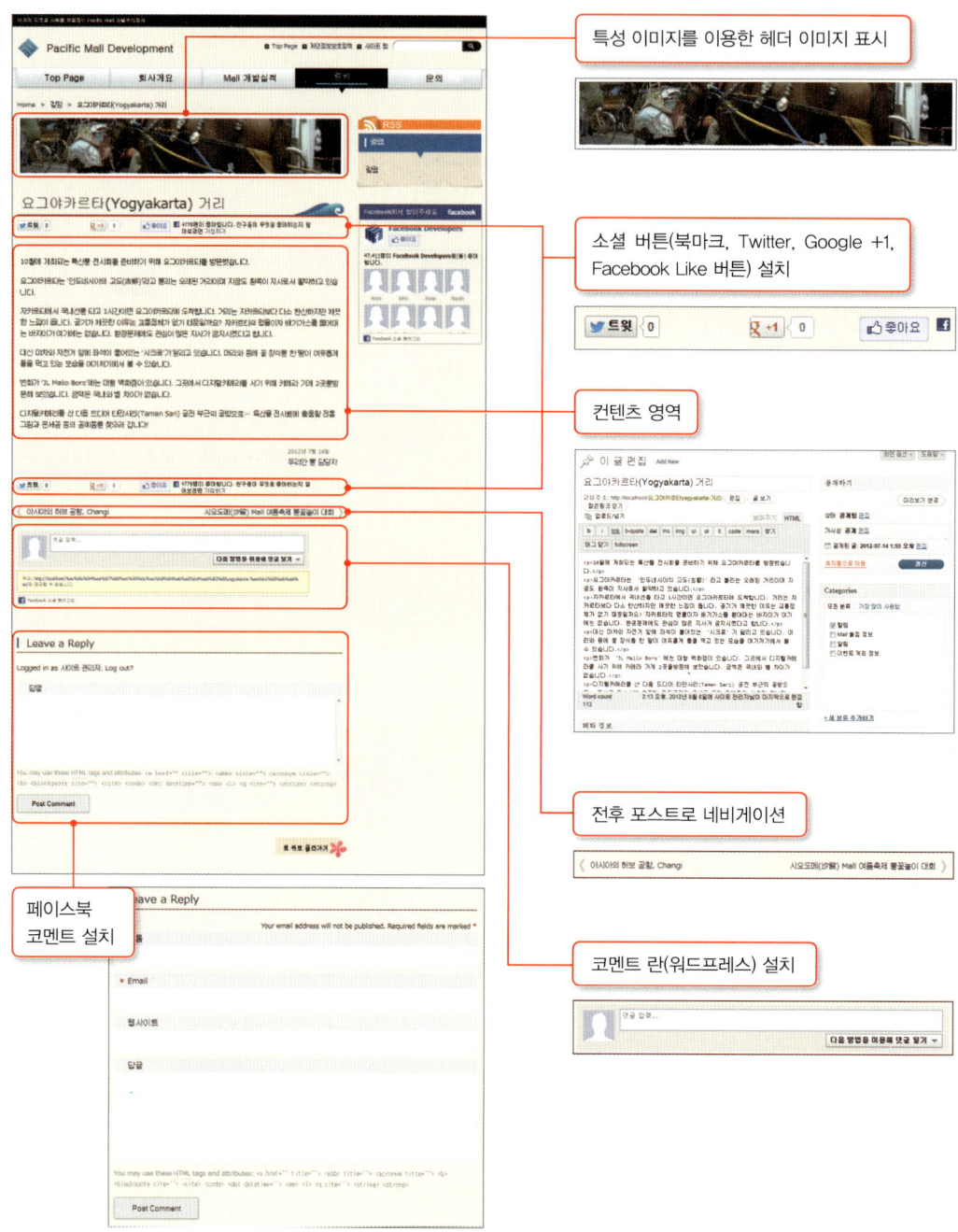

- 특성 이미지를 이용한 헤더 이미지 표시
- 소셜 버튼(북마크, Twitter, Google +1, Facebook Like 버튼) 설치
- 컨텐츠 영역
- 전후 포스트로 네비게이션
- 코멘트 란(워드프레스) 설치
- 페이스북 코멘트 설치

Mall 개발 실적에서 가능한 일

하위 페이지(정적 페이지) 목록 표시

'오시는 길' 페이지에서 가능한 일

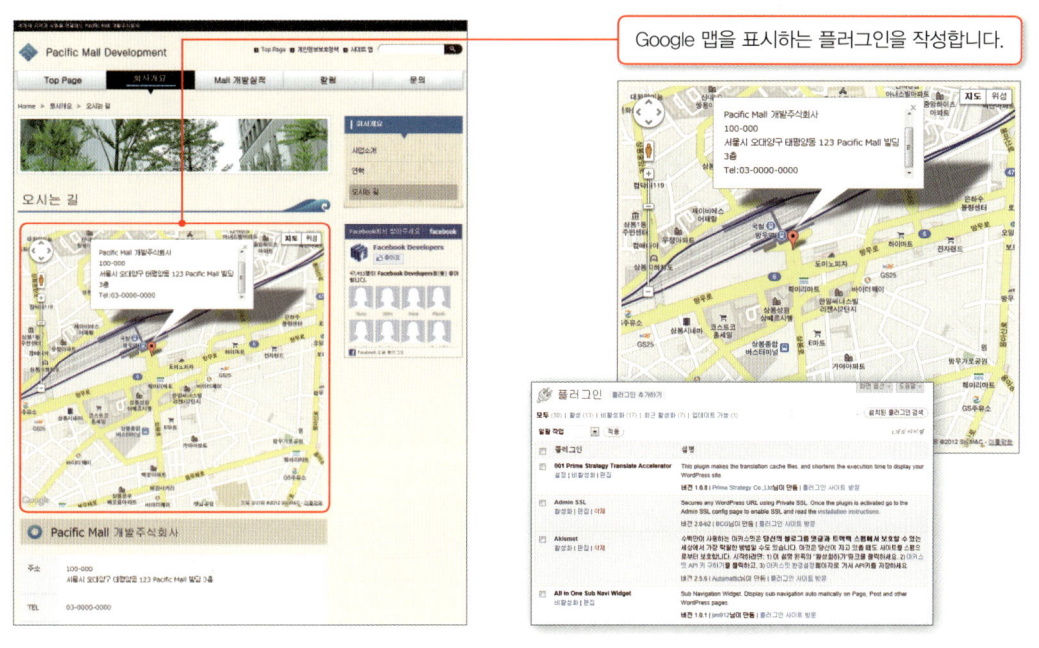

Google 맵을 표시하는 플러그인을 작성합니다.

'칼럼' 목록 페이지에서 가능한 일

작성자별 목록 페이지에서 가능한 일

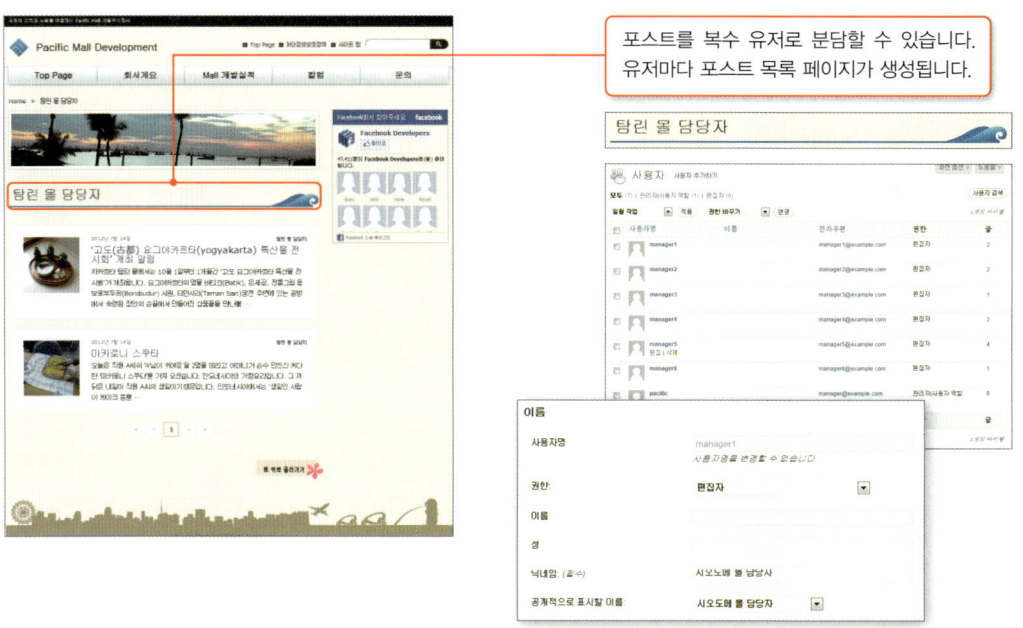

사이트맵 페이지에서 가능한 일

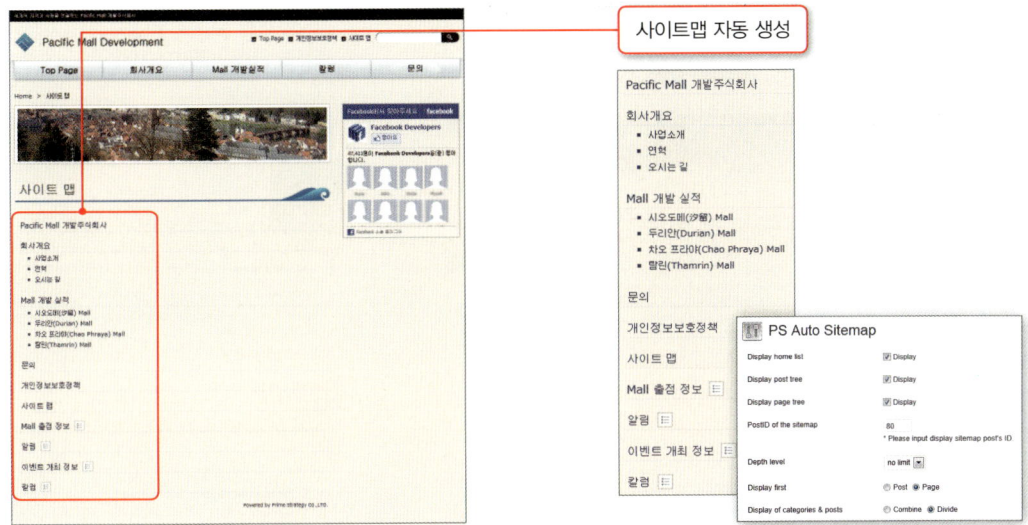

사이트맵 자동 생성

문의 페이지에서 가능한 일

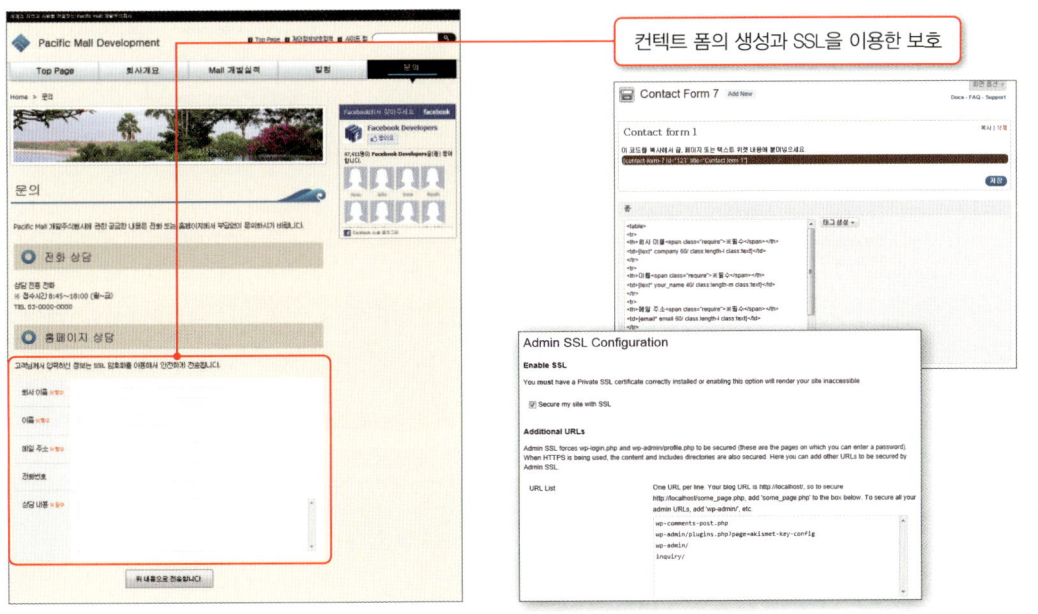

컨텍트 폼의 생성과 SSL을 이용한 보호

Mall 소개 페이지(Thamrin Mall)에서 가능한 일

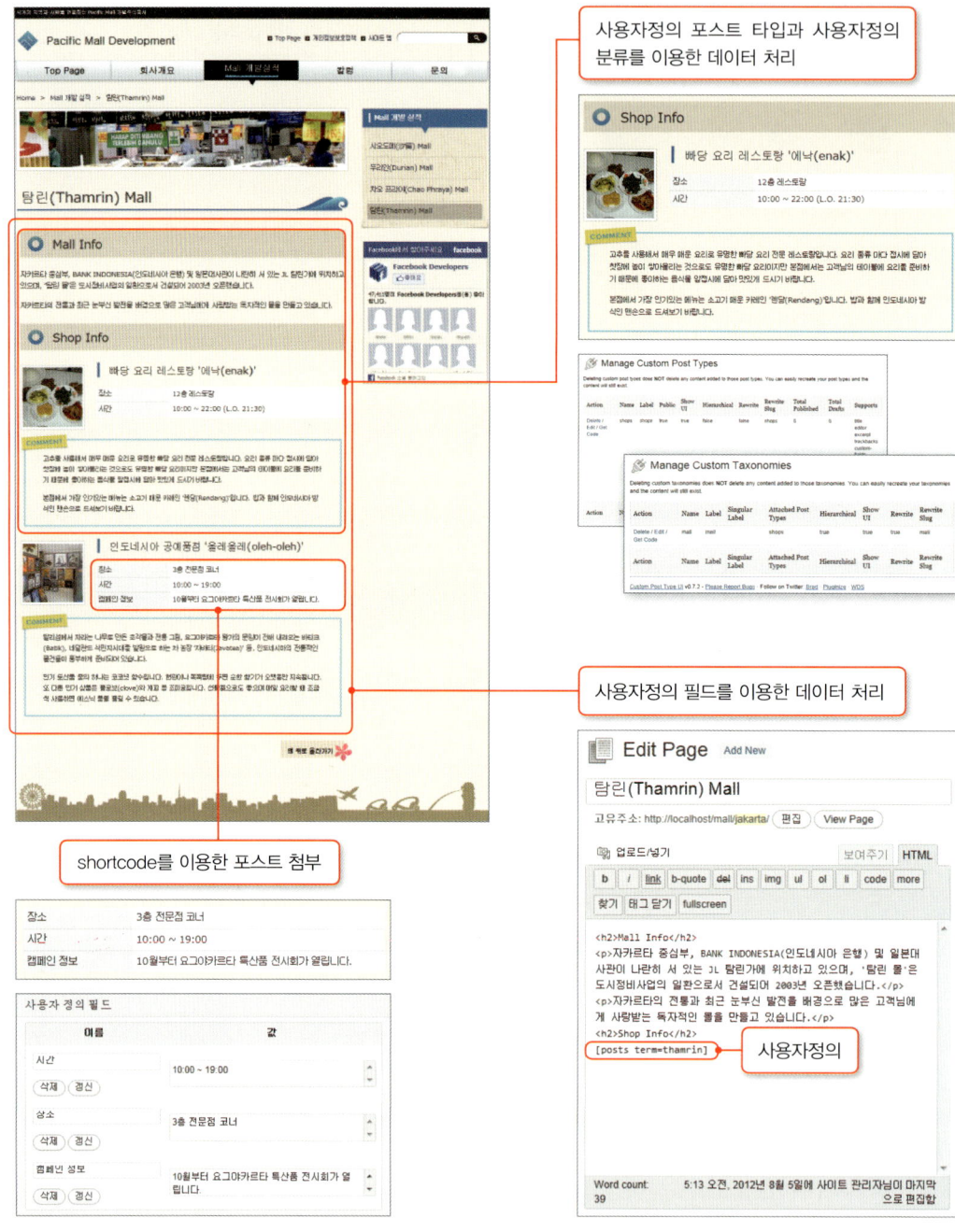

028

404 페이지

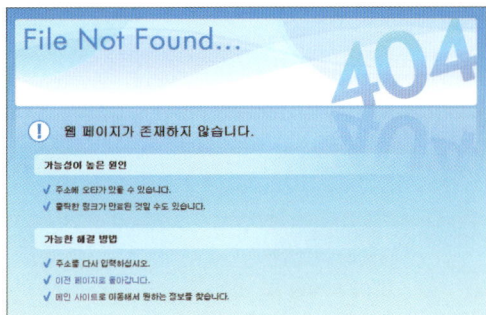

검색결과 페이지

액세스 분석(WassUp)

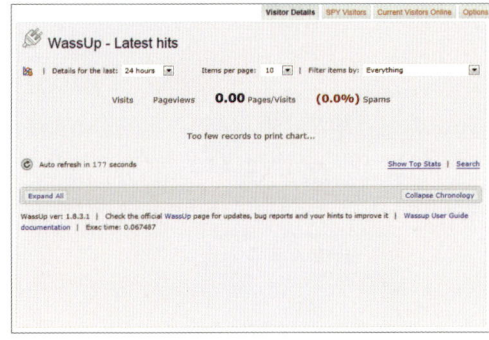

액세스 분석(Counterize)

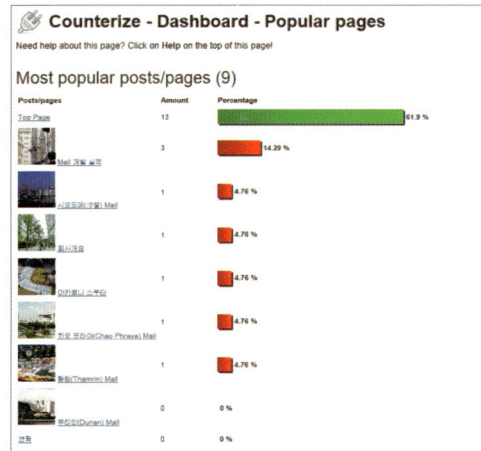

사이트 구성도 : 'Pacific Mall 개발주식회사'

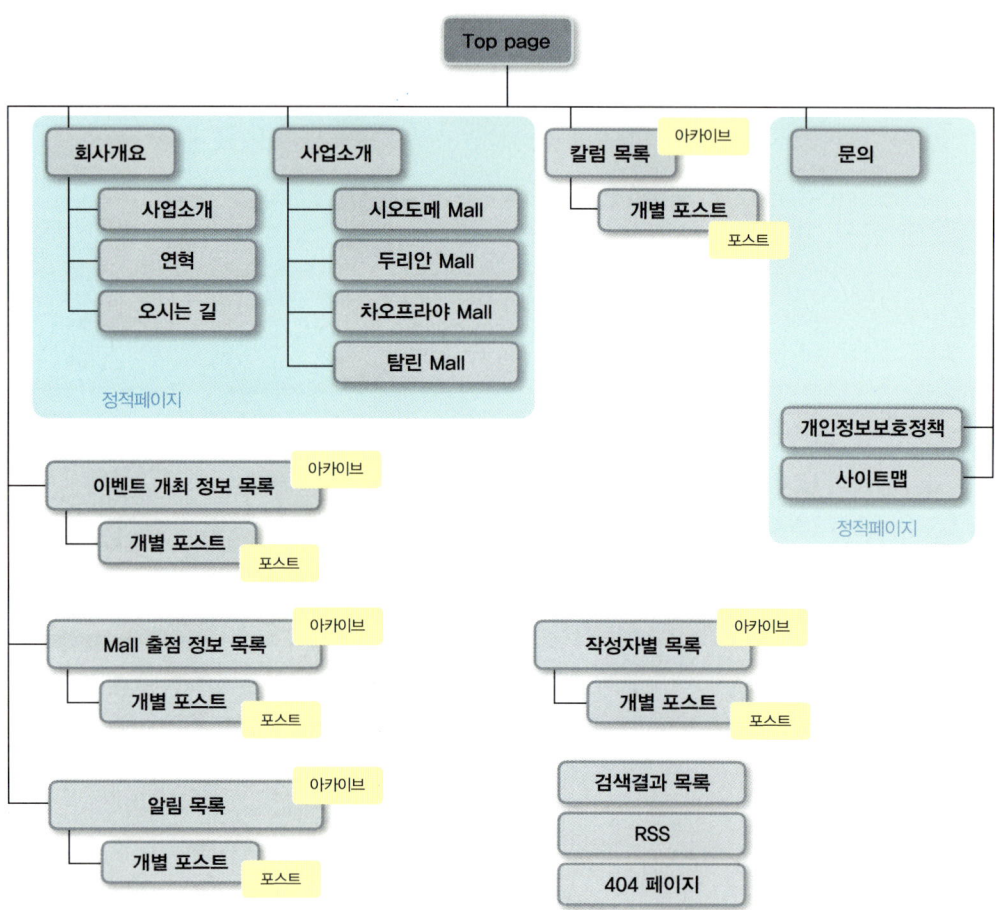

주요 템플릿 파일

톱페이지	front-page.php
정적페이지	page.php
포스트(글)	single.php
아카이브	archive.php
검색결과 목록	search.php
404 페이지	404.php

이 책의 구성

3단계 STEP별 구성

이 책은 워드프레스로 '범용적인 CMS 사이트를 만드는 구체적인 제작순서'를 배우고 싶은 독자를 위한 입문서입니다. 천천히 처음부터 따라하다보면 책의 마지막 부분에서는 본격적인 비즈니스 사이트가 완성될 것입니다. 다음과 같이 3단계로 구성되어 있고 본문 전체적으로 STEP별로 수준을 높이면서 배울 수 있도록 구성되어 있습니다. 반드시 실제로 실습을 하면서 차분하게 따라하기 바랍니다.

> **제1부 기초편 (CHAPTER 1~3)** 워드프레스의 기초부터 기본적인 비즈니스 사이트를 완성해 가는 과정을 소개합니다.

> **제2부 발전편 (CHAPTER 4~7)** 제1부에서 완성한 비즈니스 사이트를 공개한 후 운용 시에 필요한 SEO 대책, 커뮤니케이션, 액세스 분석, SSL 등의 각종 정책과 기능을 소개합니다.

> **제3부 응용편 (CHAPTER 8~10)** 사이트를 사용자정의(Customize)로 보다 활용하기 쉽게 합니다. 또한 간단하게 도입할 수 있는 최적화 방법을 소개합니다.

본격적인 비즈니스 사이트의 완성

이 책은 다음과 같이 STEP 번호와 발문, 따라하기 글과 그림 그리고 소스코드와 해설 등으로 구성되어 있습니다. Preview, TIP, TIP Plus 등도 참고하여 효과적으로 학습하기 바랍니다.

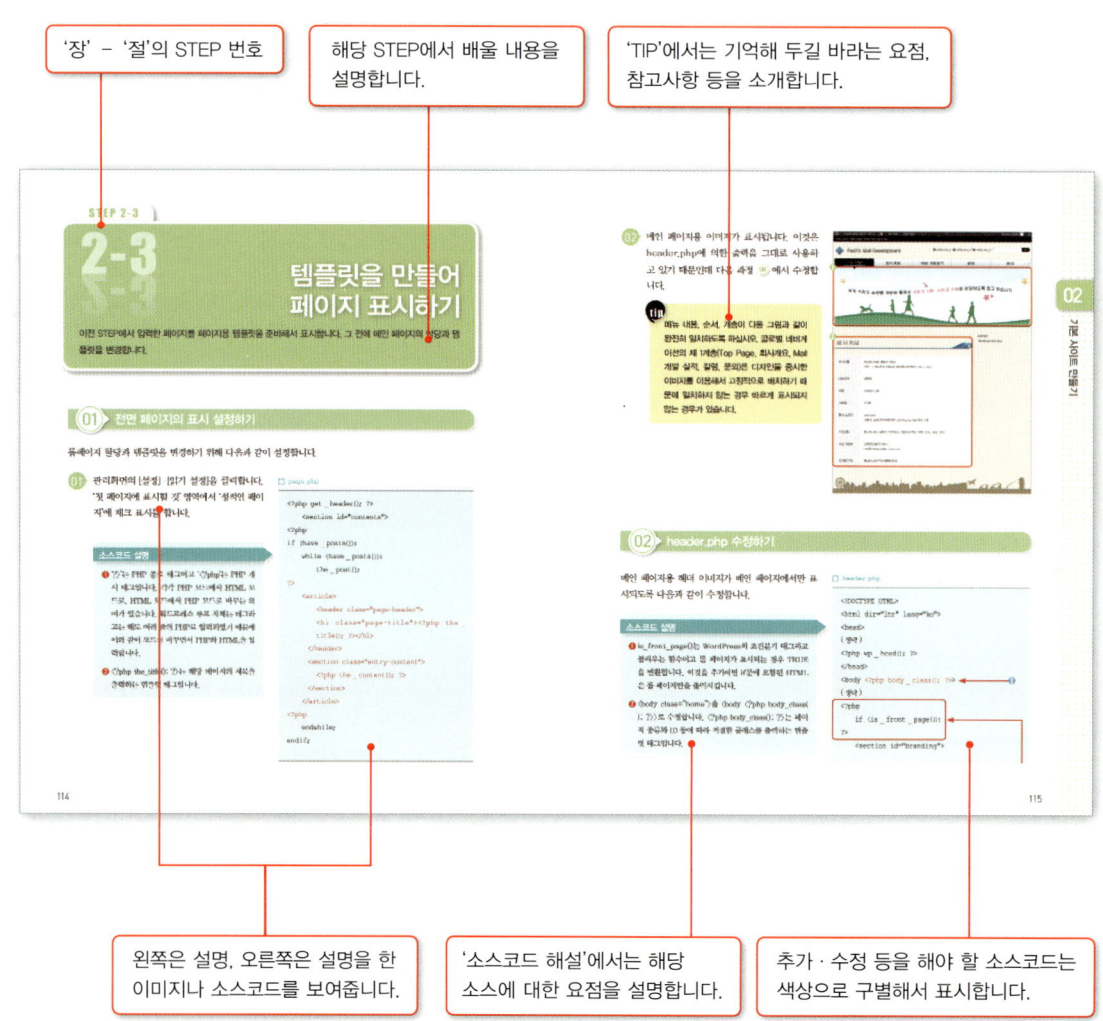

'장' – '절'의 STEP 번호

해당 STEP에서 배울 내용을 설명합니다.

'TIP'에서는 기억해 두길 바라는 요점, 참고사항 등을 소개합니다.

왼쪽은 설명, 오른쪽은 설명을 한 이미지나 소스코드를 보여줍니다.

'소스코드 해설'에서는 해당 소스에 대한 요점을 설명합니다.

추가·수정 등을 해야 할 소스코드는 색상으로 구별해서 표시합니다.

'preview'에서는 이 장에서 제작할 사이트의 흐름을 볼 수 있습니다.

'TIP Plus'에서는 중요한 요점을 설명합니다.

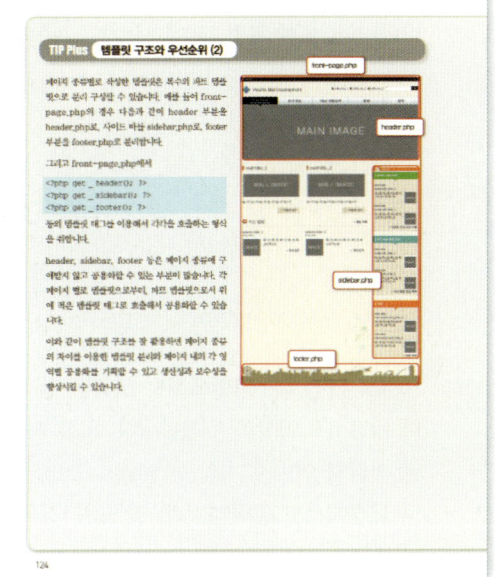

소스코드에 대하여

이 책에서는 각종 소스코드를 다음과 같이 표시하고 있습니다.

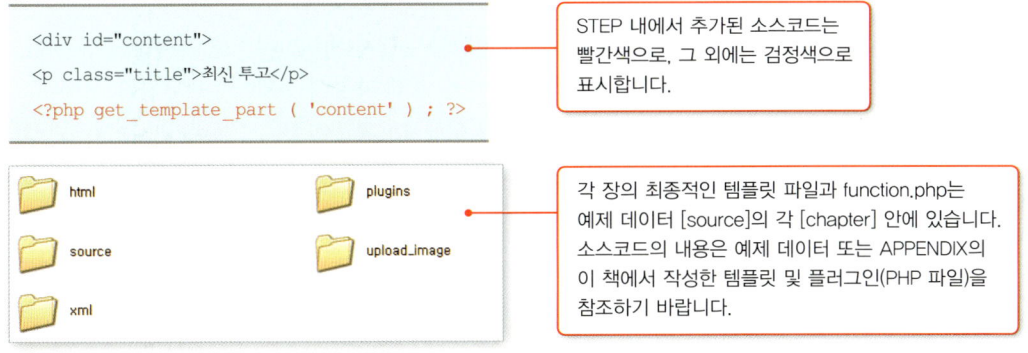

STEP 내에서 추가된 소스코드는 빨간색으로, 그 외에는 검정색으로 표시합니다.

각 장의 최종적인 템플릿 파일과 function.php는 예제 데이터 [source]의 각 [chapter] 안에 있습니다. 소스코드의 내용은 예제 데이터 또는 APPENDIX의 이 책에서 작성한 템플릿 및 플러그인(PHP 파일)을 참조하기 바랍니다.

사용 환경 준비하기

실제로 이 책을 따라하려면 몇 가지 준비가 필요합니다. 모두 중요한 것이기 때문에 미리 확인해 두기 바랍니다. 또한 로컬 PC에 서버를 구축하는 방법은 CHAPTER 1의 '로컬 PC에서 XAMPP 테스트 환경 만들기'를 참고하기 바랍니다.

■ 워드프레스 이용시에 필요한 환경

이 책에서는 워드프레스 3.4 한국어 버전을 이용해서 사이트를 만들었습니다. 워드프레스 3.4 한국어 버전은 다음 사이트에서 다운로드하기 바랍니다.

> http://ko.wordpress.org/

서버의 사전 요구사항으로는 PHP는 버전 4.1 이상, MySQL은 버전 4.1 이상이 필요하고 가능하면 둘 다 버전 5.0 이상을 추천합니다. 또한 퍼머링크의 변경에는 Apache mod_rewrite 모듈이, 그 외의 한글 처리와 이미지 처리 등 phpmbstring과 php-gd 등은 몇 가지 PHP 모듈이 필요합니다. 대부분의 환경에서도 동작하지만, 잘 모를 경우에는 워드프레스를 실행할 수 있는 임대 서버 등을 이용하기 바랍니다.

■ 추천 환경

이 책의 내용을 모두 실현하고 싶은 경우에는 외부 임대 서버를 이용하고 'document' 루트 아래에 직접 워드프레스를 설치하기 바랍니다. 외부 임대 서버가 아니고 로컬환경에서 개발하고 싶은 경우에는 CHAPTER 1의 '로컬 PC에서 XAMPP 테스트 환경 만들기'를 참고하기 바랍니다. 단 XAMPP를 이용해 로컬 환경에서 개발하는 경우에는 메일 송신 기능 등 일부 기능이 정상적으로 동작하지 않을 수도 있습니다.

'document' 루트 아래에 직접 설치하지 않고 디렉터리 내에 워드프레스를 설치하는 경우에는 STEP 4-1의 가상 robots.txt 등 일부 기능의 검증을 할 수 없기 때문에 주의하기 바랍니다.

CHAPTER 7의 'SSL을 이용한 보안'을 실현하기 위해서는 XAMPP를 이용하거나 임대 서버를 이용할 경우에는, 워드프레스를 설치할 디렉터리에 독립적인 SSL(공용 SSL이 아닌 독립 도메인의 SSL)로 액세스가 가능하게 설정할 필요가 있습니다(독립적인 SSL의 설정방법은 임대 서버의 운영회사에 문의하기 바랍니다).

샘플 데이터의 다운로드
이 책에서 사용할 샘플 데이터('Pacific Mall 개발 샘플 데이터', pacific.zip)는 다음 사이트에서 다운로드하기 바랍니다.

> http://www.mentorbook.co.kr/ → (멘토르 자료실)

문자코드
샘플 사이트에 관한 데이터는 모두 UTF-8(BOM 무설정)로 작성했습니다. 소스코드 등은 모두 UTF-8(BOM 무설정)로 저장하기 바랍니다.

사용 브라우저
샘플 사이트는 다음과 같은 PC 브라우저에서 동작을 확인할 수 있습니다.

Internet Explorer 8, 9 / Firefox 8~10 / Google Chrome 14~17 / Safari 5

디버그 방법
개발 중에 소스코드의 기술 오류 등으로 화면이 하얗게 되는 경우의 대처방법은 APPENDIX의 '디버그 효율화를 위한 3가지 방법'을 참고하기 바랍니다.

참고 사이트
다음은 워드프레스의 공식 온라인 매뉴얼 사이트입니다. 가장 신뢰할 수 있는 정보를 얻을 수 있으며 영어로 기술되어 있습니다.

WordPress.ORG Codex(http://codex.wordpress.org/)

XHTML/CSS 및 PHP
샘플 사이트의 HTML 데이터는 HTML5/CSS3로, 템플릿 파일과 function.php는 PHP로 작성되어 있습니다. 이 책에서는 웹사이트의 제작 경험이 있는 분이라면, 지식의 정도에 상관없이 순서에 따라서 사이트를 완성할 수 있습니다. 단, XHTML/CSS 및 PHP에 관해서는 설명하지 않기 때문에 필요에 따라 각종 레퍼런스나 참고 도서를 확인하기 바랍니다.

CHAPTER 1

비즈니스 사이트 제작 전 준비사항

CHAPTER 1에서는 먼저 다운로드 데이터를 확인하고 워드프레스를 설치합니다. 정적인 HTML 데이터를 수정하고, 테마를 등록하고, 톱페이지의 일부를 워드프레스 상에서 표시합니다.

STEP 1-1   테마 데이터 준비하기
STEP 1-2   워드프레스 설치하기
STEP 1-3   로컬 PC에서 XAMPP 테스트 환경 설정하기
STEP 1-4   워드프레스 테마 만들기
STEP 1-5   템플릿 분할하기
STEP 1-6   사용자정의 헤더로 메인 이미지 표시하기

Preview

01 워드프레스 3.4.1 한글 버전을 설치합니다.

02 다운로드한 HTML 데이터를 템플릿으로 동작하도록 수정해서 워드프레스에 테마로 등록합니다.

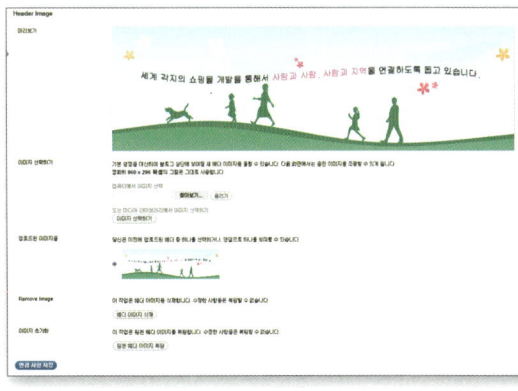

03 function.php를 작성해서 사용자정의 헤더 기능을 활성화하고, 관리화면에서 메인 이미지를 등록합니다.

04 톱페이지의 일부이지만 워드프레스의 테마로 동작시키는 과정까지 진행합니다.

STEP 1-1

1-1 테마 데이터 준비하기

비즈니스 사이트를 제작하기 위해서는 구체적으로 사이트의 디자인 안을 작성하고, 그것을 기초로 먼저 HTML 코딩을 시작합니다. 여기에서는 이미 HTML5/CSS3로 코딩된 예제를 웹 브라우저에 표시해보겠습니다.

따라하기 순서

01 샘플 데이터 다운로드하기 ▶ 02 브라우저로 표시하기

01 샘플 데이터 다운로드하기

01 다음 URL에서 샘플 데이터 'pacific.zip'을 다운로드 합니다.

> **샘플 데이터 다운로드**
> http://www.mentorbook.co.kr
> → (멘토르 게시판) → pacific.zip

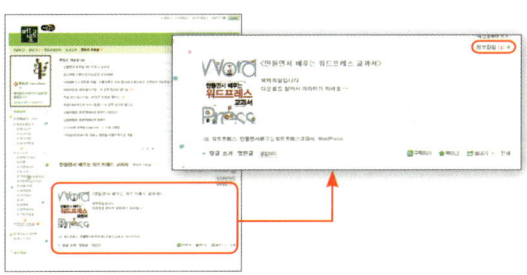

02 다운로드한 pacific.zip 파일의 압축을 푼 후에 [pacific] 디렉터리 안에 [html], [plugins], [source], [upload_image], [xml]의 디렉터리가 있는지 확인합니다. [html] 디렉터리 안에 있는 미리 코딩된 데이터가 그림과 같은지 확인합니다.

[html] 디렉터리 안의 내용입니다.

> **tip** 각 디렉터리 안의 파일은 나중에 서버로 업로드해서 실제 작업에도 사용합니다.

039

※ [source] 디렉터리 안에는 각 chapter마다 chapter의 최종 단계의 소스코드(PHP 파일)가 들어 있습니다. 소스코드를 작성하거나 수정할 때 참고하기 바랍니다.

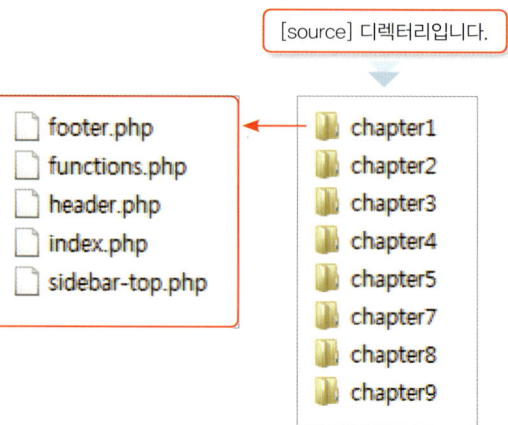

02 브라우저로 표시하기

01 인터넷을 실행하고 [html] 디렉터리 아래의 index.html을 웹 브라우저로 드래그 앤 드롭하면 샘플 사이트의 톱페이지(Top Page)가 나타납니다.

완성한 톱페이지와 완전히 동일하게 나타납니다. 링크는 아직 연결되어 있지 않지만 마우스 커서를 올려 놓으면 반전됩니다.

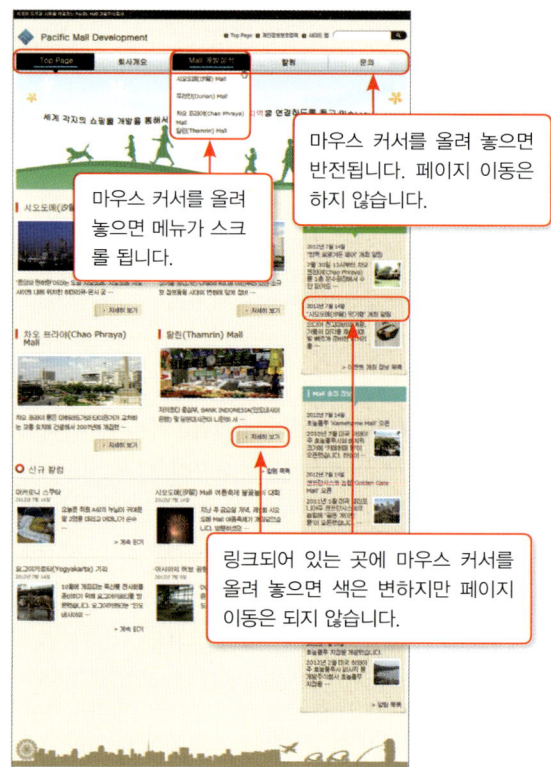

tip 이것은 워드프레스를 이용해서 표시하는 것은 아닙니다. 포토리터치 소프트웨어로 작성한 톱페이지의 디자인을 HTML5/CSS3로 HTML을 코딩한 정적인 HTML 데이터를 이용해서 표시한 것입니다. 워드프레스 테마(템플릿 파일 등)는 HTML로 코딩된 HTML 데이터를 기초로 작성합니다.

02. 마찬가지로 sub.html을 웹 브라우저로 드래그 앤 드롭하면 완성된 사이트의 서브 페이지(회사개요)를 확인할 수 있습니다.
sub.html의 레이아웃은 샘플 데이터의 모든 서브 페이지의 기초가 됩니다.

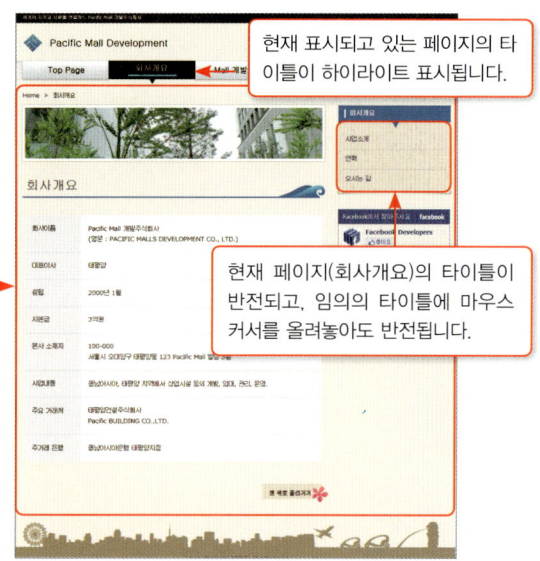

현재 표시되고 있는 페이지의 타이틀이 하이라이트 표시됩니다.

대부분의 하위 페이지에서 같은 레이아웃을 사용합니다.

현재 페이지(회사개요)의 타이틀이 반전되고, 임의의 타이틀에 마우스 커서를 올려놓아도 반전됩니다.

03. 404.html을 웹 브라우저로 드래그하면 그림과 같이 표시됩니다. 지금부터 작성할 사이트에서 존재하지 않는 페이지에 접속하면 그림과 같이 표시됩니다.

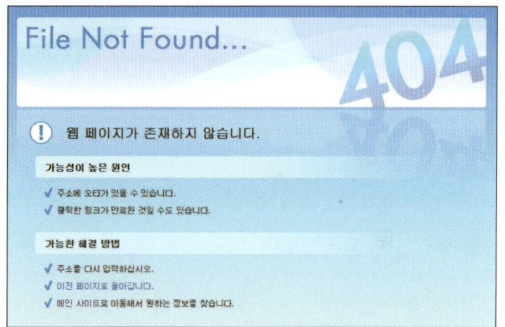

04. 마지막으로 start.html을 웹 브라우저로 드래그 앤 드롭합니다. start.html은 작업할 때마다 나타나는 화면을 쉽게 볼 수 있도록 준비된 파일입니다.
톱페이지용의 index.html로부터 일부 텍스트나 그림을 변경했고 구조는 index.html과 같습니다. 이후에 나오는 사이트 작업은 이 파일을 기본으로 사용합니다.

이 start.html의 HTML 파일은 이후에 실제 작업에서 템플릿 파일로 동작하도록 수정하기 때문에, 여기에서 start.html의 HTML 구조를 미리 확인하기 바랍니다. style.css도 확인하기 바랍니다.

☐ start.html

```
<!DOCTYPE HTML>
<html dir="ltr" lang="ko">
<head>
<meta http-equiv="Content-Type" content="text/html; charset=UTF-8">
<title>title</title>
<link rel="apple-touch-icon" href="<?php bloginfo('template_url'); ?>/images/touch-icon.png" />
<link rel="shortcut icon" href="<?php bloginfo('template_url'); ?>/images/favicon.ico" />
<link rel="stylesheet" type="text/css" media="all" href="<?php bloginfo('stylesheet_url'); ?>" />
<!--[if lt IE 9]>
  <meta http-equiv="Imagetoolbar" content="no" />
  <script src="http://html5shiv.googlecode.com/svn/trunk/html5.js"></script>
<![endif]-->
</head>
<body class="home">
<div id="wrap">

(생략)

    </footer><!-- #footer end -->
  </div><!-- #footer-container end -->
</div><!-- #wrap end -->
</body>
</html>
```

TIP Plus 사이트 구성과 URL

다음은 샘플 사이트 'Pacific Mall 개발주식회사'를 완성하기 위한 사이트 구성과 URL입니다.

상위 페이지/카테고리	하위 페이지/포스트/포스트 목록	URL
Top Page	–	/
회사개요	–	/about/
	사업소개	/about/business/
	연혁	/about/history/
	오시는 길	/about/access/
몰 개발실적	–	/mall/
	shiodome mall	/mall/tokyo/
	durian mall	/mall/singapore/
	chao phraya mall	/mall/bangkok/
	thamrin mall	/mall/jakarta/
칼럼	목록 페이지	/archives/category/column/
	개별 포스트 페이지	/archives/%post_id%/
문의	–	/inquiry/
개인정보보호정책	–	/privacy/
사이트맵	–	/sitemap/
이벤트 개최 정보	목록 페이지	/archives/category/event/
	개별 포스트 페이지	/archives/%post_id%/
Mall 출점 정보	목록 페이지	/archives/category/malls/
	개별 포스트 페이지	/archives/%post_id%/
알림	목록 페이지	/archives/category/information/
	개별 포스트 페이지	/archives/%post_id%/
작성자별 기사	목록 페이지	/archives/author/%author%/
	개별 포스트 페이지	/archives/%post_id%/

※ 각 URL은 워드프레스를 도메인 아래(도큐먼트 루트)에 설치하고, 고유주소(permanent link) 설정을 전제로 합니다.
※ URL란의 '%post_id%'는 포스트의 ID를, '%author%'는 포스트를 올린 유저 이름을 의미합니다.

STEP 1-2

워드프레스 설치하기

워드프레스 3.4.1 한국어 버전을 다운받아서 일반적인 서버에 워드프레스를 설치하는 방법을 설명합니다. 로컬 PC에서 XAMPP로 테스트 환경을 구축하는 방법은 'STEP 1-3. 로컬 PC에서 XAMPP 테스트 환경 설정하기'를 참고하기 바랍니다.

따라하기 순서

01 서버 준비하기 → 02 워드프레스 3.4.1 한국어 버전 다운로드하기 → 03 다운로드 파일 압축풀기 → 04 설치 실행하기

01 서버 준비하기

워드프레스를 설치하기 위해 웹 서버를 준비합니다. 워드프레스 3.4.1 한국어 버전에서 사용할 수 있는 PHP, MySQL 버전은 다음과 같습니다.

설치 시 데이터베이스 정보가 필요하기 때문에 서버 관리자 및 서버 임대회사에서 확인하기 바랍니다.

서버 요건

PHP 4.1 이상
MySQL 4.1 이상

데이터베이스 정보

데이터베이스 이름
데이터베이스 사용자 이름
데이터베이스 패스워드
데이터베이스 호스트 이름

tip 이 책에서는 도메인 바로 아래(도큐먼트 루트)에 워드프레스를 설치했다는 전제하에 설명하고 있기 때문에 도큐먼트 루트가 아닌 디렉터리에 워드프레스를 설치한 경우, 따라하기를 할 때 자신이 설치한 디렉터리로 수정해서 실행하기 바랍니다. 로컬 PC에서 워드프레스를 설치하려면 'STEP 1-3. 로컬 PC에서 XAMPP 테스트 환경 설정하기'를 먼저 읽고 XAMPP를 설치한 후 워드프레스를 설치하기 바랍니다.

워드프레스 3.4.1 한국어 버전 다운로드하기

워드프레스 한국어 사이트에 접속한 후 워드프레스 3.4.1 한국어 버전을 다운로드 합니다.

> **워드프레스 한국어 사이트**
> http://ko.wordpress.org/

워드프레스 한국어 사이트

> **tip**
> 이 책은 집필 당시에 발표된 워드프레스 3.4.1 한글판을 기준으로 설명했습니다. 2012년 10월 현재는 워드프레스 3.4.2 한글판이 사용되고 있습니다. 워드프레스 이전 버전은 http://ko.wordpress.org/releases/#older에서 다운받을 수 있습니다.

 다운로드 파일 압축풀기

다운로드한 파일은 zip 파일입니다. 압축을 풀면 [wordpress]라는 디렉터리가 나타납니다. [wordpress] 디렉터리를 클릭한 후, 그림과 같은 파일이 있는지 확인합니다.

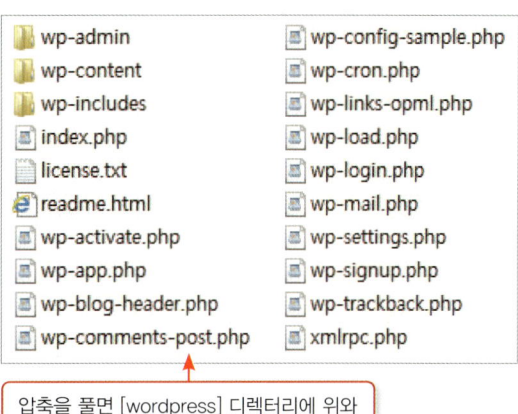

압축을 풀면 [wordpress] 디렉터리에 위와 같은 서브 디렉터리와 파일이 존재합니다.

04 파일을 서버로 업로드하기

FTP 소프트웨어 등을 이용해서 처음에 준비한 서버에 파일을 업로드 합니다. FTP 소프트웨어 사용법은 제1장 마지막에 있는 'TIP PLUS. FTP 소프트웨어 FileZilla'를 참고하기 바랍니다.

파일을 설치하는 방법은 크게 2가지가 있습니다.

방법 1. 워드프레스 도메인 바로 아래
(도큐먼트 루트)에 설치하는 경우

(예: http://example.com)

[wordpress] 디렉터리 아래에 있는 모든 디렉터리와 파일을 웹 서버의 도큐먼트 루트로 업로드 합니다. 이 책에서는 도큐먼트 루트 바로 아래에 설치하는 방법을 전제로 설명합니다.

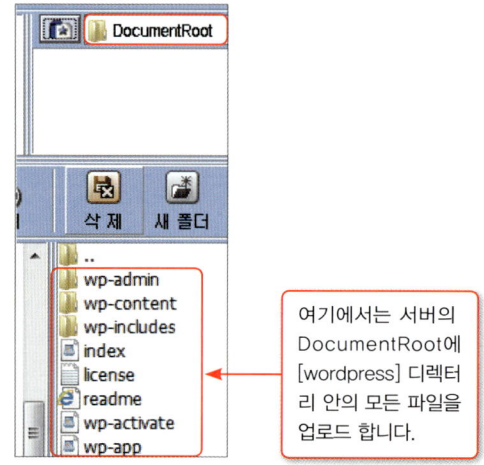

여기에서는 서버의 DocumentRoot에 [wordpress] 디렉터리 안의 모든 파일을 업로드 합니다.

방법 2. 도큐먼트 루트가 아닌 곳에 워드프레스를 설치하는 경우

(예: http://example.com/cms/)

[wordpress] 디렉터리 이름을 필요에 따라 변경(예: 'wordpress'를 'cmsff'로 변경)하고, 압축 해제된 파일을 디렉터리 통째로 모두 웹 서버의 도큐먼트 루트에 업로드 합니다. 단, 이 방법은 STEP 4-1에서 실행하는 가상 robots.txt의 동작 검증을 할 수 없습니다. '방법 1'과 같이 도큐먼트 루트 바로 아래에 설치할 것을 추천합니다.

브라우저에서 접속하기

업로드한 URL을 입력하여 브라우저를 접속합니다.

1. 도큐먼트 루트에 워드프레스를 설치한 경우

http://example.com/

2. 도큐먼트 루트 이외의 임의의 디렉터리에 워드프레스를 설치한 경우

http://example.com/cms/

임의의 디렉터리(예: cms)로 접속합니다.

 **설치 실행하기**

01 ' 브라우저에서 접속하기'에서 설정한 URL로 접속하면 'There doesn't seem to be a wp-config.php file… (wp-config.php 파일이 존재하지 않습니다…)'이라고 표시됩니다.

여기에서 [Create a Configuration File] (설정 파일 작성하기) 버튼을 클릭합니다.

02 다음 단계로 진행하면 '워드프레스에 오신 것을 환영합니다.'라는 화면이 표시됩니다. [Let's go!] 버튼을 클릭합니다.

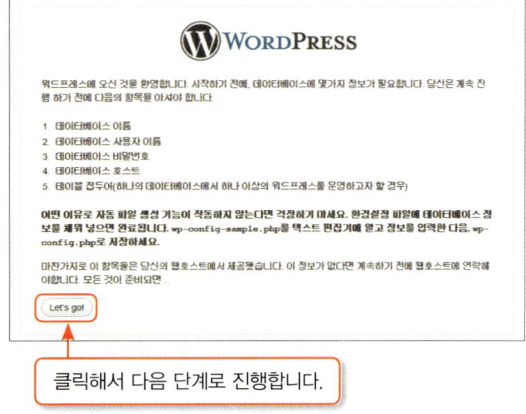

클릭해서 다음 단계로 진행합니다.

07 데이터베이스 정보 입력하기

01 '01 서버 준비하기'에서 준비한 데이터베이스 정보를 입력합니다. 가장 아래에 있는 '테이블 접두어'는 'pacific' 등 임의의 단어로 변경합니다.

02 데이터베이스 정보를 입력한 후 [전송] 버튼을 클릭합니다.

> **tip** '테이블 접두어'를 설정하는 것은 1개의 데이터베이스에서 여러 개의 워드프레스를 작동시키기 위한 것입니다.

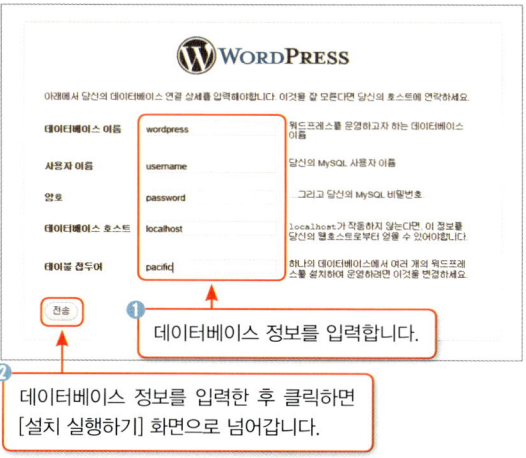

❶ 데이터베이스 정보를 입력합니다.

❷ 데이터베이스 정보를 입력한 후 클릭하면 [설치 실행하기] 화면으로 넘어갑니다.

08 wp-config.php를 수동으로 작성하기

'Sorry, but I can't write the wp-config.php file.(wp-config.php 파일로 쓰기를 할 수 없습니다.)' 이라고 표시되는 경우가 있습니다. 이것은 설치 디렉터리에 대한 '쓰기' 권한이 웹 서버에 없기 때문입니다. 이런 경우 다음과 같은 방법으로 설정 파일 wp-config.php를 작성합니다.

01 'You can create the wp-config.php...' (새로운 wp-config.phg 파일을 만들어서 아래 문장을 붙여넣기 하시오)라는 텍스트 아래의 텍스트를 복사합니다.

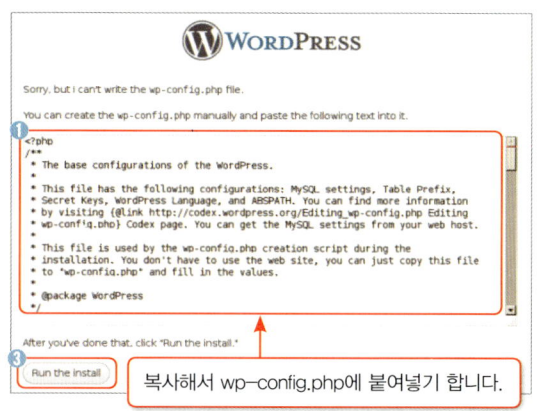

❶ 복사해서 wp-config.php에 붙여넣기 합니다.

02 에디터 메뉴에서 '새 파일'을 선택한 후 복사한 텍스트를 붙여넣기 하고, 파일 이름을 'wp-config.php'라고 입력한 후 저장합니다.

03 wp-config.php가 만들어지면 [Run the Install] 버튼을 클릭합니다.

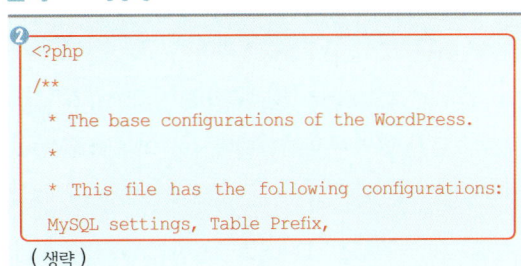

tip 워드프레스를 설치한 디렉터리에(서버의 경우 도큐먼트 루트, 로컬 PC의 경우 htdocs 폴더) wp-config.php 파일을 저장합니다.

09 사이트 기본 정보 입력하기

'환영합니다'라는 화면이 나타나면 '필요한 정보'를 입력합니다.

01 '사용자명' 이외에는 나중에 관리화면에서 간단하게 변경할 수 있지만, '사용자명'은 관리화면에서 변경할 수 없습니다(이 책에서는 '사용자명'을 'pacific'으로 설정합니다).

02 '비밀번호'는 설치 후에 바로 사용하기 때문에 잊지 않도록 주의하기 바랍니다.

03 사이트를 공개할 때까지는 Google 등의 검색엔진에 노출되지 않는 것이 바람직하기 때문에 '프라이버시' 항목에 체크를 하지 않습니다.

04 '필요한 정보'의 입력이 끝나면 [워드프레스 설치하기] 버튼을 클릭합니다.

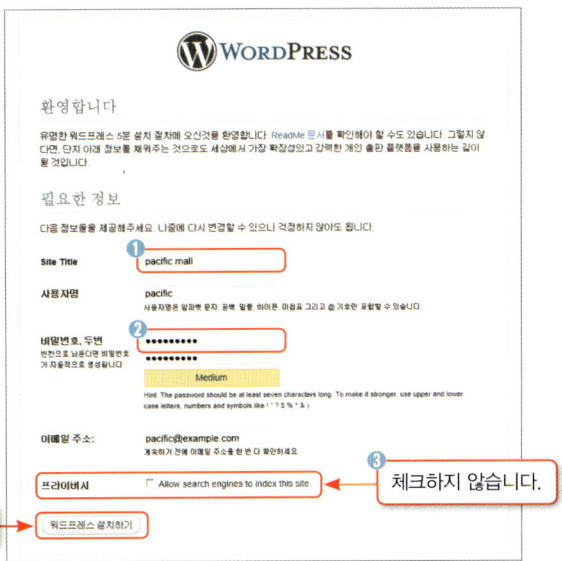

설치 완료 후 관리화면으로 로그인하기

성공적으로 설치하면 그림과 같이 '성공!'이라는 단어가 포함된 화면이 나타납니다. [로그인] 버튼을 클릭합니다.

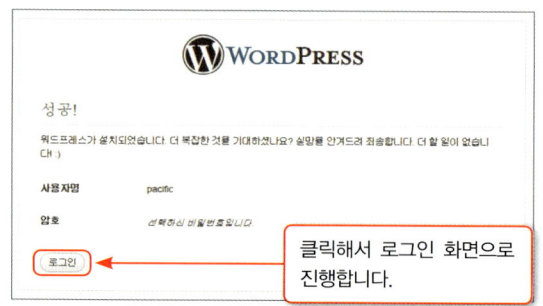

클릭해서 로그인 화면으로 진행합니다.

그림은 앞으로 로그인할 때 매번 접속하게 될 화면입니다. 필요에 따라서 URL을 준비해 두기 바랍니다. 로그인 화면이 열리면 '09' 사이트 기본 정보 입력하기'에서 입력한 사용자명과 암호를 입력한 후 [로그인] 버튼을 클릭합니다.

관리화면 및 페이지 표시 확인하기

관리화면(알림판)에 로그인했습니다.

01 화면 위쪽의 사이트 이름(pacific mall)을 클릭해서 톱페이지가 표시되는지 확인합니다.

로그인 후의 관리화면입니다.

사이트 이름을 클릭해서 톱페이지로 이동합니다.

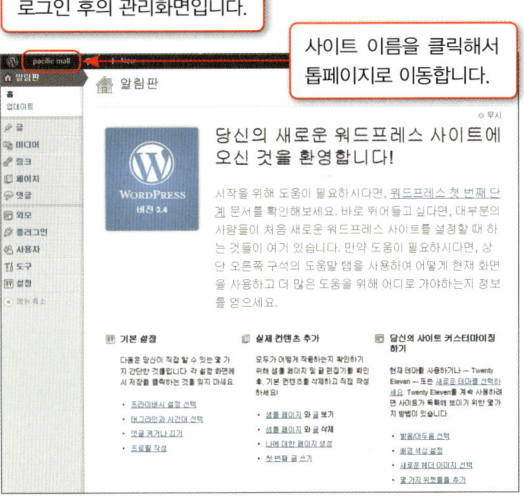

02 그림은 설치 직후의 톱페이지입니다. 기본 테마 'Twenty Eleven'이 설정되어 있습니다.

STEP 1-3

1-3 로컬 PC에서 XAMPP 테스트 환경 설정하기

로컬 PC(Windows) 상에서 워드프레스를 작동하기 위해 XAMPP를 이용해서 테스트 환경을 구축하는 방법을 설명합니다. 또한 이 책의 내용은 대부분 재현 가능하지만 로컬 환경에서는 일부 기능에 제약이 있습니다.

따라하기 순서

01 XAMPP for Windows 다운로드하기 → 02 XAMPP for Windows 설치하기 → 03 Apache 실행하기 → 04 MySQL 실행하기

05 워드프레스를 설치할 때의 주의점

---

01 XAMPP for Windows 다운로드하기

01 APACHE FRIENDS의 XAMPP for Windows 페이지에 접속합니다.

> **APACHE FRIENDS**
> **XAMPP for Windows**
> http://www.apachefriends.org/en/xampp-windows.html

XAMPP for Windows 페이지의 'Download'에 있는 [XAMPP]를 클릭합니다.

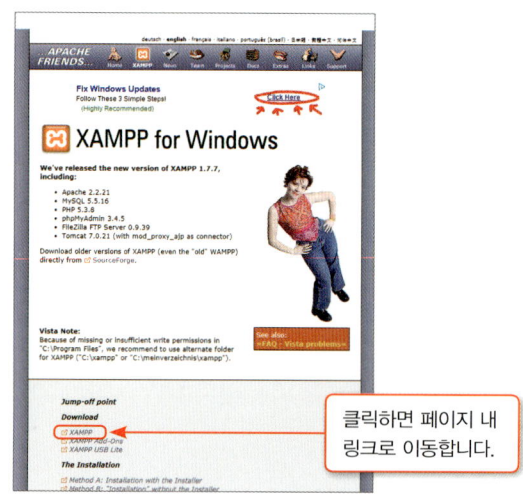

클릭하면 페이지 내 링크로 이동합니다.

02 ▶ XAMPP Windows용 최신 버전 가운데 [Installer]를 클릭해서 xampp-win32-1.7.7-vc9-installer.exe 파일을 다운로드합니다.

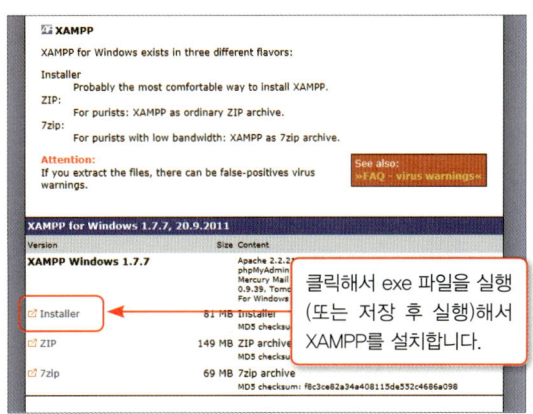

> **tip**
> 이 책은 집필 당시에 발표된 XAMPP Windows용 1.7.7을 사용해서 설명합니다. 2012년 10월 현재는 XAMPP 1.8.1이 발표되었습니다. XAMPP Windows용은 http://sourceforge.net/projects/xampp/files/XAMPP%20Windows에서 이전 버전을 다운 받을 수 있습니다.

02 XAMPP for Windows 설치하기

01 ▶ 다운로드한 xampp-win32-1.7.7-vc9-installer.exe 파일을 실행해서 설치할 준비가 되면 언어를 선택하라는 메시지가 표시됩니다. 여기에서는 'English'를 선택한 후 [OK] 버튼을 클릭합니다.

02 ▶ Windows의 UAC(User Account Control)가 활성화되어 있는 경우, 그림과 같은 메시지가 표시됩니다. [확인] 버튼을 클릭합니다.

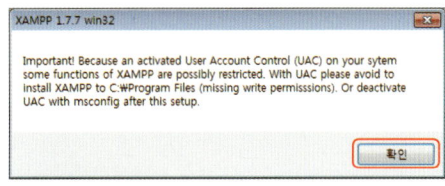

03 ▶ 설치 마법사(Setup Wizard)가 표시되면 [Next] 버튼을 클릭합니다.

04 XAMPP 설치 장소를 선택합니다. 기본으로 지정되어 있는 C:\xampp 에 설치합니다. 설치 장소를 확인하고 [Next] 버튼을 클릭합니다.

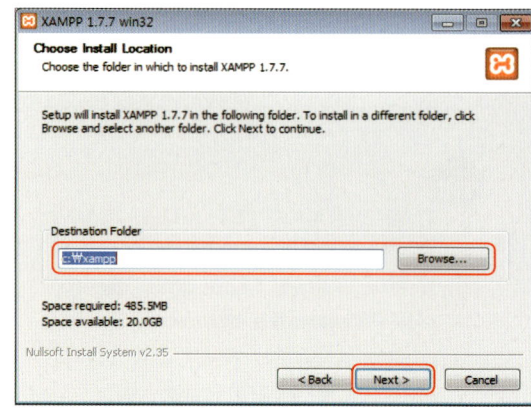

tip C:\Program Files\xampp 등에서는 정상적으로 동작하지 않는 경우가 있기 때문에 가능한 C:\xampp에 설치하기 바랍니다.

05 옵션을 선택합니다. 'XAMPP DESKTOP'의 'Create a XAMPP desktop icon'을 선택합니다. 그 외에는 필요에 따라서 선택한 후 [Install] 버튼을 클릭합니다.

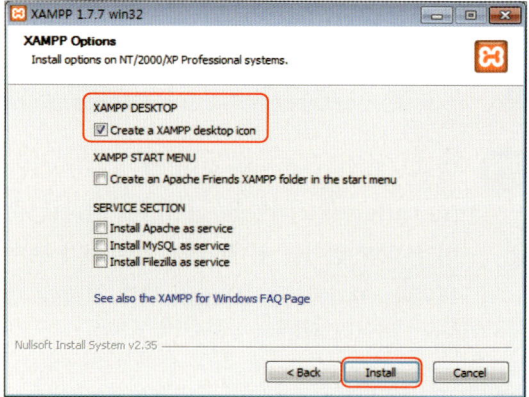

06 설치를 시작합니다.

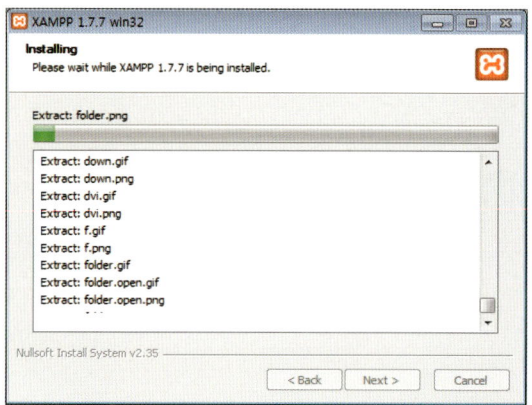

07 설치가 완료되면 다음과 같이 표시됩니다. [Finish] 버튼을 클릭합니다.

08 다음과 같은 메시지가 표시되면 [예(Y)] 버튼을 클릭하여 XAMPP의 제어판(Control Panel)을 엽니다.

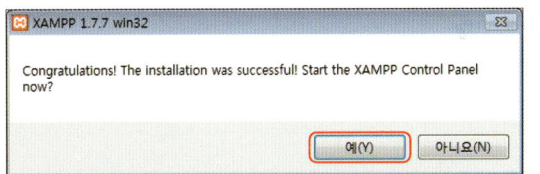

> **tip** 바탕화면에 생긴 바로가기 아이콘을 클릭해도 XAMPP 제어판이 열립니다.

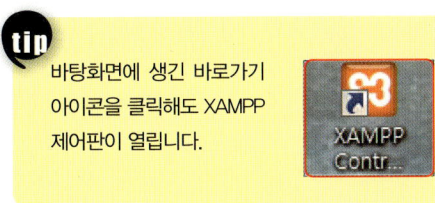

03 XAMPP 제어판 열기

설치 과정의 마지막에 [예(Y)] 버튼을 클릭하든지 배경화면의 바로가기 아이콘을 더블 클릭하면 그림과 같은 XAMPP 제어판이 열립니다. 이 제어판에 있는 Apache와 MySql을 실행합니다.

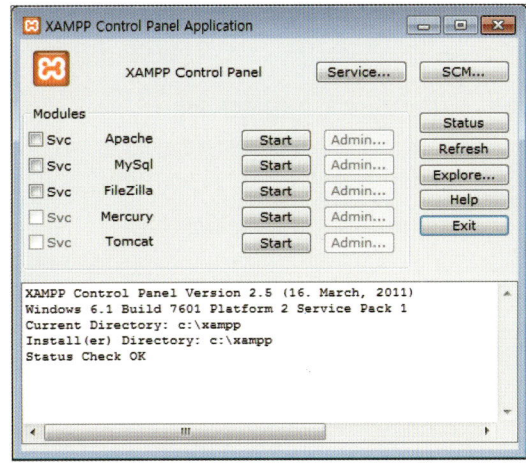

> **tip** 실행 방법은 다음 페이지에서 설명하며, 제어판 그림은 버전에 따라 다릅니다.

04 Apache 실행하기

XAMPP 제어판에서 그림과 같이 Apache를 실행합니다.

01 XAMPP 제어판에서 'Apache'의 오른쪽에 있는 [Start] 버튼을 클릭합니다.

02 Apache가 실행되면 다음과 같이 'Apache started [Port 80]'이라는 메시지와 'Running'이 표시됩니다. 또한 [Start] 버튼이 그림처럼 [Stop] 버튼으로 바뀝니다.

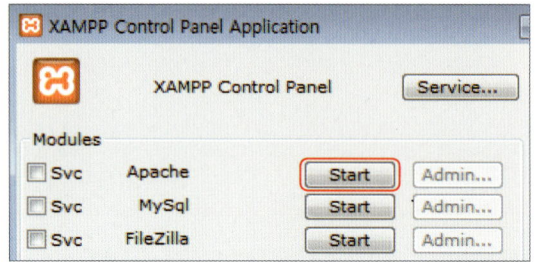

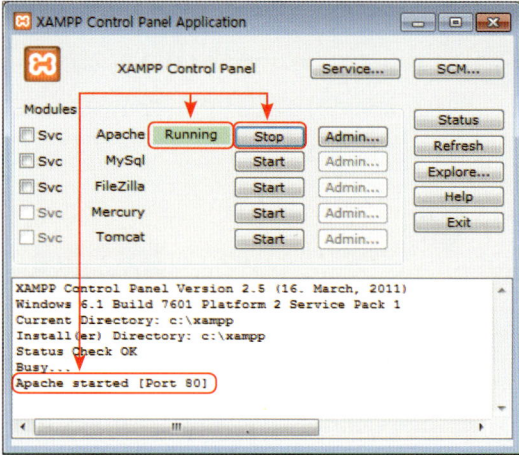

> **tip**
> Apache와 같은 포트 80을 사용하는 어플리케이션이 실행되고 있는 경우, 미리 종료시키든지 아니면 애플리케이션의 포트를 다른 포트로 설정해서 포트 80을 XAMPP에서 사용할 수 있도록 합니다.

05 MySQL 실행하기

같은 순서로 MySQL을 실행합니다.

01 XAMPP 제어판에서 'MySql'의 오른쪽에 있는 [Start] 버튼을 클릭합니다.

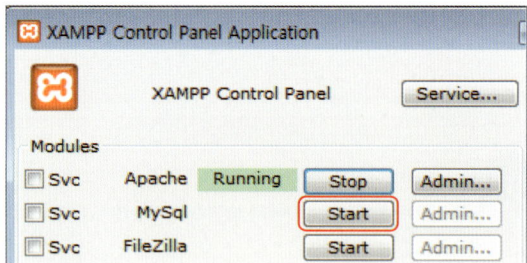

02 MySQL이 실행되면 'MySql started [Port 3306]'이라는 메시지와 'Running'이 표시됩니다. 또한 [Start] 버튼이 [Stop] 버튼으로 바뀝니다.

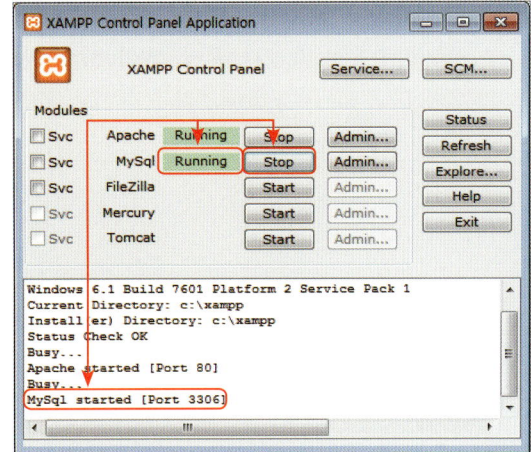

06 XAMPP for Windows의 관리화면 열기

Apache와 MySQL이 실행되면 XAMPP for Windows의 관리화면으로 들어갑니다.

01 XAMPP 제어판에서 'Apache' 오른쪽에 있는 [Admin...] 버튼을 클릭합니다.

02 웹 브라우저에서 다음과 같은 XAMPP 관리화면의 소개 페이지가 열립니다. 여러 언어 중에서 'English'를 클릭합니다.

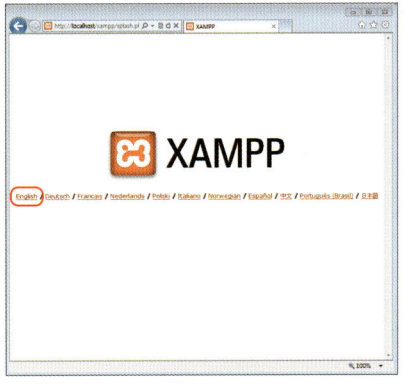

03 XAMPP가 정상적으로 설치되면 XAMPP 관리화면에서 다음과 같이 'Welcome to XAMPP for Windows!'라는 표시를 확인할 수 있습니다.

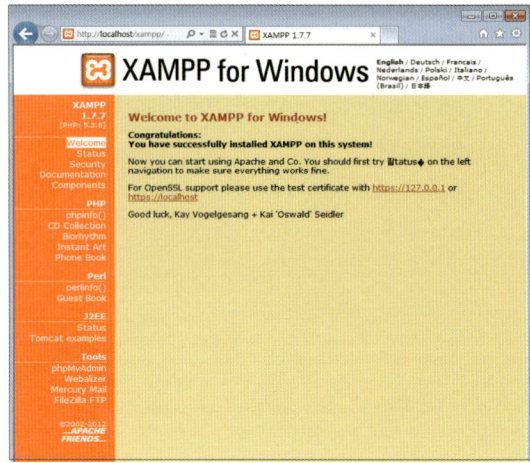

07 MySQL의 패스워드 설정하기

MySQL에 패스워드를 설정합니다. 여기에서 설정하는 패스워드는 워드프레스 설치 시, 데이터베이스 정보를 입력할 때도 사용합니다.

01 XAMPP 관리화면의 [Security] 메뉴를 클릭합니다.

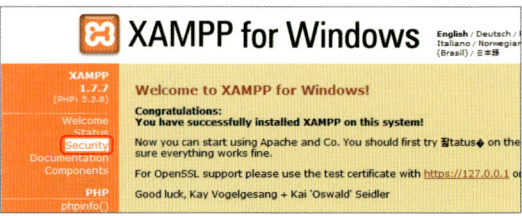

02 'XAMPP SECURITY' 페이지가 표시됩니다. 화면 하단에 표시되어 있는 URL을 클릭해서 MySQL의 Security console에 접속할 수 있습니다.

http://localhost/security/xamppsecurity.php

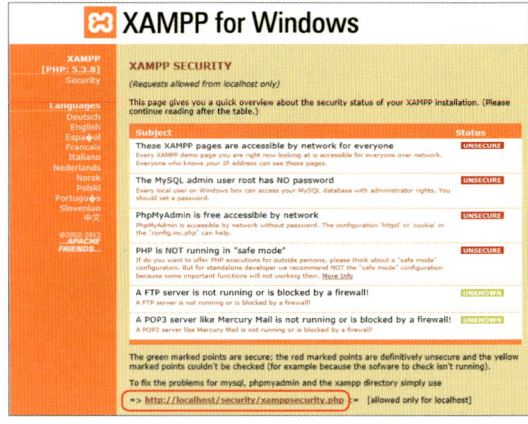

03 'Security console MySQL & XAMPP directory protection' 페이지에서 다음과 같이 입력합니다.

❶ 'MySQL SECTION : "ROOT" PASSWORD'에서 password를 입력합니다.

❷ 'PhpMyAdmin authentification'에서 'cookie'에 체크합니다.

❸ [Password changing] 버튼을 클릭합니다.

❹ 패스워드 변경이 완료되면 그림과 같은 메시지가 표시됩니다. 메시지에 따라서 MySQL을 재실행합니다.

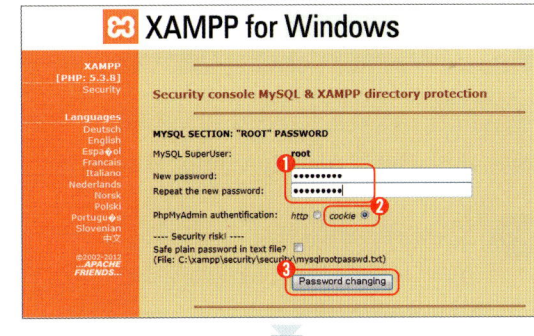

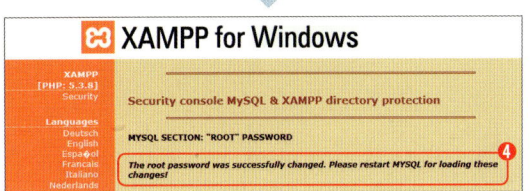

04 XAMPP 제어판에서 'MySql'의 오른쪽에 있는 [Stop] 버튼을 클릭합니다. 'Stop'이 'Start'로 변하면 [Start] 버튼을 다시 클릭해서 MySQL을 재실행합니다.

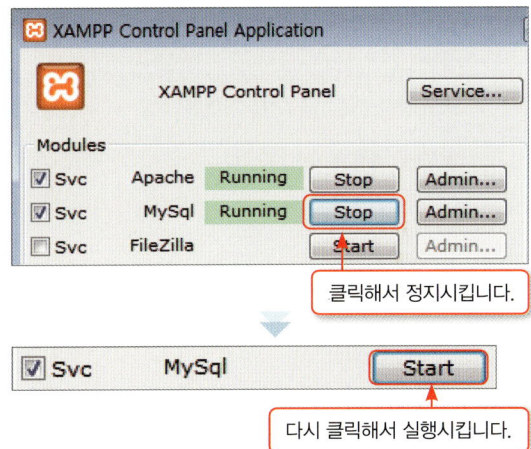

클릭해서 정지시킵니다.

다시 클릭해서 실행시킵니다.

05 MySQL의 실행 상황은 XAMPP 관리화면 'Status'에서도 확인할 수 있습니다.

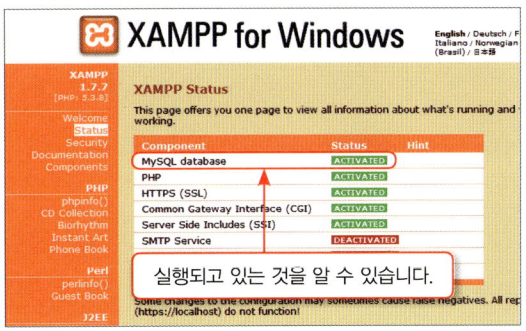

실행되고 있는 것을 알 수 있습니다.

08 MySQL로 데이터베이스 작성하기

패스워드가 설정되었기 때문에 워드프레스를 설치하기 위해 데이터베이스를 MySQL로 작성합니다. 우선 MySQL의 관리 툴 'phpMyAdmin'으로 로그인합니다.

01 XAMPP 제어판에서 'MySql'의 오른쪽에 있는 [Admin...] 버튼을 클릭합니다.

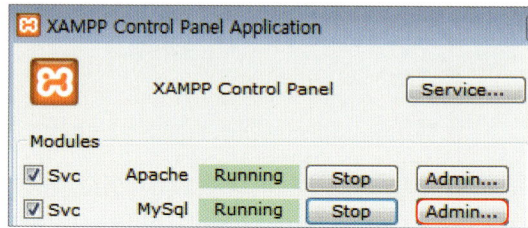

02 phpMyAdmin의 로그인 페이지가 브라우저에 표시됩니다.

❶ 언어를 선택합니다.

❷ 'Username'에 root, 'Password'에 앞에서 MySQL로 설정한 Password를 입력합니다.

❸ [Go] 버튼을 클릭합니다.

03 phpMyAdmin으로 로그인한 후 데이터베이스를 작성합니다.

❶ phpMyAdmin 톱페이지 상단의 'Databases'를 클릭합니다.

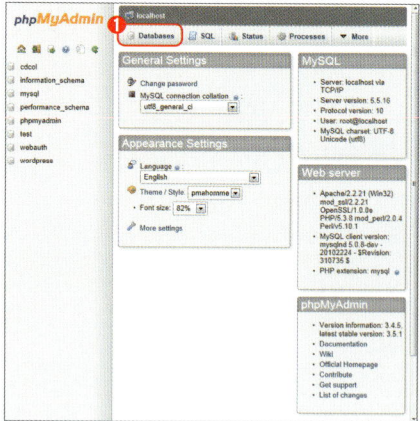

❷ 'Create new database' 아래 빈칸에 임의의 데이터베이스 이름(여기에서는 'wordpress')을 입력합니다.

❸ [Create] 버튼을 클릭합니다.

04 데이터베이스가 작성됐습니다. 다음과 같은 메시지와 데이터베이스의 목록에 'wordpress'라는 데이터베이스가 추가된 것을 확인할 수 있습니다.

이것으로 데이터베이스 준비가 완료됐습니다. 이 경우 워드프레스 설치 시에 필요한 데이터베이스 정보는 다음과 같습니다.

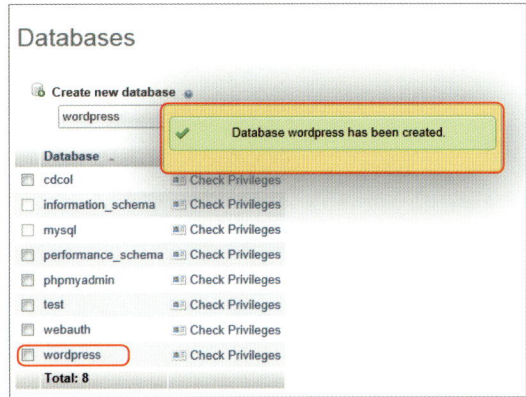

> 데이터베이스 이름 : wordpress
> 데이터베이스 유저이름 : root
> 데이터베이스 패스워드 : 설정한 패스워드
> 데이터베이스 호스트 이름 : localhost

09 메일 서버의 설정 확인하기

웹사이트의 문의 폼(Form)이나 워드프레스가 사이트 관리자에게 통지하는 메일을 전송하기 위해서는 메일 서버가 필요합니다.

설정에 필요한 정보

1. 인증방식에 상관없이 필요한 정보
- 자신의 메일 주소
- SMTP 서버의 호스트 이름(예: smtp.example.com)
- SMTP 서버의 호스트 번호(예: 25)

2. 'POP BEFORE SMTP'의 경우 추가로 필요한 정보
- POP3 서버의 호스트 이름(예: pop3.example.com)
- POP3 서버의 유저 이름
- POP3 서버의 패스워드

3. 'SMTP 인증'의 경우 추가로 필요한 정보
- SMTP 서버의 유저 이름
- SMTP 서버의 패스워드

> **tip** 로컬 PC에서 워드프레스를 실행하는 경우에는 ⑨ ~ ⑪ 과정은 STEP 2-10 과정을 학습할 때 설정해도 됩니다.

XAMPP에는 메일 서버 기능인 'Mercury'가 포함되어 있기 때문에, 제대로 설정만 하면 메일 서버 기능을 이용할 수 있습니다.

그러나 Mercury의 설정은 비교적 어렵고 로컬 PC 환경에서 메일을 전송할 때는 프로바이더(인터넷 사업자)에게 차단되거나 전송되어도 스팸 메일로 차단될 가능성이 높기 때문에 여기에서는 XAMPP에 포함되어 있는 sendmail.exe를 이용해서 외부의 메일 전송 서버를 사용하는 설정 방법을 소개합니다.

우선 늘 사용하는 메일 전송 서버의 인증방식을 메일 서버 관리자(또는 프로바이더)에게 확인하기 바랍니다. '무인증', 'BEFORE SMTP', 'SMTP 인증' 중에 하나를 이용할 수 있는 경우 sendmail.exe 설정이 가능합니다.

아웃룩(Outlook)이나 썬더버드(Thunderbird) 등 일반적인 메일러를 이용하는 경우, 메일러로 설정하고 있는 메일 전송 서버(SMTP 서버)는 3가지 인증 방식 중 한 가지를 지원하고 있습니다.

단, 메일 전송 서버의 사양에 따라서는 위의 인증방식을 채용하고 있어도 이용할 수 없는 경우도 있습니다. 예를 들어 Gmail과 같이 SSL/TLS로 암호화된 접속 이외의 접속은 허가하지 않는 메일 전송 서버는 XAMPP 1.7.7에 포함된 sendmail.exe(fake sendmail for windows version 24)를 이용할 수 없습니다.

따라서 Gmail을 메일 전송 서버로 이용하는 방법은 '(14) XAMPP 환경(로컬 환경)의 제약사항에 대하여'의 '6. Gamil을 메일 전송 서버로 이용하는 방법'을 참고하기 바랍니다.

(10) php.ini 수정하기

php.ini에서 메일 전송방식을 sendmail로 설정합니다.

`C:\xampp\php\php.ini`

를 에디터로 열어 [mail function]의 내용을 다음과 같이 수정합니다.

`SMTP`
`smtp_port`

이 2가지 지정은 코멘트 아웃합니다(줄 앞에 세미콜론을 붙입니다).

`sendmail.exe`

코멘트를 해제(줄 앞의 세미콜론을 삭제)하고 자신

□ php.ini 입력 예

```
(생략)

[mail function]
; For Win32 only.
; http://php.net/smtp
; SMTP = localhost
; http://php.net/smtp-port
; smtp_port = 25

; For Win32 only.
; http://php.net/sendmail-from
sendmail_from = username@example.com
```

의 메일주소를 입력합니다.

`sendmail_path`

코멘트를 해제(줄 앞의 세미콜론 삭제)합니다.

```
; For Unix only.  You may supply arguments as
well (default: "sendmail -t -i").
; http://php.net/sendmail-path
sendmail_path = "\"C:\xampp\sendmail\sendmail.
exe\" -t"
(생략)
```

 **sendmail.ini 수정하기**

sendmail.ini에 메일 전송 서버의 정보를 설정합니다.

`C:\xampp\sendmail\sendmail.ini` 를 에디터로 열어 메일 전송 서버의 인증방식에 맞게 설정합니다.

01 우선 인증방식에 상관없이 다음과 같이 수정합니다.

`smtp_server`

오른쪽에 'SMTP 서버의 호스트 이름'을 입력합니다.

`smtp_port`

오른쪽에 'SMTP 서버의 포스트 번호'를 입력합니다.

`force_sender`

코멘트를 해제하고 '자신의 메일주소'를 입력합니다.

인증방식이 '무인증'인 경우 sendmail.ini의 수정은 완료되었으며 무인증 이외의 인증 방식인 경우, 다음 설정 방법을 계속 진행하기 바랍니다.

☐ **sendmail.ini 입력 예**

```
(생략)
[sendmail]

; you must change mail.mydomain.com to your
smtp server,
; or to IIS's "pickup" directory.  (generally
C:\Inetpub\mailroot\Pickup)
; emails delivered via IIS's pickup directory
cause sendmail to
; run quicker, but you won't get error messages
back to the calling
; application.

smtp_server=smtp.example.co.kr

; smtp port (normally 25)

smtp_port=25
(생략)

force_sender=user@example.com
(생략)
```

02 인증방식이 'POP BEFORE SMTP'의 경우 다음 정보를 추가합니다.

`pop3_server`

코멘트를 해제하고 'POP3 서버의 호스트 이름'을 입력합니다.

`pop3_username`

코멘트를 해제하고 'POP3 서버의 유저 이름'을 입력합니다.

`pop3_password`

코멘트를 해제하고 'POP3 서버의 패스워드'를 입력합니다.

□ **sendmail.ini** 입력 예

```
; if your smtp server uses pop3 before smtp
authentication, modify the
; following three lines

pop3_server=pop3.example.com
pop3_username=username
pop3_password=password
(생략)
```

03 인증방식이 'SMTP 인증'인 경우 다음 정보를 추가합니다.

`auth_username`

코멘트를 해제하고 'SMTP 서버의 유저이름'을 입력합니다.

`auth_password`

코멘트를 해제하고 'SMTP 서버의 패스워드'를 입력합니다.

□ **sendmail.ini** 입력 예

```
(생략)
; if your smtp server requires authentication,
modify the following two lines

auth_username=username
auth_password=password
(생략)
```

12 Apache 재실행하기

메일 서버의 설정이 완료됐기 때문에 Apache를 재실행해서 설정을 반영합니다. XAMPP 제어판에서 Apache를 재실행하기 바랍니다([Stop] 버튼을 클릭해서 정지시킨 후 [Stop]이 [Start]로 변하면 다시 클릭합니다).

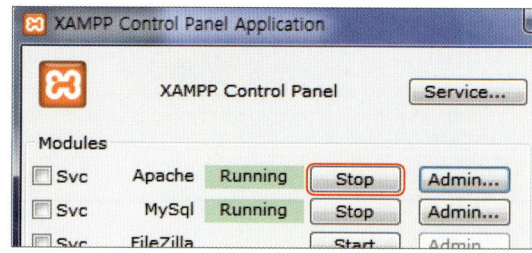

13 워드프레스를 설치할 때 주의할 점

여기까지 데이터베이스 작성과 메일 서버의 설정이 끝나면 워드프레스를 설치하기 위한 준비가 완료되었습니다. 워드프레스를 설치할 때 다음과 같은 점에 주의하기 바랍니다.

1. 로컬 환경의 URL

로컬 환경의 URL은 다음과 같습니다.

`http://localhost/`

지금 단계에서 접속해 보면 `http://localhost/xampp/` 로 리다이렉트되어 XAMPP의 관리화면이 표시됩니다.

2. 워드프레스 설치 위치

`http://localhost/` 에 대응하는 로컬 PC의 디렉터리는 `C:\xampp\htdocs` 입니다.

워드프레스 설치는 이 'htdocs' 내에 하기 바랍니다. 'htdocs' 바로 아래(document root)에 직접 워드프레스를 설치하는 경우, 브라우저로 접속하면 다음과 같이 URL이 표시됩니다.

`http://localhost/cms/`

3. 워드프레스를 'htdocs' 폴더에 설치할 경우 주의할 점

'htdocs' 폴더에 직접 워드프레스를 설치하는 경우, 처음부터 'htdocs' 폴더에 XAMPP가 설치될 때 있던 index.php 파일은 워드프레스의 index.php 파일로 변경되기 때문에 `http://localhost/` 로 접속하면 워드프레스의 톱페이지가 표시됩니다. 따라서 XAMPP의 관리화면을 열려면 `http://localhost/xampp/` 를 브라우저의 URL 창에 직접 입력해서 접속해야 합니다.

4. 워드프레스를 'htdocs' 내에 'cms'라는 디렉터리를 작성해서 설치할 경우 주의할 점

도큐먼트 루트 이외에 워드프레스를 설치하는 경우, 워드프레스의 기능 가운데 하나인 '가상 robots.txt'가 동작하지 않습니다. 이것은 robots.txt를 배치하는 위치가 도큐먼트 루트로 제한되기 때문입니다. 가상 robots.txt 기능의 동작을 확인하고 싶은 경우, 도큐먼트 루트에 워드프레스를 설치하기 바랍니다.

14. XAMPP 환경(로컬 환경)의 제약사항에 대하여

이 책의 내용을 XAMPP 환경(로컬 환경)에서 진행하고 있는 경우, 사이트 자체는 완성할 수 있지만 환경에 따라 몇 가지 제약이 있습니다.

1. 메일 전송에 관한 제약

메일 전송 서버의 설정을 하지 않는 경우 또는 메일 전송 서버가 대응하지 않는 경우에는 메일 전송을 할 수 없습니다. 이 경우 'STEP 2-10'에서는 실제 메일 전송을 할 수 없습니다. 단, 메일 폼의 동작 등을 샘플 사이트에서 표시할 때는 영향을 받지 않기 때문에 그대로 진행하기 바랍니다.

2. 소셜 서비스와 연동에 관한 제약

로컬 환경에서는 소셜 서비스와 연동하지 않는 기능이 부분적으로 있습니다. 'STEP 5-2'에서 설명하는 연동 기능이 부분적으로 기능하지 않습니다. 단, 샘플 사이트에서는 페이스북 댓글의 설치 시에 경고 표시가 나타나는 경우를 제외하고는 정상적으로 동작하니까 그대로 진행하기 바랍니다.

3. Google Analyticator(Google Analytics)에 관한 제약

'STEP 6-1. Google Analyticator를 설치해서 액세스 로그를 분석하기'는 로컬 환경에서는 실현할 수 없기 때문에 이 STEP은 건너뛰기 바랍니다. 그래도 그 뒤의 내용에 영향을 미치지 않습니다.

4. SSL에 대하여

'STEP 7-1. 관리화면과 '문의' 폼을 보호해서 보안 높이기'에서는 SSL 환경이 필요합니다. XAMPP 환경에서는 표준으로 SSL에 대응하고 있지만 SSL에서 이용하는 증명서는 자기 서명 증명서입니다. 따라서 SSL에서 보호되는 페이지로 이동하려면 브라우저에서 경고가 표시되지만 실행하는 데는 문제 없기 때문에 브라우저의 메시지에 따라 처리를 계속하면 됩니다.

5. 디렉터리 권한에 대하여

이 책에서 '디렉터리에 대하여 웹 서버로부터 쓰기 권한을 부여하기 바랍니다' 등 디렉터리의 권한을 변경해야 하는 경우가 몇 군데 있지만 XAMPP 환경에서는 특별한 설정이 필요하지 않습니다.

6. Gmail을 메일 전송 서버로 이용하는 방법

Gmail을 메일 전송 서버로 이용하는 경우에는 SSL/TLS로 암호화된 접속이 필요합니다. XAMPP 1.7.7에 포함된 sendmail.exe(fake sendmail for windows version 24)는 SSL/TLS로의 접속을 지원하지 않지만, 최신 버전의 sendmail.exe는 SSL/TLS를 지원하고 있기 때문에 최신 버전의 sendmail.exe를 사용해서 Gmail을 설정하는 방법을 설명합니다.

❶ 다운로드

Sendmail.exe(fake sendmail for windows)는 다음 URL에서 다운로드할 수 있습니다.

`http://glob.com.au/sendmail/`

이 책을 집필할 시점에서 다운로드 가능한 최신 버전은 fake sendmail for windows version 32이기 때문에 이 버전을 전제로 설명합니다.

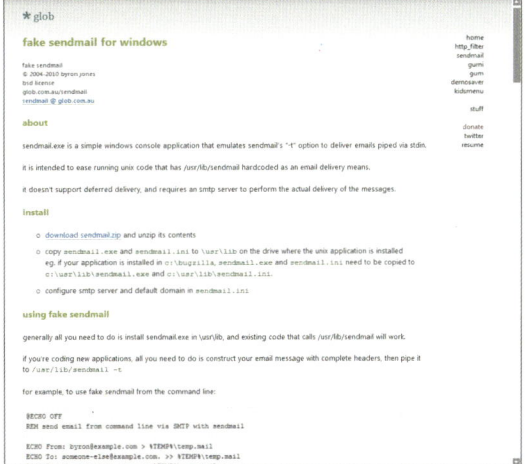

❷ sendmail.exe와 dll 복사

다운로드한 파일의 압축을 풀고 sendmail.exe, libeay32.dll, ssleay32.dll 3가지 파일을 `c:\xampp\sendmail` 로 복사합니다(sendmail.exe는 덮어쓰기를 합니다).

❸ sendmail.ini 수정

이전 과정의 '⑨ 메일 서버의 설정 확인하기'부터 '⑫ Apache 재실행하기'까지의 내용 중에서 메일 서버의 인증을 'SMTP 인증' 방식으로 설정하기 바랍니다(c:\xampp\sendmail\sendmail.ini에 Gmail의 설정 정보를 입력하기 바랍니다).

다음에는 수정한 sendmail.ini에 `smtp_ssl=tls` 를 추가로 입력합니다.

최종적으로 설정된 sendmail.ini(코멘트 아웃되지 않은 항목만)의 예를 표시해 보면

□ **sendmail.ini 입력 예**

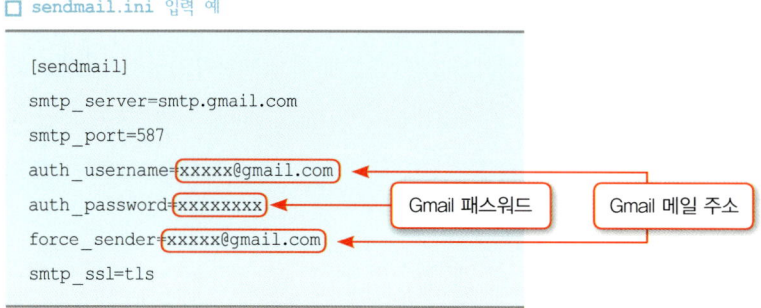

이것으로 Gmail을 메일 전송 서버로 이용할 수 있습니다.

STEP 1-4

1-4 워드프레스 테마 만들기

워드프레스에서는 사이트 표시를 위한 파일의 모음을 '테마'라고 부릅니다. 여기에서는 사이트를 표시하기 위해 필요한 최소한의 요소로 구성되는 테마를 작성합니다.

따라하기 순서

01 테마 작성하기 → 02 관리화면 확인하기 → 03 사이트 방문하기 → 04 상대경로(path) 수정하기

01 테마 작성하기

01 워드프레스를 설치한 디렉터리의 [wp-content]-[themes] 안에 다운로드 데이터 [html] 디렉터리 전체를 업로드한 후, 디렉터리 이름 'html'을 'pacific'으로 변경합니다. 이 [pacific] 디렉터리가 새롭게 하나의 테마를 구성합니다(로컬 PC의 경우 [htdoc]-[wp-content]-[themes] 아래입니다).

워드프레스를 설치한 디렉터리입니다.

디렉터리 이름을 'pacific'으로 변경했습니다.

069

02 이전 STEP에서 사용한 [pacific] 디렉터리 안의 index.html과 sub.html은 테마를 작성할 때 필요없기 때문에 삭제합니다.

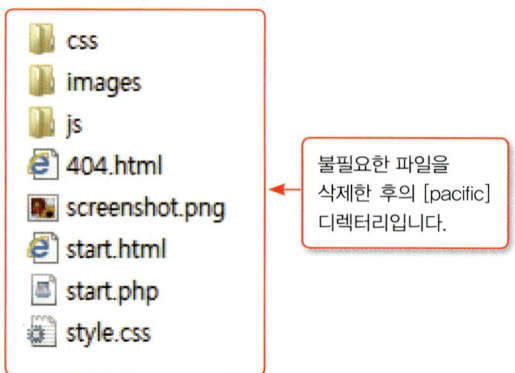

불필요한 파일을 삭제한 후의 [pacific] 디렉터리입니다.

02 관리화면 확인하기

메뉴 화면에서 글로벌 네비게이션을 설정합니다. 관리화면에서 [외모]-[메뉴]를 클릭합니다.

01 워드프레스의 관리화면(알림판)으로 들어갑니다. 만약 로그인 중인 경우에는 화면 위쪽의 툴 바를 클릭해서 관리화면으로 들어갑니다. 툴 바가 표시되어 있지 않으면 관리화면의 URL로 접속해서 로그인하기 바랍니다.
워드프레스의 관리화면 URL은 설치한 URL이 http://example.com/인 경우, wp-admin/을 추가해서 http://example.com/wp-admin/을 주소창에 입력합니다(로컬 PC의 경우 http://localhost/wp-admin/).

02 관리화면으로 들어가서 왼쪽의 메뉴에서 [외모]-[테마]를 클릭합니다. '현재 테마'와 '존재하는 테마들'에 각각 1개씩의 테마가 있는 것을 확인할 수 있습니다.

Twenty Eleven이 현재의 테마로 사용되고 있습니다.

하단에 있는 '활성화'를 클릭하면 이것을 테마로 사용할 수도 있습니다.

03 여기에서 방금 업로드한 [pacific] 디렉터리 내의 'start.html'의 파일명을 'index.php'로 변경합니다(이후 진행과정에서 이 파일을 간단히 index.php로 부릅니다).

tip 파일 이름의 확장자를 변경하려면 Windows의 경우 [구성]-[폴더 및 검색 옵션]-[보기]에서 '알려진 파일 형식의 파일 확장명 숨기기'의 체크를 해제합니다.

'start.html'의 파일명을 'index.php'로 변경합니다.

04 다시 관리화면의 [외모]-[테마]로 돌아가면 (브라우저를 갱신하면) '존재하는 테마들'에 'Pacific Malls Development'가 추가된 것을 알 수 있습니다.

'Pacific Malls Development'가 테마로서 사용 가능하게 된 것은 워드프레스의 테마로서 인식되기 위한 최소한의 필수 파일 2개인 'index.php'와 'style.css'가 준비되어 있기 때문입니다. 자세한 내용은 잠시 후에 설명합니다.

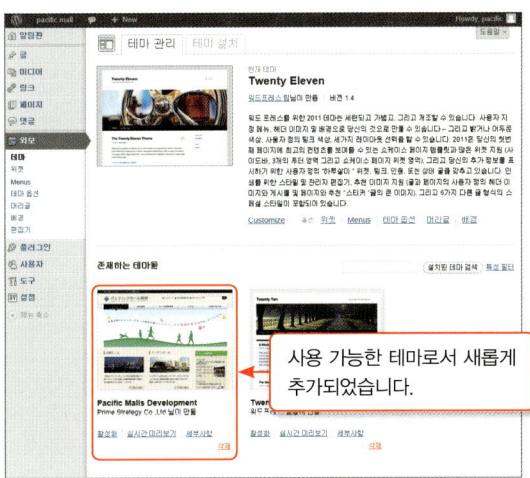

사용 가능한 테마로서 새롭게 추가되었습니다.

03 사이트 방문하기

01 'Pacific Malls Development'의 '활성화'를 클릭해서 '존재하는 테마들'에서 '현재 테마'로 변경합니다.

02 '사이트 방문'을 클릭해서 톱페이지를 확인합니다.

03 사이트를 표시해서 톱페이지를 보면 다음 그림과 같이 ⊠표시가 되어 있는 것을 확인할 수 있습니다. 이것은 style.css나 이미지 등과 같은 리소스의 상대경로 지정이 잘못되어 있기 때문입니다.

04 상대경로(path) 수정하기

header.php를 수정해서 작성한 메뉴를 표시합니다. 우선 유틸리티 메뉴부터 시작합니다.

01 style.css로의 상대경로를 바르게 출력시키기 위해서 index.php를 다음과 같이 수정합니다. 구체적으로는 CSS 파일을 읽어 들이는

```
<link rel = "stylesheet" type="text/css" media= "all" href=: "./style.css" />
```

에서

`href="./style.css"`

의 './style.css' 부분을

`<?php bloginfo('stylesheet_url'); ?>`

으로 수정합니다.

☐ **index.php**

```
<!DOCTYPE HTML>
<html dir="ltr" lang="ko">
<head>
<meta http-equiv="Content-Type" content="text/html; charset=UTF-8">
<title>title</title>
<link rel="apple-touch-icon" href="./images/touch-icon.png" />
<link rel="shortcut icon" href="./images/favicon.ico" />
<link rel="stylesheet" type="text/css" media="all" href="<?php bloginfo('stylesheet_url'); ?>" />
<!--[if lt IE 9]>
    <meta http-equiv="Imagetoolbar"content="no" />
    <script src="http://html5shiv.googlecode.com/svn/trunk/html5.js"></script>
<![endif]-->
</head>
( 생략 )
```

> **tip**
> bloginfo( )는 해당 사이트의 기본 정보를 출력하는 워드프레스의 템플릿 태그입니다. 〈?php bloginfo('stylesheet_url'); ?〉로 수정하면 현재 활성화되어 있는 테마의 디렉터리 내의 sytle.css까지의 URL이 자동적으로 출력되고(HTML로서 출력), 〈?php bloginfo('template_url'); ?〉로 수정하면 현재 활성화되어 있는 테마의 디렉터리의 URL이 출력됩니다.
>
> 워드프레스의 템플릿 태그 및 함수에는 많은 종류가 있기 때문에, 이 책에서는 샘플 사이트의 제작에 사용한 것을 중심으로 설명하므로 보다 자세히 알고 싶은 경우에는 워드프레스 코덱스(WordPress Codex) 한국어판 http://codex.wordpress.org/를 참고하기 바랍니다.

> **tip**
> 이후에 위와 같이 index.php의 소스코드를 수정하는 경우가 많습니다. 이 책에서 제공하는 소스코드를 기초로 작성하면 동작됩니다. 그리고 다운로드 데이터 [source] 디렉터리 내에 각 장마다 최종적인 소스코드(PHP 파일)가 있기 때문에 같이 참고하기 바랍니다.

02 톱페이지를 확인하면 다음과 같이 변경된 것을 알 수 있습니다. CSS를 적용했지만 일부 이미지는 표시되지 않는 상태입니다.

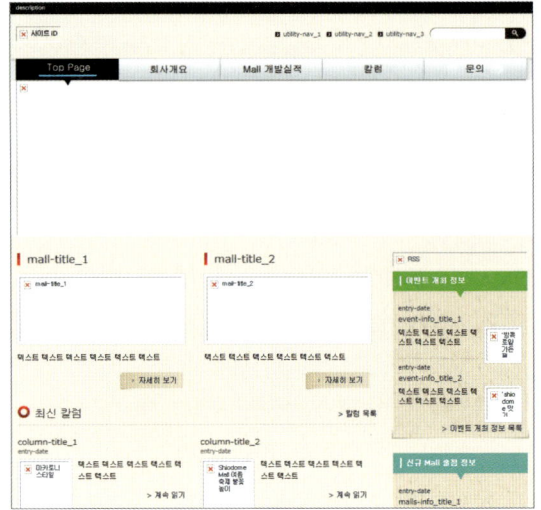

03 생성된 HTML을 브라우저 상에서 확인하면 CSS를 지정한 부분들의 정확한 상대경로가 출력되고 있지만 그 외의 부분은 아직 상대경로가 정확하지 않습니다.

☐ 톱페이지의 HTML

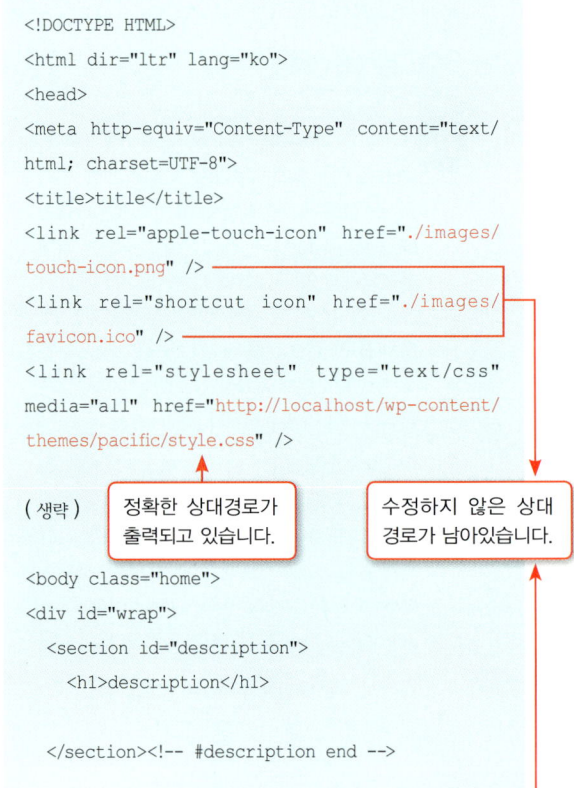

```
<!DOCTYPE HTML>
<html dir="ltr" lang="ko">
<head>
<meta http-equiv="Content-Type" content="text/html; charset=UTF-8">
<title>title</title>
<link rel="apple-touch-icon" href="./images/touch-icon.png" />
<link rel="shortcut icon" href="./images/favicon.ico" />
<link rel="stylesheet" type="text/css" media="all" href="http://localhost/wp-content/themes/pacific/style.css" />

( 생략 )

<body class="home">
<div id="wrap">
  <section id="description">
    <h1>description</h1>

  </section><!-- #description end -->
```

정확한 상대경로가 출력되고 있습니다.

수정하지 않은 상대경로가 남아있습니다.

```
<div id="container">
  <header id="header">
    <h1 id="site-id">
      <a href="#"><img src="./images/header/
      site_id.png" alt="사이트 ID" /></a>
    </h1><!-- #site-id end -->
( 생략 )
```

04 여기에서 이미지를 불러들이는 몇 군데 상대 경로를 워드프레스 템플릿 태그 bloginfo('template_url')을 사용해서 수정합니다. 구체적으로는

`href=" ./images/…` 와
`img src=" ./images/…` 의 '.'(dot) 부분을
`<?php bloginfo('template_url'); ?>`
로 수정합니다.

이미지를 불러들이기 위해 필요한 15군데의 상대경로를 수정해야 하기 때문에 에디터의 '검색' 기능을 이용하기 바랍니다.

☐ **index.php**

```
( 생략 )
</head>
<body class="home">
<div id="wrap">
  <section id="description">
    <h1>description</h1>
  </section><!-- #description end -->
  <div id="container">
    <header id="header">
      <h1 id="site-id">
        <a href="#"><img src="<?php
bloginfo('template_url'); ?>
/images/header/site_id.png" alt="사이트 ID" /></
a>
      </h1><!-- #site-id end -->
( 생략 )
```

> **tip**
> start.html의 모든 상대경로를 템플릿 태그 bloginfo( )로 수정한 파일이 index.php와 같은 디렉터리에 있는 start.php 입니다. 필요에 따라서 start.php를 사용하기 바랍니다. 사용할 경우에는 index.php를 일단 삭제하고 start.php 파일명을 'index.php'로 변경하기 바랍니다. start.php를 사용하지 않는 경우에는 삭제하기 바랍니다.

05 ▶ 15군데를 모두 수정한 후 톱페이지를 보면 원래 start.html에서 표시되어 있던 모든 연습용 이미지가 표시되어 있는 것을 확인할 수 있습니다.

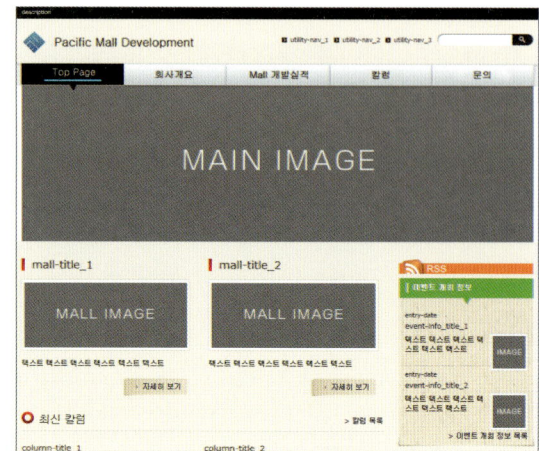

> **tip**
>
> 워드프레스를 이용해서 생성한 HTML을 브라우저로 확인하는 방법(윈도우의 경우)
>
> ### IE8, IE9
> 브라우저 메뉴에서 [보기]-[소스]를 선택하거나 브라우저 화면 상에서 마우스 오른쪽 버튼을 클릭한 후 '소스 보기'를 선택합니다.
>
> ### Firefox 10, Chrome 17
> Ctrl+U (Ctrl 키와 U 키를 동시에 누름) 또는 브라우저 화면 상에서 마우스 오른쪽 버튼을 클릭한 후 '페이지의 소스 보기'를 선택합니다.
>
> ### Safari 5
> Ctrl+Alt+U (Ctrl 키와 Alt 키를 누른 상태에서 U 키를 누름) 또는 브라우저의 화면 상에서 마우스 오른쪽 버튼을 클릭한 후 '소스 보기'를 선택합니다.

06 브라우저로 생성된 HTML 코드를 보면 정확한 경로가 지정되어 있는 것을 확인할 수 있습니다. 여기까지 진행했으면 start.html을 브라우저로 표시할 경우 워드프레스의 테마로 표시되는 것을 확인할 수 있습니다.

□ 톱페이지의 HTML

```html
<!DOCTYPE HTML>
<html dir="ltr" lang="ko">
<head>
<meta http-equiv="Content-Type" content="text/html; charset=UTF-8">
<title>title</title>
<link rel="apple-touch-icon" href="http://localhost/wp-content/themes/pacific/images/touch-icon.png" />
<link rel="shortcut icon" href="http://localhost/wp-content/themes/pacific/images/favicon.ico" />
<link rel="stylesheet" type="text/css" media="all" href="http://localhost/wp-content/themes/pacific/style.css" />

(생략)

<body class="home">
<div id="wrap">
  <section id="description">
    <h1>description</h1>
  </section><!-- #description end -->
  <div id="container">
    <header id="header">
      <h1 id="site-id">
        <a href="#"><img src="http://localhost/wp-content/themes/pacific/images/header/site_id.png" alt="사이트 ID" /></a>
      </h1><!-- #site-id end -->
(생략)
```

TIP Plus 테마 작성에 필요한 파일

index.php와 style.css

워드프레스에서 '존재하는 테마들'을 작성하기 위해 필요한 최소한의 파일이 'index.php'와 'style.css' 2가지입니다.

01 index.php 파일은 특별한 내용을 작성하지 않더라도 테마를 구성하는 파일로서 기능을 합니다.

☐ index.php

※ 빈 공간

02 한편 style.css에는 테마임을 알리는 선언이 필요합니다.

☐ style.css

```
/*
Theme Name: Pacific Malls Development
Theme URI: http://www.localhost/download/
Description: This is our original theme.
Author: Prime Strategy Co.,Ltd.
Author URI: http://www.localhost/
Version:1.0
*/
```

> **tip** 이 책의 샘플 데이터 'pacific'의 style.css에는 이미 다음과 같이 테마임을 알리는 내용이 포함되어 있습니다. 만약 자신만의 테마를 작성할 경우에는 이 서술 내용을 변경하기 바랍니다.

screenshot.png

관리화면의 [외모]-[테마]에서 사이트의 screen shot 이미지를 표시하기 위해 'screenshot.png'가 필요하며, screen shot 이미지는 다음과 같이 작성하고 저장하면 워드프레스에서 테마용 이미지로 인식하게 됩니다.

01 톱페이지 등의 스크린샷을 선택한 후 이미지 사이즈를 300×225픽셀로 수정한 후 파일이름을 'screenshot.png'로 합니다.

02 작성한 screenshot.png를 index.php 및 style.css와 같은 디렉터리에 저장합니다.

TIP Plus 샘플 데이터의 각 파일들

서버에 업로드할 때의 [pacific] 디렉터리 내의 각 파일은 다음과 같습니다.

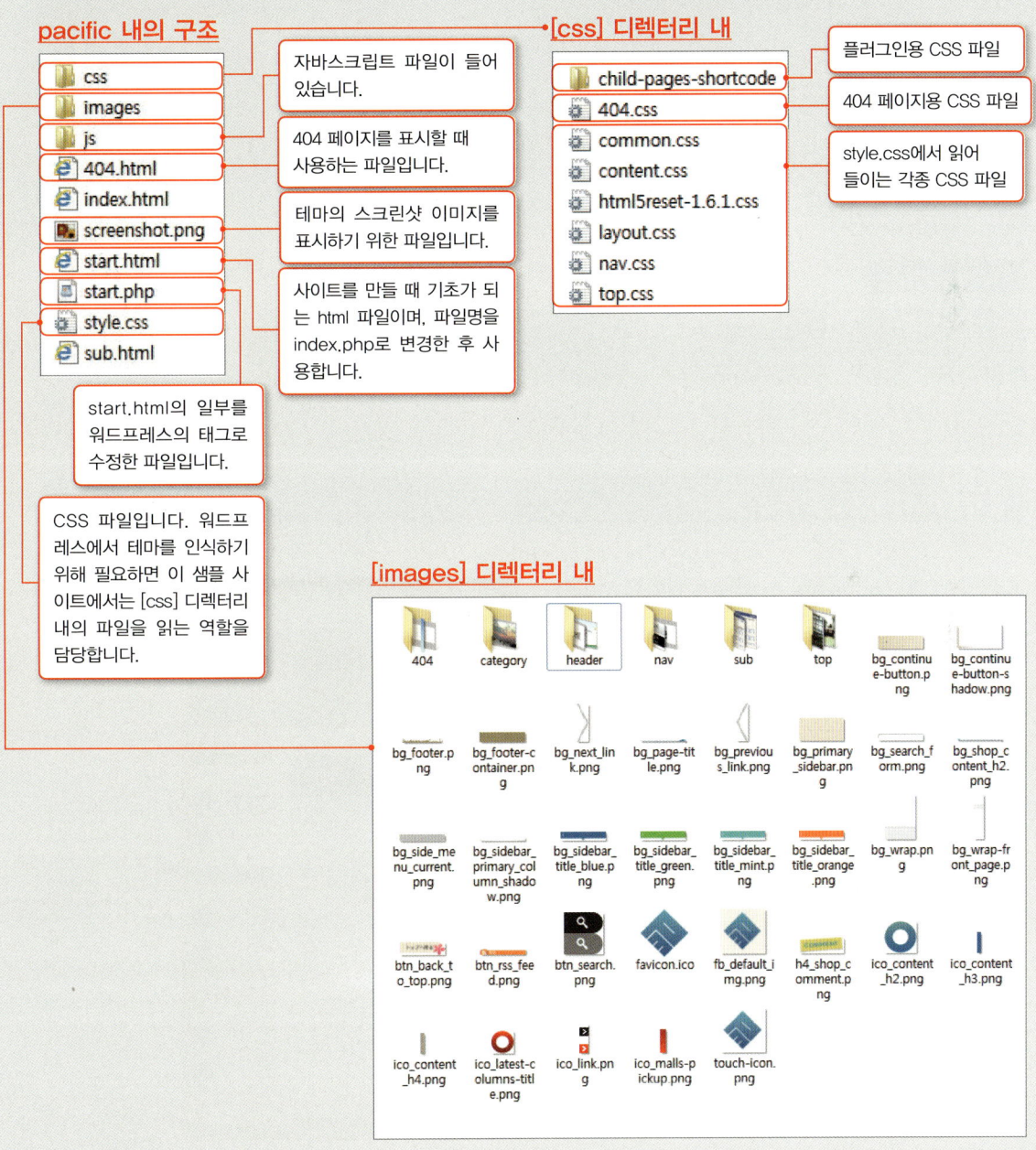

STEP 1-5

1-5 템플릿 분할하기

워드프레스에는 테마 내의 복수 파일에 의해 페이지를 표시하는 구조를 가지고 있으며, 이 복수의 파일은 '템플릿'이라고 합니다. 이전 STEP까지는 테마 표시용 템플릿을 index.php 하나로 처리했지만 지금부터는 역할 마다 템플릿을 분할해서 조금씩 동작시킵니다.

따라하기 순서

01 index.php 분할하기 ▸ 02 템플릿 태그 추가하기 ▸ 03 표시 확인하기 ▸ 04 생성된 HTML 확인하기 ▸ 05 태그라인 변경하기

01 index.php 분할하기

이전에 작성한 index.php는 하나의 파일로 템플릿을 구성하고 있습니다. 그러나 템플릿을 파일 하나로 작성하면 할수록 파일 내부가 매우 복잡하게 됩니다. 따라서 지금부터는 index.php를 역할에 따라 4개로 분할합니다(그림 참조).

구체적으로는 톱페이지의 메인 컨텐츠에 상당하는 부분을 index.php로 작성하고 또한 index.php로부터 header.php, sidebar-top.php, footer.php의 각 템플릿을 호출하는 형식으로 변경합니다.

index.php로부터 호출된 이 템플릿들을 '파트 템플릿(Part Templates)'이라고 부릅니다. header.php와 footer.php는 모든 페이지에 표시되는 header 및 footer를 출력하는 파트 템플릿입니다.

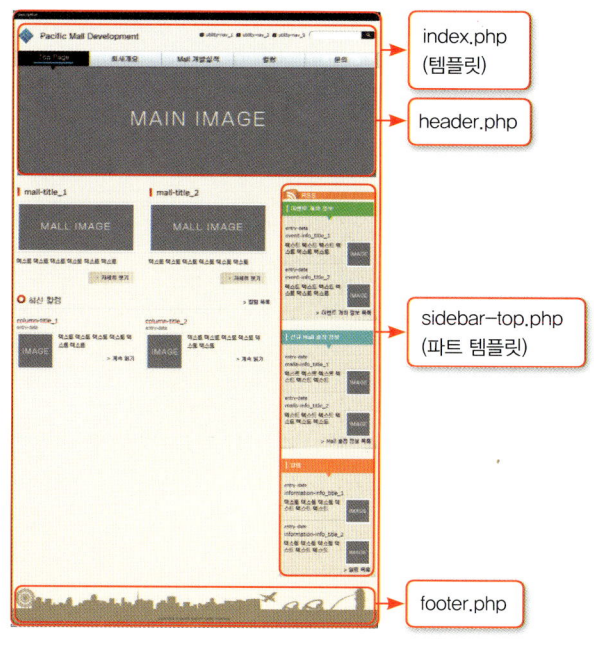

sidebar-top.php는 톱페이지 전용의 사이드바를 위한 파트 템플릿입니다(하위 페이지용 사이드바의 파트 템플릿 sidebar.php도 잠시 후에 작성합니다). 그럼 실제로 분할해 보도록 합니다.

01 index.php를 복사해서 header.php를 작성하고 header.php는 index.php와 같은 디렉터리에 저장합니다.

> **tip**
> 템플릿 파일 등의 php 파일은 특별히 지정하지 않는 한 pacific 디렉터리 아래의 index.php와 같은 디렉터리에 저장합니다.

header.php의 소스코드를 열고

`<section id="contents-body">`

아래 행의 코드(62번째 줄 〈section id="contents"〉 이하)를 삭제합니다.

☐ **header.php**

```
<!DOCTYPE HTML>
<html dir="ltr" lang="ko">
<head>
(생략)
</head>
<body class="home">
<div id="wrap">
  <section id="description">
    <h1>description</h1>
  </section><!-- #description end -->
  <div id="container">
    <header id="header">
(생략)
    </header><!-- #header end -->
(생략)
    <section id="contents-body">
```

여기까지 header.php에 포함시키고, 다음 줄부터 전부 삭제합니다.

02 index.php를 열고 header.php로 잘라낸 부분(61번째 줄까지)을 삭제하고, header.php를 로딩하기 위한 템플릿 태그

`<?php get_header(); ?>` 를 추가합니다.

☐ **index.php**

```
<?php get_header(); ?>
    <section id="contents">
      <section id="malls-pickup">
        <div class="malls-group">
(생략)
```

header.php를 로딩합니다.

081

03 톱페이지를 표시해서 페이지 전체 및 header. php로 잘라낸 부분 등의 표시에 변화가 없는지 확인합니다.

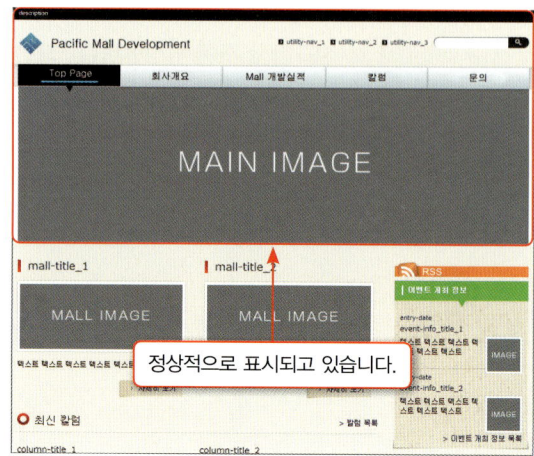

정상적으로 표시되고 있습니다.

04 마찬가지로 index.php를 복사해서 sidebar-top.php를 작성합니다.
sidebar-top.php의 소스코드를 열고 1번째 줄부터

`<section id="sidebar">`
까지의 코드(43줄까지)와

`</section><!-- #sidebar end -->`
아래 코드(가장 아래의 10줄)를 삭제해서

`<section id="sidebar">` 부터

`</section><!-- #sidebar end -->`
까지만 남겨둡니다.

05 index.php를 열고 04 에서 sidebar-top.php로 잘라낸 부분을 삭제해서 삭제한 부분에 sidebar-top.php를 읽기 위한 템플릿 태그

`<?php get_sidebar('top'; ?>`
을 추가합니다.

☐ **sidebar-top.php**

```
<section id="sidebar">
  <aside class="rss_link">
       <a href="#"><img src="<?php bloginfo('template_url'); ?>/images/btn_rss_feed.png" width="250" height="28" alt="RSS" /></a>
    </aside>
    <div id="primary" class="widget-area">
(생략)
    </div><!-- #primary end -->
  </section><!-- #sidebar end -->
```

여기까지 sidebar-top.php에 포함합니다.

☐ **index.php**

```
(생략)
</section><!-- #latest-columns end -->
    </section><!-- #contents end -->
         <?php get_sidebar('top'); ?>
    </section><!-- #contents-body end -->
  </div><!-- #container end -->
  <div id="footer-container">
    <footer id="footer">
```

> **tip**
>
> **Q. 추천할 만한 텍스트 에디터는 무엇이 있습니까?**
>
> **A.** 우선 윈도우의 메모장은 UTF-8(BOM 없음)을 사용할 수 없기 때문에 UTF-8(BOM 없음) 문자코드를 취급할 수 있는 텍스트 에디터라면 어떤 에디터라도 상관없습니다. 손에 익숙한 에디터를 사용하기 바랍니다.(119페이지, 131페이지 참고)

```
    <p id="copyright"><small>Copyright &copy;
[ company's name ] All rights reserved.</
small></p>
   </footer><!-- #footer end -->
  </div><!-- #footer-container end -->
 </div><!-- #wrap end -->
</body>
</html>
```

06 톱페이지를 표시해서 페이지 전체 및 sidebar-top.php로 잘라낸 부분 등의 표시에 이상이 없는지 확인합니다.

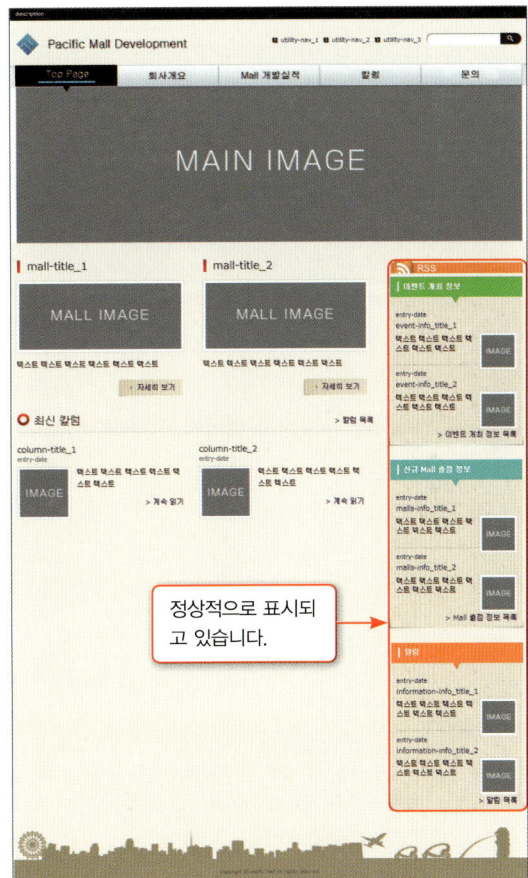

정상적으로 표시되고 있습니다.

> **tip**
>
> get_header( ), get_sidebar( ), get_footer( )는 각각 header.php, sidebar.php, footer.php를 로딩하기 위한 템플릿 태그입니다. 인수를 추가하면 로딩할 파일명의 일부를 변경할 수 있습니다.
>
> 예를 들어
> get_sidebar('top')과 같이 인수를 추가하면 sidebar-top.php를 로딩합니다.
>
> get_header( ), get_footer( )도 마찬가지입니다. 예를 들어 get_header('example')처럼 example을 추가하면 header-example.php를 로딩합니다.

07 마찬가지로 index.php를 복사해서 footer.php를 작성합니다.

footer.php의 소스코드를 열고 처음부터 조금 전에 추가한

`<?php get_sidebar('top'); ?>` 까지의 코드를 삭제해서 다음과 같이 입력되어 있는 파일을 만듭니다.

☐ **footer.php**

```
    </section><!-- #contents-body end -->
  </div><!-- #container end -->
  <div id="footer-container">
    <footer id="footer">
      <p id="copyright"><small>Copyright &copy; [ company's name ] All rights reserved.</small></p>
    </footer><!-- #footer end -->
  </div><!-- #footer-container end -->
</div><!-- #wrap end -->
</body>
</html>
```

08 index.php를 열고 **07**에서 footer.php로 잘라낸 부분을 삭제해서 삭제한 부분에 footer.php를 로딩하기 위한 템플릿 태그 `<?php get_footer(); ?>` 를 추가합니다.

☐ **index.php**

```
( 생략 )
        </section><!-- #latest-columns end -->
      </section><!-- #contents end -->
<?php get_sidebar('top'); ?>
<?php get_footer(); ?>
```

09 톱페이지를 표시해서 페이지 전체 및 footer.php로 잘라낸 부분 등의 표시에 이상이 없는지 확인합니다.

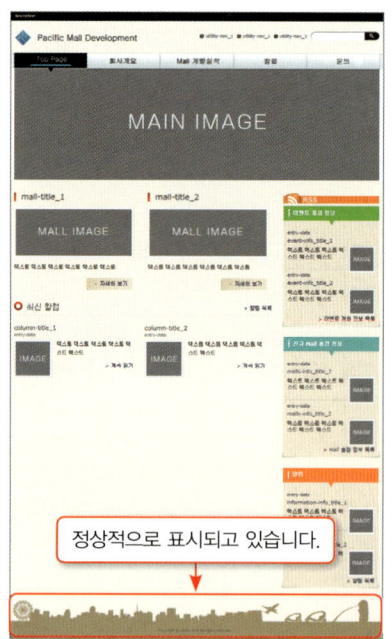

정상적으로 표시되고 있습니다.

> **tip**
> get_header(), get_sidebar(), get_footer()는 뒤에 기술할 get_template_part()로 수정할 수 있습니다. 예를 들어
>
> get_header()는 get_template_part('header')로 쓸 수도 있습니다.
>
> get_sidebar('top')은 get_template_part('sidebar-top')으로 쓸 수도 있습니다.

10 ▶ 이상으로 하나의 파일로 템플릿을 구성하고 있던 index.php를 4개로 분할하여 템플릿 index.php와 그곳으로부터 호출되는 파트 템플릿인 header.php, sidebar-top.php, footer.php를 만들었습니다.

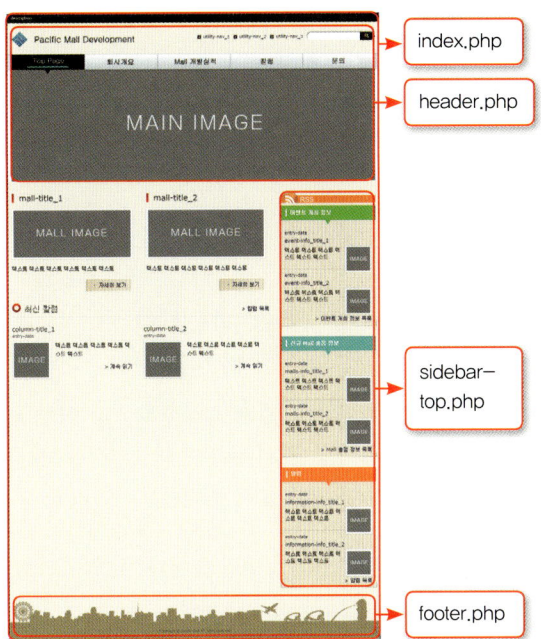

tip
header.php 등의 다른 템플릿으로부터 호출되는 '파트 템플릿(part templates)'에 대응해서 워드프레스로부터 직접 호출되는 index.php 등의 템플릿을 '메인 템플릿(main templates)' 이라고 부르기도 합니다.

02 템플릿 태그 추가하기

header.php와 footer.php에 워드프레스의 템플릿 태그를 추가합니다. 우선 header.php의 소스코드를 열고 다음과 같이 수정합니다.

01 ▶ ⟨title⟩ 태그 내의 텍스트 'title'을
`<?php bloginfo('name'); ?>` 으로 수정해서 사이트 이름이 자동적으로 출력되도록 합니다.

02 ▶ ⟨/head⟩ 바로 앞에
`<?php wp_head(); ?>` 를 추가합니다.

☐ **header.php**

```
<!DOCTYPE HTML>
<html dir="ltr" lang="ko">
<head>
<meta http-equiv="Content-Type" content="text/html; charset=UTF-8">
<title><?php bloginfo('name'); ?></title>   ❶
(생략)
<!--[if lt IE 9]>
  <meta http-equiv="Imagetoolbar" content="no" />
  <script src="http://html5shiv.googlecode.com/svn/trunk/html5.js"></script>
<![endif]-->
<?php wp_head(); ?>   ❷
```

085

> **tip**
> 이 〈?php wp_head( ); ?〉와 잠시 후 footer.php에 추가하는 〈?php wp_footer( ); ?〉는 테마를 작성할 때 반드시 입력해야 하는 템플릿 태그입니다. 메타 태그의 출력, 자바스크립트 라이브러리의 로딩, 워드프레스 툴 바의 표시 등 워드프레스가 자동적으로 HTML을 출력하기 위해 필요합니다. 또한 일부 플러그인의 hook 포인트(플러그인이 처리하는 장소)에서도 사용되는 일이 많고, 이것을 서술하지 않으면 동작하지 않는 플러그인도 존재하기 때문에 주의하기 바랍니다.

03 〈section id="description"〉 내의 〈h1〉 ~ 〈h2〉 사이에 있는 description을 `<?php bloginfo('description'); ?>` 로 치환해서 나중에 관리화면에서 설정할 캐치 프레이즈가 출력되도록 합니다.

04 〈h1 id="site-id"〉 내의 톱페이지로의 링크를 `<?php echo home_url('/'); ?>` 으로 출력시킵니다. '#'을 이 코드로 수정합니다.

05 〈a〉 태그 내의 alt에 〈?php bloginfo ('name'); ?〉을 입력해서 사이트 이름을 출력시킵니다. '사이트 ID'를 이 코드로 치환합니다.

다음에 footer.php의 소스코드를 열고 다음과 같이 수정합니다.

06 〈footer id="footer"〉 내의 copyright 의 [company's name] 부분을 `<?php bloginfo('name'); ?>` 로 치환해서 사이트 이름(회사 이름)을 출력시킵니다.

07 〈/body〉 바로 위에 〈?php wp_footer( ); ?〉를 추가합니다.

```
</head>
<body class="home">
<div id="wrap">
  <section id="description">                    ❸
    <h1><?php bloginfo('description'); ?></h1>
  </section><!-- #description end -->
  <div id="container">
    <header id="header">
      <h1 id="site-id">                          ❹
        <a href="<?php echo home_url('/'); ?>">
<img src="<?php bloginfo('template_url'); ?>
/images/header/site_id.png" alt="<?php
bloginfo('name'); ?>" /></a>                    ❺
      </h1><!-- #site-id end -->
(생략)
```

☐ **footer.php**

```
    </section><!-- #contents-body end -->
  </div><!-- #container end -->
  <div id="footer-container">
    <footer id="footer">
      <p id="copyright"><small>Copyright
&copy; <?php bloginfo('name'); ?> All rights
reserved.</small></p>                           ❻
    </footer><!-- #footer end -->
  </div><!-- #footer-container end -->
</div><!-- #wrap end -->
<?php wp_footer(); ?>                           ❼
</body>
</html>
```

03 표시 확인하기

사이트 헤더 부분 위에 툴 바가 표시되는 것을 확인합니다. 툴 바에 의해 사이트의 표시와 관리화면의 표시를 쉽게 바꿀 수 있습니다.

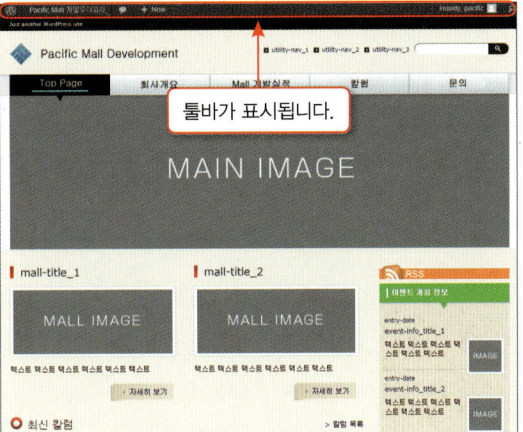

툴바가 표시됩니다.

> **tip** 툴 바는 <?php wp_head( ); ?>와 <?php wp_footer( ); ?>에 의해 생성됩니다(표시에 필요한 HTML과 CSS가 출력됩니다).

> **tip** 툴 바는 로그인해야 표시됩니다. 브라우저가 닫혀서 로그아웃된 경우 다시 로그인을 해야 합니다.

각 템플릿 태그를 추가함에 따라 사이트 ID 상부의 캐치프레이즈가 워드프레스 기본의 'Just another WordPress site'로 변경되어 있습니다. 또한 footer 부분의 copyright는 사이트 이름(회사 이름)으로 수정되어 있음을 확인할 수 있습니다.

04 생성된 HTML 확인하기

이번엔 생성된 HTML을 확인해 보겠습니다.

□ 톱페이지의 HTML

```
<!DOCTYPE HTML>
<html dir="ltr" lang="ko">
<head>
<meta http-equiv="Content-Type" content="text/html; charset=UTF-8">
<title>Pacific Mall 개발주식회사</title>    ← ①
(생략)
② <meta name='robots' content='noindex,nofollow' />
<link rel='stylesheet' id='admin-bar-css' href='http://localhost/wp-includes/css/admin-bar.css?ver=3.4.1' type='text/css' media='all' />
```

> **tip** 사이트를 표시하는 브라우저 상에서 마우스 오른쪽 버튼을 클릭하여 context menu를 열어서 '소스 보기', '페이지의 소스 보기' 등을 선택하면 HTML을 확인할 수 있습니다.

087

소스코드 설명

우선 header.php에 의한 출력 부분을 확인합니다.

❶ <?php bloginfo('name'); ?>에 의한 출력입니다.

❷ <?php wp_head( ); ?>에 의한 출력입니다.

❸ <?php bloginfo('description'); ?>에 의한 출력입니다. 설치 직후의 기본 캐치프레이즈 'Just another WordPress site'가 들어 있습니다.

❹ <?php echo home_url('/'); ?>에 의한 출력입니다.

❺ <?php bloginfo('name'); ?>에 의한 출력입니다.

다음으로 footer.php에 의한 출력 부분을 확인합니다.

❻ <?php bloginfo('name')' ?>에 의한 출력입니다.

❼ <?php wp_footer( ); ?>에 의한 출력입니다.

```
<link rel="EditURI" type="application/rsd+xml"
title="RSD" href="http://localhost/xmlrpc.
php?rsd" />
<link rel="wlwmanifest" type="application/
wlwmanifest+xml" href="http://localhost/wp-
includes/wlwmanifest.xml" />
<meta name="generator" content="WordPress 3.4.1"
/>
(생략)
</head>
<body class="home">
<div id="wrap">
  <section id="description">          ❸
    <h1>Just another WordPress site</h1>
  </section><!-- #description end -->
  <div id="container">
    <header id="header">
      <h1 id="site-id">               ❹
              <a href="http://localhost/"><img
src="http://localhost/wp-content/themes/pacific/
images/header/site_id.png" alt=" Pacific Mall 개
발주식회사 " /></a>
                                      ❺
      </h1><!-- #site-id end -->
(생략)
      <footer id="footer">
        <p id="copyright"><small>Copyright &copy;
Pacific Mall 개발주식회사 All rights reserved.</
small></p>              ❻
      </footer><!-- #footer end -->
    </div><!-- #footer-container end -->
</div><!-- #wrap end -->
❼
<script type='text/javascript' src='http://
localhost/wp-includes/js/admin-bar.
js?ver=3.4.1'></script>
(생략)
        <div id="wpadminbar" class="nojq nojs
ie9" role="navigation">
(생략)
        </div>
</body>
</html>
```

> **tip**
> 생성된 HTML을 확인하는 것은 중요합니다. 여기에서는 생성된 HTML의 확인 과정을 일부러 추가했지만 이 장 이후에는 HTML을 확인하는 과정을 서술하지 않습니다. 가능한 스스로 확인하길 바랍니다.

05 태그라인 변경하기

사이트 ID(사이트의 로고마크) 상부에 있는 설치 직후의 기본 태그라인(캐치프레이즈) 'Just another WordPress site'를 수정해서 기업 컨셉을 나타내는 태그라인이 표시되도록 합니다.

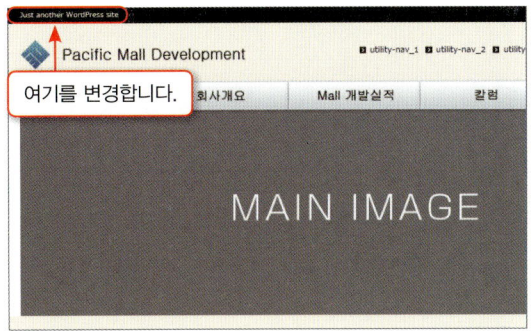

01 관리화면의 [설정]-[일반]을 클릭해서 '태그라인'에 '세계의 지역과 사람을 연결하는 Pacific Mall 개발주식회사'라고 입력합니다. [변경 사항 저장] 버튼을 클릭해서 변경사항을 저장합니다.

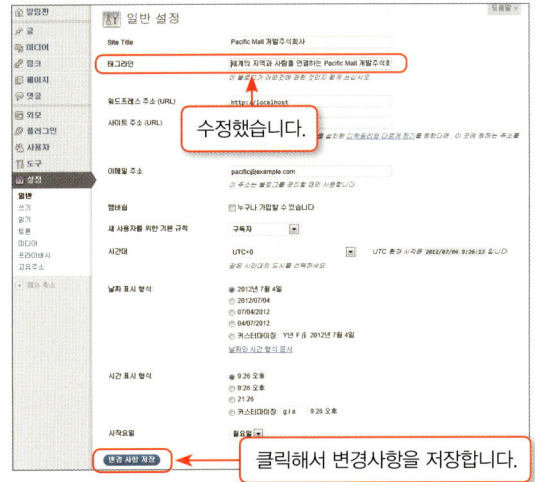

02 사이트를 표시해서 태그라인이 변경된 것을 확인합니다.

STEP 1-6

1-6 사용자정의 헤더로 메인 이미지 표시하기

워드프레스의 사용자정의 헤더(custom header) 기능을 이용해서 톱페이지의 메인 이미지를 관리화면에서 설정할 수 있게 합니다. 여기에서 작성하는 function.php는 독자적인 템플릿 태그 및 함수를 정의하기 위한 중요한 파일입니다.

따라하기 순서

01 '사용자정의 헤더' 기능 활성화하기 → **02** 이미지 업로드하기 → **03** header.php에 템플릿 태그 입력하기

01 '사용자정의 헤더' 기능 활성화하기

index.php와 같은 디렉터리에 functions.php 파일을 새로 작성합니다. functions.php는 템플릿 내에서 이용하는 독자적인 템플릿 태그 및 함수를 정의하기 위한 중요한 파일입니다.

지금부터 이용하는 '사용자정의 헤더(custom header)'와 같이 워드프레스에서 표준으로 준비되어 있는 기능을 활성화시켜 이용 가능하도록 만드는 경우에도 functions.php를 사용합니다.

01 '사용자정의 헤더' 기능을 활성화하기 위해 functions.php를 다음과 같이 작성합니다.

소스코드 설명

❶ add_custom_image_header(' ', '__return_false');

이것은 '사용자정의 헤더' 기능을 이용한다고 워드프레스에게 알리기 위한 코드입니다.

'define'으로 시작하는 다음 4줄은 각각

❷ 헤더에 텍스트를 표시하지 않습니다.

□ functions.php

```php
<?php

// custom header
add_custom_image_header('', '__return_false');   ❶

define('NO_HEADER_TEXT', true);   ❷
define('HEADER_TEXTCOLOR', '');   ❸
define('HEADER_IMAGE', '%s/images/top/main_image.png');   ❹
```

❸ 텍스트 색상

❹ 기본 이미지의 URL(%는 테마 디렉터리의 URL 을 의미합니다).

❺ 가로 길이

❻ 세로 길이

를 의미합니다.

```
define('HEADER_IMAGE_WIDTH', 950);   ← ❺
define('HEADER_IMAGE_HEIGHT', 295);  ← ❻
```

> **tip**
> add_custom_image_header(' ' , ' __return_false');
>
> 이 코드에서 주의할 점은 괄호 안의 따옴표가 "가 아니고 전부 ' 따옴표이고, 콤마 다음에는 스페이스(공백) 키를 입력해야 합니다. 실제 작성된 소스코드는 샘플 데이터에서 [source]-[chapter1]에 있는 'functions.php'를 참고하기 바랍니다. 이 워드프레스 함수는 CSS에 관한 2개의 인수를 취급합니다. CSS에 대한 지정을 하지 않는 경우 2개의 인수 모두 필요 없기 때문에 여기에서는 제1인수에 빈 값을, 제2인수에 false를 반환하는 함수의 이름을 전달합니다.
> 가로 길이의 HEADER_IMAGE_WIDTH 정수와 세로 길이의 HEADER_IMAGE_HEIGHT 정수는 잠시 후 header.php 템플릿 안에 작성합니다.

02 functions.php를 저장하면 '사용자정의 헤더' 기능이 활성화됩니다. 관리화면에서 [외모]-[머리글] 메뉴가 표시되고 관리 기능으로 액세스할 수 있게 됩니다.

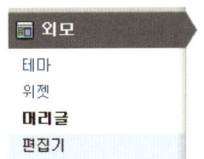

02 이미지 업로드하기

01 관리화면의 [외모]-[머리글]을 클릭하면 톱페이지에 있는 현재의 메인 이미지가 '미리보기' 형식으로 나타납니다. 이것은 미리 설정해 놓은 HEADER_IMAGE 상수에 따른 기본 이미지입니다.

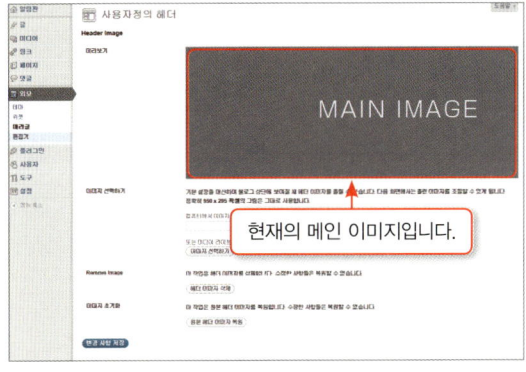

'미리보기' 이미지의 바로 밑에 '이미지 선택하기', '컴퓨터에서 이미지 선택'에서 [찾아보기]를 클릭한 후 샘플 데이터 'upload_image' 안에 있는 'main_image.png'를 선택해서 [올리기] 버튼을 클릭하면 업로드 됩니다.

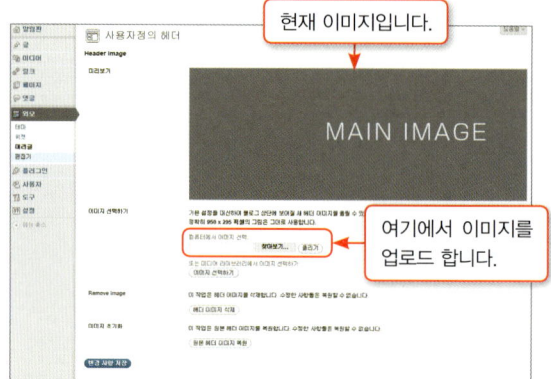

> **tip**
>
> **업로드할 경우**
>
> 디렉터리…/wp-content/uploads/…을 작성할 수 없습니다. 이 상위 디렉터리의 접속 권한은 서버에서 '쓰기'를 할 수 있는 권한이 있습니까?'라는 에러 메시지가 표시된 경우에는 FTP 소프트웨어 등에서 wp-content 디렉터리에 '쓰기' 권한을 부여하기 바랍니다(0777 등).
> 권한을 부여해서 uploads 디렉터리가 작성되어 업로드가 가능하게 된 경우 wp-content 디렉터리 권한을 본래대로 변경하기 바랍니다(0755 등).

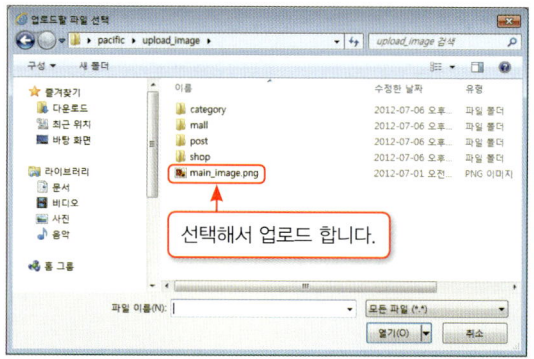

03 이미지가 업로드 됐습니다.

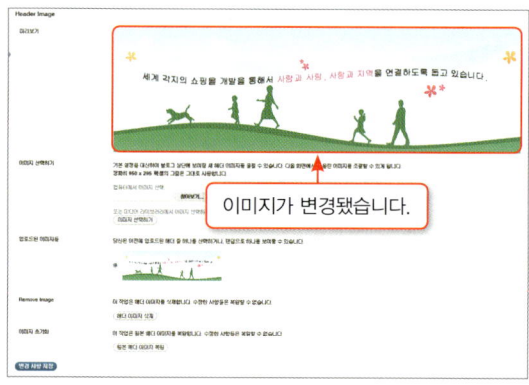

header.php에 템플릿 태그 입력하기

01 header.php를 열고 '사용자정의 헤더' 이미지 표시용 태그를 이용하도록 수정합니다.

〈section id="branding"〉 안의

```
<?php bloginfo('template_url');
?>/images/top/
main_image.png" width="950"
height="295"
```

를 다음과 같이 수정합니다.

`<?php header_image(); ?>` 에 의해 '사용자정의 헤더' 기능에서 지정한 이미지의 URL을 출력합니다.

☐ **header.php**

```
(생략)
    <section id="branding">
        <img src="<?php header_image(); ?>" width="<?php echo HEADER_IMAGE_WIDTH; ?>" height="<?php echo HEADER_IMAGE_HEIGHT; ?>" alt="" />
    </section><!-- #branding end -->
    <section id="contents-body">
```

02 마지막으로 사이트를 표시해보고 Top Page의 메인 이미지가 출력되고 있는지 확인합니다. 이제 관리화면에서 메인 이미지를 관리할 수 있게 됐습니다.

tip 이 STEP까지는 톱페이지에서 가능한 작업을 설명했지만 다음 장부터는 톱페이지와 각 페이지를 연계시킵니다.

TIP Plus   FTP 소프트웨어 'FileZilla'

다음은 FTP 소프트웨어 'FileZilla'를 소개하는 홈페이지입니다.

http://filezilla-project.org/

최근에는 보안에 관한 관심이 높기 때문에 일반적인 FTP 소프트웨어보다는 SSH를 이용해서 암호화된 접속으로 파일을 전송하는 SFTP를 사용합니다. 그 중에서 가장 많이 사용되며, 무료 소프트웨어인 FileZilla를 소개합니다.

01 위 사이트에서 다운로드한 FileZillia 파일을 설치한 후 실행시키면 그림과 같은 화면이 나타납니다.

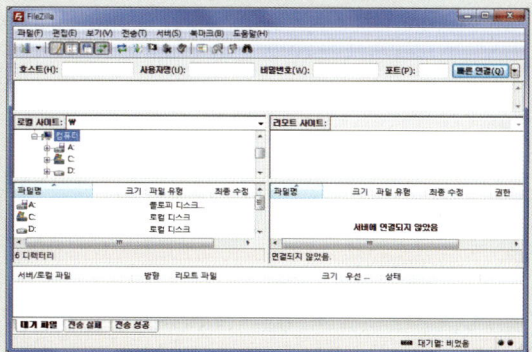

02 FileZilla로 접속하기 위해서는 그림과 같이 메뉴 아이콘에서 '사이트 관리자 열기' 아이콘을 클릭합니다.

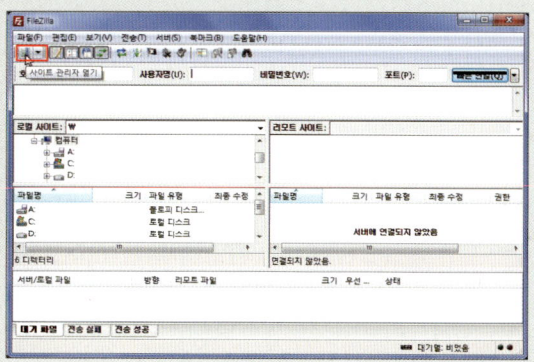

03 '사이트 관리자' 창이 열리면 [새 사이트] 버튼을 클릭합니다. '새 사이트' 항목에 '사이트 이름(사용자가 알기 쉬운 사이트 이름 입력)'을 입력합니다.

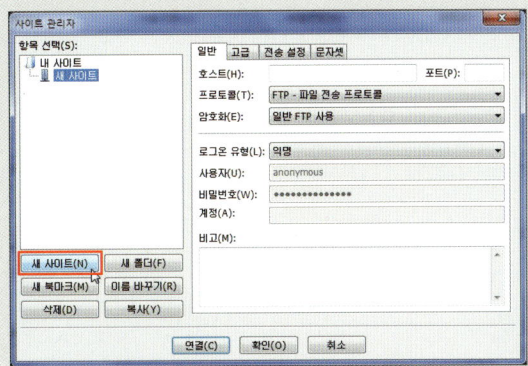

04 '사이트 관리자' 화면 오른쪽에는 호스팅 정보를 입력합니다.

❶ '호스트(H)' 항목은 접속하고자 하는 FTP 접속 주소(도메인 이름)를 입력합니다.
❷ '포트' 항목에는 [FTP]-[파일 전송 프로토콜]을 선택한 경우 '21'을, [SFTP]-[SSH File Transfer Protocol]을 선택한 경우 '22'를 입력합니다.
❸ '로그온 유형'은 '일반'을 선택합니다.
❹ '사용자' 항목에는 접속하고자 하는 호스팅 계정의 ID를 입력합니다.
❺ '비밀번호' 항목에는 호스팅 계정 ID의 비밀번호를 입력합니다.

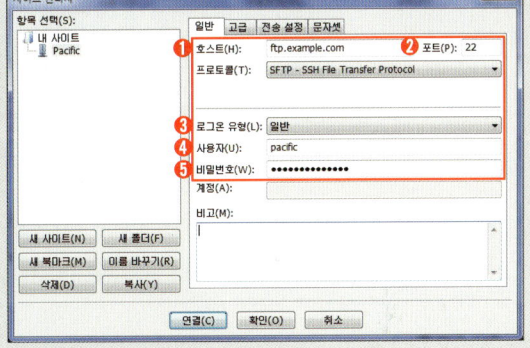

05 모든 항목의 입력이 끝나면 [확인] 버튼을 클릭합니다.

CHAPTER

2

기본 사이트
만들기

이 장에서는 웹사이트가 동작하는데 가장 기본이 되는 기능을 사용해서 기본 사이트를 만들어보겠습니다. 이 장을 마칠 쯤에는 사이트를 구성하는 각 페이지를 볼 수 있고 사이트 전체로도 이동할 수 있습니다. 특성 이미지와 '문의' 폼(양식) 등에 대해서도 알아봅니다.

STEP 2-1	기본 설정과 플러그인 설치하기
STEP 2-2	'포스트(글)'와 '페이지' 내용 입력하기
STEP 2-3	템플릿을 만들어 페이지 표시하기
STEP 2-4	사용자정의 메뉴 기능으로 글로벌 네비게이션과 유틸리티 메뉴 표시하기
STEP 2-5	page.php를 수정해서 포스트(글) 표시하기
STEP 2-6	특성 이미지를 이용해서 포스트마다 이미지 표시하기
STEP 2-7	톱페이지 표시 완성하기
STEP 2-8	톱페이지용 사이드바 완성하기
STEP 2-9	플러그인을 사용해서 몰 개발실적에 목록 출력하기
STEP 2-10	'문의' 페이지에 폼(Form) 설치하기

Preview

01 각종 기본 설정, '포스트(글)' 입력, 플러그인 설치 등을 실행하고 정적인 페이지를 표시합니다.

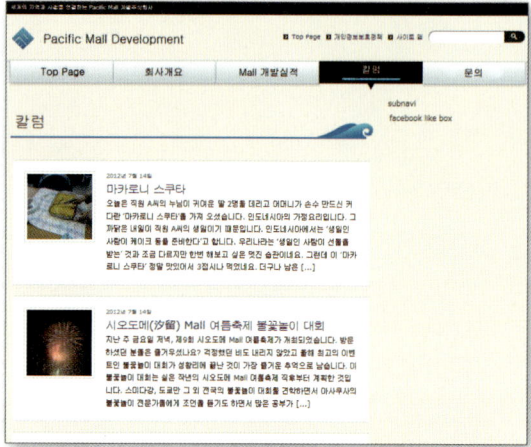

02 포스트, 아카이브 페이지가 표시되고 글로벌 네비게이션 등과 모든 페이지로 이동할 수 있습니다.

03 톱페이지의 컨텐츠 영역, 하위 네비게이션 등이 모두 준비되어 톱페이지를 표시할 수 있도록 일단 완성합니다.

04 Mall 개발 실적에 몰 목록을 표시하고 '문의' 폼(Form)을 설치합니다. 여기까지 만들면 웹사이트를 위한 최소한의 기능을 동작시킬 수 있게 됩니다.

STEP 2-1

2-1 기본 설정과 플러그인 설치하기

'고유주소 설정', '불필요한 포스트(글) 삭제', '기존 카테고리 수정' 등 기본적인 설정을 하고, 기사를 입력한 후에 이 책에서 사용할 플러그인을 미리 설치합니다.

따라하기 순서

01 고유주소 설정하기 → 02 표시 확인하기 → 03 .htaccess 설정하기 → 04 표시 다시 확인하기 → 05 샘플 포스트 삭제하기

06 샘플 페이지 삭제하기 → 07 '미분류' 카테고리 수정하기 → 08 이 책에서 이용하는 모든 플러그인 설치하기 → 09 플러그인 활성화하기

고유주소 설정하기

워드프레스를 설치하면 고유주소(permanent link)는 '글과 고정 페이지'의 URL 끝에 각각 다음과 같은 형식으로 표시됩니다.

- '포스트'(글) 페이지 '안녕하세요!'의 경우

`http://localhost/?p=1`

- 정적 페이지 '샘플 페이지'의 경우

`http://localhost/?page_id=2`

URL의 보기와 편리성을 향상시키기 위해 URL(고유주소)의 형식을 변경합니다. 개인용 PC일 경우 `http://localhost/?p=1`과 같이 표시됩니다.

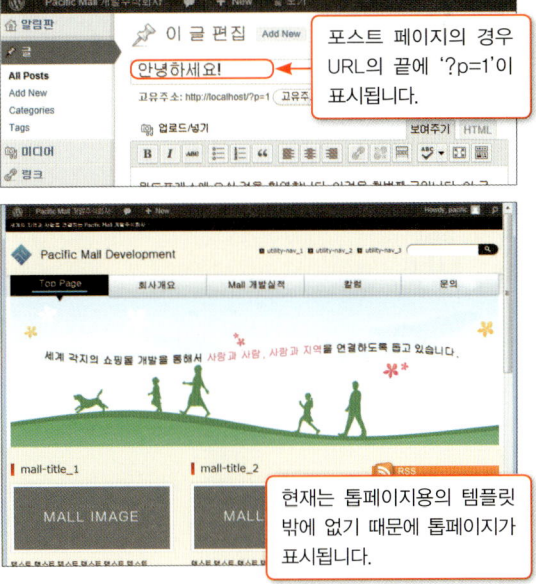

포스트 페이지의 경우 URL의 끝에 '?p=1'이 표시됩니다.

현재는 톱페이지용의 템플릿 밖에 없기 때문에 톱페이지가 표시됩니다.

01 관리화면에서 [설정]-[고유주소]를 클릭합니다.

02 '사용자정의 구조'에 체크 표시를 하고 빈칸에 `/archives/%post_id%/` 를 입력한 후 [변경 사항 저장] 버튼을 클릭합니다.

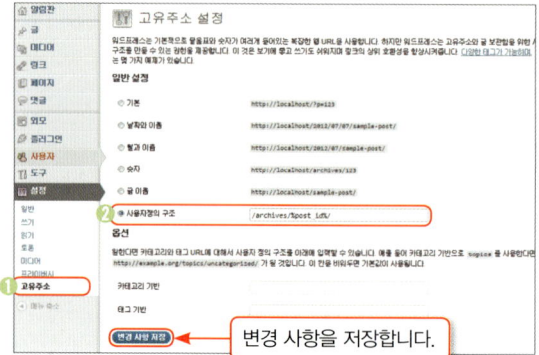

변경 사항을 저장합니다.

02 표시 확인하기

01 [글]-[All Posts]에서 포스트 페이지 '안녕하세요!'를 열고 고유주소가 설정한 대로 '/archives/1/'로 되어 있는지 확인합니다.

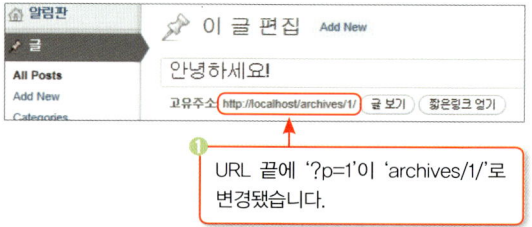

URL 끝에 '?p=1'이 'archives/1/'로 변경됐습니다.

02 마찬가지로 [페이지]-[All Pages]에서 '샘플 페이지'의 편집화면을 열고 고유주소 끝부분이 '/샘플 페이지/'로 되어 있는지 확인합니다.

URL 끝이 '?page_id=2'에서 '샘플 페이지'로 변경됐습니다. 편집 가능한 곳('샘플 페이지')은 노란색으로 하이라이트 표시가 되어 있습니다.

> **tip** 워드프레스를 도메인 바로 아래(document root) 설치한 경우입니다.

03 여기에서 [View Page] 버튼을 클릭해서 '페이지'를 확인합니다. 만약 그림과 같은 에러 메시지가 표시되면 .htaccess 설정을 해야 합니다.

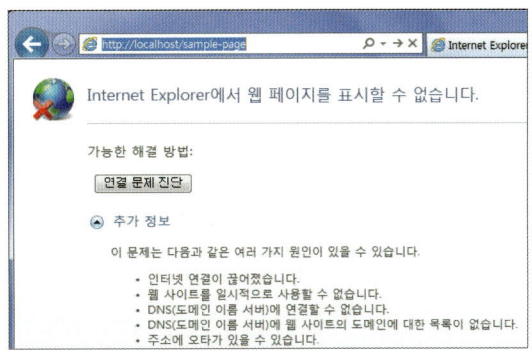

> **tip**
> 에러 표시가 아니고 톱페이지가 표시되는 경우에는 워드프레스가 생성한 '.htaccess'가 정상적으로 작동하고 있는 것이기 때문에 다음에 이어지는 '03 .htaccess 설정하기'는 생략해도 됩니다.

03 .htaccess 설정하기

고유주소가 정상적으로 작동하도록 .htaccess를 설정합니다.

01 관리화면에서 [설정]-[고유주소 설정]의 가장 끝에 그림과 같은 내용이 표시되어 있는지 확인합니다.

```
<IfModule mod_rewrite.c>
RewriteEngine On
RewriteBase /
RewriteRule ^index\.php$ - [L]
RewriteCond %{REQUEST_FILENAME} !-f
```

02 '.htaccess'라는 이름의 파일을 만들고 거기에 **01**의 'mod_rewrite'의 소스 내용을 모두 복사해서 붙입니다.

☐ .htaccess

```
<IfModule mod_rewrite.c>
RewriteEngine On
RewriteBase /
RewriteRule ^index\.php$ - [L]
RewriteCond %{REQUEST_FILENAME} !-f
RewriteCond %{REQUEST_FILENAME} !-d
RewriteRule . /index.php [L]
</IfModule>
```

> **tip**
> 워드프레스를 도메인 바로 아래(Document Root)에 설치한 경우입니다. 만약 도큐먼트 루트 이외의 디렉터리에 워드프레스를 설치한 경우, 내용이 다를 수 있습니다. 그런 경우 워드프레스가 생성한 내용을 .htaccess 파일로 이용하기 바랍니다.

03 워드프레스를 설치한 디렉터리에 .htaccess 파일을 저장합니다.

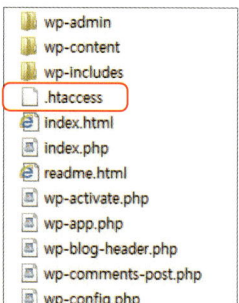

> **tip**
> 만약 '.htaccess'라는 이름으로 파일을 만들 수 없는 경우, 다른 파일명(예를 들어 . 없는 'htaccess' 등)으로 파일을 만들고 서버에 업로드한 후 '.htaccess'로 파일명을 수정하기 바랍니다.

04 표시 다시 확인해보기

01 관리화면의 [페이지]-[All pages]에서 '샘플 페이지'의 편집화면을 열어 '고유주소' 오른쪽에 있는 [View Page] 버튼을 클릭해서 고유주소를 확인합니다.

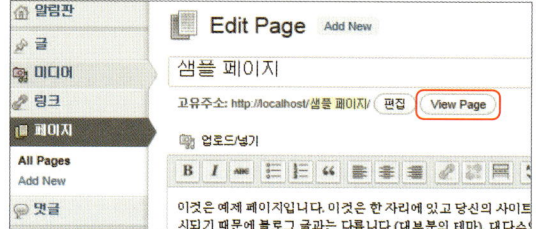

02 '.htaccess'가 정상적으로 기능하면 톱페이지와 같은 모양의 페이지가 표시되면서 URL도 변경됩니다.

> **tip**
> 편집한 페이지를 '미리보기(View Page)'하면 톱페이지와 같은 화면이 표시되는데, 이것은 아직 톱페이지용 템플릿이 적용되고 있기 때문입니다.

03 [글]을 클릭해서 '안녕하세요!'를 표시합니다. 앞에서 설명한 것과 같은 새로운 URL로 톱페이지가 표시됩니다.

클릭하면 톱페이지와 같은 모양의 페이지를 확인할 수 있습니다.

tip 만약 고유주소 설정을 변경하고 적절한 .htaccess 파일이 있음에도 불구하고 포스트가 정상적으로 표시되지 않을 경우, 사용하는 서버가 mod_rewrite를 지원하지 않을 수도 있습니다. 이런 경우에는 고유주소 설정을 기본으로 복원한 후, 변경사항을 저장하기 바랍니다. 이와 같이 하면 사용자정의 URL은 설정할 수 없습니다. 하지만 고유주소 설정은 필수가 아니기 때문에 설정하지 않아도 사이트는 정상적으로 작동합니다. 또한 이 STEP 이후의 본문에서 고유주소를 입력할 때 필요한 URL 등에 관한 설명은 생략합니다.

05 샘플 포스트 삭제하기

먼저 필요없는 포스트를 삭제하겠습니다.

01 관리화면의 [글]-[All Posts]를 클릭합니다.

02 '안녕하세요!' 옆의 체크 박스에 체크 표시를 합니다.

03 '일괄 작업' 풀다운 메뉴에서 '휴지통으로 이동'을 선택합니다.

04 [적용] 버튼을 클릭하면 샘플 포스트가 휴지통으로 이동합니다.

06 샘플 페이지 삭제하기

마찬가지로 샘플 페이지를 삭제합니다. 관리화면의 [페이지]-[All Pages]를 클릭해서 '05 샘플 포스트 삭제하기'와 같은 순서로 '샘플 페이지'를 휴지통으로 이동시킵니다.

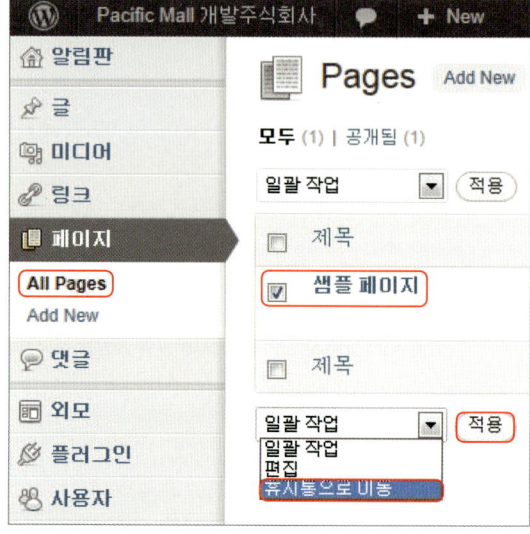

tip
포스트를 휴지통으로 이동하면 풀다운 메뉴 위 '모두'라는 항목 옆에 'Trash'(휴지통)라는 링크가 나타납니다. 휴지통으로 이동한 포스트는 30일이 지나면 자동으로 완전히 삭제됩니다.

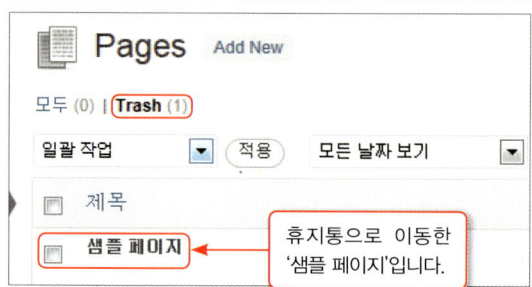

07 '미분류' 카테고리 수정하기

'미분류'는 기본으로 존재하고 포스트가 어느 곳에도 소속되어 있지 않을 때 할당하는 카테고리이기 때문에 삭제할 수 없습니다. 그렇다고 해도 필요하지 않은 카테고리가 사이트 상에 표시되는 것은 바람직하지 않기 때문에 '미분류'를 적절한 명칭(칼럼)으로 미리 변경합니다.

① 관리화면의 [글]-[Categories]를 클릭합니다.

② 'Categories' 화면에서 '미분류'를 클릭하면 카테고리 편집화면(분류 편집)으로 바뀝니다.

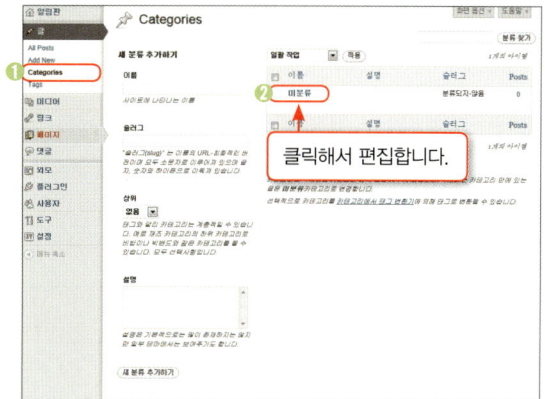

③ '이름'에는 '칼럼', '슬러그'에는 'column'을 입력한 후 [갱신] 버튼을 클릭합니다.

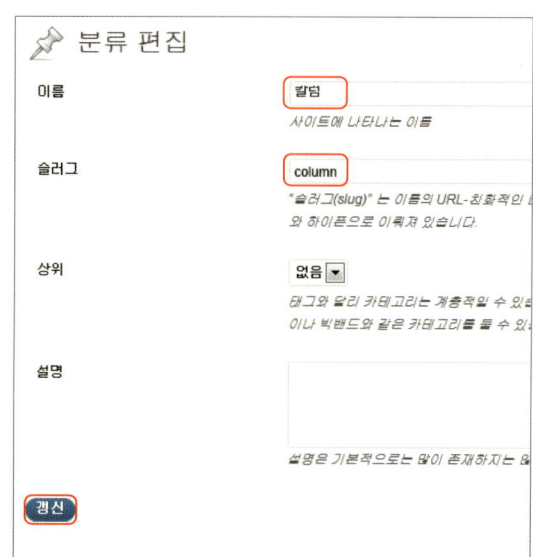

tip
'슬러그'(slug)는 워드프레스의 포스트, 페이지, 카테고리 등을 지정하기 위한 문자열입니다. 주로 포스트, 페이지, 아카이브(목록) 페이지 등을 표시할 때 URL의 일부로 이용합니다.

④ 카테고리의 '이름'과 '슬러그'가 갱신된 것을 확인할 수 있고 '미분류'였던 기본 카테고리가 '칼럼'으로 바뀝니다.

08 이 책에서 이용하는 모든 플러그인 설치하기

01 플러그인을 설치하기 전에 현재 설치되어 있는 플러그인을 확인합니다.

관리화면의 [플러그인]-[설치된 플러그인]을 클릭하면 이미 설치되어 있는 플러그인 'Akismet', '헬로우 달리'(Hello Dolly) 2개를 확인할 수 있습니다. 하지만 설치되어 있어도 활성화는 되어 있지 않습니다.

02 이제 플러그인을 설치합니다. 다운로드한 데이터 [plugins] 안의 모든 디렉터리를 워드프레스를 설치한 디렉터리 내 [wp-content]-[plugins] 안에 업로드 합니다(로컬 PC인 경우 복사해서 붙여넣기 합니다).

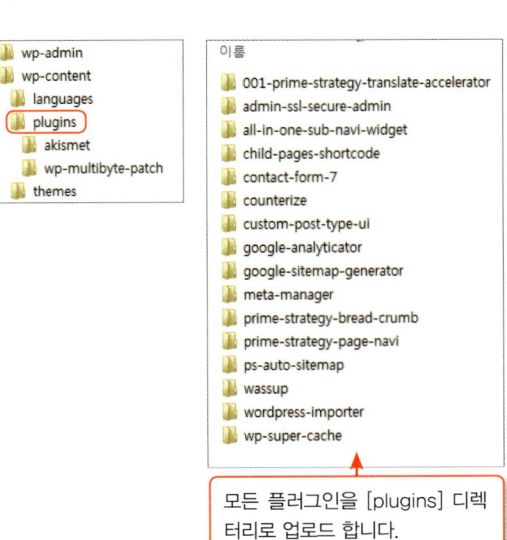

모든 플러그인을 [plugins] 디렉터리로 업로드 합니다.

> **tip**
> 이 책에서 이용하는 플러그인은 모두 wordpress.org에서 다운로드할 수 있습니다. 일반적으로 압축(zip) 형태로 되어 있기 때문에 압축을 풀고 위의 순서에 따라 설치하면 됩니다. 부록에서 '이 책에서 사용한 플러그인 목록(365페이지)'을 참고하기 바랍니다.

플러그인 활성화하기

여기에서는 설치된 플러그인 가운데 'Akismet'을 먼저 활성화하고 다른 플러그인은 필요에 따라서 활성화하도록 합니다. Akismet은 사이트를 스팸으로부터 보호하는 플러그인입니다.

01 관리화면의 [플러그인]-[설치된 플러그인]을 클릭합니다. 방금 전에 업로드한 플러그인이 모두 있는지 확인합니다.

> **tip**
> 플러그인은 설치했다고 해서 실행되지 않습니다. 기능을 실행시키기 위해서는 활성화를 해야합니다. 또한 플러그인에 따라서 활성화한 후에 따로 설정해야 하는 것도 있습니다.

02 'Akismet' 아래에 있는 '활성화'를 클릭합니다.

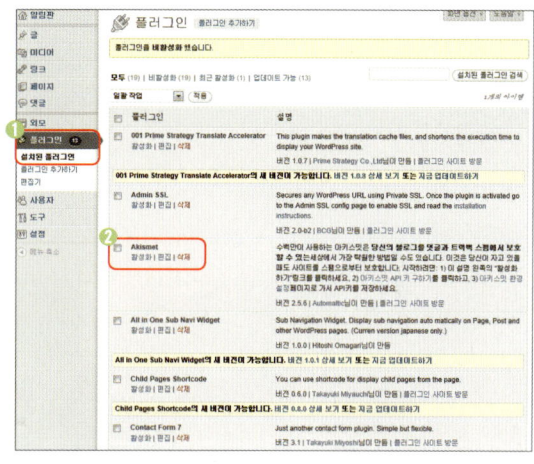

'활성화'를 클릭하면 이와 같이 변경됩니다.

> **tip**
> 플러그인 가운데 몇 가지는 일본어 버전을 한글로 수정했기 때문에 가급적 이 책의 학습이 끝날 때까지 플러그인 업데이트는 하지 말고, 워드프레스에 대한 기능을 충분히 습득한 후 업데이트를 하기 바랍니다. 플러그인의 수정은 각 플러그인의 폴더에 있는 템플릿 파일에서 가능합니다.

STEP 2-2

2-2 '포스트(글)'와 '페이지' 내용 입력하기

포스트(글)를 하나씩 입력하는 일반적인 방법을 설명합니다. 이미 일반적인 입력 방법을 알고 있다면 'AP-PENDIX A-1. 포스트와 페이지의 xml 데이터 가져오기'를 참고하고 다운로드 데이터를 임포트(import)한 후 이 과정을 생략해도 됩니다.

따라하기 순서

워드프레스에 글을 작성하는 형식은 크게 2가지로 분류합니다. 하나는 블로그 형식처럼 수시로 업데이트하는 '포스트(글)'이고, 또 하나는 웹페이지에서 회사소개와 같이 한번 작성하면 자주 업데이트하지 않는 '페이지'입니다. 여기서는 먼저 포스트(게시한 순서대로 표시되는 포스트)를 입력합니다.

 자세한 내용은 STEP 2-2 끝에 있는 'TIP Plus. 포스트(글)'와 '페이지'에 대하여'를 참조하기 바랍니다.

01 새 분류 추가하기

샘플 사이트의 포스트 기사를 작성할 때 필요한 카테고리를 미리 작성해 둡니다.

01 관리화면의 [글]-[Categories]를 클릭합니다.

02 '새 분류 추가하기' 영역에서 '이름'에 'Mall 출점 정보'를, '슬러그'에 'malls'를 입력하고 [새 분류 추가하기] 버튼을 클릭합니다.

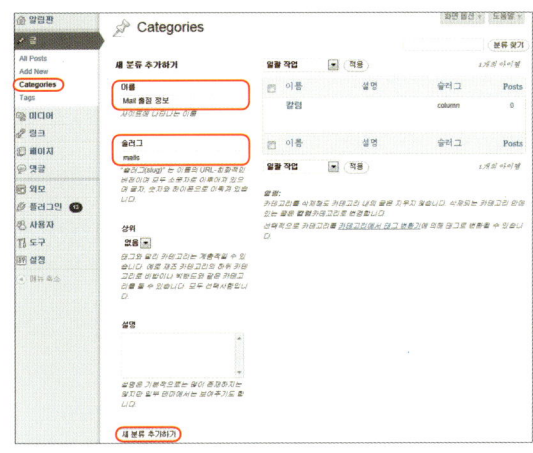

03 카테고리가 추가된 것을 확인합니다.

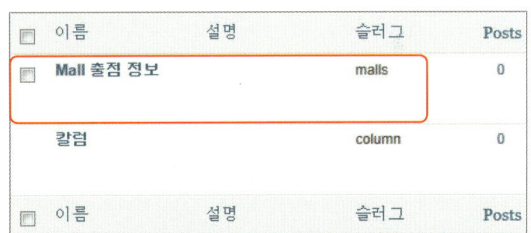

04 마찬가지로 다음과 같은 카테고리를 준비합니다.

카테고리 이름	슬러그
칼럼	column
Mall 출점 정보	malls
이벤트 개최 정보	event
알림	information

02 포스트의 제목과 본문 입력하기

샘플 사이트의 포스트 기사를 작성할 때 필요한 카테고리를 미리 작성해 둡니다.

01 다운받은 예제 소스에서 [xml] 폴더 내의 'posts.xml'을 텍스트 에디터에서 엽니다.

02 '<title>아시아의 허브 공항, Changi</title>' 부분을 찾아서 텍스트 부분 '아시아의 허브 공항, Changi'를 복사합니다.

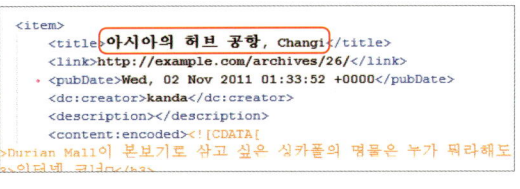

03 관리화면의 [글]-[Add New]을 클릭해서 제목 영역에 '아시아의 허브 공항, Changi'를 입력하거나 복사해서 붙여넣기 합니다.

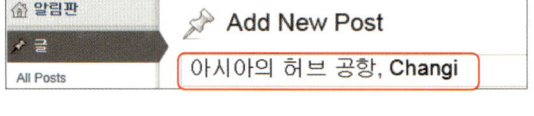

04 마찬가지로 posts.xml의 '<title>아시아의 허브 공항, Changi</title>' 밑에 있는 CDATA 내의 문자열 '<p>Durian Mall이 본보기로 삼고 싶은~ Changi 국제공항을 검색해 볼 것을 추천합니다!</p>'를 복사합니다.

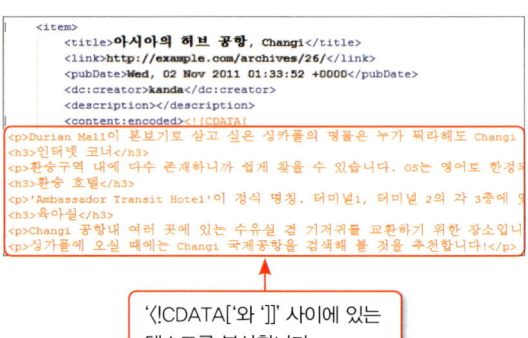

'<!CDATA['와 ']]' 사이에 있는 텍스트를 복사합니다.

05 'Add New Post' 화면에서 [HTML] 모드를 클릭해서 방금 전 복사했던 텍스트를 본문 영역에 붙여넣기 합니다.

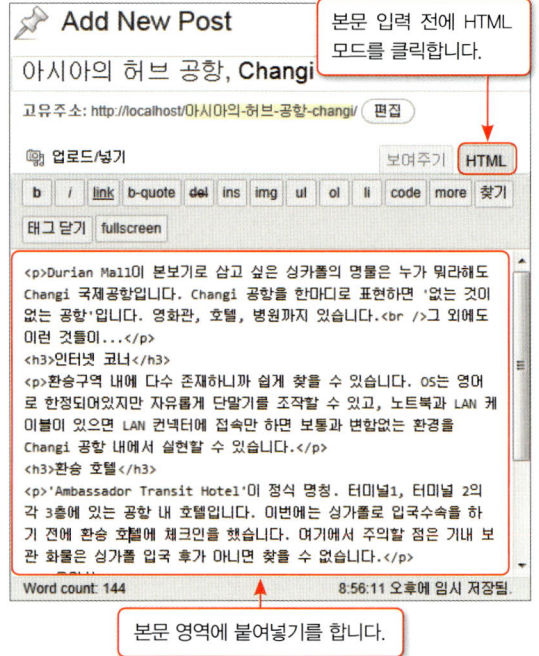

본문 입력 전에 HTML 모드를 클릭합니다.

본문 영역에 붙여넣기를 합니다.

03 카테고리 선택하기

'Categories' 영역에서 '칼럼'에 체크를 합니다.

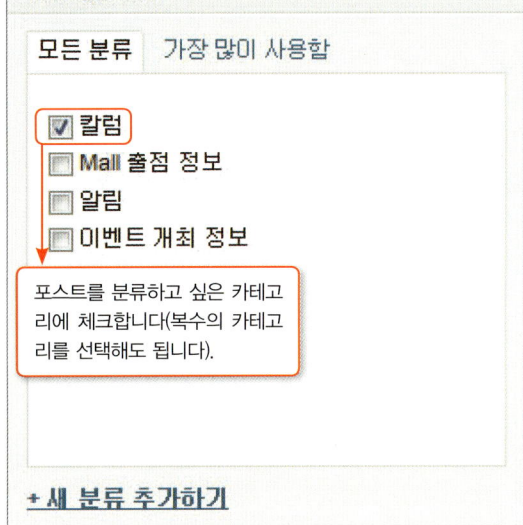

tip
'Categories'는 기본으로 표시되지만 만약 발견할 수 없으면 편집화면 오른쪽 위에 '화면 옵션'을 클릭해서 'Categories'에 체크하기 바랍니다.

04 포스트 공개하기

'공개하기' 영역에 있는 [공개하기] 버튼을 클릭합니다.

05 작성한 포스트 확인하기

[공개하기] 버튼을 클릭하면 제목 바로 위에 '글이 출판되었습니다.'라고 표시됩니다. 일반적인 포스트 확인은 [글 보기] 링크를 클릭하면 가능합니다. 현재 상태에서는 톱페이지용 템플릿만 있기 때문에 방금 공개한 포스트를 확인할 수 없습니다. 따라서 다음 순서에 따라 확인합니다.

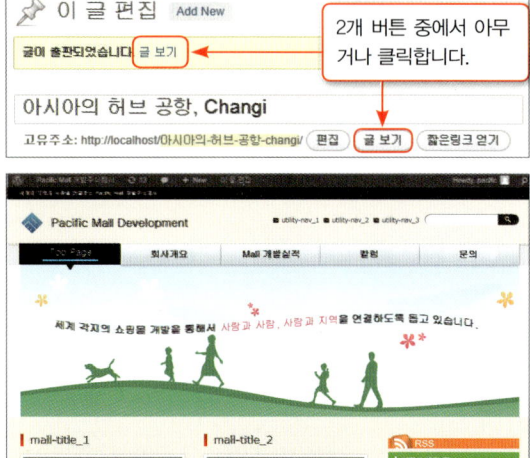

2개 버튼 중에서 아무거나 클릭합니다.

포스트를 확인할 수 없습니다.

01 관리화면의 [외모]-[테마]를 클릭해서 '존재하는 테마들' 중에서 'Twenty Eleven'을 활성화합니다.

클릭해서 테마를 활성화합니다.

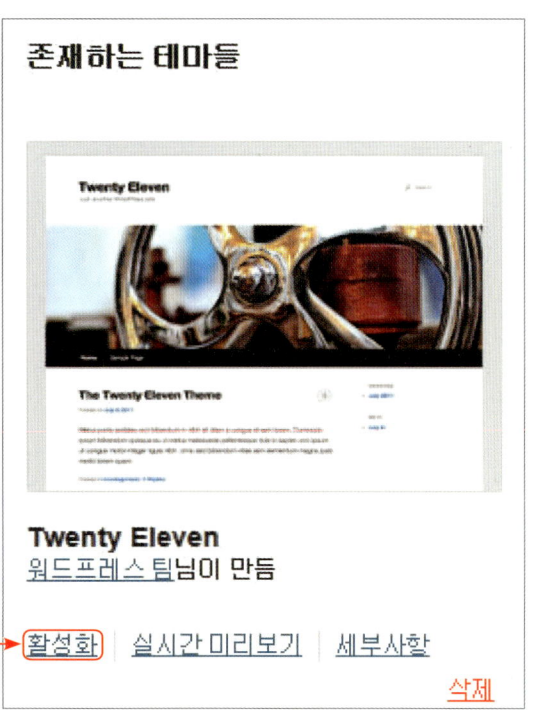

02 관리화면의 [글]-[All Posts]에서 '아시아의 허브 공항, Changi'라고 쓰여진 제목 위에 마우스를 올려 놓으면 '보기'가 나타납니다. [보기]를 클릭합니다.

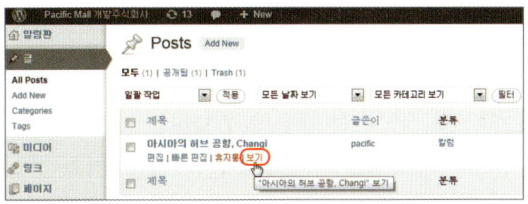

03 포스트가 작성된 것을 확인합니다.

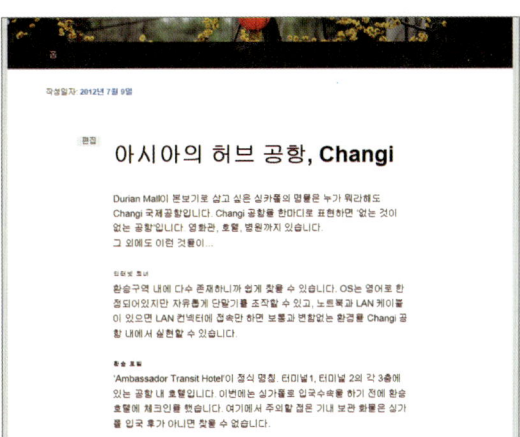

06 모든 포스트 내용 입력하기

다음 표를 참조하면서 위와 같은 요령으로 모든 포스트의 내용을 입력합니다.

제목	본문	카테고리
아시아의 허브공항, Changi		칼럼
요그야카르타(Yogyakarta) 거리		칼럼
시오도메 Mall 여름축제 불꽃놀이 대회		칼럼
마카로니 스쿠타		칼럼
'고도(古都) 요그야카르타(yogyakarta) 특산물 전시회' 개최 알림	※ posts.xml에서 해당 내용을 복사해서 입력하기 바랍니다.	이벤트 개최 정보
'시오도메(汐留) 맛기행' 개최 알림		이벤트 개최 정보
'방콕 로열가든 페어' 개최 알림		이벤트 개최 정보
말레이시아 쿠알라룸푸르 'Orient Mall' 오픈		Mall 출점 정보
샌프란시스코 놉힐 'Golden Gate Mall' 오픈		Mall 출점 정보
호놀룰루 '카메하메 Mall' 오픈		Mall 출점 정보
호놀룰루 지점을 개설했습니다.		알림
인재모집 공고		알림

07 '페이지'의 제목과 본문 내용 입력하기

01. 제목과 본문 내용을 입력하는 방법은 앞의 '02. 포스트의 제목과 본문 입력하기'와 같습니다. 먼저 예제 소스에서 [xml] 폴더 내의 'page.xml'을 텍스트 에디터로 엽니다.

02. 관리화면에서 [페이지]-[Add New]를 클릭해서 추가할 새 페이지 화면을 엽니다.

03. page.xml 내의 '회사개요'의 제목과 본문을 복사해서 각각의 영역에 붙여넣기를 하거나 입력합니다. 입력하는 방법은 포스트 내용을 입력할 때와 같습니다.

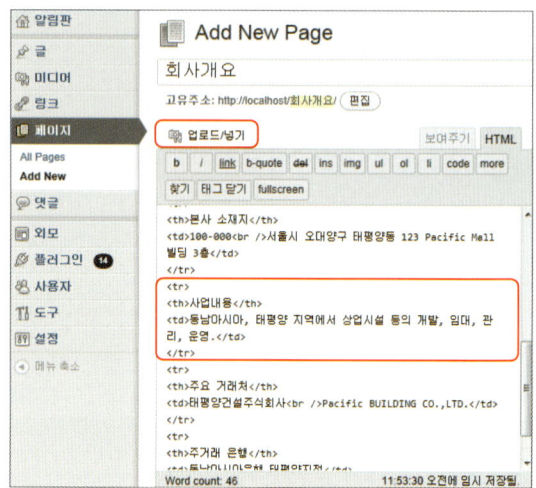

08 고유주소 편집하기

제목 바로 밑에 있는 '고유주소'의 URL 가운데 노란색으로 하이라이트 표시가 된 '회사개요' 부분이 편집 가능한 부분입니다. [편집] 버튼을 클릭해서 'about'라고 수정한 후 [OK] 버튼을 클릭합니다.

09 '페이지 속성' 선택하고 입력하기

'페이지 속성' 영역의 '템플릿'은 '기본 템플릿'으로 선택하고, '순서'에는 '100'이라고 입력합니다.

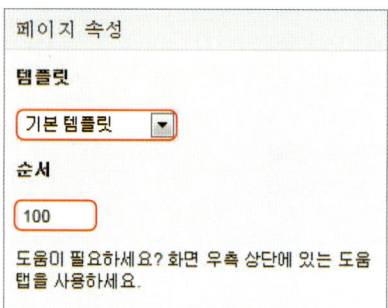

10 '회사개요' 페이지 공개하기

'공개하기' 영역의 [공개하기] 버튼을 클릭합니다.

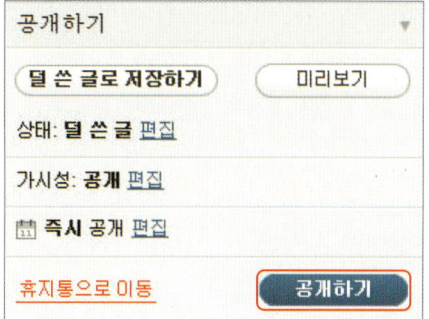

11 '회사개요' 페이지 확인하기

[공개하기] 버튼을 클릭하면 제목 바로 위에 '페이지가 출판되었습니다. 페이지 보기'라는 문구가 나타납니다.
[페이지 보기] 버튼을 클릭해서 포스트 글을 작성할 때와 같은 요령으로 작성된 페이지의 내용을 확인합니다.

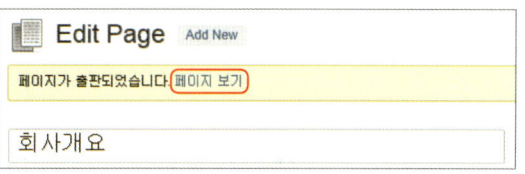

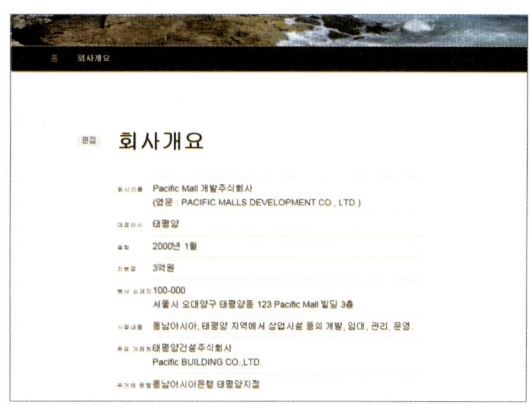

12 '하위 페이지' 작성하기

위와 같은 요령으로 '회사개요'를 상위 페이지로 하는 '사업소개'라는 하위 페이지를 다음과 같은 내용으로 작성합니다.

제목 : 사업소개
고유주소 끝(슬러그) : business
본문 : ※ page.xml의 사업소개 부분 참조.
페이지 속성
　상위 : 회사개요
　템플릿 : ※ 기본 템플릿
　순서 : 110

※ [갱신] 버튼을 클릭하면 고유주소 끝에 'business'에서 'about/business/'로 자동으로 변경됩니다.

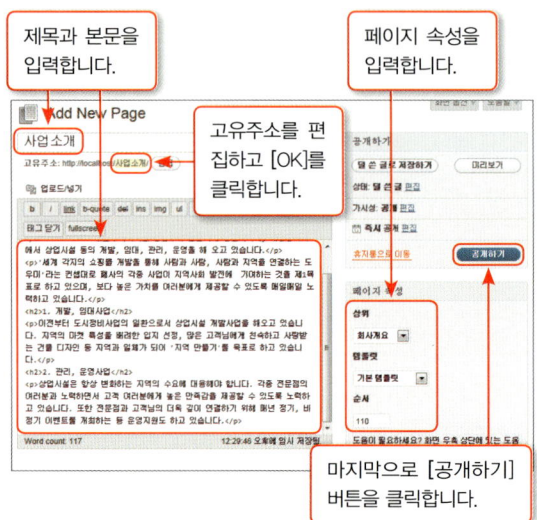

제목과 본문을 입력합니다.

고유주소를 편집하고 [OK]를 클릭합니다.

페이지 속성을 입력합니다.

마지막으로 [공개하기] 버튼을 클릭합니다.

13 모든 페이지의 내용 입력하기

다음 표를 참조하면서 위와 같은 요령으로 모든 페이지의 내용을 입력합니다.

제목	URL(슬러그)	상위 페이지	순서
Top Page	/home/	—	0
회사개요	/about/	—	100
사업소개	/about/business/	회사개요	110
연혁	/about/history/	회사개요	120
오시는 길	/about/access/	회사개요	130
Mall 개발 실적	/mall/	—	200
시오도메 Mall	/mall/tokyo/	Mall 개발 실적	210
두리안 Mall	/mall/singapore/	Mall 개발 실적	220
차오 프라야 Mall	/mall/bangkok/	Mall 개발 실적	230
탐린 Mall	/mall/jakarta/	Mall 개발 실적	240
문의	/inquiry/	—	300
개인정보보호정책	/privacy/	—	400
사이트맵	/sitemap/	—	500

14 작성한 페이지 확인하기

'포스트' 때와 같은 요령으로 '페이지'가 제대로 작성되었는지 확인합니다. '페이지'가 제대로 표시되었는지 확인했으면 관리화면의 [외모]-[테마]를 클릭해서 테마를 'Twenty Eleven'에서 'Pacific Malls Development'로 변경하기 바랍니다.

상위 페이지의 제목이 표시됩니다. 여기에서 '칼럼'은 아직 표시되지 않습니다.

상위 페이지의 제목에 마우스를 가져가면 하위 페이지의 제목이 표시됩니다.

TIP Plus '포스트(글)'와 '페이지'에 대하여

워드프레스에서 포스트 형식에는 크게 2종류가 있다고 했습니다. 한 가지는 블로그처럼 수시로 업데이트되는 '포스트(글)'이고 또 하나는 웹페이지에서 회사소개와 같이 한번 작성되면 자주 업데이트되지 않는 '페이지'입니다.

포스트(글)
신규 정보 및 칼럼과 같이 수시로 업데이트 되면서 관리할 때 사용합니다. 포스트는 아카이브 페이지(목록 페이지) 등에서는 일반적으로 공개 일시가 가장 빠른 순서대로 표시됩니다. 각각의 포스트는 하나 이상의 카테고리에 속합니다. 카테고리 사이에는 상위-하위관계가 있지만, 포스트에는 상하관계가 없습니다. 또한 포스트는 피드 작성에도 이용됩니다.

페이지
주로 회사개요 등 일반적이고 자주 업데이트되지 않는 웹페이지에 이용되고, 포스트와 달리 카테고리라는 개념이 없습니다. 대신 페이지 사이에 피라미드 같은 상하관계를 설정할 수 있습니다. 상위 페이지가 같은 하위 페이지 사이, 상위 페이지를 갖지 않는 페이지 사이 등의 서열은 '순서'라는 속성을 이용해서 설정할 수 있고, 이 값을 이용해서 목록을 표시하는 순서를 정할 수 있습니다. 예를 들어 하위 네비게이션과 사이트맵의 나열 순서와 [관리화면]-[페이지]의 표시 순서를 결정할 때 이용됩니다. 또한 속성 설정에서 해당 페이지에 독자적인 템플릿을 할당할 수도 있습니다. 하지만 페이지는 피드 작성에 이용할 수 없습니다.

'포스트(글)'와 '페이지'의 주요 차이점

	글(포스트)	페이지
카테고리	O	X
아카이브 템플릿	O	X
피드	O	X
일반적인 표시 순서	시간순	고정
독자 템플릿 할당	X	O

또한 워드프레스 3.0부터 'custom post type'과 'custom taxonomy'라는 기능이 도입되어 포스트 페이지와 같은 포스트 형태를 독자적으로 정의할 수 있게 되었습니다. 이것을 이용하면 포스트와 페이지의 특징 일부를 동시에 갖는 포스트 형식을 이용할 수 있습니다. 이 책에서는 CHAPTER 8에서 자세히 설명합니다.

TIP Plus 추천할만한 텍스트 에디터 프로그램 (1)

널리 사용되는 텍스트 에디터 프로그램에 대해 알아보겠습니다. UTF-8(BOM 없음)인 문자코드를 지원할 수 있는 텍스트 에디터라면 자신의 손에 익숙한 에디터를 사용하면 됩니다. 단, 윈도우의 메모장이나 워드 같은 문서 편집기 및 소프트웨어로 코드를 입력하면 에러가 발생하기 쉬우니 사용하지 않기 바랍니다.

Linux 환경에서는 [Vim]
http://www.vim.org/

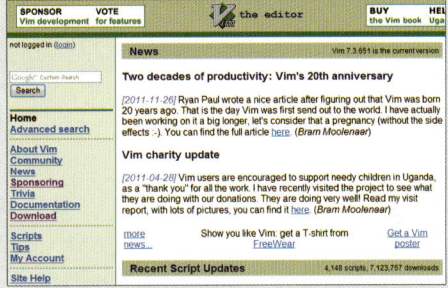

웹페이지 작성·편집 소프트웨어 [Dreamweaver]
http://www.adobe.com/kr/products/dreamweaver.html

통합개발환경 [Eclipse]
http://www.eclipse.org/

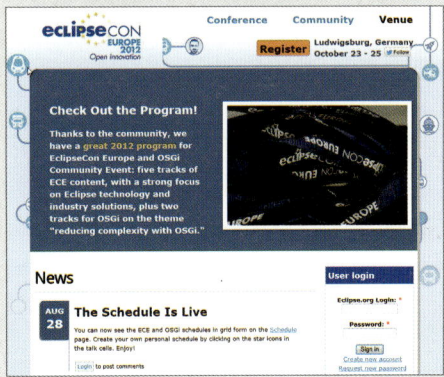

STEP 2-3

2-3 템플릿을 만들어 페이지 표시하기

이전 STEP에서 입력한 페이지를 페이지용 템플릿을 준비해서 표시합니다. 그 전에 톱페이지의 할당과 템플릿을 변경합니다.

따라하기 순서

01 전면 페이지 표시 설정하기 → 02 톱페이지용 템플릿 변경하기 → 03 정적 페이지용 템플릿 작성하기 → 04 sidebar.php 작성하기

05 워드프레스 루프로 컨텐츠 출력하기 → 06 제목과 컨텐츠 꾸미기 → 07 페이지 확인하기 → 08 header.php 수정하기 → 09 페이지 확인하기

01 전면 페이지의 표시 설정하기

톱페이지 할당과 템플릿을 변경하기 위해 다음과 같이 설정합니다.

01 관리화면의 [설정]-[읽기 설정]을 클릭합니다. '첫 페이지에 표시할 것' 영역에서 '정적인 페이지(아래에서 선택)'에 체크 표시를 합니다.

02 '전면 페이지'에서는 'Top Page'를 선택합니다. 이 설정에서 톱페이지에 정적 페이지 'Top Page'(슬러그는 'home')가 할당됩니다. 또한 자동적으로 정적 페이지 'Top Page'의 고유주소도 바르게 변경됩니다(고유주소로부터 'home'이 할당됩니다).

03 [변경 사항 저장] 버튼을 클릭합니다.

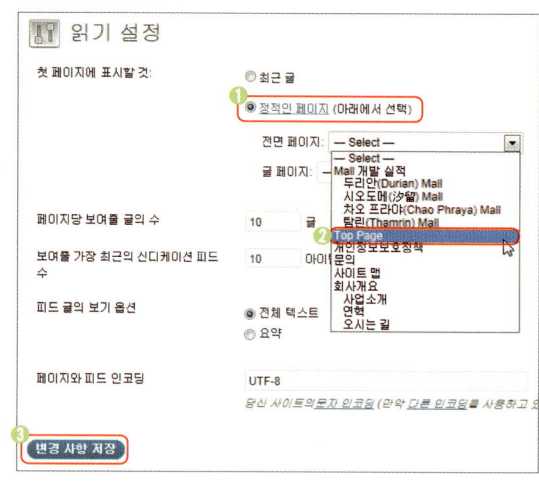

02 톱페이지용 템플릿 변경하기

01 index.php를 복사해서 front-page.php를 작성합니다(내용은 편집하지 않습니다). 템플릿의 우선순위에 따라서 front-page.php가 Top Page용 템플릿으로 사용됩니다.

> **tip** 템플릿의 우선순위에 대해서는 이 STEP 2-3의 끝에 있는 'TIP Plus'를 참조하기 바랍니다.

☐ front-page.php

```php
<?php get_header(); ?>
    <section id="contents">
        <section id="malls-pickup">
            <div class="malls-group">
                (생략)
```

index.php와 완전히 같은 내용입니다.

02 index.php의 내용을 모두 삭제한 후 '<?php echo "index";'라고 입력합니다. 관리화면의 '페이지'를 열고 'Top Page'에서 '보기'를 확인합니다.

☐ index.php

```php
<?php echo "index";
```

index.php의 내용은 이 1줄뿐입니다.

03 톱페이지에 접속하면 지금까지와 마찬가지로 톱페이지 화면이 나타납니다.

04 한편 톱페이지 이외(예를 들면 '회사개요' 등)에 접속하면 'index'라고 표시됩니다. 관리화면의 [페이지]-[All Pages]에서 '회사개요'의 제목에 마우스를 올리면 나타나는 [보기] 메뉴를 클릭합니다. 브라우저에 'index'라고 표시되는 것을 확인합니다.

마우스를 올리면 [보기] 메뉴가 나타납니다.

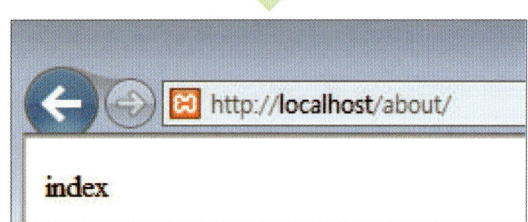

> **tip**
>
> 톱페이지의 템플릿을 index.php에서 front-page.php로 변경해서 index.php에 index라고 표시되게 하는 이유는 어느 템플릿이 사용되고 있는지 쉽게 알 수 있도록 하기 위해서입니다. index.php는 워드프레스의 '템플릿 우선순위'의 구조에 따라서 우선순위가 높은 템플릿이 없는 경우, 마지막으로 반드시 호출되는 템플릿입니다. 그래서 만약 index.php를 톱페이지의 템플릿으로 사용하면 보다 우선순위가 높은 템플릿이 없는 경우 반드시 index.php가 호출되어 톱페이지가 표시됩니다. 이 경우 정확한 톱페이지가 표시되고 있는지, 아니면 우선순위가 높은 템플릿이 없기 때문에 단순히 톱페이지가 표시되고 있는지 구별할 수 없습니다. 따라서 제작업무 또는 학습할 때는 톱페이지를 다른 템플릿으로 분리해서 index.php가 호출될 경우 템플릿이 존재하지 않는다는 것을 바로 알 수 있게 해줍니다.
>
> 만약 톱페이지의 템플릿만을 변경하기 위한 것이라면 front-page.php 또는 home.php라는 파일명으로 톱페이지용 템플릿을 작성해도 충분합니다. 그러나 일부러 읽기 설정에서 '전면 페이지'의 보기를 변경해서 '정적인 페이지'에서 'Top Page'를 전면 페이지로 할당하는 이유가 있습니다. 그것은 Top Page 자체를 워드프레스 상의 정적인 페이지로 취급할 수 있도록 하기 위해서 입니다. 이렇게 하면 Top Page를 특별한 정적 페이지로 취급하게 되고 정적 페이지의 기능도 활성화되어 정적 페이지를 대상으로 하는 템플릿 태그 등의 처리도 가능하게 됩니다.

03 정적 페이지용 템플릿 만들기

정적 페이지용 템플릿을 작성해보겠습니다(포스트용 템플릿은 뒤에서 작성합니다).

01 front-page.php를 복사해서 page.php를 작성합니다. page.php는 정적 페이지용 템플릿으로 사용됩니다.

02 page.php의 내용을 다음과 같이 수정합니다. 이것을 이용해서 page.php의 기본 구조를 만듭니다.

`<?php get_sidebar('top'); ?>`는 `<?php get_sidebar(); ?>`로 수정합니다.

이렇게 하면 사이드바용 템플릿이 sidebar-top.php에서 sidebar.php로 변경됩니다. sidebar.php가 존재하지 않는 경우 워드프레스의 기본 사이드바가 표시됩니다.

☐ **front-page.php**

```
<?php get_header(); ?>
    <section id="contents">
        <section id="malls-pickup">
            <div class="malls-group">
            (생략)
```

☐ **page.php**

```
<?php get_header(); ?>
        <section id=contents">

        <sectiona><!--#contents end -->
<?php get_sidebar(); ?>
<?php get_footer(); ?>
```

03 '회사개요' 페이지를 갱신해서 표시를 확인합니다. header 부분과 footer 부분은 Top Page와 같은 모양이지만 컨텐츠 부분이 존재하지 않습니다. 사이드바에는 워드프레스의 기본 사이드바가 표시됩니다.

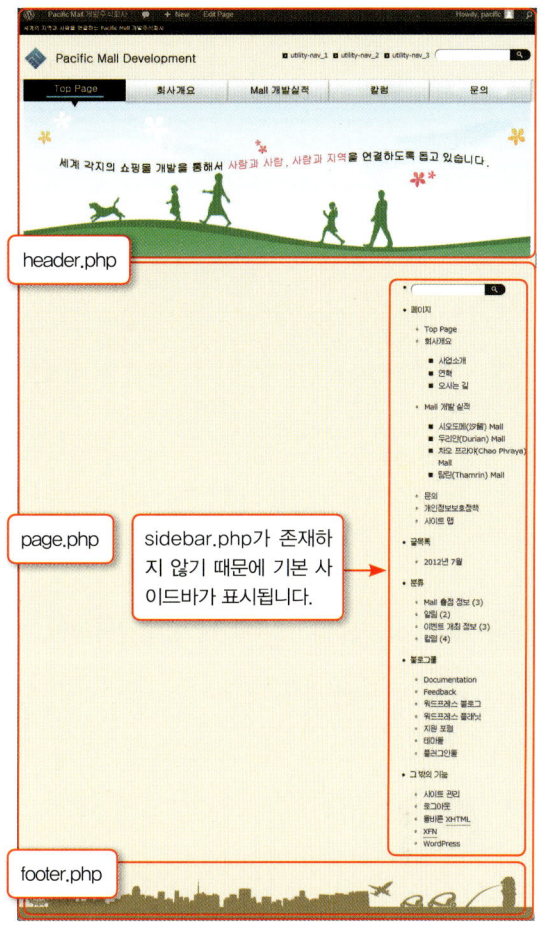

04 sidebar.php 작성하기

하위 페이지용 사이드바의 템플릿을 작성합니다.

01 sidebar-top.php를 복사해서 sidebar.php를 새롭게 작성하면 sidebar.php가 하위 페이지용 사이드바의 템플릿으로 사용됩니다.

□ sidebar.php

```
<section id="sidebar">
    <aside class="rss_link">
        <a href="#"><img src="<?php
        bloginfo('template_url'); ?>
```

```
/images/btn_rss_feed.png" width="250" height="28" alt="RSS" /></a>
        </aside>
    <div id="primary" class="widget-area">
        <aside id="event-info" class="news-list">
            <h1>이벤트 개최 정보</h1>
( 생략 )
```

02 sidebar.php에서 불필요한 부분을 삭제합니다.

☐ sidebar.php

```
<section id="sidebar">
    <div id="primary" class="widget-area">
    </div><!-- #primary end -->
</section><!-- #sidebar end -->
```

03 sidebar.php에 다음과 같이 추가합니다.

☐ sidebar.php

```
<section id="sidebar">
    <div id="primary" class="widget-area">
        subnavi
    </div><!-- #primary end -->
    <div id="secondary" class="widget-area">
        facebook like box
    </div><!-- #secondary end -->
</section><!-- #sidebar end -->
```

> **tip** 여기에서 작성하는 사이드바는 subnavi와 Facebook Like Box의 자리만을 나타내며 CHAPTER 5에서 완성하게 됩니다.

04 '회사개요' 페이지를 갱신해서 사이드바의 표시 여부를 확인합니다.

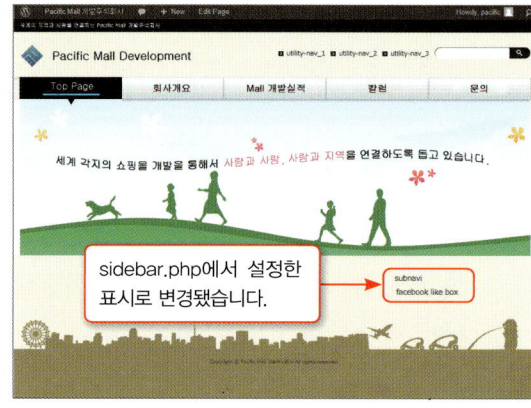

sidebar.php에서 설정한 표시로 변경됐습니다.

워드프레스 루프로 컨텐츠 출력하기

01 page.php를 열고 '워드프레스 루프'라고 불리우는 템플릿 태그를 다음과 같이 추가합니다.

☐ page.php

```php
<?php get_header(); ?>
    <section id="contents">
<?php
if (have_posts()):
    while (have_posts()):
        the_post();
        the_content();
    endwhile;
endif;
?>
    </section><!-- #contents end -->
<?php get_sidebar(); ?>
<?php get_footer(); ?>
```

(워드프레스 루프)

> **tip**
>
> **워드프레스 루프**
>
> 워드프레스 루프는 글과 페이지, 아카이브(목록) 페이지에서 기사를 공통적인 방법으로 처리하기 위한 기본적인 구조입니다. 워드프레스 루프에서는 처리해야 할 기사의 수만큼 반복 처리합니다.
>
> 정적인 페이지 및 단일 포스트 페이지의 경우, 일반적으로 처리해야 할 기사가 1개이기 때문에 루프의 횟수는 1회가 됩니다.
>
> have_posts()는 처리해야 할 기사가 남아있는지 없는지 판단합니다. while 내에서는 the_post( );로 처리할 기사 1개를 워드프레스 내부로 세트해서 템플릿 태그 등으로 정보를 추출할 수 있도록 하며 동시에 내부적으로 카운터를 진행합니다. 이 카운터를 보고 have_posts()는 처리해야 할 기사가 남아있는지 판단하고 the_content( );로 기사를 출력합니다.
>
> 이 일련의 흐름을 처리해야 할 기사가 없을 때까지 반복하는 것이 워드프레스 루프입니다.

02 '회사개요' 페이지를 갱신해서 워드프레스 루프에 따라 출력되고 있는지 확인합니다.

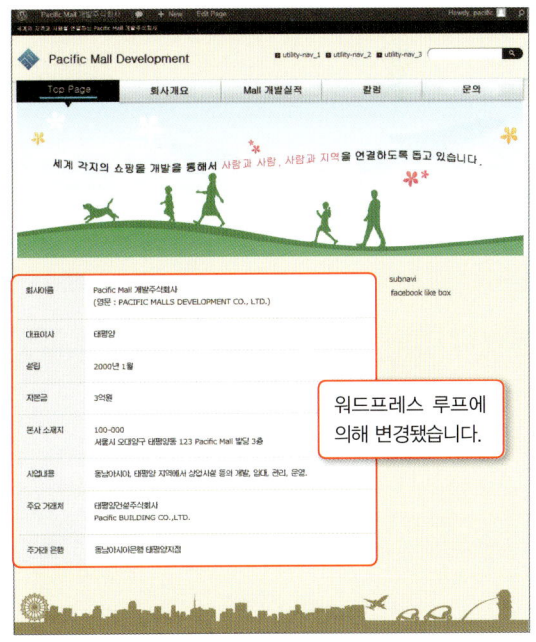

워드프레스 루프에 의해 변경됐습니다.

06 제목과 컨텐츠 꾸미기

워드프레스 루프 안에 페이지의 제목과 본문을 출력시키기 위해 추가해서 입력합니다.

소스코드 설명

❶ '?>'는 PHP 종료 태그이고 '<?php'는 PHP 개시 태그입니다. 각각 PHP 모드에서 HTML 모드로, HTML 모드에서 PHP 모드로 바꾸라는 의미가 있습니다. 워드프레스 루프 자체는 태그라고는 해도 여러 줄의 PHP로 입력되었기 때문에 이와 같이 모드를 바꾸면서 PHP와 HTML을 입력합니다.

❷ <?php the_title(); ?>은 해당 페이지의 제목을 출력하는 템플릿 태그입니다.

□ page.php

```php
<?php get_header(); ?>
    <section id="contents">
<?php
if (have_posts()):
    while (have_posts()):
        the_post();
?>   ←❶
        <article>
            <header class="page-header">
                <h1 class="page-title"><?php the_title(); ?></h1>   ←❷
            </header>
            <section class="entry-content">
                <?php the_content(); ?>
            </section>
        </article>
<?php   ←❶
    endwhile;
endif;
?>
    </section><!-- #contents end -->
<?php get_sidebar(); ?>
<?php get_footer(); ?>
```

07 '회사개요' 페이지 제목과 컨텐츠 확인하기

'회사개요' 페이지의 표시를 확인합니다.

01 '회사개요' 페이지의 제목과 컨텐츠가 표시됩니다.

02 Top Page용 이미지가 표시됩니다. 이것은 header.php의 내용이 그대로 출력된 것이므로 다음 과정 '**08** header.php 수정하기'에서 수정합니다.

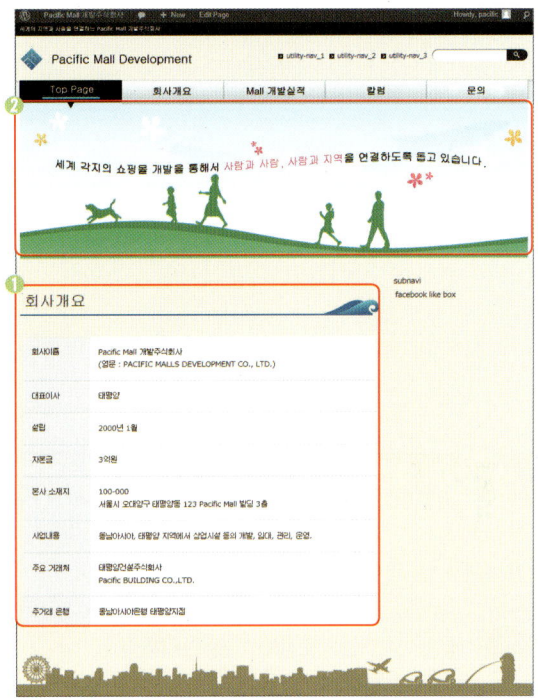

08 header.php 수정하기

Top Page용 헤더 이미지가 톱페이지에서만 표시되도록 다음과 같이 수정합니다.

소스코드 설명

❶ is_front_page( )는 워드프레스의 조건분기 태그라고 불리우는 함수이고 톱페이지가 표시되는 경우 TRUE를 반환합니다. 이것을 추가하면 if문에 포함된 HTML은 톱페이지만 출력시킵니다.

❷ 〈body class="home"〉을 〈body 〈?php body_class( ); ?〉〉로 수정합니다. 〈?php body_class( ); ?〉는 페이지 종류와 ID 등에 따라 적절한 클래스를 출력하는 템플릿 태그입니다.

☐ **header.php**

```
<!DOCTYPE HTML>
<html dir="ltr" lang="ko">
<head>
( 생략 )
<?php wp_head(); ?>
</head>
<body <?php body_class(); ?>>    ← ❷
( 생략 )
                                    ❶
<?php
    if (is_front_page()):
?>
    <section id="branding">
```

```
        <img src="<?php header_image(); ?>"
        width="<?php echo HEADER_IMAGE_WIDTH;
        ?>" height="<?php echo
HEADER_IMAGE_HEIGHT; ?>" alt="" />
    </section><!-- #branding end -->
<?php
    endif;
?>
    <section id="contents-body">
```

09 회사개요 페이지 다시 확인하기

'회사개요' 페이지의 표시를 확인합니다.

01 메인 이미지가 표시되지 않습니다.

02 HTML 내의 〈body〉 태그를 보면 회사개요 페이지용 class가 자동 출력됩니다.

□ 회사개요 페이지의 HTML

```
<!DOCTYPE HTML>
<html dir="ltr" lang="ko">
<head>
( 생략 )
</head>
<body class="page page-id-49 page-parent page-
template-default logged-in admin-bar">
```

TIP Plus 템플릿 구조와 우선순위 (1)

워드프레스에서는 테마 내에 있는 1개 이상의 파일을 이용해서 페이지를 출력하며, 이 역할을 담당하는 파일을 '템플릿'이라고 합니다. 가장 단순한 템플릿 구조는 (style.css는 예외) index.php밖에 없는 구조이며 index.php에 홈페이지 표시를 위한 모든 사항을 작성할 수 있습니다. 그렇게 하면 소스코드가 복잡해지고 제작 시에 어려움이 있기도 하지만 유지, 보수 측면에서도 좋지 않습니다. 일반적으로는 역할에 따라 템플릿을 몇 개의 파일로 분리합니다.

여러 템플릿이 있는 구조에서는 템플릿 사용의 우선순위가 워드프레스에 의해 정해지며, 우선순위가 높은 템플릿이 없으면 다음 순위의 템플릿이 사용됩니다.

주요 템플릿과 우선순위

페이지 종류	우선순위 (고				← 저)	비고
Top Page	front-page.php	home.php	index.php			전면 페이지 설정에 따라 다름
정적 페이지	커스텀 템플릿	page-[슬러그].php 예) page-about.php	page-[ID].php		index.php	
포스트(글)	single-[포스트 형태].php	single.php	index.php			
카테고리	category-[슬러그].php	category-[ID].php	category.php	archive.php	index.php	
검색결과	search.php	index.php				
404 (Not Found)	404.php	index.php				
날짜	date.php	archive.php	index.php			
태그	tag-[슬러그].php	tag-[ID].php	tag.php	archive.php	index.php	
custom 분류	taxonomy-[분류명]-[슬러그].php	taxonomy-[분류명].php	taxonomy.php	archive.php	index.php	
작성자	author-[유저이름의 소문자].php	author-[ID].php	author.php	archive.php	index.php	

129

TIP Plus 템플릿 구조와 우선순위 (2)

페이지 종류별로 작성한 템플릿은 복수의 파트 템플릿으로 분리 구성할 수 있습니다.

예를 들어 front-page.php의 경우, 다음과 같이 header 부분을 header.php로, 사이드바를 sidebar.php로, footer 부분을 footer.php로 분리합니다. 그리고 front-page.php에서

```
<?php get_header(); ?>
<?php get_sidebar(); ?>
<?php get_footer(); ?>
```

등의 템플릿 태그를 이용해서 각각을 호출하는 형식을 취합니다.

header, sidebar, footer 등은 페이지 종류에 상관없이 공통으로 사용할 수 있는 부분이 많습니다. 각 페이지 종류별로 템플릿 또는 파트 템플릿으로 사용하기 위해 위의 템플릿 태그를 이용해서 호출하면 공통으로 사용할 수 있습니다.

이와 같이 템플릿 구조를 잘 활용하면 페이지 종류의 차이를 이용한 템플릿 분리와 페이지 내의 각 영역별 공용화를 기획할 수 있고 생산성과 보수 관리 기능을 향상시킬 수 있습니다.

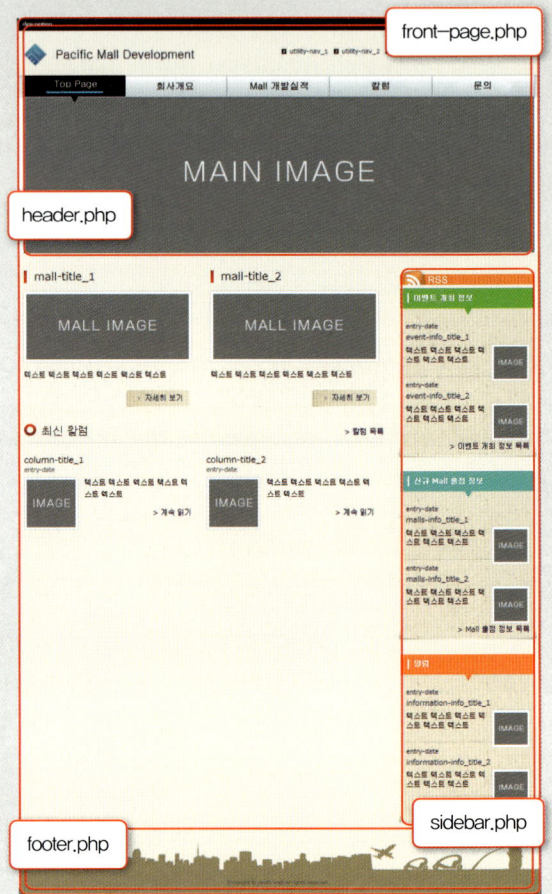

TIP Plus 추천할만한 텍스트 에디터 프로그램 (2)

Notepad++는 무료 텍스트 에디터 프로그램입니다. Notepad++에서 UTF-8(BOM 없음)을 설정하는 방법을 소개합니다.

> **소스코드 에디터 [Notepad++]**
> http://notepad-plus-plus.org/

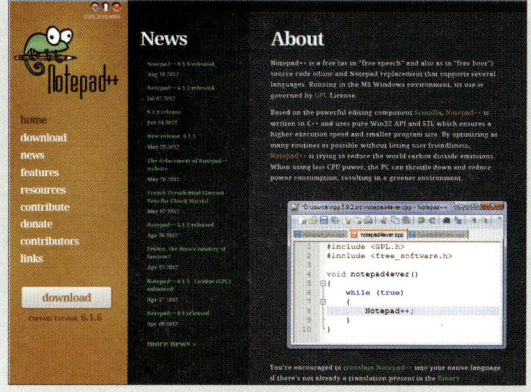

먼저 다운로드한 설치 파일 npp.6.1.6.Installer.exe를 실행해서 Notepad++를 설치합니다.

01 메뉴 항목의 [인코딩(N)]-[UTF-8(BOM 없음)로 변환]을 선택합니다.

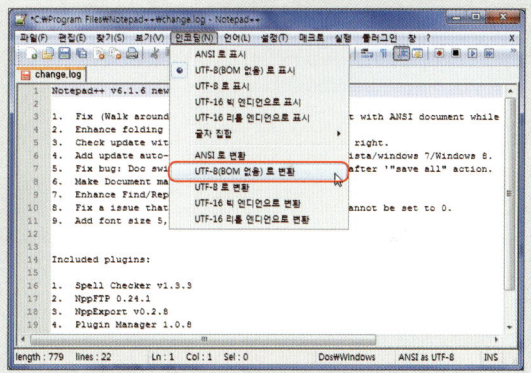

02 메뉴 항목의 [설정]-[환경 설정]-[새 문서/기본 디렉토리]에서 'UTF-8(BOM 없음)'에 체크합니다.

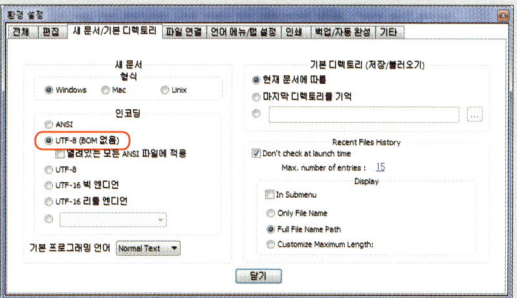

131

STEP 2-4

2-4 사용자정의 메뉴 기능으로 글로벌 네비게이션과 유틸리티 메뉴 표시하기

지금까지 톱페이지와 정적인 페이지를 표시했습니다. 이제 페이지간 이동이 가능하도록 글로벌 네비게이션과 유틸리티 메뉴를 워드프레스의 사용자정의 메뉴 기능을 이용해서 실행합니다.

따라하기 순서

01 사용자정의 메뉴 기능 활성화하기
02 메뉴 'global' 작성하기
03 메뉴 'utility' 작성하기
04 header.php 수정하기
05 글로벌 네비게이션의 표시와 동작 확인하기

01 사용자정의 메뉴 기능 활성화하기

01 사용자정의 메뉴 기능을 활성화하기 위해 function.php의 마지막 줄에 다음과 같이 입력합니다.

소스코드 설명

register_nav_menus( )는 사용자정의 메뉴 기능을 활성화한다고 워드프레스에 통지하기 위한 것입니다.

인수로 전달하고 있는 배열 'place_global' => 'global'이라는 키와 값은 다음과 같이 이용됩니다.

☐ function.php

```php
<?php

( 생략 )

// custom menu
register_nav_menus(
    array(
        'place_global' => 'global',
        'place_utility' => 'utility',
    )
);
```

'place_global'
사용자정의 메뉴를 사용하는 장소를 템플릿 내에 지정하기 위해 이용됩니다.

'global'
관리화면 상에 '테마 위치'로 표시됩니다.

'place_utility' => 'utility'
도 마찬가지입니다.

실제 메뉴의 내용은 관리화면에 메뉴로서 등록되고 각 '테마 장소'에 할당됩니다.

02 사용자정의 메뉴 기능이 활성화되면 관리화면의 [외모] 안에 [Menus] 항목이 나타납니다.

02 메뉴 'global' 작성하기

메뉴 화면에서 글로벌 네비게이션 설정을 합니다. 관리화면에서 [외모]-[메뉴]를 클릭합니다.

01 '메뉴 이름'에 'global'이라고 입력하고 [메뉴 생성] 버튼을 클릭합니다.

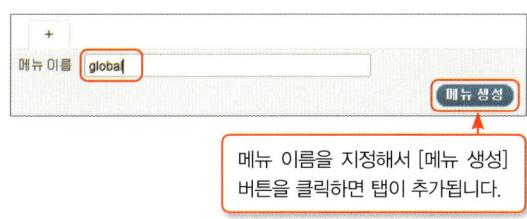

메뉴 이름을 지정해서 [메뉴 생성] 버튼을 클릭하면 탭이 추가됩니다.

tip 글로벌 네비게이션은 톱페이지의 메뉴를 표시하는 기능이며 선택 가능합니다.

02 [외모]-[menus]의 'Page' 영역에서 '모두 보기'를 클릭한 후, 아래 항목에 체크하고 [메뉴에 추가] 버튼을 클릭합니다.

```
Top Page
회사개요
사업 소개
연혁
오시는 길
Mall 개발 실적
시오도메 Mall
두리안 Mall
차오 프라야 Mall
탐린 Mall
문의
```

03 마찬가지로 'Categories' 영역 내의 '칼럼'에 체크하고 [메뉴에 추가] 버튼을 클릭합니다.

04 선택한 메뉴가 추가된 것을 확인하고 메뉴의 순서와 계층구조를 그림과 같이 수정합니다. 수정이 끝나면 [메뉴 저장] 버튼을 클릭합니다.

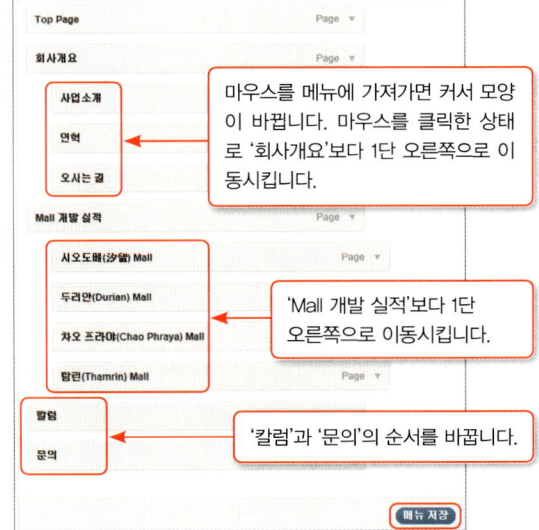

tip 메뉴 내용, 순서, 계층이 그림과 같이 완전히 일치하도록 합니다. 글로벌 네비게이션의 제1계층(Top Page, 회사개요, Mall 개발 실적, 칼럼, 문의)은 디자인이 중요한 이미지를 이용해서 고정적으로 배치하기 때문에 순서와 계층구조가 일치하지 않는 경우 바르게 표시되지 않습니다.

03 메뉴 'utility' 작성하기

같은 순서로 유틸리티 메뉴를 작성합니다.

01 '메뉴 이름'에 'utility'를 입력하고 [메뉴 생성] 버튼을 클릭합니다.

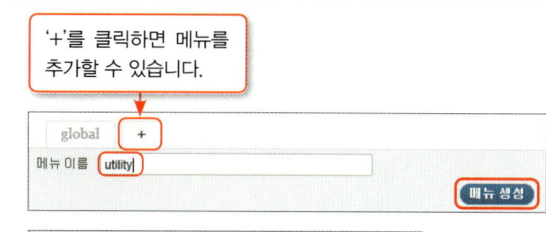

02 'Pages' 영역에서 '모두 보기'를 클릭하고 아래 항목에 체크를 한 후 [메뉴에 추가] 버튼을 클릭합니다.

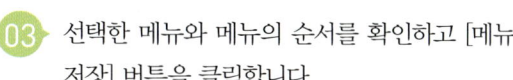

Top Page
개인정보보호정책
사이트 맵

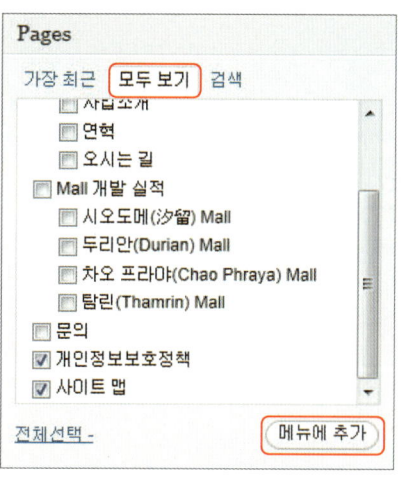

03 선택한 메뉴와 메뉴의 순서를 확인하고 [메뉴 저장] 버튼을 클릭합니다.

04 마지막으로 '테마 위치' 영역의 'global'과 'utility'의 풀다운 메뉴에서 'global', 'utility'를 선택한 후 [저장하기] 버튼을 클릭합니다.

04 header.php 수정하기

header.php를 수정해서 작성한 메뉴를 표시합니다. 우선 유틸리티 메뉴부터 시작합니다.

01 header.php의 유틸리티 메뉴 부분 〈nav id="utility-nav"〉에서 〈/nav〉까지 다음과 같이 수정합니다.

□ **header.php**

```
(생략)
<body <?php body_class(); ?>>
<div id="wrap">
(생략)
        <h1 id="site-id">
            <a href="<?php echo home_url('/');
?>"><img src="<?php bloginfo('template_url');
?>/images/header/site_id.png" alt="<?php
bloginfo('name'); ?>" /></a>
        </h1><!-- #site-id end -->
        <div id="utility-group">
<?php
  wp_nav_menu(array(
    'container' => 'nav',
    'container_id' => 'utility-nav',
    'theme_location' => 'place_utility',
  ));
?>
        <div id="header-widget-area">
            <aside class="widget_search">
```

소스코드 설명

wp_nav_menu()는 사용자정의 메뉴를 표시하기 위한 템플릿입니다.

'container' => 'nav',
는 출력되는 ul 태그를 nav 태그로 감싸라는 지정입니다.

'container_id' => 'utility-nav',
는 하나의 요소를 포장하는 랩 태그인 nav 태그의 id 속성을 지정합니다.

'theme_location' => 'place_utility',
는 '테마 위치'에 place_utility(관리화면에서는 'utility')를 지정합니다.

앞의 관리화면에서 [테마 위치] 영역의 'utility'에 [utility] 메뉴를 할당했기 때문에 place_utility=utility=utility라는 관계가 성립됩니다.

02 사이트를 갱신해서 유틸리티 메뉴가 다음과 같이 수정되었는지 확인합니다.

▶ Top Page ▶ 개인정보보호정책 ▶ 사이트 맵

03 'Top page', '개인정보보호정책', '사이트 맵'을 각각 클릭해서 각 페이지로 이동하는지 확인합니다.

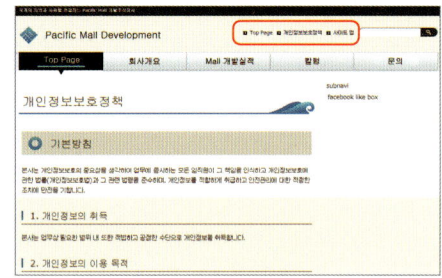

> **tip** '사이트맵' 페이지에서는 제목만 표시됩니다. 본문에 해당하는 위치가 설정되어 있지 않기 때문에 아직 표시되지 않습니다.

04. 이제 글로벌 네비게이션을 표시합니다. 먼저 header.php를 수정합니다. 유틸리티 메뉴와 마찬가지로 글로벌 네비게이션 부분을 오른쪽과 같이 wp_nav_menu 태그를 이용해서 수정합니다.

☐ **header.php**

```php
( 생략 )
<?php
  wp_nav_menu(array(
    'container' => 'nav',
    'container_id' => 'utility-nav',
    'theme_location' => 'place_utility',
  ));
?>
        <div id="header-widget-area">
( 생략 )
        </div><!-- #header-widget-area end -->
      </div><!-- #utility-group end -->
    </header><!-- #header end -->
<?php wp_nav_menu(array(
    'container' => 'nav',
    'container_id' => 'global-nav',
    'theme_location' => 'place_global',
  ));
?>
<?php
  if (is_front_page()) :
?>
    <section id="branding">
( 생략 )
```

05. 톱페이지를 표시해서 글로벌 네비게이션이 사라졌는지 확인합니다. 글로벌 네비게이션이 사라진 것은 생성된 HTML 내의 id 속성의 내용과 CSS의 내용이 다르기 때문입니다.

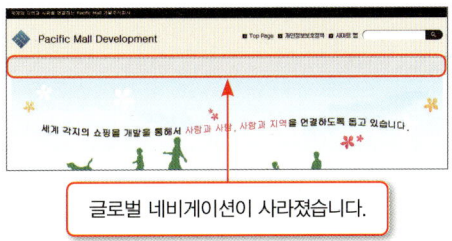

글로벌 네비게이션이 사라졌습니다.

06 브라우저의 '소스 보기'로 HTML을 열어 글로벌 네비게이션 부분의 출력을 확인합니다. 다음과 같이 id가 'menu-item-숫자'와 같이 출력될 것입니다.

> **tip** '숫자' 부분은 HTML과 같지 않을 수도 있습니다. 사용자 환경에 따라 다르기 때문에 주의하기 바랍니다.

07 CSS로 지정된 id 속성을 워드프레스에 의해 생성된 HTML의 id 속성과 같게 수정합니다. index.php와 같은 디렉터리에 있는 css 디렉터리의 nav.css를 다음을 참고해서 수정합니다. 앞에서 브라우저를 열어 '소스보기'로 본 글로벌 네비게이션 부분의 HTML과 비교하면서 menu-item-*** 가운데 '***' 부분에 적절한 번호를 입력합니다.
예를 들어 글로벌 네비게이션 부분의 HTML 가운데 톱페이지 부분은 다음과 같습니다(숫자는 환경에 따라 다르기 때문에 주의하기 바랍니다).

☐ 글로벌 네비게이션 부분의 HTML(톱페이지)

```
(생략)
<li id="menu-item-84" class="menu-item menu-item-type-post_type menu-item-object-page current-menu-item page_item page-item-63 current_page_item menu-item-84"><a href="http://localhost/">Top Page</a></li>
(생략)
```

☐ 글로벌 네비게이션 부분의 HTML(톱페이지)

```
(생략)
<nav id="global-nav" class="menu-global-container"><ul id="menu-global" class="menu"><li id="menu-item-84" class="menu-item menu-item-type-post_type menu-item-object-page current-menu-item page_item page-item-63 current_page_item menu-item-84"><a href="http://localhost/">Top Page</a></li>
<li id="menu-item-85" class="menu-item menu-item-type-post_type menu-item-object-page menu-item-85"><a href="http://localhost/about/">회사개요</a></li>
(생략)
```

☐ css/nav.css

```
(생략)
#global-nav #menu-item-home {      ← Top Page
    background-image: url(../images/nav/menu_home.png);
    width: 194px;
}
#global-nav #menu-item-about {     ← 회사개요
    background-image: url(../images/nav/menu_about.png);
}
#global-nav #menu-item-mall {      ← Mall 개발 실적
    background-image: url(../images/nav/menu_mall.png);
}
#global-nav #menu-item-column {    ← 칼럼
    background-image: url(../images/nav/menu_column.png);
}
#global-nav #menu-item-inquiry {   ← 문의
    background-image: url(../images/nav/menu_inquiry.png);
    width: 194px;
}
(생략)
```

이 경우에는 css 파일에서 '#menu-item-home'을 '#menu-item-84'라고 수정합니다. 마찬가지로 글로벌 네비게이션 부분의 HTML에 맞추어 nav.css의 해당 부분을 각각 수정합니다.

> 수정 후 menu-item-*** 가운데 '***' 부분이 모두 숫자로 변경됩니다.

📄 css/nav.css

```
( 생략 )
#global-nav #menu-item-84 {
        background-image: url(../images/nav/menu_home.png);
        width: 194px;
}
#global-nav #menu-item-85 {
        background-image: url(../images/nav/menu_about.png);
}
#global-nav #menu-item-89 {
        background-image: url(../images/nav/menu_mall.png);
}
#global-nav #menu-item-95 {
        background-image: url(../images/nav/menu_column.png);
}
#global-nav #menu-item-94 {
        background-image: url(../images/nav/menu_inquiry.png);
        width: 194px;
}
```

05 글로벌 네비게이션의 표시와 동작 확인하기

01 톱페이지에서 다시 글로벌 네비게이션이 표시되는지 확인합니다.

02 '회사개요'와 'Mall 개발 실적' 메뉴에 마우스를 올려 놓고 하위 페이지의 메뉴가 열리는지 확인합니다.

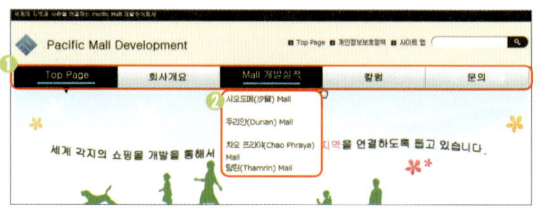

03 글로벌 네비게이션에 있는 모든 페이지로 이동할 수 있는지 확인합니다. 여기까지 글로벌 네비게이션과 유틸리티 메뉴로부터 모든 정적인 페이지로 이동할 수 있게 되었습니다.

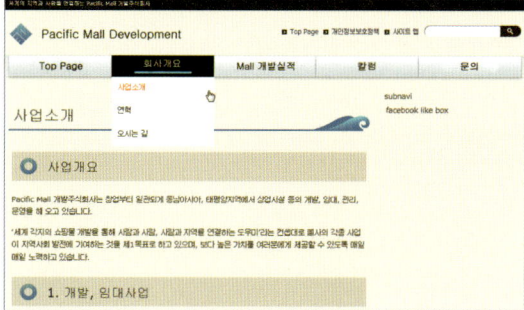

> **tip** 칼럼은 정적인 페이지가 아니기 때문에 화면에 'index'만 표시됩니다.

> **tip**
> **Q. 워드프레스를 이용하기 위해 어떤 임대 서버가 좋습니까?**
> **A.** 워드프레스가 동작하는 임대 서버 정보는 '워드프레스 코덱스(WordPress Codex)'에서 참고할 수 있습니다. 만약 주변에 서버에 관한 지식이 해박한 지인이 있어 도움을 받을 수 있거나 서버에 관한 지식을 배우고 싶은 경우, SSH 대응 서버를 추천합니다. SSH를 사용하면 로컬 PC로부터 원격 접속을 하거나, 서버 상에서 직접 command를 실행하거나 Vim 등의 서버 상에서 에디터를 이용해서 직접 파일을 편집할 수 있습니다. 또한 FTP 소프트웨어 대신 암호화된 접속 상태에서 파일을 전송하는 WinSCP 등의 소프트웨어를 이용할 수도 있습니다.

STEP 2-5

page.php를 수정해서 포스트 표시하기

정적인 페이지의 표시와 이동이 가능해졌기 때문에 여기에서는 포스트용 템플릿을 작성해서 표시할 수 있게 합니다. 이후 공용화를 위해 우선 page.php를 수정합니다.

따라하기 순서

01 content.php 작성하기 → 02 single.php 작성하기 → 03 페이지 표시 확인하기 → 04 archive.php 작성하기

05 content-archive.php 작성하기

01 content.php 작성하기

01 header, footer와 같이 페이지가 바뀌더라도 늘 표시하는 공통 부분으로 사용하기 위해, page.php의 포스트 출력 부분을 파트 템플릿 content.php로 분리합니다.

먼저 page.php를 복사해서 content.php를 작성합니다. content.php로부터 article 태그와 그 내용만을 남기고 전후 입력한 내용을 삭제하면 포스트의 출력 부분만 남습니다.

☐ content.php

```php
<article>
    <header class="page-header">
        <h1 class="page-title"><?php the_title(); ?></h1>
    </header>
    <section class="entry-content">
        <?php the_content(); ?>
    </section>
</article>
```

02 page.php로 돌아가서 content.php로 잘라 낸 부분을 삭제하고 content.php를 호출하기 위한 내용을 추가합니다. 다음 소스와 같이 간단한 워드프레스 루프가 되도록 조정합니다.

get_template_part( )는 임의의 템플릿을 호출하기 위한 템플릿 태그입니다. 인수에 '.php'가 붙은 템플릿을 호출하고, 페이지를 표시해서 변경된 곳이 없는지 확인합니다.

☐ **page.php**

```php
<?php get_header(); ?>
    <section id="contents">
<?php
if (have_posts()):
    while (have_posts()):
        the_post();
        get_template_part('content');
    endwhile;
endif;
?>
    </section><!-- #contents end -->
<?php get_sidebar(); ?>
<?php get_footer(); ?>
```

02 single.php 작성하기

page.php를 복사해서 single.php를 작성합니다. 이후 single.php가 포스트의 템플릿으로 사용됩니다.

☐ **single.php**

```php
<?php get_header(); ?>
        <section id="contents">
<?php
if (have_posts()):
    while (have_posts()):
        the_post();
        get_template_part('content');
    endwhile;
endif;
?>
        </section><!-- #contents end -->
<?php get_sidebar(); ?>
<?php get_footer(); ?>
```

'인재모집 공고' 페이지 표시 확인하기

아직 네비게이션이 연결되지 않았기 때문에 관리화면의 [글]-[All Posts]로부터 임의의 포스트가 표시됩니다. 그림은 '인재모집 공고' 페이지입니다.

04 **archive.php 작성하기**

01 'All Posts' 페이지에서 포스트를 표시할 수 있도록 아카이브 페이지(목록 페이지)용 템플릿 archive.php를 작성합니다(page.php를 복사해서 archive.php를 작성합니다).

☐ archive.php

```php
<?php get_header(); ?>
    <section id="contents">
<?php
if (have_posts()):
    while (have_posts()):
        the_post();
        get_template_part('content');
    endwhile;
endif;
?>
    </section><!-- #contents end -->
<?php get_sidebar(); ?>
<?php get_footer(); ?>
```

02 archive.php에 다음과 같이 추가로 입력합니다.

□ archive.php

```
<?php get_header(); ?>
    <section id="contents">
      <header class="page-header">
      <h1 class="page-title"><?php single_cat_title(); ?></h1>
      </header>
      <div class="posts">
<?php
if (have_posts()) :
    while (have_posts()) :
      the_post();
      get_template_part('content-archive');
    endwhile;
endif;
?>
      </div>
    </section><!-- #contents end -->
<?php get_sidebar(); ?>
    <?php get_footer(); ?>
```

소스코드 설명

single_cat_title()은 현재의 카테고리 이름을 출력하는 템플릿 태그입니다.

03 글로벌 네비게이션에서 '칼럼'을 클릭해서 표시를 확인합니다.

❶ '칼럼'의 카테고리 이름이 바르게 표시됩니다.

❷ 칼럼 내의 각 포스트도 바르게 표시되고 있지만 모든 포스트 내용이 그대로 연속해서 표시되기 때문에 일관성이 없습니다.

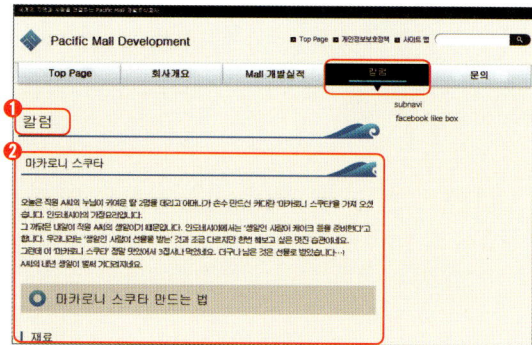

이것은 `get_template_part('content');`에 의해 archive.php로부터 로딩한 템플릿 파트로서 개별 포스트용 content.php가 지정되기 때문입니다. 따라서 일관성을 높이기 위해 아카이브용으로 content-archive.php를 작성해서 사용합니다.

05 content-archive.php 작성하기

01 content.php를 복사해서 content-archive.php를 작성합니다.

☐ content-archive.php

```
<article>
    <header class="page-header">
    <h1 class="page-title"><?php the_title(); ?></h1>
    </header>
    <section class="entry-content">
      <?php the_content(); ?>
    </section>
</article>
```

02 content-archive.php를 다음과 같이 수정합니다.

☐ content-archive.php

```
<article <?php post_class(); ?>>
    <header class="entry-header">
      <time pubdate="pubdate" datetime="<?php the_time('Y-m-d'); ?> "class="entry-date"><?php the_time(get_option('date_format')); ?></time>
        <h1 class="entry-title"><a href="<?php the_permalink(); ?>"><?php the_title(); ?></a></h1>
    </header>
    <section class="entry-content">
        <?php the_excerpt(); ?>
    </section>
</article>
```

소스코드 설명

post_class( )는 포스트에 관련된 클래스를 출력합니다.

the_time( )은 인수로 지정된 형식에서 글의 내용이 포스트 또는 갱신된 시간을 출력합니다.

get_option( )은 인수로 지정된 워드프레스에서의 옵션 정보의 값을 취득합니다. get_option('date_format')으로 관리화면의 [설정]-[일반]-[시간 표시 형식]을 취득합니다.

〈?php the_time(get_option('date_format')) ?〉는 취득한 형식을 전달해서 출력하고 있습니다.

the_permalink( )는 해당 포스트 페이지의 고유 주소(포스트 페이지의 URL)를 출력합니다.

the_excerpt( )는 포스트의 요약문을 출력합니다. 각 포스트에 요약문이 있으면 요약문을, 없으면 처음 110문자를 요약합니다. 이 100문자는 WP Multibyte Patch에 의한 것입니다.
WP Multibyte Patch가 활성화되어 있지 않기 때문에 멀티바이트 문자열의 요약이 제대로 동작하지 않습니다.

tip 워드프레스 한글 버전은 아직 한글화 작업이 완전하지 않기 때문에 요약문의 글자 수가 제대로 조정되지 않는 경우가 있습니다.

03 archive.php로 돌아가서 `get_template_part('content');`를 `get_template_part('content-archive')` 로 변경합니다. 이것으로 호출되는 템플릿이 content.php에서 content-archive.php로 변경됩니다.

□ **archive.php**

```php
<?php get_header(); ?>
    <section id="contents">
      <header class="page-header">
       <h1 class="page-title"><?php single_cat_title(); ?></h1>
      </header>
      <div class="posts">
<?php
if (have_posts()) :
   while (have_posts()) :
      the_post();
      get_template_part('content-archive');
   endwhile;
endif;
?>
      </div>
    </section><!-- #contents end -->
<?php get_sidebar(); ?>
<?php get_footer(); ?>
```

04 '칼럼'을 출력시키면 그림과 같이 일목요연하게 목록이 표시됩니다.
포스트의 왼쪽 부분이 비어 있지만 다음 STEP에서 이 부분을 이미지로 채웁니다.

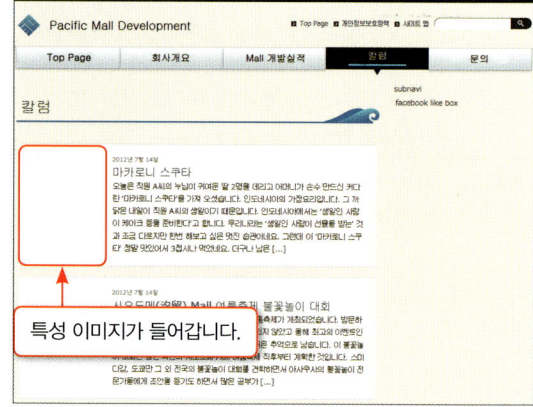

tip 특성 이미지란 워드프레스에서 등록한 이미지를 말하며 STEP 2-6에서 설명합니다.

STEP 2-6

2-6 특성 이미지를 이용해서 포스트마다 이미지 표시하기

특성 이미지를 이용해서 이미지를 표시하고, 특성 이미지의 설정, 등록, 표시에 대해 알아봅니다. '칼럼' 카테고리의 페이지에 이미지를 표시합니다.

따라하기 순서

01 functions.php에 특성 이미지 설정 입력하기 ▶ **02** 포스트와 페이지에 이미지 등록하기 ▶ **03** '칼럼' 카테고리에 특성 이미지 표시하기

01 functions.php에 특성 이미지의 설정 입력하기

 functions.php를 열고 특성 이미지에 관한 설정을 다음과 같이 입력합니다.

소스코드 설명

add_theme_support('post-thumbnails');
이 코드로 특성 이미지의 기능을 이용한다고 워드프레스에 통지합니다. 포스트의 신규 추가/편집 화면에 특성 이미지의 영역이 추가되어 특성 이미지를 이용할 수 있게 됩니다.

set_post_thumbnail_size(90, 90, true);
이 코드로 기본 특성 이미지의 세로 크기와 축소 시의 옵션을 지정합니다. 이 경우 가로 90픽셀, 세로 90픽셀, 축소 시의 옵션은 '잘라내기'입니다. false의 경우 '리사이즈'가 됩니다. '잘라내기'는 축소한 이미지의 중앙 부분을 지정한 크기로 잘라냅니다. '리사이즈'는 지정한 크기의 가로 세로 중 하나를 최대로 해서 가로 세로의 비율을 유지한 채 축소합니다.

☐ **functions.php**

```
( 생략 )
// 특성 이미지를 이용할 수 있도록 합니다.
add_theme_support('post-thumbnails');

// 특성 이미지 크기 설정
set_post_thumbnail_size(90, 90 ,true);

// 사이드바용 이미지 크기 설정
add_image_size('small_thumbnail', 61, 61,
true);

// 아카이브용 이미지 크기 설정
add_image_size('large_thumbnail', 120, 120,
true);

// 하위 페이지 헤더용 이미지 크기 설정
add_image_size('category_image', 658, 113,
true);

// 몰 이미지용 이미지 크기 설정
```

add_image_size( )

이 코드로 각 페이지에서 이용할 가능성이 있는 이미지 크기를 추가합니다. 최초의 인수는 추가할 크기의 이름으로, 그 외의 인수는 set_post_thumbnail_size( )와 마찬가지입니다. 여기에서는 기본 크기 외에도 사이드바, 아카이브, 하위 페이지 및 Mall 이미지용으로 4개를 추가합니다.

```
add_image_size('pickup_thumbnail', 302, 123, true);
```

02 '글'(포스트)(예를 들어 '인재모집 공고')의 편집화면을 열면 화면 오른쪽 아래에 '특성 이미지' 영역이 표시되어 있습니다.

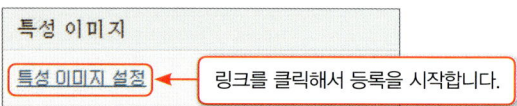

링크를 클릭해서 등록을 시작합니다.

03 '특성 이미지 설정' 링크를 클릭해서 등록을 시작합니다.

02 포스트와 페이지에 이미지 등록하기

'포스트'와 '페이지'에 필요한 이미지(본문 예제 파일과 함께 수록된 'upload_image' 내의 이미지)를 각각 업로드해서 특성 이미지로 등록합니다. 브라우저에 따라 업로드 방법이 다릅니다.

01 IE8, 9의 경우 [파일 선택] 버튼을 클릭해서 본문 예제 파일과 함께 수록된 'upload_image'에서 이미지를 선택해서 업로드합니다. 'used as featured image'(특성 이미지로 사용)를 클릭하고 팝업 상단의 'X' 버튼을 클릭해서 화면을 닫습니다.

IE8, 9의 경우

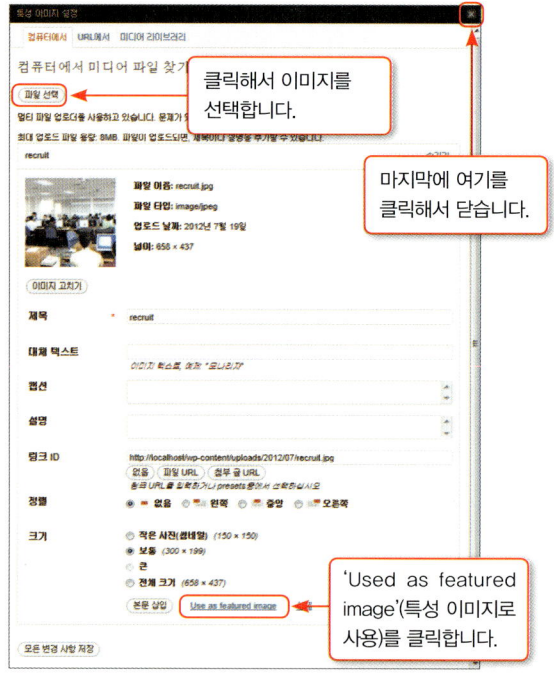

클릭해서 이미지를 선택합니다.

마지막에 여기를 클릭해서 닫습니다.

'Used as featured image'(특성 이미지로 사용)를 클릭합니다.

> **tip** '포스트' 제목과 이미지의 조합은 150페이지의 표를 참고하기 바랍니다.

02 Firefox 8 ~ 10, Chrome 14 ~ 17, Safari 5의 경우 '이곳에 파일을 놓으세요' 영역 안에 로컬 PC로부터 드래그 앤 드롭으로 이미지를 직접 업로드할 수 있습니다.

'Used as featured image'(특성 이미지로 사용)를 클릭한 후 '⊠' 버튼을 클릭해 닫습니다.

Firefox 등의 경우

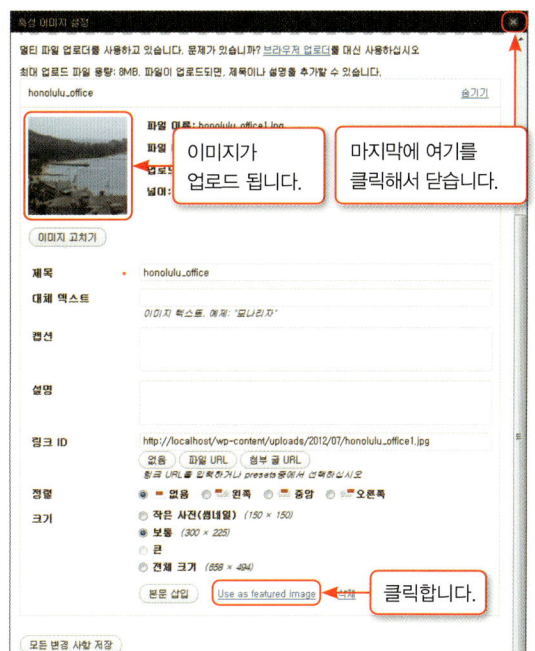

> **tip** 이것은 워드프레스 3.3 이상에서 사용할 수 있는 새로운 기능인데 이미지를 업로드할 때보다 간편한 방법입니다.

> **tip** 일부 브라우저(IE8과 IE9)에서는 HTML5의 File API 기능을 지원하지 않기 때문에 로컬 PC에서 드래그 앤 드롭으로 업로드할 수 없습니다.

포스트(글)와 관련 이미지

글 제목	이미지 이름(upload_image 내)
인재모집 공고	post/recruit.jpg
호놀룰루 지점을 개설했습니다	post/honolulu_office.jpg
호놀룰루 'Kamehame Mall' 오픈	post/kamehameha_mall.jpg
샌프란시스코 놉힐 'Golden Gate Mall' 오픈	post/golden-gate_mall.jpg
말레이시아 쿠알라룸푸르 'Orient Mall' 오픈	post/orient_mall.jpg
'방콕 로열가든 페어' 개최 알림	post/bangkok_garden.jpg
'시오도메 맛기행' 개최 알림	post/shiodemo_restaurants.jpg
고도 요그야카르타 특산물 전시회 개최 알림	post/jogja_exhibition.jpg
마카로니 스쿠타	post/macaroni.jpg
시오도메 Mall 여름축제 불꽃놀이 대회	post/fireworks.png
요그야카르타 거리	post/jogjakarta.jpg
아시아의 허브 공항, Changi	post/changi_airport.jpg

페이지 관련 이미지

글 제목	이미지 이름(upload_image 내)
시오도메 Mall	mall/shiodome_mall.jpg
두리안 Mall	mall/durian_mall.jpg
차오 프라야 Mall	mall/chao-phraya_mall.jpg
탐린 Mall	mall/thamrin_mall.jpg

'칼럼' 카테고리에 특성 이미지 표시하기

01 포스트와 페이지에 대하여 특성 이미지의 등록을 완료하면 특성 이미지를 '칼럼' 카테고리의 목록에 표시합니다. content-archive.php를 열고 특성 이미지 표시용 코드를 추가로 입력합니다.

□ content-archive.php

```
<article <?php post_class(); ?>>
    <a href="<?php the_permalink(); ?>"><?php the_post_thumbnail('large_thumbnail', array('alt' => the_title_attribute('echo=0'), 'title' => the_title_attribute('echo=0'))); ?>
    </a>
    <header class="entry-header">
        <time pubdate="pubdate" datetime="<?php the_time('Y-m-d'); ?>" class="entry-date"><?php the_time(get_option('date_format')); ?></time>
        <h1 class="entry-title"><a href="<?php the_permalink(); ?>"><?php the_title(); ?></a></h1>
    </header>
    <section class="entry-content">
        <?php the_excerpt(); ?>
    </section>
</article>
```

소스코드 설명

the_post_thumbnail( )로 특성 이미지용 img 태그를 출력합니다.

제1인수로 앞에서 functions.php에 add_image_size( )로 추가 지정된 가로 120픽셀 × 세로 120픽셀의 'large_thumbnail'을 지정합니다.

제2인수로 img 태그의 alt와 title 속성에 해당 포스트의 제목을 사용하도록 지정합니다. 또한 제2인수를 생략하면 alt와 title 속성에는 이미지 파일 이름의 일부가 사용됩니다.

제1인수를 생략하든지 'post-thumbnail'로 지정하면 기본 '특성 이미지'가 사용됩니다.

02 '칼럼'을 표시해서 다음과 같이 이미지가 출력되는지 확인합니다.

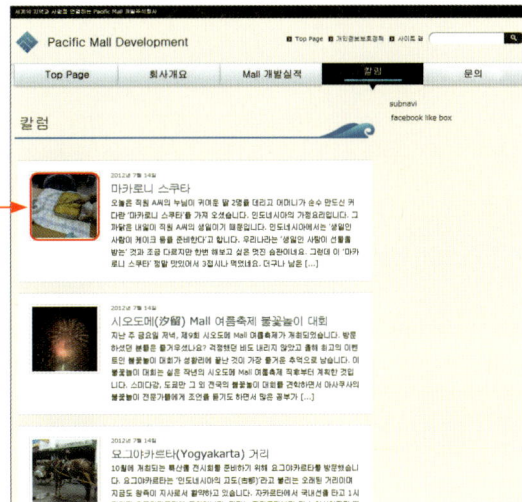

이미지가 표시됩니다.

Q. CSS가 어떤 형태로 적용되는지 확인하는 방법은 무엇입니까?

A. ❶ 우선 확인할 수 있는 툴로서 Firefox의 부가 기능인 Firebug를 설치합니다. Firebug는 Firefox의 다음 URL에서 다운로드 받은 후 설치할 수 있습니다. 설치가 완료되면 Firefox 네비게이션 툴바 내에 Firebug 아이콘이 생깁니다.

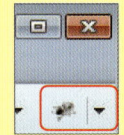

Firebug :: Add-ons for Firefox
https://addons.mozilla.org/ko/firefox/addon/firebug/

❷ CSS의 적용 상황을 확인하고 싶은 웹페이지를 Firefox로 열고, Firebug 아이콘을 클릭하거나 상단 [보기]-[Firebug]를 클릭합니다. Firebug가 실행되면 페이지 밑에 윈도우가 나타납니다.

❸ Firebug의 윈도우 메뉴에 있는 화살표 버튼(마우스를 올려 놓으면 '검사할 페이지 요소를 클릭하세요'라고 표시됨)을 클릭해서 활성화시킨 후 페이지 상에서 확인하고 싶은 곳(마우스를 이동시키면 블록 단위로 표시)을 클릭합니다.

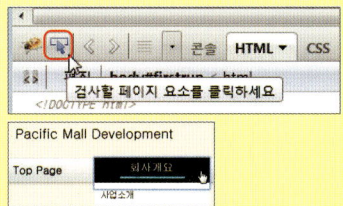

❹ 페이지 하단 윈도우의 왼쪽에 ❸에서 클릭한 요소의 HTML이 하이라이트 표시됩니다. 이 요소에 적용되고 있는 CSS 정보를 윈도우 오른쪽에서 확인할 수 있습니다.

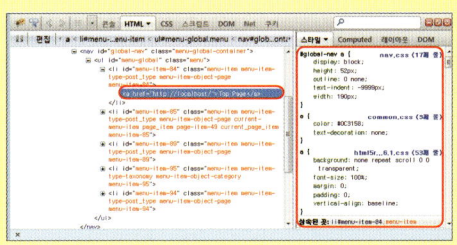

STEP 2-7

톱페이지 표시 완성하기

포스트, 페이지에 관한 각각의 내용을 입력, 표시하고 특성 이미지를 등록, 표시할 수 있으며, 톱페이지를 표시하는 요소가 준비됐습니다. 이제 톱페이지의 표시를 완성해 봅니다.

01 Mall 개발 실적의 하위 페이지 목록 표시하기

01 톱페이지의 메인 이미지 아래에 Mall 개발 실적의 목록을 표시합니다. 구체적으로는 정적인 페이지 'Mall 개발 실적'을 상위 페이지로 하는 하위 페이지(시오도메 Mall, 두리안 Mall, 차오 프라야 Mall, 탐린 Mall)를 리스트로 표시합니다.

front-page.php의 〈div class="malls-group"〉 ~ 〈/div〉〈!== .malls-group end --〉 내의 코드(div 태그는 남기고)를 다음과 같이 query_posts( )와 워드프레스 루프를 사용한 코드로 수정합니다.

소스코드 설명

톱페이지는 정적인 페이지 '톱페이지'를 할당하고 있기 때문에 기본 워드프레스 루프에서는 '톱페이지'의 포스트 내용이 대상이 됩니다. 여기에서는 정적인 페이지 'Mall 개발 실적'의 모든 하위 페이지의 포스트 내용을 대상으로 하기 위해 query_post( )를 이용해서 워드프레스 루프의 조건을 변경합니다.

☐ front-page.php

```php
<?php get_header(); ?>
    <section id="contents">
        <section id="malls-pickup">
            <div class="malls-group">
<?php
query_posts('posts_per_page=-1&post_type=page&orderby=menu_order&order=asc&post_parent=60');
if (have_posts()) :
    $count = 1;
    while (have_posts()) :
        the_post();
        if ($count % 2 > 0 && $count != 1) :
?>
            </div><!-- .malls-group end -->
            <div class="malls-group">
<?php
    endif;
?>
            <article>
                <h1><a href="<?php the_
```

> 'post_parent=60'의 60을 실제 정적인 페이지 'Mall 개발 실적'의 포스트 ID로 변경합니다

이 코드에서는 query_posts('posts_per_page=-1&post_type=page&orderby=menu_order&order= asc&post_parent=60');으로서 추출조건은 'posts_per_page=-1'에서 '모든 리스트'로, 'post_type=page'에서 '정적인 페이지를 대상'으로, 'orderby=menu_order'에서 '나열 기준을 정적인 페이지 '순서'로, 'order=asc'에서 '내림차순'으로 'post_parent=43'에서 '상위 페이지의 ID가 60인 하위 페이지를 대상'으로 지정하고 있습니다.

워드프레스 루프 내의 처리는 거의 '칼럼' 카테고리의 처리와 마찬가지입니다. 단, 여기에서는 가로로 2개씩 표시하기 때문에 포스트의 수가 홀수이든 짝수이든 마지막에 정확하게 div 태그로 마감되도록 $count 변수를 이용한 처리를 추가합니다.

if ($count % 2 > 0 && $count != 1) :
~
endif;

에서 3 이상의 홀수의 경우 포스트를 출력하기 전에 일단 div를 닫고 다시 태그를 추가해서 처리합니다. 워드프레스 루프 종료 후 wp_reset_query( )의 코드에 의해 query_posts에서 변경한 워드프레스 루프의 조건을 리셋합니다.

```
permalink(); ?>"><?php the_title(); ?></a></h1>
            <a href="<?php the_permalink();
?>"><?php the_post_thumbnail( 'pickup_
thumbnail', array('alt' =>the_title_
attribute('echo=0'),'title' => the_title_
attribute('echo=0'))); ?></a>
            <?php the_excerpt(); ?>
            <div class="continue-button">
              <a href="<?php the_permalink();
?>">자세히 보기</a>
            </div>
        </article>
<?php
    $count++;
   endwhile;
endif;
wp_reset_query();
?>
        </div><!-- .malls-group end -->
      </section><!-- #malls-pickup end -->
      <section id="latest-columns">
        <h1 id="latest-columns-title">신규 칼럼</h1>
( 생략 )
```

02 `query_posts('posts_per_page=-1&post_type=page&orderby=menu_order&order=asc&post_parent=60');` 가운데 'post_parent=60'에서 '60'은 각 개인의 사용환경에 의존하기 때문에 실제 'Mall 개발 실적' 페이지의 포스트 ID로 변경하기 바랍니다.

> **tip 포스트 ID의 확인방법**
> 관리화면의 [페이지]-[All pages]에서 'Mall 개발 실적'의 편집화면을 엽니다. 주소 창의 '?post=' 문구 뒤에 오는 숫자가 포스트 ID입니다.
>
> `http://localhost/wp-admin/post.php?post=60&action=edit`

03 톱페이지의 표시를 확인합니다. 각 Mall의 제목, 특성 이미지, 요약문이 표시됩니다.

04 다음으로 톱페이지 하부의 '신규 칼럼'을 표시합니다.

❶ 우선 칼럼 목록으로의 링크를 활성화하기 위해 front-page.php의 〈a href="#"〉 칼럼 목록 〈/a〉 부분을 수정합니다.

❷ 〈div class="column-group head"〉 ~ 〈/div〉 〈!-- .column-group end --〉 내의 코드를 수정합니다.

□ front-page.php

```
（생략）
        <section id="latest-columns">
        <h1 id="latest-columns-title">신규 칼럼</h1>
        <span class="link-text archive-link">
<a href="<?php echo get_term_link('column', 'category'); ?>">칼럼 목록</a></span>  ❶
        <div class="column-group head">
❷
<?php
query_posts('posts_per_page=4&category_name=column');
```

소스코드 설명

<?php echo get_term_link('column', 'category'); ?>에서 '칼럼' 카테고리로의 고유주소를 출력합니다. 처리 자체는 앞의 'Mall 개발 실적'의 처리 및 content-archive.php의 처리와 같습니다.

query_posts('posts_per_page=4&category_name=column')에서는 '칼럼' 카테고리로부터 4건의 포스트'라는 조건 지정을 하고 있습니다. 나열 순서 등은 지정하고 있지 않지만 기본으로 최신 포스트 순서대로 나열됩니다.

❷
```php
if (have_posts()) :
  $count = 1;
  while (have_posts()) :
    the_post();
    if ($count % 2 > 0 && $count != 1) : ?>
        </div><!-- .column-group end -->
        <div class="column-group">
<?php
    endif; ?>
        <article class="column-article" >
            <h1 class="update-title"><a href="<?php the_permalink(); ?>" title="<?php the_title_attribute(); ?>"><?php the_title(); ?></a></h1>
            <time class="entry-date" datetime="<?php the_time('Y-m-d'); ?>"><?php the_time(get_option('date_format')); ?></time>
            <a href="<?php the_permalink(); ?>"><?php the_post_thumbnail('post-thumbnail', array('alt' => the_title_attribute('echo=0'), 'title' => the_title_attribute('echo=0'))); ?></a>
            <?php the_excerpt(); ?>

            <span class="link-text"><a href="<?php the_permalink(); ?>">계속 읽기</a></span>
        </article>
<?php
    $count++;
  endwhile;
endif;
wp_reset_query();
?>
            </div><!-- .column-group end -->
        </section><!-- #latest-columns end -->
    </section><!-- #contents end -->
<?php get_sidebar('top'); ?>
<?php get_footer(); ?>
```

05 톱페이지 표시를 확인합니다. 각 칼럼의 제목, 날짜, 특성 이미지, 발췌문이 표시되고 있습니다.

○ 신규 칼럼   > 칼럼 목록

마카로니 스쿠타
2012년 7월 14일

오늘은 직원 A씨의 누님이 귀여운 딸 2명을 데리고 에게니가 손수 만드신 커다란 '마카로니 스쿠타'를 가져 오셨습니다. 인도네시아의 가정요리입니다. 그 까닭은 내일이 직원 A씨의 생일이기 때문입니다. 인도네시아에서는 '생일인 사람이 케이크 등을 준비한다고 합'니다. 우리로는 '생일인 사람이 선물을 받는'것과 조금 다르지만 한번 해보고 싶은 멋진 습관이네요. 그런데 이 '마카로니 스쿠타' 정말 맛있어서 3접시나 먹었네요. 더구나 남은 […]

> 계속 읽기

시오도메(汐留) Mall 여름축제 불꽃놀이 대회
2012년 7월 14일

지난 주 금요일 저녁, 제9회 시오도메 Mall 여름축제가 개최되었습니다. 방문하셨던 분들은 즐거우셨나요? 걱정했었던 비도 내리지 않고 올해 최고의 이벤트인 불꽃놀이 대회가 성황리에 끝난 것이 가장 즐거운 추억으로 남습니다. 이 불꽃놀이 대회는 실은 작년의 시오도메 Mall 여름축제 직후부터 계획한 것입니다. 스미다강, 도쿄만 그 외 전국의 불꽃놀이 대회를 견학하면서 아사쿠사의 불꽃놀이 전문가들에게 조언을 듣기도 하면서 많은 공부가 […]

> 계속 읽기

요그야카르타(Yogyakarta) 거리
2012년 7월 9일

10월에 개최되는 축산물 전시회를 준비하기 위해 요그야카르타를 방문했습니다. 요그야카르타는 '인도네시아의 고도(古都)'라고 불리는 오래된 거리이며 지금도 왕족이 지사로서 활약하고 있습니다. 자카르타에서 국내선을 타고 1시간이면 요그야카르타에 도착합니다. 거리는 자카르타보다 다소 한산하지만 깨끗한 느낌이 듭니다. 공기

아시아의 허브 공항, Changi
2012년 7월 9일

Durian Mall이 본보기로 삼고 싶은 쇼카풀의 명물은 누가 뭐래해도 Changi 국제공항입니다. Changi 공항을 한마디로 표현하면 '없는 것이 없는 공항'입니다. 영화관, 호텔, 병원까지 있습니다. 그 외에도 이런 것들이… 인터넷 코너 환승구역 내에 다수 존재하니까 쉽게 찾을 수 있습니다. OS는 영어로 한정되어있지만 자유롭

STEP 2-8

2-8 톱페이지용 사이드바 완성하기

계속해서 톱페이지용 사이드바에 '칼럼' 카테고리 이외의 포스트를 카테고리별로 요약 표시하고 톱페이지의 표시를 완성합니다.

01 sidebar-top.php 수정하기

01 sidebar-top.php의 〈div id="primary" class="widget-area"〉 ~ 〈/div〉〈!-- #primary end--〉 내의 코드를 수정합니다.

소스코드 설명

이번에도 '칼럼' 카테고리와 마찬가지로 query_posts( )와 워드프레스 루프를 이용해서 표시하지만, 표시하고 싶은 카테고리는 3가지입니다.

처음에 카테고리의 리스트를 $sidebar_cat_list 배열로 합니다. 키를 '카테고리 슬래그', '값'을 포스트 건수'로 준비하여 query_posts( )와 워드프레스 루프를 3회 루프시킵니다.

query_posts( )로 변경하는 워드프레스 루프의 조건(인수)은 $sidebar_cat_list 배열의 키와 값을 이용해서 작성합니다.

get_category_by_slug($sidebar_cat_name) -〉 name으로 카테고리 슬러그를 지정해서 취득한 오브젝트로부터 카테고리 이름을 취득합니다. 예를 들어 카테고리 슬러그 'event'를 지정해서 카테고리 이름 '이벤트 정보'를 취득합니다.

취득한 카테고리 이름은 esc_html( )로 이스케이

sidebar-top.php

```
<section id="sidebar">
    <aside class="rss_link">
        <a href="#"><img src="<?php bloginfo('template_url'); ?>/images/btn_rss_feed.png" width="250" height="28" alt="RSS" /></a>
    </aside>
    <div id="primary" class="widget-area">
<?php
$sidebar_cat_list = array(
  'event' => 2,
  'malls' => 2,
  'information' => 2,
);

foreach ($sidebar_cat_list as $sidebar_cat_name => $sidebar_cat_num) :
    query_posts('posts_per_page=' . $sidebar_cat_num . '&category_name=
```

프 처리한 후 출력합니다. 워드프레스 루프 이후는 거의 '칼럼' 카테고리 처리와 같습니다.

```php
' . $sidebar_cat_name);
?>            <aside id="<?php echo $sidebar_cat_name; ?>-info" class="news-list">
                <h1><?php echo esc_html(get_category_by_slug($sidebar_cat_name)->name); ?></h1>
                <div class="info-wrap">
                <ul>
<?php
  if (have_posts()) :
    while (have_posts()) :
      the_post();
?>
                <li>
                    <time class="entry-date" datetime="<?php the_time('Y-m-d'); ?>"><?php the_time(get_option('date_format')); ?></time>
                    <h2><a href="<?php the_permalink(); ?>">
<?php the_title(); ?></a></h2>
                    <a href="<?php the_permalink(); ?>">
<?php the_post_thumbnail('small_thumbnail', array('alt' => the_title_attribute('echo=0'), 'title' => the_title_attribute('echo=0'))); ?></a>
                    <?php the_excerpt(); ?>

                </li>
<?php
    endwhile;
  endif;
?>
                </ul>
                <span class="link-text">
                    <a href="<?php echo get_term_link($sidebar_cat_name, 'category'); ?>"><?php echo esc_html(get_category_by_slug($sidebar_cat_name)->name); ?>목록</a>
                </span>
```

```
                    </div>
                </aside>
<?php
    wp_reset_query();
endforeach;
?>
            </div><!-- #primary end -->
        </section><!-- #sidebar end -->
```

02 톱페이지의 사이드바를 확인합니다.

'이벤트 개최 정보', 'Mall 출점 정보', '알림'의 각 포스트의 정보(날짜, 제목, 요약문, 특성 이미지)가 표시됩니다.

> **tip**
> 각 포스트의 제목과 특성 이미지를 클릭해서 해당 포스트로 전환하는 것을 확인합니다. 또한 목록 페이지로의 링크(이벤트 개최 정보 목록, Mall 출점 정보 목록, 알림 목록)를 클릭해서 각 목록 페이지로 전환되는 것을 확인할 수 있습니다.
> 마찬가지로 STEP 2-7에서 설치한 톱페이지에서 각 링크, 즉 Mall 개발 실적의 하위 페이지 목록에 있는 각 하위 페이지로의 링크(각 하위 페이지의 제목, 특성 이미지, 자세히 보기), 신규 칼럼의 목록에 있는 각 포스트로의 링크(각 포스트의 제목, 특성 이미지, 계속 읽기), 칼럼 목록의 링크도 실제로 클릭해서 바르게 전환되는지 확인합니다.

이상으로 톱페이지의 모든 요소가 정리되어 톱페이지가 완성됐습니다. 하지만 아직 조정이 필요합니다. 특히 요약한 글이 너무 길어서 페이지 전체가 길게 늘어지고, RSS 피드의 링크도 동작하지 않습니다. 이것은 다음 장에서 조정하도록 합니다.

STEP 2-9

2-9 플러그인을 사용해서 몰 개발실적에 목록 출력하기

각 몰(Mall)의 특성 이미지와 발췌문을 사용해서 'Mall 개발 실적' 페이지(상위 페이지)에 각 몰의 목록(하위 페이지 목록)을 표시하고, 플러그인 'Child Pages Shortcode'를 이용해서 실행해봅니다.

따라하기 순서

01 플러그인 Child Pages Shortcode 이용하기
02 플러그인 Child Pages Shortcode 활성화하기
03 Shortcode 입력하기
04 CSS 조정하기
05 페이지의 목록 표시 확인하기

01 플러그인 Child Pages Shortcode 이용하기

■ Child Pages Shortcode에 대해서

Child Pages Shortcode는 하위 페이지 목록을 워드프레스의 기능 'Shortcode'를 사용해서 출력하는 플러그인입니다. 플러그인을 설치해서 활성화한 후 '페이지'의 편집화면 본문(HTML 모드)에 다음과 같은 서식 코드를 입력하면 사용할 수 있습니다.

`[Child_pages]`

또한 속성 지정으로 사용자정의를 할 수 있습니다.

> **id** : 출력하고 싶은 하위 페이지 또는 상위 페이지의 ID입니다. 기본값은 Shortcode를 입력한 정적인 페이지의 ID입니다.
> **width** : 출력된 각 블록의 가로 길이입니다. 기본값은 50%(2 칼럼)입니다.
> **size** : 이미지의 크기를 이름으로 지정할 수 있습니다. 기본은 'thumbnail'입니다. 이밖에도 'large', 'medium' 등을 지정할 수 있습니다.

> **tip**
>
> 'Shortcode'는 포스트(글)와 페이지의 편집 페이지 본문 란의 [ ](대괄호, square bracket) 안에 서식 코드를 입력해서 사용할 수 있는 워드프레스의 구조이며, 사전에 functions.php 및 플러그인 등으로 준비된 프로그램 기능을 사용할 수 있습니다. 그리고 Shortcode의 기본 서식에는 '자기완결형'과 '박스형' 2가지가 있습니다.
>
> **자기완결형**
> [shortcode명 속성=값]
> 예) [gallery id="123" size="medium"]
>
> **박스형**
> [shortcode명 속성=값] content [/shortcode명]
> 예) [caption] caption text [/caption]

완성 예상도

02 플러그인 Child Pages Shortcode 활성화하기

Child Pages Shortcode를 사용해 봅니다. 관리 화면의 [플러그인]-[설치된 플러그인]에서 'Child Pages Shortcode'를 활성화합니다.

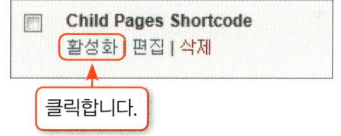

03 Shortcode 입력하기

01 [페이지]-[Mall 개발 실적]의 편집화면을 열고 본문을 HTML 모드로 변경한 후, 다음 shortcode를 입력하고 [갱신] 버튼을 클릭합니다.

```
[child_pages size="pickup_thumbnail"]
```

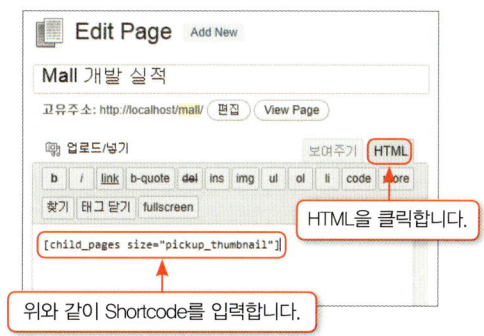

02 'Mall 개발 실적' 페이지 보기를 클릭해서 특성 이미지와 요약 글이 표시되는지 확인합니다. 단, Child Pages Shortcode의 기본 CSS가 적용되고 있기 때문에 제대로 표시되지 않습니다(앞의 완성 예상도 참고). 따라서 본 사이트용 CSS로 변경합니다.

04 CSS 조정하기

플러그인이 출력하는 CSS 경로를 샘플 사이트용으로 준비한 CSS 경로로 변경합니다. 변경할 때는 Child Pages Shortcode가 미리 준비하고 있는 style sheet의 URL을 변경하는 구조를 이용합니다. functions.php에 다음과 같이 추가합니다.

☐ functions.php

```
( 생략 )
// Child Pages Shortcode의 CSS의 URL을 변경합니다.
function change_child_pages_shortcode_css() {
$url = get_template_directory_uri() . '/css/child-pages-shortcode/style.css';
    return $url;
}
add_filter('child-pages-shortcode-stylesheet', 'change_child_pages_shortcode_css');
```

소스코드 설명

functions.php의 소스코드에 추가로 입력한

add_filter('child-pages-shortcode-stylesheet', 'change_child_pages_shortcode_css');

의 부분은 워드프레스의 'hook(filter hook)'라는 기능을 사용해서 'Child Pages Shortcode' 플러그인으로 정의된 child-pages-shortcode-stylesheet 필터 후크에 대해서 functions.php에 추가 입력한 change_child_pages_shortcode_css 함수를 등록하고 있습니다.

'Child Pages Shortcode' 플러그인이 실행될 때 child-pages-shortcode-stylesheet 필터 후크에서 change_child_pages_shortcode_css 함수가 호출됩니다. 그리고 함수가 return으로 반환한 $url로 스타일시트의 URL이 변경됩니다. 후크는 어떤 함수를 특정 시간에 호출하기 위해 'filter hook'와 'action hook' 2가지가 있습니다. 필터 후크는 'add_filter( )'로, 액션 후크는 add_action( ) 함수를 등록합니다.

필터 후크는 위의 URL 문자열이 변경될 때와 같이 주로 문자열 등을 변경할 때 사용합니다. 문자열 등의 변경은 호출된 함수가 return으로 반환되는 값(위 경우는 $url)을 이용합니다. 한편 액션 후크는 HTML 안의 〈head〉 안을 출력할 때 추가 메타 태그를 출력하는 용도로 이용합니다. 필터 후크와의 차이점은 문자열 등의 변경을 하지 않는다는 점입니다.

05 'Mall 개발 실적' 페이지의 목록 표시 확인하기

'Mall 개발 실적' 페이지를 표시해서 확인하면 각 Mall의 목록이 일목요연하게 표시됩니다.

각 Mall의 특성 이미지, 제목, 요약 글이 표시되는 것을 확인할 수 있습니다.

STEP 2-10

'문의' 페이지에 폼(Form) 설치하기

플러그인 'Contact Form 7'을 사용해서 '문의' 페이지 양식을 만듭니다. 관리자에게 메일을 전송하거나 문의를 한 사람에게 확인 메일을 전송하는 것도 학습합니다.

따라하기 순서

01 플러그인 Contact Form 7 이용하기
02 플러그인 Contact Form 7 활성화하기
03 '문의' 페이지에 코드 입력하기
04 폼(Form) 내용 입력하기
05 메일 설정하기
06 표시와 동작 확인하기

01 플러그인 Contact Form 7 이용하기

Contact Form 7은 복수의 컨텍트 폼(Form)의 작성, 관리를 모두 관리화면 상에서 할 수 있는 플러그인입니다. 폼과 메일에 대한 각각의 사용자정의도 쉽게 설정할 수 있습니다.

> **tip**
> Contact Form 7은 단순하면서도 높은 기능을 가진 플러그인입니다. 자세한 설정 방법이나 사용자정의 방법은 다음 사이트를 참조하기 바랍니다.
>
> http://contactform7.com/

02 플러그인 Contact Form 7 활성화하기

01 관리화면의 [플러그인]-[설치된 플러그인]에서 Contact Form 7을 활성화합니다.

02 활성화 버튼을 클릭하면 '활성화' 링크가 'settings'로 바뀝니다. 'Settings'를 클릭합니다.

03 '문의' 페이지에 코드 입력하기

01 관리화면의 메뉴에 'Contact' 항목이 생기면 'Contact form 1'을 클릭해서 편집화면으로 들어갑니다.
설정화면에서 '이 코드를 복사해서 글, 페이지 또는 텍스트 위젯 내용에 붙여넣으세요.' 라는 메시지 밑에 있는 코드 '[contact-form-7 id="***" title="Contact form 1"]'을 복사합니다(***는 숫자).

02 [페이지]-[문의] 페이지 편집화면을 열고 HTML 모드에서 가장 아랫부분에 코드를 붙여넣기 합니다.

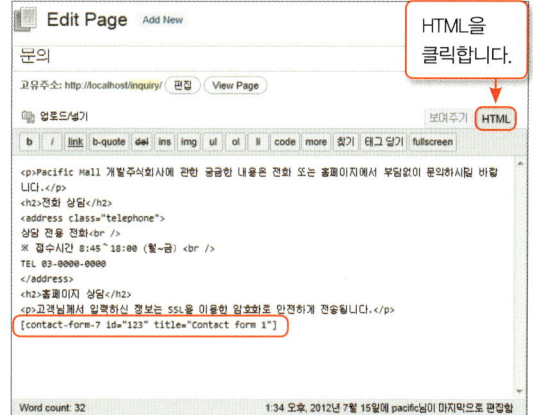

03 '문의' 페이지를 열어서 표시를 확인합니다.

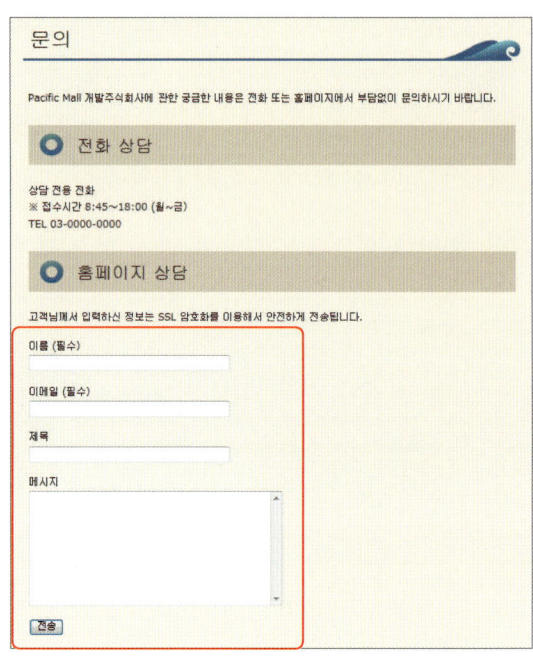

tip
폼(Form)에서 실제 메일을 전송하기 위해서는 메일 서버가 바르게 동작해야 합니다. 특히 로컬 환경의 경우 제대로 전송되지 않는 경우가 많은데, 그 이유는 메일 서버의 설정에 관한 지식이 어느 정도 필요할 뿐 아니라 로컬 환경에서 전송한 메일은 스팸 메일 또는 바이러스 메일로 취급되기 쉽기 때문입니다.

04 테스트 메일을 전송합니다. 폼(Form)에 원하는 내용을 입력해서 [전송] 버튼을 클릭하면 관리자의 메일주소로 메일이 전송됩니다.

tip
로컬 PC 환경에서 메일을 전송하는 방법은 제1장(66~68페이지)을 참고하기 바랍니다. 사용환경에 따라서는 메일이 제대로 전송되지 않는 경우도 있습니다. 메일이 제대로 전송되지 않아도 샘플 사이트에 표시하는 것은 상관없기 때문에 계속 진행하기 바랍니다.

 폼(Form)의 내용 입력하기

작성한 양식을 사용자정의로 설정합니다.

01 폼의 HTML을 준비합니다(샘플 데이터에서 [source]-[chapter2]에서 form.txt 파일 참조).

☐ 폼(Form)의 HTML

```
<table>
<tr>
<th>회사명<span class="require">※필수</span></th>
<td></td>
</tr>
<tr>
<th>이름<span class="require">※필수</span></th>
<td></td>
</tr>
<tr>
<th>메일주소<span class="require">※필수</span></th>
<td></td>
</tr>
<tr>
<th>전화번호</th>
<td></td>
</tr>
<tr>
<th>상담 내용<span class="require">※필수</span></th>
<td></td>
</tr>
</table>
```

02 관리화면의 [Contact]-[Contact Form 1]을 클릭해서 Contact Form 7의 설정화면을 열고 '폼' 칸에 양식의 HTML을 붙여넣기 합니다.

03 [태그 생성] 버튼을 클릭합니다.

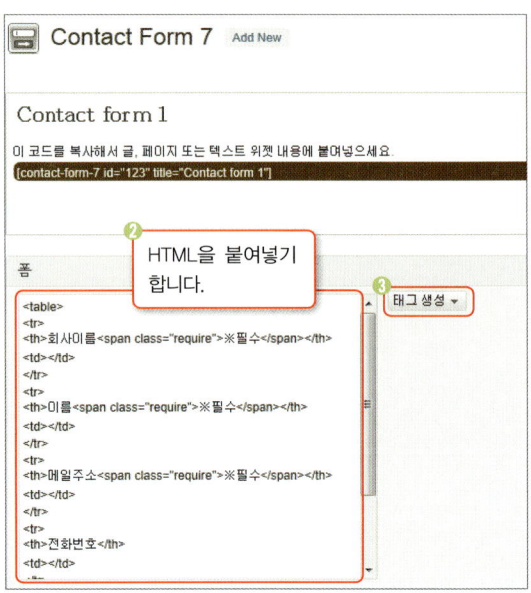

04 '텍스트 입력란'부터 시작하는 풀다운 메뉴가 표시됩니다. 여기에서 '텍스트 입력란'을 클릭합니다.

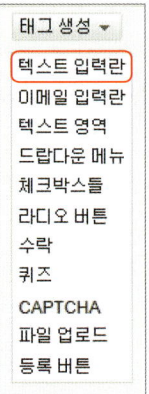

05 '텍스트 입력란'의 입력 양식에 다음과 같은 내용을 입력합니다.

> **필수 입력란?** : 체크합니다.
> **이름** : company
> **class** : length-l text (※ 'length-l'과 'text' 사이는 반각 스페이스입니다.)
> **size** : 60

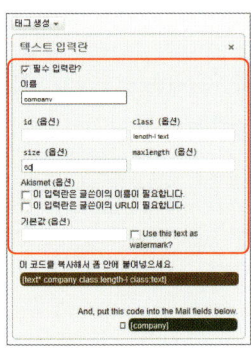

170

06 '텍스트 입력란' 입력 폼의 아래 갈색 안의 내용을 복사해서 붙여넣기 합니다.

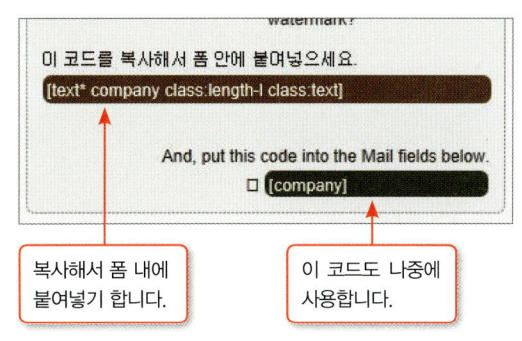

복사해서 폼 내에 붙여넣기 합니다.

이 코드도 나중에 사용합니다.

tip 녹색 안의 코드는 나중에 사용하기 때문에 그대로 둡니다.

07 복사한 코드를 '<th>회사이름~' 아래의 <td></td> 사이에 붙여넣기 합니다.

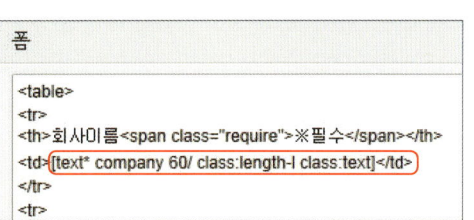

08 앞의 03 ~ 07 의 과정과 마찬가지 방법으로 '회사이름' 이외의 '이름', '메일주소', '전화번호'의 코드를 아래 내용으로 작성해서 입력합니다.

'회사이름', '이름', '메일주소', '전화번호'의 입력 내용

태그 종류	필수 입력란	이름	class (※반각 입력)	size	폼에 복사할 코드 (배경: 갈색)	코드 위치	메일항목에 복사할 코드 (배경: 녹색)
텍스트 입력란	필수	company	length-l text	60	[text* company 60/ class:length-l class:text]	'<th>회사이름~' 아래 <td>와 </td> 사이	[company]
텍스트 입력란	필수	your_name	length-m text	40	[text* your_name 40/ class:length-m class:text]	'<th>이름~' 아래 <td>와 </td> 사이	[your_name]
이메일 입력란	필수	email	length-l text	60	[text* email 60/ class:length-l class:text]	'<th>메일주소~' 아래 <td>와 </td> 사이	[email]
텍스트 입력란	-	tel	length-m text	40	[text tel 40/ class:length-m class:text]	'<th>전화번호~' 아래 <td>와 </td> 사이	[tel]

09 '상담 내용' 코드를 다음 내용으로 작성합니다.

'상담 내용'의 입력 내용

태그 종류	텍스트 입력란	이름	class (※반각 입력)	cols	rows	폼에 복사할 코드 (배경: 갈색)	코드 위치	메일 항목에 복사할 코드 (배경: 녹색)
텍스트 영역	필수	content	length-l text	60	7	[textarea* content 60x7 class:length-l class:text]	'⟨th⟩문의~' 아래 ⟨td⟩와 ⟨/td⟩ 사이	[content]

10 마지막으로 '등록 버튼'의 코드를 작성합니다.

> **태그 종류** : 등록 버튼
> **class** : submit
> **라벨** : 위 내용으로 전송합니다.

코드를 복사할 위치는 폼의 가장 아랫부분에 있는 ⟨/table⟩의 바로 밑입니다.

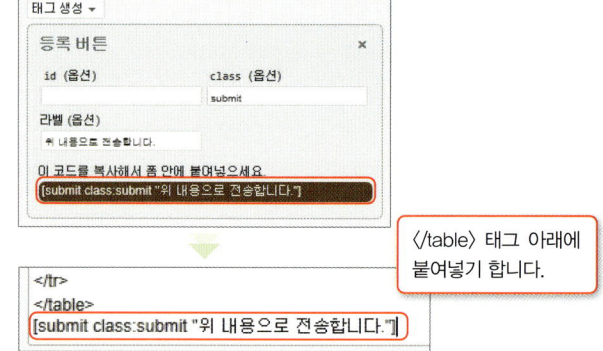

⟨/table⟩ 태그 아래에 붙여넣기 합니다.

11 모든 내용이 완성되면 '폼' 내의 코드는 다음과 같이 됩니다. [저장] 버튼을 클릭해서 저장합니다.

```
<table>
<tr>
<th>회사이름<span class="require">※필수</span></th>
<td>[text* company 60/ class:length-l class:text]</td>
</tr>
<tr>
<th>이름<span class="require">※필수</span></th>
<td>[text* your_name 40/ class:length-m class:text]</td>
</tr>
<tr>
<th>메일주소<span class="require">※필수</span></th>
<td>[email* email 60/ class:length-l class:text]</td>
</tr>
<tr>
<th>전화번호</th>
<td>[text tel 40/ class:length-m class:text]</td>
```

```
</tr>
<tr>
<th>상담 내용<span class="require">※필수</span></th>
<td>[textarea* content 60x7 class:length-l class:text]</td>
</tr>
</table>
[submit class:submit "위 내용으로 전송합니다."]
```

12 '문의' 페이지에서 폼의 표시가 완성된 것을 확인합니다.

> **tip**
> Contact Form 7에는 메일 전송을 확인하는 화면이 있습니다. [전송] 버튼을 클릭하면 Ajax로 데이터의 전송과 입력 내용의 확인이 이루어집니다. 확인이 되면 메일이 전송되고, 확인이 되지 않는 경우 화면 전환 없이 동일 화면에서 메시지가 표시됩니다.

05 메일 설정하기

두 종류의 메일을 설정합니다. 두 종류 중에 한 가지는 상담이 있는 경우 사이트 관리자에게 전송되는 통지 메일입니다. 또 다른 하나는 상담을 한 고객에게 전송되는 확인 메일입니다.

우선 사이트 관리자에 대한 통지 메일부터 설정합니다.

'메일'란에 입력합니다.

01 'Contact Form 7'의 설정화면을 열고 '메일' 란에 다음과 같이 입력합니다.

❶ 'To', 'From', '제목'을 입력합니다.
❷ '메시지 내용'을 입력합니다.

> tip
> '메일'의 입력 영역이 보이지 않는 경우 '메일'을 클릭해서 전개합니다.

02 다음은 문의한 고객에게 보내는 확인 메일을 설정합니다.

❶ 메일 (2)를 클릭해서 '메일 사용 (2)'에 체크하고 입력을 시작합니다.
❷ 'To', 'From', '제목'을 입력합니다.
❸ '메시지 내용'을 입력합니다.

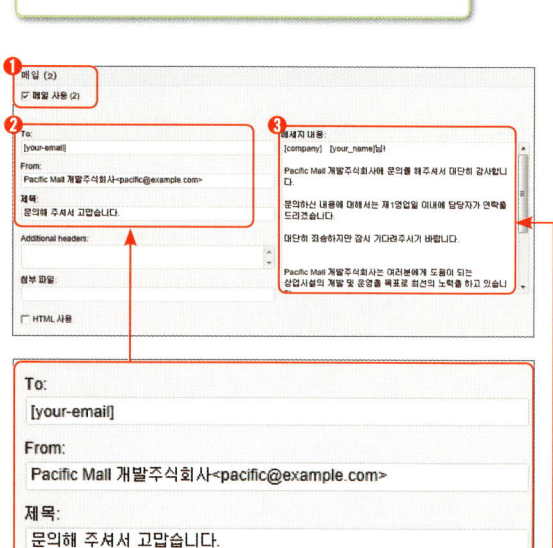

메시지 내용 :

[company] [your_name]님!

Pacific Mall 개발주식회사에 문의를 해주셔서 대단히 감사합니다.

문의하신 내용에 대해서는 제1영업일 이내에 담당자가 연락을 드리겠습니다.

대단히 죄송하지만 잠시 기다려주시기 바랍니다.

Pacific Mall 개발주식회사는 여러분에게 도움이 되는 상업 시설의 개발 및 운영을 목표로 최선의 노력을 하고 있습니다. 앞으로도 많은 성원 부탁드립니다.

Pacific Mall 개발주식회사
【상담전용전화】 03-0000-0000
※ 접수시간 9:00 ~ 18:00 (월 ~ 금)

> 태그를 작성할 때 준비해둔 코드(배경:녹색)가 이 메일을 설정할 때 사용됩니다.

03 입력이 완료되면 화면 위쪽의 [저장] 버튼을 클릭합니다.

tip
'메시지 내용'에 '메일주소', '전화번호', '문의 내용'은 없습니다. 이것은 실무에서 사용하는 자동응답용 메일에는 가능한 개인 정보를 기재하지 않는 편이 바람직하기 때문입니다.

06 '문의' 페이지 표시와 동작 확인하기

'문의' 페이지를 표시해서 테스트 메일을 전송합니다. 전송이 완료되었는지, 관리자 통지 메일과 고객 확인 메일이 제대로 전송되었는지, 전송된 메일 내용이 정확한지 확인합니다.

이상으로 '문의' 폼의 설정이 완성됐습니다. 이제 웹 사이트로서 최소한의 기능이 동작하게 됐습니다.

TIP Plus 워드프레스 커뮤니티

워드프레스에 관한 정보를 얻거나 지식을 향상시키기 위해 혼자 학습하는 것외에도 포럼에 참가하거나 소셜 네트워크로부터 관련 정보를 얻는 것도 좋은 방법입니다. 커뮤니티에 참가해서 자신 없었던 부분이나 잘 알지 못했던 부분을 보충하거나 혼자서는 알 수 없었던 의외의 활용방법에 관한 아이디어를 얻을 수도 있습니다. 또한 커뮤니티에 참가해서 얻을 수 있는 인적 네트워크는 계속적인 정보 획득 등 여러 가지 잇점이 있습니다.

WordCamp

WordCamp는 2006년 샌프란시스코에서 처음 개최된 이후 지금까지 전 세계에서 100회 이상 개최된 워드프레스 컨퍼런스입니다. WordCamp에서는 워드프레스의 기술적인 내용 외에도 워드프레스의 디바이스 대응 등 폭넓은 지식을 얻을 수 있습니다. 또한 그 열기를 체험해 보는 것도 색다른 경험이 될 것입니다.

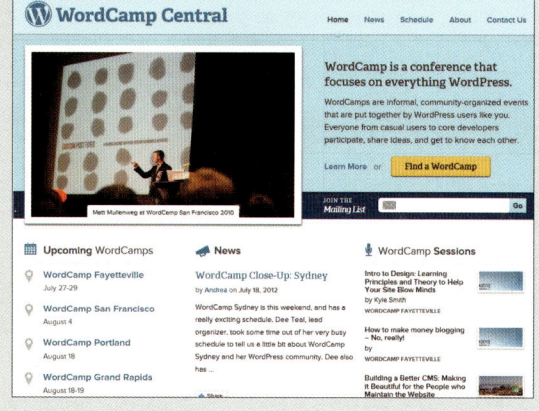

WordCamp Korea

워드캠프 서울은 2010년 7월에 처음 개최한 행사로 워드프레스에 관한 모든 것에 대해 이야기를 나누는 행사입니다. 워드프레스에 관심이 있다면 꼭 워드캠프에 참석해 보길 바랍니다. 워드프레스, 버디프레스, 비비프레스, 플러그인, 테마 등에 관한 모든 궁금증을 해소할 수 있는 기회가 될 것입니다.

http://wordcamp.kopress.kr/

워드프레스 사용자 포럼

워드프레스 사용자 포럼은 사용상 문제가 발생할 경우, 그 해결 방법이나 알 수 없는 내용을 질문할 수 있는 온라인 시스템입니다. 워드프레스를 사용하면서 아무리 해도 해결되지 않는 문제에 부딪혔을 때 이용해 보기 바랍니다.

CHAPTER 3

방문객이 사용하기 쉬운 사이트 만들기

지금까지 웹사이트를 만들 때 필요한 매우 기본적인 페이지 이동과 표시하는 방법 등에 대해 배웠습니다. 이 장에서는 각종 네비게이션의 설치와 조정 등을 중심으로 학습하고 유틸리티를 향상시켜 사이트의 완성도를 높여보겠습니다. 사이트 내의 검색 및 RSS 피드에 대해서도 배워보겠습니다.

STEP 3-1	Sub Navi로 페이지 이동 쉽게 하기
STEP 3-2	'사이트맵' 설치하기
STEP 3-3	이동경로 표시하기
STEP 3-4	'404 File not found'를 사용자 디자인으로 표시하기
STEP 3-5	페이지 맨 위로 한번에 이동하기
STEP 3-6	포스트에 작성자 이름 표시하기
STEP 3-7	page navi로 페이지 목록 관리하기
STEP 3-8	사이트 내 검색 기능 만들기
STEP 3-9	앞뒤 페이지로 이동하기
STEP 3-10	요약문의 문자 수 조정하기
STEP 3-11	RSS 링크 출력하기
STEP 3-12	특성 이미지를 이용해서 헤더 이미지 표시하기

Preview

01 하위 네비게이션, 이동경로를 표시하고 정적인 페이지 사이의 페이지 이동, 상위 계층으로의 페이지 이동을 도와줍니다. 사이트맵도 여기에서 표시합니다.

02 샘플 사이트는 복수 사용자가 사용하는 것을 전제로 하고 있습니다. 따라서 각 포스트를 작성자별로 열람할 수 있도록 합니다.

03 사이트 내 검색을 가능하게 합니다.

04 특성 이미지를 이용해서 사용자정의 헤더를 표시합니다. 또한 사이트의 시각적 기능을 향상시키고 페이지 이동을 직관적으로 알 수 있게 합니다.

STEP 3-1

Sub Navi로 페이지 이동 쉽게 하기

상위-하위관계에 있는 정적 페이지 사이의 이동은 일반적으로 하위 네비게이션에 의해 이루어집니다. 최하위 페이지까지 쉽게 열람하기 위해서는 일반적인 규칙을 만들어야 합니다. 여기서는 플러그인을 이용해서 하위 네비게이션을 표시해 보겠습니다.

따라하기 순서

01 플러그인 All in One Sub Navi Widget 이용하기 ▶ **02** 플러그인 All in one Sub Navi Widget 활성화하기 ▶ **03** 위젯 영역 활성화하기 ▶ **04** sidebar.php에 추가하기

01 플러그인 All in One Sub Navi Widget 이용하기

■ All in One Sub Navi Widget에 대하여

All in One Sub Navi Widget은 하위 네비게이션을 위젯으로 관리하는 플러그인입니다. PC에 설치하여 활성화한 후, 워드프레스의 위젯 기능을 활성화해서 관리화면의 [외모]-[위젯]에서 하위 네비게이션을 설정합니다. 그림은 'All in One Sub Navi Widget'의 설정화면입니다. 위젯 영역에서 설정, 관리합니다.

> **tip**
> 서브(하위) 네비게이션은 일반적인 상업용 사이트에서 필수적인 기능이지만, 워드프레스에서는 서브 네비게이션 자체를 관리하는 기능이 없습니다. sidebar.php 등에 직접 하위 네비게이션을 실현하는 코드를 입력하면 실행할 수는 있지만 사용상 불편한 점이 있습니다. All in One Sub Navi Widget은 관리화면에서 간단히 설정만하면 기업용 사이트의 하위 네비게이션을 수행할 수 있는 매우 유용한 플러그인입니다.

■ 위젯에 대하여

'위젯'은 여러 가지 정보를 사이드바에 쉽게 출력하는 워드프레스 기능입니다. 위젯 기능을 사용하기 위해서는 위젯 영역에서 등록처리를 해야 합니다. functions.php에서 register_sidebar() 함수를 이용해서 위젯 영역을 등록하면 관리화면의 [외모]-[위젯]을 사용할 수 있습니다. 관리화면에서는 위젯 영역에 이용하고 싶은 위젯을 드래그 앤 드롭하여 등록합니다. 템플릿 중에서는 dynamic_sidebar() 함수로 위젯 영역에 등록된 위젯을 출력합니다.

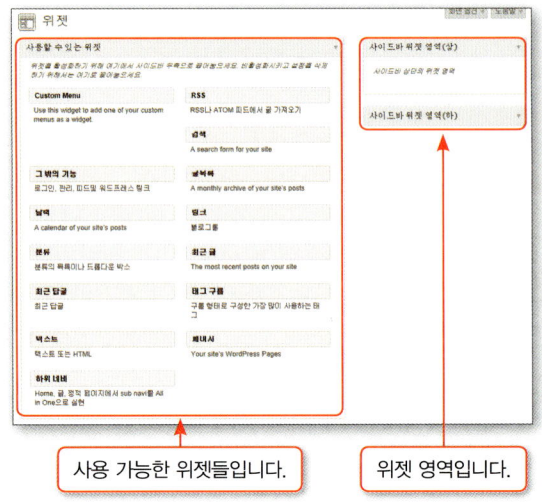

사용 가능한 위젯들입니다. 위젯 영역입니다.

02 플러그인 All in One Sub Navi Widget 활성화하기

All in One Sub Navi Widget 플러그인은 현재 일본어 버전만 있습니다. 다운로드 데이터 'pacific.zip'에서 [plugins]-[all-in-one-sub-navi-widget]을 복사해서 [wp-content]-[plugins]에 붙여넣기 합니다. 그런 다음 관리화면의 [플러그인]-[설치된 플러그인]에서 'All in One Sub Navi Wedget'을 활성화합니다.

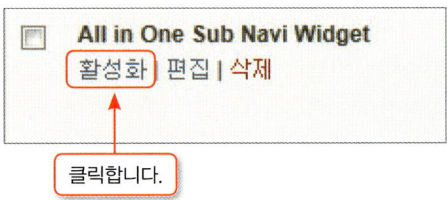

클릭합니다.

> **tip**
> 위 그림에서는 링크가 '활성화', '편집', '삭제' 세 가지이지만 환경에 따라서는 '활성화', '삭제' 두 가지가 있는 경우도 있습니다. '편집' 링크가 표시된 경우는 링크를 클릭해서 플러그인의 소스코드를 편집할 수도 있습니다. '편집' 링크가 있는지, 없는지는 플러그인 소스코드(파일)에 '쓰기' 권한의 여부를 보고 알 수 있습니다.

03 위젯 영역 활성화하기

01 functions.php에 다음과 같이 추가로 소스코드를 입력합니다(다운로드 데이터에서 [source]-[chapter 3]-[functions.php]를 참고하기 바랍니다).

소스코드 설명

register_sidebar( )
위젯 영역을 등록합니다. 각 파라미터의 의미는 다음과 같습니다.

name
위젯 영역의 이름입니다. 관리화면 상에서 표시됩니다.

id
위젯 영역의 ID입니다. 템플릿 안에 dynamic_sidebar( )를 입력해서 위젯을 출력할 때 위젯 영역을 특정하기 위해 이용됩니다.

description
위젯 영역의 설명입니다. 관리화면 상에서 표시됩니다.

before_widget / after_widget
위젯의 전/후에 출력되는 텍스트(HTML)입니다.

%1$s
위젯 이름으로 변경됩니다.

%2$s
클래스명으로 변경됩니다.

before_title / after_title
위젯이 출력하는 제목의 전/후에 출력되는 텍스트(HTML)입니다.

functions.php

```php
<?php
( 생략 )

// 위젯
register_sidebar(array(
    'name' => '사이드바 위젯 영역(상)',
    'id' => 'primary-widget-area',
    'description' => '사이드바 상단의 위젯 영역',
    'before_widget' => '<aside id="%1$s" class="widget-container %2$s">',
    'after_widget' => '</aside>',
    'before_title' => '<h1 class="widget-title">',
    'after_title' => '</h1>',
));
register_sidebar(array(
    'name' => '사이드바 위젯 영역(하)',
    'id' => 'secondary-widget-area',
    'description' => '사이드바 하단의 위젯 영역',
    'before_widget' => '<aside id="%1$s" class="widget-container %2$s">',
    'after_widget' => '</aside>',
    'before_title' => '<h1 class="widget-title">',
    'after_title' => '</h1>',
));
```

02 [외모]-[위젯]을 보면 위젯 영역이 등록되어 위젯의 관리가 가능하게 된 것을 확인할 수 있습니다.

03 '사이드바 위젯 영역(상)'을 클릭해서 펼치면(액티브 상태) 드롭용 영역이 전개됩니다. 이 영역에 '사용할 수 있는 위젯' 내의 '하위 네비'를 드래그 앤 드롭합니다.

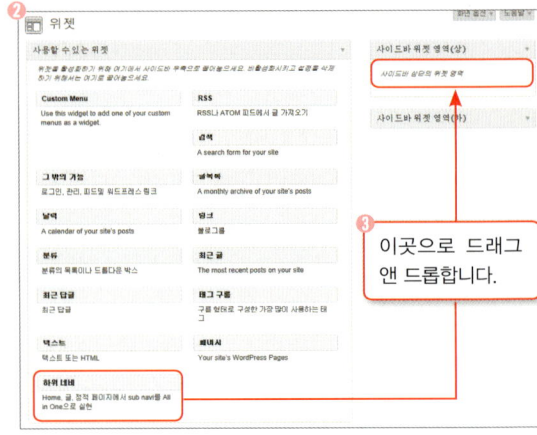

04 '하위 네비' 위젯의 제목 오른쪽에 있는 화살표(▼)를 클릭해서 전개하고 다음과 같이 설정한 후 [저장하기] 버튼을 클릭합니다. '하위 네비' 위젯은 3가지 영역으로 구분됩니다.

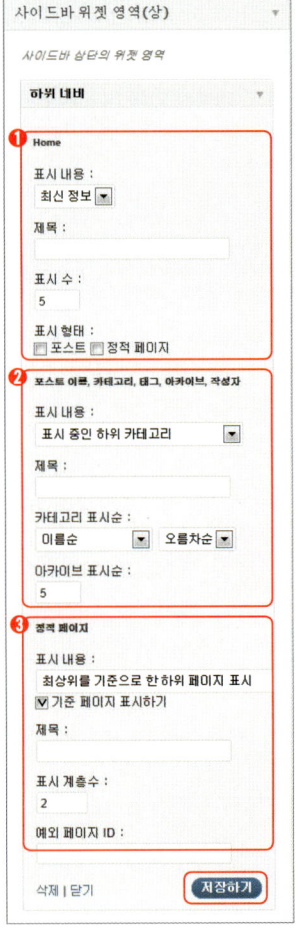

❶ Home

샘플 사이트에서 톱페이지에는 하위 네비게이션을 표시하지 않기 때문에 특히 설정을 할 필요가 없습니다.

❷ 포스트 이름, 카테고리, 태그, 아카이브, 작성자

'표시 내용'에서 '표시 중인 하위 카테고리'를 선택합니다.

❸ 정적 페이지

'표시 내용'에서 '최상위를 기준으로 한 하위 페이지 표시'를 선택합니다. 또한 '기준 페이지 표시하기'에 체크를 합니다.

모든 설정이 끝나면 [저장하기] 버튼을 클릭합니다.

04 sidebar.php에 추가하기

01 sidebar.php에서 〈div id="primary" class="widget-area"〉 아래의 subnavi를 〈?php dynamic_sidebar('primary-widget-area'); ?〉로 변경합니다.

☐ sidebar.php

```
<section id="sidebar">
    <div id="primary" class="widget-area">
        <?php dynamic_sidebar('primary-widget-area'); ?>
    </div><!-- #primary end -->
    <div id="secondary" class="widget-area">
        facebook like box
    </div><!-- #secondary end -->
</section><!-- #sidebar end -->
```

소스코드 설명

dynamic_sidebar( )는 위젯을 출력하는 워드프레스 템플릿 태그입니다. 인수로는 출력하고 싶은 위젯 영역의 ID를 지정합니다.

02 하위 페이지 아래에 하위 네비게이션이 표시된 것을 확인합니다. 이것으로 Mall 개발 실적 및 회사개요 등 하위 페이지의 하위 네비게이션을 통해서 이용할 수 있습니다.

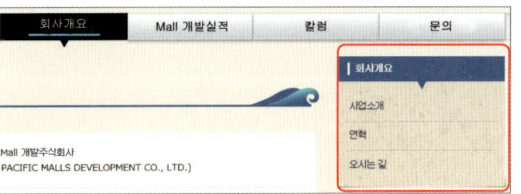

tip

'회사개요'와 'Mall 개발 실적'의 각 하위 페이지로의 전환은 글로벌 네비게이션을 사용하지 않아도 이동할 수 있습니다. 글로벌 네비게이션에서 하위 페이지의 메뉴가 필요없으면 이 단계에서 사용자정의 메뉴의 'global'에서 삭제하기 바랍니다. 글로벌 네비게이션에 하위 페이지의 메뉴를 남겨두어도 상관없습니다. 단, 남겨두는 경우 예를 들어 '회사개요'의 하위 페이지로서 '거래처 목록'을 작성할 때, 하위 네비게이션은 자동적으로 '거래처 목록'을 추가해서 표시하지만 수동으로 설정한 메뉴 'global'은 자동적으로 표시되지 않습니다. 필요하면 재설정해야 합니다.

STEP 3-2

3-2 '사이트맵' 설치하기

플러그인 PS Auto Sitemap을 사용해서 사이트맵을 표시합니다. PS Auto Sitemap은 간단하고 유연하게 사이트맵 페이지를 자동 생성하는 플러그인입니다. 관리화면에서 표시하는 목록의 사용자정의가 가능하고, 사이트맵의 표시 스타일도 사전에 준비된 스타일에서 선택할 수 있습니다.

따라하기 순서

01 플러그인 PS Auto Sitemap 활성화하기 ▶ 02 PS Auto Sitemap 설정하기 ▶ 03 편집화면에 코드 입력하기 ▶ 04 표시 및 동작 확인하기

01 플러그인 PS Auto Sitemap 활성화하기

관리화면의 [플러그인]-[설치된 플러그인]에서 'PS Auto Sitemap'을 활성화합니다.

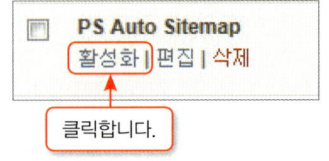
클릭합니다.

02 PS Auto Sitemap 설정하기

01 '사이트맵' 페이지의 포스트 ID를 조사해서 준비해 둡니다(포스트 ID는 '사이트맵' 페이지 편집화면의 URL 주소 창에서 확인합니다).

02 관리화면의 [설정]-[PS Auto Sitemap]을 클릭해서 'PS Auto Sitemap' 설정화면을 연 후에 'PostID of the sitemap' 란에 준비한 포스트 ID의 숫자를 입력합니다.

03 그 외의 항목에 다음과 같이 설정합니다.

❶ 'Display first'(먼저 출력하는 리스트)를 'Page'로 변환합니다.

❷ 'Display of categories & posts'(카테고리와 포스트의 표시)를 'Divide'(분할)로 변환합니다.

❸ 'Select style'(스타일 변경)을 'Simple'로 설정하면 톱페이지, 페이지, 카테고리 순으로 나열해서 상업용 사이트다운 사이트맵이 됩니다.

❹ 'Using cache'(캐시 사용)에 체크하고 변경 사항이 없는 경우, 캐시를 사용해서 표시 속도가 향상되도록 설정합니다.

03 편집화면에 코드 입력하기

'Usage'(이용 방법) 영역에 있는 코드 '<!--SITEMAP CONTENT REPLACE POINT -->'를 페이지 '사이트맵' 편집화면의 본문 입력 란에 붙여넣고 갱신합니다. 이 부분이 플러그인에 의해 사이트맵용의 HTML로 변환됩니다.

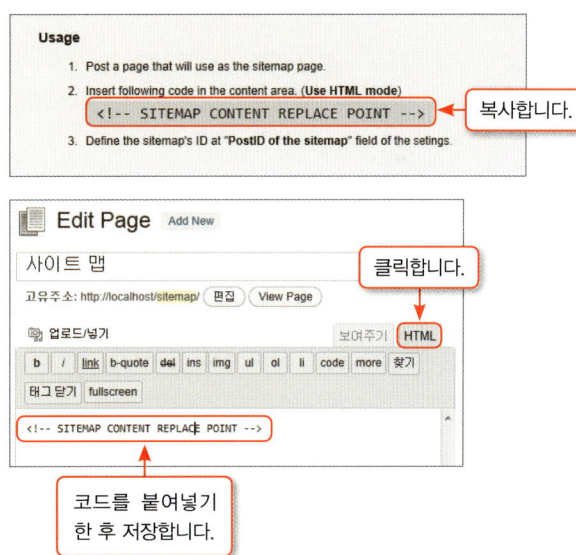

 **사이트맵 페이지 표시 및 동작 확인하기**

사이트맵 페이지에서 표시와 동작을 확인합니다. 비즈니스 사이트다운 사이트맵이 완성됐습니다.

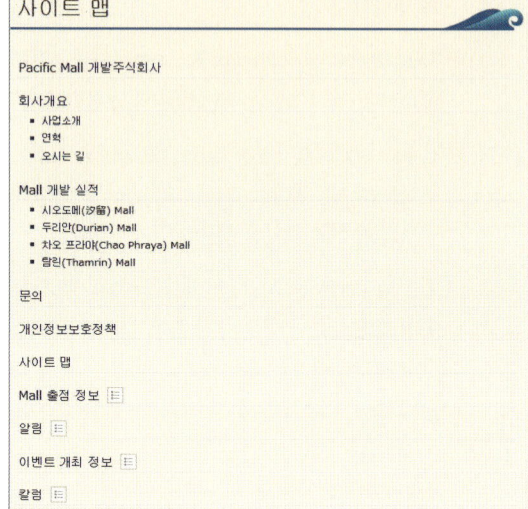

STEP 3-3

3-3 이동경로 표시하기

플러그인 Prime Strategy Bread Crumb을 사용해서 이동경로를 표시합니다. 이동경로는 현재 열람하고 있는 페이지의 위치를 계층화해서 사용자에게 알기 쉽게 표시하며, 동시에 상위 계층의 페이지로 쉽게 이동할 수 있게 합니다.

따라하기 순서

01 플러그인 Prime Strategy Bread Crumb 활성화하기 ▶ 02 header.php에 추가 입력하기 ▶ 03 이동경로 표시 확인하기

01 플러그인 Prime Strategy Bread Crumb 활성화하기

관리화면의 [플러그인]-[설치된 플러그인]에서 'Prime Strategy Bread Crumb'을 활성화합니다.

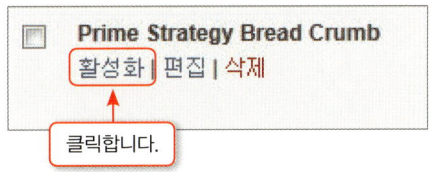

02 header.php에 추가 입력하기

header.php 마지막 줄의 〈section id="contents-body"〉 아래에 다음과 같이 추가로 입력하여 톱페이지 이외의 페이지에 이동경로를 표시합니다.

189

소스코드 설명

❶ bread_crumb( ) 코드로 이동경로를 출력합니다. 파라미터에서 출력 전체를 포함하는 요소에 nav 태그를 지정하고 nav 태그의 id 속성에 bread-crumb을 지정합니다.

❷ function_exists( ) 코드에서는 bread_crumb( )이 사용할 수 있는지(플러그인이 활성화되어 있는지)를 체크합니다.

header.php

```
(생략)
    <section id="contents-body">
<?php
❷ if (!is_front_page() && function_exists('bread_crumb')) :
❶     bread_crumb('navi_element=nav&elm_id=bread-crumb');
    endif;
?>
```

03 이동경로 표시 확인하기

톱페이지 이외의 페이지에서 '이동경로'가 표시된 것을 확인할 수 있습니다.

STEP 3-4

3-4 '404 File not found'를 사용자 디자인으로 표시하기

파일이 발견되지 않을 경우 표시되는 '404 File not found' 페이지를 사용자가 직접 디자인한 이미지로 표시합니다. 이것은 사이트 방문객에게 호감을 줄 수 있고, 아직 사용자가 자신이 방문한 사이트 내에 있다는 것을 사용자에게 알려줌으로써 안도감을 줄 수도 있습니다.

01 404.php를 설치하고 표시 확인하기

01 404.html의 확장자를 변경해서 404.php로 수정합니다.

02 404.php를 다음과 같이 수정합니다.

> **소스코드 설명**
> 사이트 이름, CSS의 URL, 톱페이지의 URL을 각각 템플릿 태그를 이용하여 수정 입력합니다.

☐ **404.php**

```
<!DOCTYPE HTML>
<html dir="ltr" lang="ko">
<head>
<meta http-equiv="Content-Type" content="text/html; charset=UTF-8">
<title>페이지가 존재하지 않습니다. | <?php bloginfo('name'); ?></title>
<link rel="stylesheet" type="text/css" media="all" href="<?php bloginfo('template_url'); ?>/css/404.css" />
</head>
<body>
  <div id="outside">
    <div id="wrapper_page">
(생략)
        <h3>가능성이 높은 원인</h3>
        <ul>
            <li>주소에 오타가 있을 수 있습니다.</li>
```

```
            <li>클릭한 링크가 만료된 것일 수도 있습니다.
            </li>
    </ul>
    <h3>가능한 해결 방법</h3>
    <ul>
        <li>주소를 다시 입력하십시오.</li>
        <li><a href="javascript:history.back()
;">이전 페이지로 돌아갑니다.</a></li>
        <li><a href="<?php echo home_url('/');
?>">메인 사이트</a>로 이동해서 원하는 정보를 찾습니다.
</li>
        </ul>
    (생략)
</body>
</html>
```

03 브라우저의 주소 창에 사이트 내에 존재하지 않는 페이지(여기에서는 'test')의 URL을 입력하면 그림과 같이 표시됩니다.
예) http://사이트 URL/test/

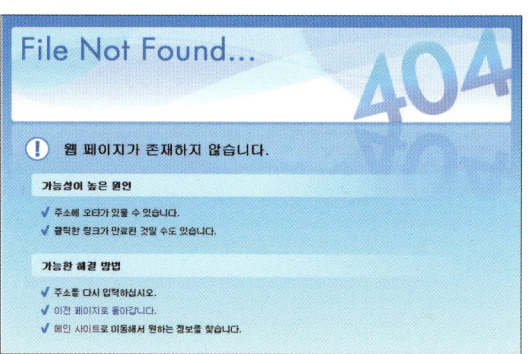

STEP 3-5

페이지 맨 위로 한번에 이동하기

페이지 아래에서 맨 위로 이동하기 위해 페이지 내 링크를 설정합니다.

따라하기 순서

01 back_to_top.php 설치하기 → 02 footer.php에 코드 입력하기 → 03 back_to_top.php를 호출하기 위해 태그 입력하기 → 04 표시 및 동작 확인하기

 back_to_top.php 설치하기

파트 템플릿 back_to_top.php를 새롭게 작성해서 다음과 같이 입력합니다.

☐ back_to_top.php

```
<aside id="back_to_top"><a href="#wrap" onclick="scrollup(); return false;"><img src="<?php bloginfo('template_url'); ?>/images/btn_back_to_top.png" alt="맨 위로 올라가기" width="146" height="42"></a></aside>
```

 footer.php에 코드 입력하기

footer.php의 '<?php wp_footer(); ?>'을 입력합니다. 이것은 페이지 내 링크를 클릭한 경우 페이지 맨 위로 스크롤시키기 위한 것입니다.

☐ footer.php

```
(생략)
</div><!-- #footer-container end -->
</div><!-- #wrap end -->
<script src="<?php bloginfo('template_url'); ?>/js/scroll.js"></script>
<?php wp_footer(); ?>
</body>
</html>
```

back_to_top.php를 호출하기 위해 태그 입력하기

page.php에 back_to_top 템플릿을 호출하는 템플릿 태그를 입력합니다.

☐ **page.php**

```php
<?php get_header(); ?>
            <section id="contents">
<?php
if (have_posts()) :
    while (have_posts()) :
        the_post();
        get_template_part('content');
    endwhile;
endif;
?>
<?php get_template_part('back_to_top'); ?>
            </section><!-- #contents end -->
<?php get_sidebar(); ?>
<?php get_footer(); ?>
```

마찬가지로 single.php와 archive.php에도 back_to_top 템플릿을 호출하는 템플릿 태그를 입력합니다.

☐ **single.php**

```php
<?php get_header(); ?>
            <section id="contents">
<?php
if (have_posts()) :
    while (have_posts()) :
        the_post();
        get_template_part('content');
    endwhile;
endif;
?>
<?php get_template_part('back_to_top'); ?>
            </section><!-- #contents end -->
<?php get_sidebar(); ?>
<?php get_footer(); ?>
```

☐ **archive.php**

```php
(생략)
<div class="posts">
<?php
if (have_posts()) :
    while (have_posts()) :
        the_post();
        get_template_part('content-archive');
    endwhile;
endif;
?>
            </div>
<?php get_template_part('back_to_top'); ?>
            </section><!-- #contents end -->
<?php get_sidebar(); ?>
<?php get_footer(); ?>
```

페이지 이동 표시 및 동작 확인하기

하위 페이지의 아래에 '맨 위로 올라가기' 링크가 표시되고, 클릭하면 페이지 위로 스크롤되는 것을 확인할 수 있습니다.

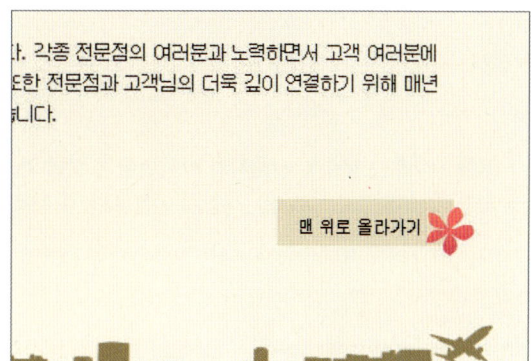

STEP 3-6

3-6 포스트에 작성자 이름 표시하기

샘플 사이트는 복수의 사용자가 사용한다는 것을 가정하고 있습니다. 칼럼 및 알림 등 포스트 기사는 각 담당자가 작성하고, 포스트에는 작성자 이름(사용자 이름)을 표시하며 작성자별 목록 페이지도 준비합니다.

따라하기 순서

01 content-archive.php에 작성자 이름 입력하기
02 archive.php에 제목 표시 입력하기
03 사용자 추가하기
04 포스트를 각 사용자에게 할당하기
05 포스트의 각 페이지에 작성자 이름과 날짜 표시하기

01 content-archive.php에 작성자 이름 입력하기

01 아카이브 페이지(목록 페이지)에서 이용할 content-archive.php에 다음과 같이 입력합니다. 입력한 후에 '칼럼' 페이지로 이동해서 표시된 내용을 확인합니다.

소스코드 설명

❶ (뒤에 설정할) 검색결과 페이지는 정적 페이지도 포함되기 때문에 제외합니다.

❷ title_author_posts_link( ) 코드로 작성자 이름의 표시와 작성자별 목록 페이지로의 링크를 출력합니다.

content-archive.php

```
( 생략 )
                <header class="entry-header">
                    <time pubdate="pubdate" datetime="<?php the_time('Y-m-d'); ?>" class="entry-date"><?php the_time(get_option('date_format')); ?></time>
<?php
if (!is_search()) :
?>                                                    ❶
                    <span class="author vcard"><?php the_author_posts_link(); ?></span>   ❷
```

```
<?php
endif;
?>
                <h1 class="entry-title"><a
href="<?php the_permalink(); ?>"><?php the_
title(); ?></a></h1>
(생략)
```

02 각 포스트의 오른쪽에 작성자의 이름(여기에서는 'pacific')이 표시됩니다.

03 작성자 이름의 링크를 클릭하면 작성자별 목록 페이지로 이동하지만 지금은 제목 부분이 표시되지 않습니다.

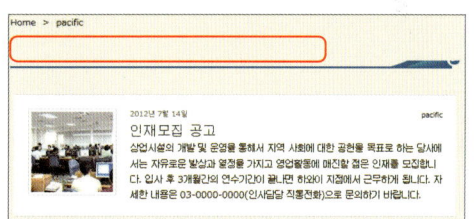

02 archive.php에 제목 표시 입력하기

작성자의 링크를 클릭해서 포스트 목록을 표시할 때 제목 부분에 작성자 이름이 표시되도록 코드를 입력합니다.

01 archive.php를 열고 〈h1〉 ~ 〈h1〉 사이를 다음과 같이 수정합니다.

> **소스코드 설명**
>
> is_author() 코드로 목록 페이지인지 아닌지 판단합니다.
> get_query_var('author') 코드로 사용자 ID를 취득합니다.
> display_name과 취득한 사용자 ID를 파라미터로 get_the_author_meta에 전달하고 사용자의 '블

□ **archive.php**

```
(생략)
                <h1 class="page-title">
<?php
if (is_author()) :
    echo esc_html(get_the_author_meta('display_
name', get_query_var('author')));
else :
    single_cat_title();
endif;
```

로그 상의 표시명'을 취득합니다.
'공개적으로 표시할 이름'은 관리화면 '사용자'에서 나중에 설정합니다.

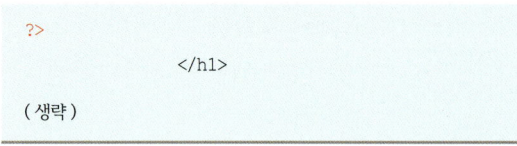

02 작성자 이름을 클릭해서 관리자명이 제목 부분에 표시되는지 확인합니다.

지금은 '공개적으로 표시할 이름'을 설정하지 않았기 때문에 로그인 이름이 그대로 표시됩니다. 또한 여기까지는 모든 포스트가 관리자 (pacific) 이름으로 표시됩니다. 다음 과정에서는 여러 명의 사용자를 등록해서 각 포스트에 사용자를 할당합니다.

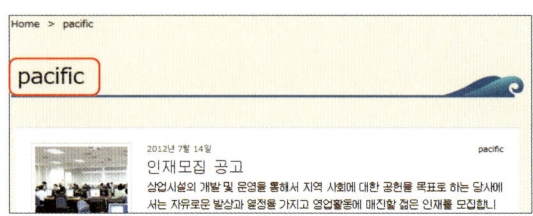

03 사용자 추가하기

01 관리화면의 [사용자]-[사용자 추가하기]를 클릭합니다.

> **사용자명** : manager1
> **전자우편** : manager1@example.com(실제 메일주소)
> **암호** : 임의의 문자열
> **권한** : 편집자

위의 내용을 입력하고 [새로운 사용자 추가] 버튼을 클릭합니다.

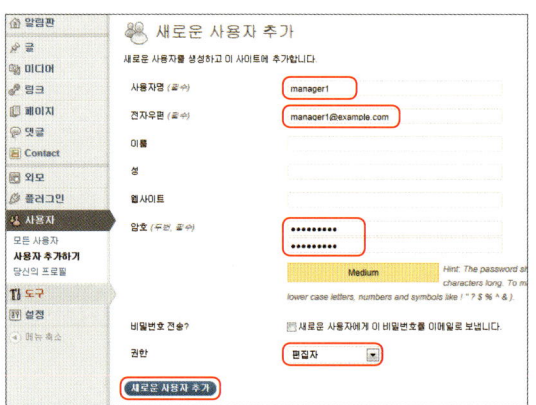

02 '새 사용자 생성됨'이라는 메시지와 함께 사용자 목록이 표시됩니다. 작성한 사용자 이름 'manager1'을 클릭해서 '사용자 편집' 화면을 엽니다.

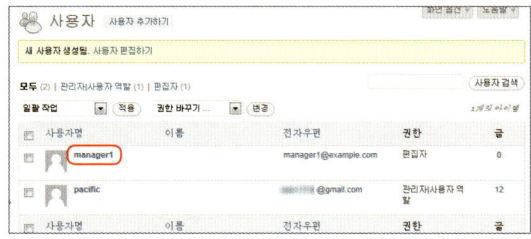

03 '닉네임(필수)'을 편집합니다. '닉네임(필수)'이란 에는 'manager1'이 있는데, 이것을 '시오도메 몰 담당자'로 변경합니다. '공개적으로 표시할 이름'에도 '시오도메 몰 담당자'로 변경한 후 '사용자 업데이트'를 클릭합니다.

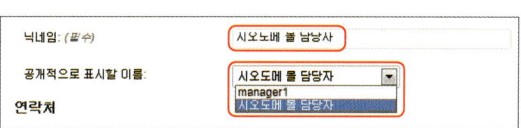

04 다음 표를 참조하면서 위와 같은 방법으로 모든 사용자 정보를 추가합니다.

사용자명	전자우편	권한	닉네임/공개적으로 표시할 이름
manager1	manager1@example.com	편집자	시오도메 몰 담당자
manager2	manager2@example.com	편집자	두리안 몰 담당자
manager3	manager3@example.com	편집자	차오프라야 몰 담당자
manager4	manager4@example.com	편집자	탐린 몰 담당자
manager5	manager5@example.com	편집자	기획부 담당자
manager6	manager6@example.com	편집자	인사부 담당자

05 사용자명은 '닉네임' 및 '공개적으로 표시할 이름'을 '사이트 관리자'로 변경합니다.

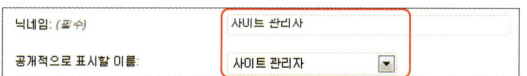

06 관리화면의 [사용자]-[모든 사용자]를 클릭해서 추가된 사용자를 확인합니다.

tip

Q. 워드프레스 사용자 권한에는 어떤 것들이 있나요?

A. 일반적인 경우 관리자, 편집자, 구독자, 글쓴이, 후원자 5가지 입니다(이 책에서는 다루지 않지만 멀티사이트 기능을 관리할 수 있는 특별한 관리자 권한도 있습니다).

❶ 관리자는 워드프레스의 모든 기능에 접속할 수 있습니다.
❷ 편집자는 포스트 관리는 모두 가능하지만 관리화면의 [외모], [플러그인], [사용자], [설정] 등의 관리 기능에는 접속할 수 없습니다.
❸ 구독자, 글쓴이, 후원자는 자신이 쓴 포스트만을 관리할 수 있습니다. 후원자는 자신이 쓴 포스트라고 해도 공개할 수 없고, 구독자는 자신의 프로필만 편집 가능합니다. 자세한 내용은 워드프레스 코덱스(WordPress Codex)를 참고하기 바랍니다.

04 포스트를 각 사용자에게 할당하기

실제 사이트를 운용할 때는 각 담당자가 개별적으로 로그인해서 글을 작성하지만, 여기에서는 이미 있는 포스트를 각 사용자가 작성한 것으로 할당합니다.

 관리화면의 [글]-[All Posts]를 클릭합니다. 모든 포스트의 글쓴이가 '사이트 관리자'로 되어 있는 포스트를 각 사용자에게 할당합니다.

02 관리화면의 [글]-[All Posts] 가운데 '인재모집 공고'의 제목에 마우스를 올려 놓으면 '빠른 편집'이 표시됩니다. '빠른 편집'을 클릭합니다.

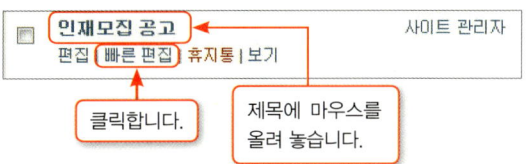

03 '빠른 편집' 영역을 엽니다. '글쓴이'에서 '인사부 담당자'를 선택한 후 [갱신] 버튼을 클릭합니다.

04 'All Posts'에서 보면 글쓴이가 갱신된 것을 확인할 수 있습니다.

05 다음 표를 참조하면서 각 카테고리의 글쓴이를 할당합니다(담당자의 이름을 직접 써도 상관없습니다).

카테고리	제목	글쓴이
알림	인재모집 공고	인사부 담당자
알림	호놀룰루 지점을 개설했습니다.	기획부 담당자
Mall 출점 정보	※모든 'Mall 출점 정보' 포스트	기획부 담당자
이벤트 개최 정보	'방콕 로열가든 페어' 개최	차오 프라야 몰 담당자
이벤트 개최 정보	'시오도메 맛기행' 개최	시오도메 몰 담당자
이벤트 개최 정보	고도 요그야카르타 특산물 전시회	탐린 몰 담당자
칼럼	마카로니 스쿠타	탐린 몰 담당자
칼럼	시오도메 몰 여름 축제 불꽃놀이	시오도메 몰 담당자
칼럼	요그야카르타 거리	탐린 몰 담당자
칼럼	아시아의 허브 공항, Changi	두리안 몰 담당자

06 'All Posts'를 보면 모든 포스트가 글쓴이에게 할당된 것을 확인할 수 있습니다.

07 칼럼 목록을 보면 각 포스트의 오른편에 '공개적으로 표시할 이름'에서 설정한 글쓴이 이름이 표시됩니다.

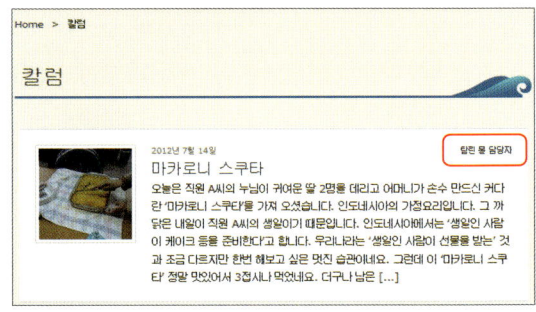

08 클릭하면 제목에 글쓴이 이름이 표시됩니다.

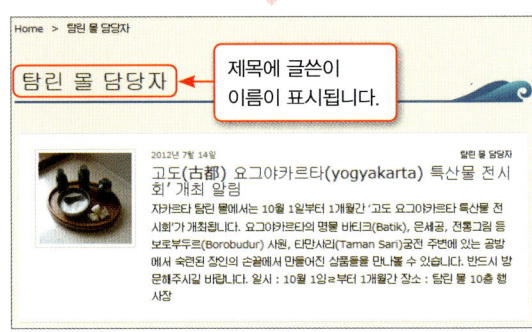

09 여기에서 포스트 내용을 확인하면 칼럼 목록에서 표시되던 글쓴이 이름이 표시되지 않습니다.

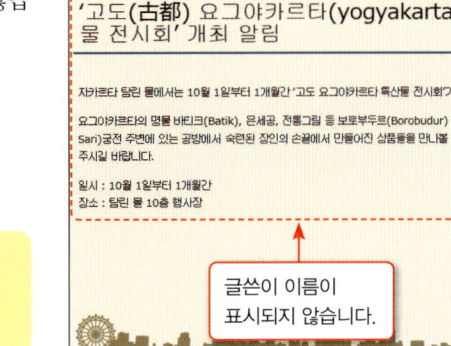

글쓴이 이름이 표시되지 않습니다.

tip 다음 단계에서 각 포스트 페이지의 컨텐츠 영역 밑에 글쓴이 이름과 날짜를 표시하도록 합니다.

05 포스트의 각 페이지에 작성자 이름과 날짜 표시하기

01 content.php를 다음과 같이 입력합니다.

소스코드 설명

작성자(글쓴이) 이름과 날짜를 표시하는 것은 포스트에서만 가능하기 때문에 그 조건을 is_single( )로 판단합니다. the_time( )으로 날짜를, the_author_post_link( )로 작성자 이름과 작성자별 목록 페이지로의 링크를 출력합니다.

□ content.php

```
    <article>
      <header class="page-header">
        <?php the_category_image(); ?>
        <h1 class="page-title"><?php the_title(); ?></h1>
      </header>
      <section class="entry-content">
        <?php the_content(); ?>
<?php
if (is_single()) :
?>
        <div id="content_date_author">
          <ul class="alignright">
            <li>
              <time pubdate="pubdate" datetime="<?php the_time('Y-m-d'); ?>" class="entry-date"><?php the_time(get_option('date_format')); ?></time>
            </li>
            <li>
```

```
                <?php the_author_posts_link();
?>
            </li>
         </ul>
      </div>
<?php
endif;
?>
      </section>
   </article>
```

02 표시된 페이지의 내용을 확인합니다. 각 포스트에서 컨텐츠 영역 아래에 날짜와 글쓴이와 글쓴이별 목록 페이지의 링크가 출력되고 있습니다.

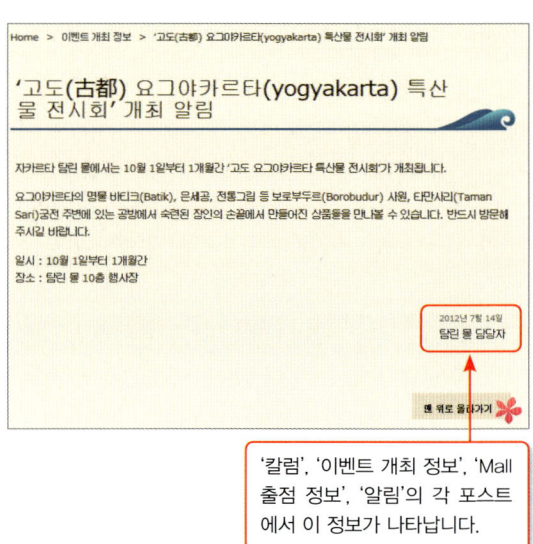

'칼럼', '이벤트 개최 정보', 'Mall 출점 정보', '알림'의 각 포스트에서 이 정보가 나타납니다.

STEP 3-7

page navi로 페이지 목록 관리하기

Prime Strategy Page Navi는 '페이지당 보여줄 포스트의 수'를 설정하는 플러그인입니다. 목록 페이지 아래 쪽에 page navi를 설치해서 포스트가 증가할 때를 대비합니다.

따라하기 순서

01 플러그인 Prime Strategy Page Navi 활성화하기 → **02** archive.php에 추가 입력하기 → **03** 페이지 이동 확인하기

01 플러그인 Prime Strategy Page Navi 활성화하기

관리화면의 [플러그인]-[설치된 플러그인]에서 Prime Strategy Page Navi를 활성화합니다.

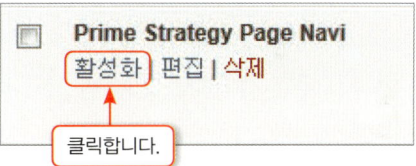

02 archive.php에 추가 입력하기

archive.php에 다음과 같이 추가해서 page navi를 표시합니다.

소스코드 설명

page_navi( )로 페이지네이션(Pagination) 설정에 따라 표시합니다. page_navi( )도 STEP 3-3에서 이용한 bread_crumb( )과 마찬가지로 플러그인이 정의하는 템

□ archive.php

```
(생략)
            </h1>
        </header>
        <div class="posts">
<?php
if (have_posts()) :
```

플릿 태그입니다. 플러그인이 활성화되어 있지 않은 경우를 대비해서 function_exists( )로 체크하도록 합니다.

elm_class=page-nav 코드로 출력되는 html의 ul 태그 클래스에 page-nav를 지정하고 있습니다.

edge_type=span 코드로 '첫 페이지 및 최종 페이지에서 앞뒤 페이지로 링크, 첫 페이지와 최종 페이지로 링크 표시 방법'을 지정하고 있습니다.

none은 '표시하지 않기', span은 '링크 없이 표시하기', link는 '링크 표시'를 지정할 수 있으며 기본은 none입니다.

```
    while (have_posts()) :
        the_post();
        get_template_part('content-archive');
    endwhile;
    if (function_exists('page_navi')) :
            page_navi('elm_class=page-nav&edge_type=span');
    endif;
endif;
?>
        </div>
<?php get_template_part('back_to_top'); ?>
        </section><!-- #contents end -->
<?php get_sidebar(); ?>
<?php get_footer(); ?>
```

03 페이지 이동 확인하기

01 관리화면의 [설정]-[읽기 설정]의 '페이지당 보여줄 글의 수'를 '10'에서 '2'로 변경한 후 저장합니다.

> **tip**
> 목록 페이지에 표시되는 포스트 수가 적기 때문에 '10'이라고 설정하면 page navi가 표시는 되지만 페이지가 이동하는 동작을 확인할 수 없습니다(2페이지 이후의 링크가 생성되지 않습니다). 따라서 일시적으로 '2'로 설정하고 테스트를 합니다. page navi 설정이 제대로 동작하면 원래대로 글의 수를 '10'으로 돌려 놓습니다.

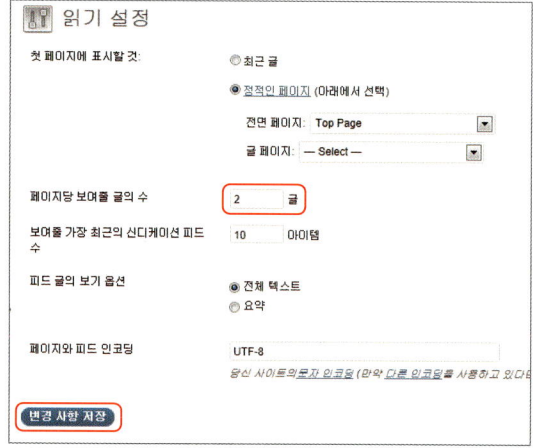

02 '칼럼' 페이지의 아래쪽에 page navi가 표시됩니다.

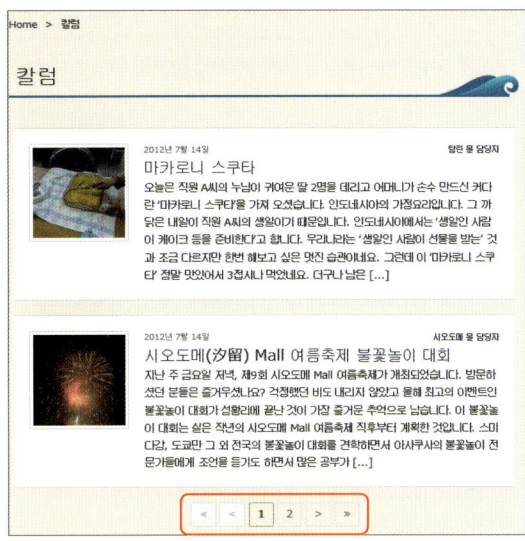

03 page navi를 클릭해서 페이지가 이동하는 것을 확인합니다.

페이지가 이동했습니다.

STEP 3-8

3-8 사이트 내 검색 기능 만들기

워드프레스 표준 검색 기능으로 사이트 내 검색을 할 수 있습니다.

따라하기 순서

01 header.php 수정하기 → **02** search.php 작성하기 → **03** functions.php에 추가 입력하기 → **04** 검색결과 확인하기

01 header.php 수정하기

검색 폼의 출력을 변경하기 위해 header.php의 〈aside class="widget_search"〉 ~ 〈/aside〉 사이에 `<?php echo get_search_form(); ?>`을 입력하면 워드프레스 표준의 검색 폼을 출력합니다.

header.php

```
( 생략 )
        <div id="header-widget-area">
            <aside class="widget_search">
            <?php echo get_search_form() ; ?>
            </aside><!-- .widget_search end -->
        </div><!-- #header-widget-area end -->
    </div><!-- #utility-group end -->
    </header><!-- #header end -->
( 생략 )
```

> **tip**
>
> **Q.** 워드프레스에서 생성된 HTML 코드를 브라우저로 보면 가끔 줄 바꿈(개행)이 반영되지 않은 부분이 있어 HTML의 태그 입력이 잘못된 것처럼 보이는 부분이 있습니다. 왜 그런가요?
>
> **A.** PHP의 종료 태그 직후에 줄 바꿈(개행)이 있는 경우 발생합니다. PHP 사양에서 PHP 종료 태그 직후의 줄 바꿈은 출력되지 않습니다.
>
> 예를 들어 ❶과 ❷의 출력결과는
>
> ❶ `<title><?php bloginfo('name'); ?></title>`
>
> ❷ `<title><?php bloginfo('name'); ?>`
> `</title>`
>
> 동일합니다. `<title>`사이트 이름`</title>`이라고 출력됩니다. 기능적으로 문제가 되는 경우는 별로 없다고 생각하지만, 만약
>
> `<title>`사이트 이름
> `</title>`
>
> 과 같이 줄 바꿈을 해서 출력을 하고 싶은 경우
>
> `<title><?php bloginfo('name'); ?>`
>
> `</title>`
>
> 과 같이 1줄을 비어둡니다.

 search.php 작성하기

검색결과 페이지의 템플릿 search.php를 작성합니다. archive.php를 복사해서 search.php를 작성하고 다음과 같이 수정합니다.

소스코드 설명

the_search_query() 코드로 검색어를 출력합니다.

if (have_posts() && get_search_query()) : 검색 결과와 검색어가 함께 존재하는지 체크합니다.

이 경우 while (have_posts()) : 아래에서 워드프레스 루프를 실행해서 검색결과와 page navi를 출력하고 있습니다

☐ search.php

```php
<?php get_header(); ?>
        <section id="contents">
            <header class="page-header">
                <h1 class="page-title">'<?php the_search_query(); ?>' Search Result</h1>
            </header>
            <div class="posts">
<?php
if (have_posts() && get_search_query()) :
    while (have_posts()) :
        the_post();
```

다. 검색결과 또는 검색어가 없는 경우에도 그에 따른 표시를 합니다.

(검색결과의 제목을 한글로 입력할 경우, 문자가 깨지는 경우가 있기 때문에 'Search Result' 영문으로 입력했습니다.)

```
        get_template_part('content-archive');
    endwhile;
    if (function_exists('page_navi')) :
        page_navi('elm_class=page-nav&edge_type=span');
    endif;
else :
?>
            <p>Sorry! No Result.</p>
<?php
endif;
?>
        </div>
<?php get_template_part('back_to_top'); ?>
    </section><!-- #contents end -->
<?php get_sidebar(); ?>
<?php get_footer(); ?>
```

03 functions.php에 추가 입력하기

여기까지 검색 폼이 일단 동작하고 검색결과 페이지의 표시도 동작합니다. 단, 검색어가 미입력된 경우 및 0인 경우에는 다음과 같이 index.php가 템플릿으로 이용되기 때문에 적절한 표시가 되지 않습니다.

따라서 그런 경우에도 search.php가 템플릿으로 사용되도록 functions.php에 다음과 같이 추가로 입력합니다.

소스코드 설명

if (isset($_GET['s']) && $_GET['s'] == false) {
는 검색어가 입력되지 않았는지, 0인지 아닌지를 판단합니다.

이 경우 add_action( ) 코드의 template_redirect 액션 후크로 search_template_redirect 함수를 등록합니다. template_redirect 액션 후크는 워드프레스에 의해 페이지 종류별로 템플릿이 선택되기 직전의 타이밍으로 실행됩니다.

search_template_redirect 함수 내의 $wp_query는 워드프레스 내부 데이터를 저장하는 오브젝트입니다.

search.php를 템플릿으로 선택한 경우, 바르게 동작하도록 wp_query의 속성을 일부 수정해서 search.php를 템플릿으로 로딩합니다.

□ functions.php

```php
<?php
( 생략 )
// 검색어가 입력되지 않거나 0인 경우에 search.php를 템플릿으로 사용
function search_template_redirect() {
    global $wp_query;
    $wp_query->is_search = true;
    $wp_query->is_home = false;
    if (file_exists(TEMPLATEPATH . '/search.php')) {
        include(TEMPLATEPATH . '/search.php');
    }
    exit;
}

if (isset($_GET['s']) && $_GET['s'] == false) {
    add_action('template_redirect', 'search_template_redirect');
}
```

04 검색결과 확인하기

01 검색 창에 '몰'이라고 입력하고 [검색] 버튼(돋보기 아이콘)을 클릭합니다. 검색결과가 바르게 표시되는지 확인합니다.

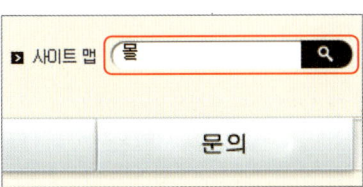

바르게 표시되어 있습니다.

02 검색 창에 아무것도 입력하지 않은 경우이거나 '0'을 입력한 경우 [검색] 버튼(돋보기 아이콘)을 클릭합니다.

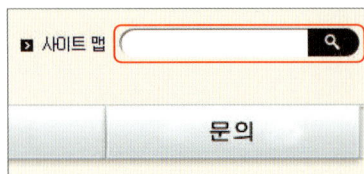 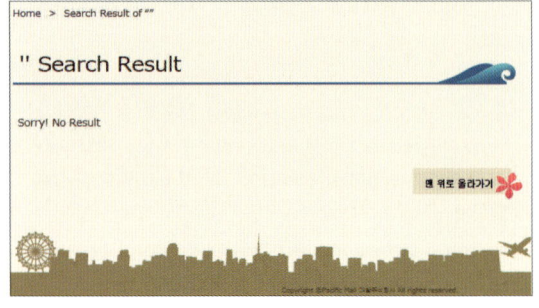

바르게 표시되어 있습니다.

---

tip

Q. functions.php를 보면 마지막에 PHP 종료 태그가 없습니다. 종료 태그가 없어도 문제가 없습니까?

A. 소스코드에서 PHP 종료 태그 '?>'는 종료 태그 뒤부터 HTML 모드라는 것을 의미하고, 다른 의미는 없기 때문에 HTML 모드로 변환할 필요가 없는 경우는 사용할 필요가 없으며, 오히려 사용하지 않는 편이 바람직합니다.

왜냐하면 종료 태그로 닫힌 부분 뒤에 공백 문자열 또는 줄 바꿈 코드 등이 있는 경우(직후의 줄 바꿈 코드는 무시되지만) 그것이 HTML 출력이라고 인식되어 오히려 불필요한 출력이 발생하는 등 의도하지 않은 동작(주로 http 헤더의 전송 및 DOCTYPE 선언에 기인한 경우)을 일으키는 경우가 있기 때문에 기억해 두기 바랍니다.

또한 PHP의 개시 태그 '<?php'는 여기부터 PHP 모드가 되는 것을 의미하지만 파일 첫 부분에 PHP 개시 태그의 입력이 없는 경우 HTML 모드로 시작되는 것이라고 해석합니다.

STEP 3-9

3-9 앞뒤 페이지로 이동하기

포스트 페이지에서 전후 포스트로 편리하게 이동할 수 있도록 네비게이션을 설치합니다.

01 content.php 추가 입력하기

포스트 페이지의 경우 앞뒤 포스트로 링크를 출력시키기 위해 content.php 마지막에 다음과 같이 추가로 입력합니다.

소스코드 설명

previous_post_link( )/next_post_link( )는 앞뒤 포스트로 링크를 출력하기 위한 템플릿 태그입니다. %link 코드는 포맷을 지정하고, %title 코드는 링크 텍스트를 페이지 제목으로 지정합니다. true 코드는 앞뒤 포스트를 동일 카테고리 내 포스트로 제한합니다.

content.php

```
(생략)
        </section>
    </article>
<?php
if (is_single()) :
?>
        <nav class="adjacent_post_links">
            <ul>
                <li class="previous"><?php previous_post_link('%link', '%title', true); ?></li>
                <li class="next"><?php next_post_link('%link', '%title', true); ?></li>
            </ul>
        </nav>
<?php
endif;
?>
```

02 앞뒤 페이지 이동 확인하기

칼럼 포스트를 표시해서 앞뒤 페이지로 이동할 수 있는지 확인합니다.

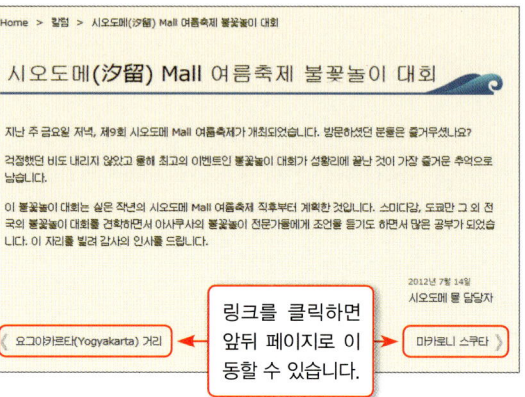

STEP 3-10

3-10 요약문의 문자 수 조정하기

샘플 사이트에서는 요약문이 많이 이용되고 있습니다. 요약문의 문자 수를 사용 장소에 따라 조정해서 각각의 내용을 간결하게 전달하며 전체적인 내용도 쉽게 파악할 수 있도록 합니다.

따라하기 순서

01 요약문의 기본 문자 수 정의하기 ▶ **02** 요약문 입력하기 ▶ **03** 요약문을 적당한 길이로 조정하기

01 요약문의 기본 문자 수 정의하기

요약문 마지막에 붙는 문자열을 변경해서 기본 문자 수를 재정의합니다.

 functions.php에 다음과 같이 추가 입력합니다.

소스코드 설명

excerpt_more 필터 후크에서 요약문 마지막에 붙는 문자열을 변경합니다.

excerpt_mblength 필터 후크에서 문자 수를 WP Multibyte Patch 표준인 110문자에서 120문자로 변경합니다.

☐ functions.php

```
(생략)
//요약문이 자동적으로 생성되는 경우 마지막에 부여되는 문자열을 변경합니다.
function cms_excerpt_more() {
    return ' ...';
}
add_filter('excerpt_more', 'cms_excerpt_more');

// 요약문이 자동적으로 생성되는 경우 기본 문자 수를 변경합니다.
function cms_excerpt_length() {
    return 120;
}
add_filter('excerpt_mblength', 'cms_excerpt_length');
```

02 표시된 내용을 페이지에서 확인합니다.

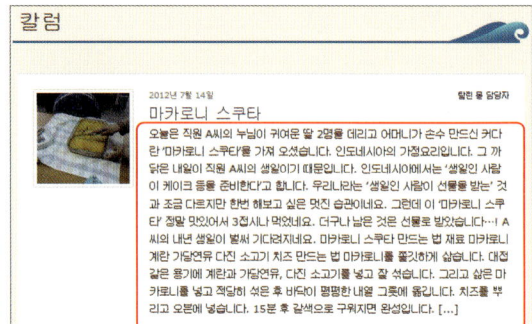

문자 수를 110에서 120으로 수정해서 문장 끝이 '[…]'에서 '…'로 변경됐습니다. (WP Multibyte Patch는 일어용 플러그인이기 때문에 변경사항이 제대로 나타나지 않으면 문자 수를 100 이하로 줄여서 입력해 보기 바랍니다.)

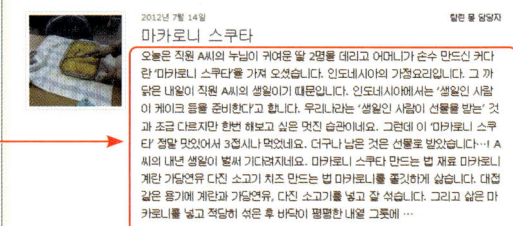

02 요약문 입력하기

톱페이지 각 Mall 소개 부분은 편집화면에서 보면 알 수 있듯이 `<h2>Mall Info</h2>` 등 각 Mall에 공통적인 제목이 있습니다. 이처럼 불필요한 입력이 포함되지 않도록 각 편집화면에서 독자적인 요약문(발췌문)을 입력합니다.

본문 이외에 없어도 될 단어가 들어 있습니다.

01 표준 상태에서는 페이지에서 요약문 입력을 하지 않습니다. functions.php에 다음과 같이 코드를 추가해서 페이지에서 요약문을 입력할 수 있도록 합니다.

> **소스코드 설명**
>
> 워드프레스에서는 포스트와 페이지 등의 종류를 'post type'이라고 합니다.
>
> add_post_type_support('page', 'excerpt'); 코드에서 포스트 타입별로 추가적인 기능을 설정할 수 있습니다. page는 포스트 타입으로 페이지를 지정하고 excerpt는 추가 기능으로 요약을 지정합니다.

☐ functions.php

```
( 생략 )

// '페이지'에서 요약문 입력하기
add_post_type_support('page', 'excerpt');
```

02 관리화면에서 [페이지]-[All Pages]를 클릭합니다. '시오도메 Mall', '두리안 Mall', '차오프라야 Mall', '탐린 Mall'의 각 편집화면에서 각 본문에서 요약한 문장을 '요약' 란에 입력하고 갱신합니다.

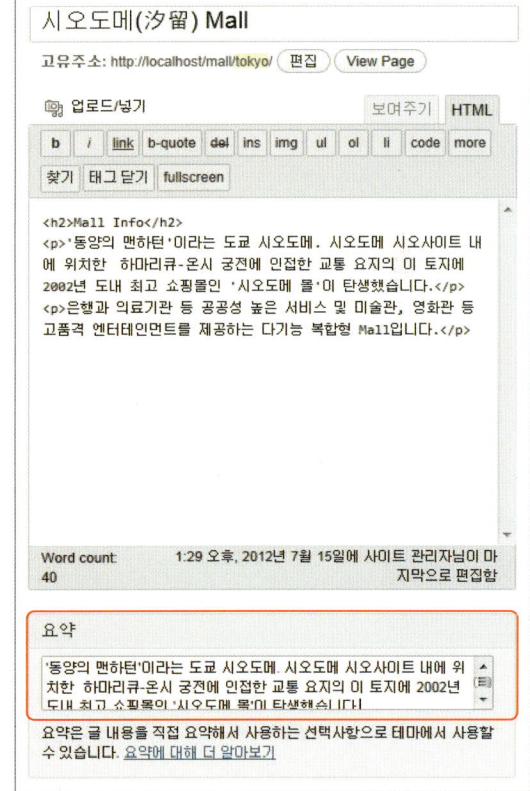

> **tip**
>
> '요약' 영역이 표시되어 있지 않은 경우, 편집화면의 오른쪽 상단에 '화면 옵션'을 클릭해서 '요약'에 체크하기 바랍니다.
>
>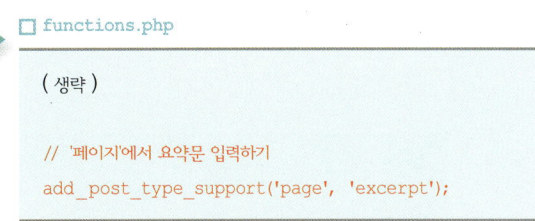
>
> 클릭하면 제어판이 닫힙니다.

03 표시된 내용을 페이지에서 확인합니다.

❶ 톱페이지에서는 입력한 요약문이 몰 소개 부분에 표시됩니다.

❷ Mall 개발 실적 페이지에서도 같은 내용의 요약문이 표시됩니다.

톱페이지

Mall 개발 실적

---

03 요약문을 적당한 길이로 조정하기

앞에서 각 요약문의 기본 문자 수를 '120'으로 설정했습니다. 그러나 톱페이지에서는 문자 수가 너무 많아 전체 표시가 세로로 길게 늘어져 있어 보기가 어렵습니다. 그래서 톱페이지의 Mall 소개 부분에 대한 요약은 30문자, 그 외의 문자는 10문자로 설정해서 조정합니다.

01 functions.php에 다음과 같이 추가 입력합니다.

> **소스코드 설명**
>
> the_short_excerpt( )를 30문자 표시용, the_pickup_excerpt()를 50문자 표시용의 독자적인 템플릿 태그로 정의하고 있습니다.
>
> the_short_excerpt() 함수 내에서는 excerpt_mblength 필터 후크에 short_excerpt_length 함수를 글자 수 11로 지정합니다. 글자수 11은 표준인 10보다 낮은 지정입니다.

☐ **functions.php**

```
(생략)
// short 문자 요약(자동생성인 경우) 표시 템플릿 태그의 정의
function the_short_excerpt() {
    add_filter('excerpt_mblength', 'short_excerpt_length', 11);
    the_excerpt();
    remove_filter('excerpt_mblength', 'short_excerpt_length', 11);
}

function short_excerpt_length() {
```

우선도가 낮다는 것은 나중에 실행된다는 것입니다. 즉 우선도가 높은 지정으로 수정된 내용을 다시 수정한다는 의미입니다.

이 상태에서 the_excerpt()에서 요약문을 출력하고 필터 후크의 등록을 해제합니다. 해제하지 않으면 다른 곳에서 실행되는 the_excerpt에 영향을 주기 때문입니다.

the_pickup_excerpt 함수도 기본적으로는 the_short_excerpt 함수와 같습니다. 그러나 여기에서는 관리화면에서 입력한 요약문에도 적용할 수 있도록 get_pickup_excerpt 함수를 작성해서 입력시킨 요약문이 있는 경우에도 50문자로 정리됩니다.

```
    return 10;
}

// pickup 문자 요약 표시 템플릿 태그의 정의
function the_pickup_excerpt() {
    add_filter('get_the_excerpt', 'get_pickup_excerpt', 0);
    add_filter('excerpt_mblength', 'pickup_excerpt_length', 11);
    the_excerpt();
    remove_filter('get_the_excerpt', 'get_pickup_excerpt', 0);
    remove_filter('excerpt_mblength', 'pickup_excerpt_length', 11);
}

// 톱페이지 픽업(Mall 소개) 부분의 요약문을 잘라냅니다.
function get_pickup_excerpt($excerpt) {
   if ($excerpt) {
       $excerpt = strip_tags($excerpt);
       $excerpt_len = mb_strlen($excerpt);
       if ($excerpt_len > 50) {
        $excerpt = mb_substr($excerpt, 0, 50) . ' ...';
      }
   }
 return $excerpt;
}

function pickup_excerpt_length() {
    return 50;
}
```

02 우선 톱페이지, Mall 소개 부분의 요약문의 문자 수를 50문자로 변경합니다.

front-page.php의 〈div class="malls-group"〉 내의 `?php the_excerpt(); ?` 를 `?php the_pickup_excerpt(); ?` 로 변경합니다.

☐ front-page.php

```
(생략)
            <div class="malls-group">
<?php
    endif;
?>
            <article>
                    <h1><a href="<?php the_permalink(); ?>"><?php the_title(); ?></a></h1>
                    <a href="<?php the_permalink(); ?>"><?php the_post_thumbnail('pickup_thumbnail', array('alt' => the_title_attribute('echo=0'),'title' => the_title_attribute('echo=0'))); ?></a>
                    <?php the_pickup_excerpt(); ?>

                    <div class="continue-button">
                        <a href="<?php the_permalink(); ?>">자세히 보기</a>
                    </div>
            </article>
(생략)
```

03 톱페이지와 최신 칼럼 부분의 요약문의 문자 수를 10으로 변경합니다. front-page.php의 〈div class="column-group"〉 내의 `?php the_excerpt(); ?` 를 `?php the_short_excerpt(); ?` 로 변경합니다.

☐ front-page.php

```
(생략)
            <div class="column-group">
<?php
    endif;
?>
                    <article class="column-article" >
                        <h1 class="update-title"><a href="<?php the_permalink(); ?>" title="<?php the_title_attribute(); ?>"><?php the_title(); ?></a></h1>
```

```
                          <time class="entry-date" datetime="<?php the_time('Y-m-d'); ?>">
<?php the_time(get_option('date_format')); ?></time>
          <a href="<?php the_permalink(); ?>"><?php the_post_thumbnail
('post-thumbnail', array('alt' => the_title_attribute('echo=0'), 'title' =>
 the_title_attribute('echo=0'))); ?></a>
              <?php the_short_excerpt(); ?>

              <span class="link-text"><a href=" <?php the_permalink(); ?>"
>계속 읽기</a></span>
          </article>
(생략)
```

04 마찬가지로 사이드바의 요약문의 문자 수를 10문자로 변경합니다. sidebar-top.php의 `?php the_excerpt(); ?` 를 `?php the_short_excerpt(); ?` 로 변경합니다.

☐ **sidebar-top.php**

```
(생략)
          <li>
            <time class="entry-date" datetime="
<?php the_time('Y-m-d'); ?>">
<?php the_time(get_option('date_format')); ?></time>
              <h2><a href="<?php the_permalink(); ?>"><?php the_title(); ?></a></h2>
              <a href="<?php the_permalink(); ?>">
<?php the_post_thumbnail('small_thumbnail', array('alt' => the_title_attribute('echo=0'), 'title'
 => the_title_attribute('echo=0'))); ?></a>
              <?php the_short_excerpt(); ?>

          </li>
      (생략)
```

05 표시된 내용을 페이지에서 확인합니다.
각 요약문이 짧고 간결하게 정리되어 페이지 전체가 보기 쉽게 구성되었습니다.

수정 전

시오도메(汐留) Mall

'동양의 맨하턴'이라는 도쿄 시오도메. 시오도메 시오사이트 내에 위치한 하마리큐-온시 궁전에 인접한 교통 요지의 이 토지에 2002년 도내 최고 쇼핑몰인 '시오도메 몰'이 탄생했습니다.

수정 후

시오도메(汐留) Mall

'동양의 맨하턴'이라는 도쿄 시오도메. 시오도메 시오사이트 내에 위치한 하마리큐-온시 궁 …

수정 전

이벤트 개최 정보

2012년 7월 14일
'방콕 로열가든 페어' 개최 알림

7월 30일 13시부터 차오프라야(Chao Phraya) 몰 1층 분수광장에서 수안 파카드 궁전(Suan Pakkad Palace)의 정원에서 재배된 카시아 슬라텐시스의 묘목을 선착순 100명에게 분양합니다. 또 궁전의 주인인 츈포트 부부의 정원사로 오래 근무한 수발씨가 '손질이 …

수정 후

이벤트 개최 정보

2012년 7월 14일
'방콕 로열가든 페어' 개최 알림

7월 30일 13시부터 차오프라야(Chao Phraya) 몰 1층 분수광장에서 수안 파카드 …

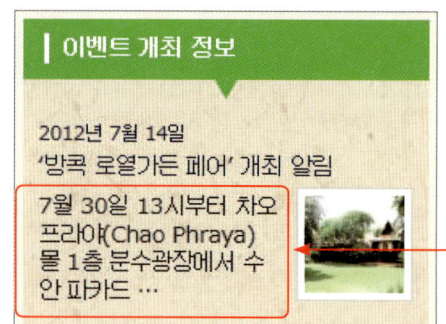

간결하게 됐습니다.

이상으로 톱페이지의 조정이 끝났습니다. 각 요약문이 간결하고 톱페이지 전체가 보기 쉽게 구성됐습니다.

STEP 3-11

3-11 RSS 링크 출력하기

RSS 링크를 설정합니다. 톱페이지에서는 모든 포스트의 RSS 피드로의 링크를, '칼럼' 카테고리 내에서는 '칼럼' 카테고리에 한정된 RSS 피드로의 링크를 출력합니다.

01 입력 추가하고 수정하기

01 톱페이지의 사이드바에 RSS 피드로의 링크를 출력합니다. sidebar-top.php의 〈aside class="rss_link"〉 ~ 〈/aside〉 안을 다음과 같이 수정합니다.

소스코드 설명

the_feed_link( )는 RSS 피드로의 링크를 출력하는 템플릿 태그입니다. 인수에는 링크 문자열을 전달합니다.

☐ **sidebar-top.php**

```
<section id="sidebar">
    <aside class="rss_link">
        <?php the_feed_link('<img src="' . get_template_directory_uri() . '/images/btn_rss_feed.png" width="250" height="28" alt="RSS" />'); ?>
    </aside>
(생략)
```

02 '칼럼' 카테고리 내의 사이드바에 '칼럼' 카테고리 내에 한정된 RSS 피드로 링크를 출력합니다. sidebar.php의 〈section id="sidebar"〉 아래에 다음과 같이 수정합니다.

소스코드 설명

if (is_category('column') || (is_single() && in_category('column'))) : 는 '칼럼' 카테고리 안인지 밖인지를 판단합니다.

get_category_feed_link 함수에서 카테고리를 한정한 RSS 피드의 URL을 취득합니다. 인수는 카테고리 id입니다. 카테고리 id는 get_category_by_slug ('column')->term_id로 취득합니다.

□ sidebar.php

```php
    <section id="sidebar">
<?php
if (is_category('column') || (is_single() &&
in_category('column'))) :
?>
        <aside class="rss_link">
            <a href="<?php echo get_category_
feed_link(get_category_by_slug('column')->term_
id); ?>"><img src="<?php echo get_template_
directory_uri(); ?>
/images/btn_rss_feed.png" width="250" height=
"28" alt="RSS" /></a>
        </aside>
<?php
endif;
?>
        <div id="primary" class="widget-area">
( 생략 )
```

03 톱페이지와 '칼럼' 카테고리 내의 사이드바에 포스트 전체와 '칼럼' 카테고리 내로 한정된 RSS 피드로의 링크가 설정되기 때문에 클릭해서 확인합니다.

클릭합니다.

RSS 피드 페이지가 표시됩니다.

Q. 소스코드를 UTF-8(BOM 없음)로 저장했는데, 언제인지 모르게 한글 코드로 바뀌어 사이트에 표시된 글씨가 깨지는 경우가 있습니다. 왜 그런가요? BOM이란 무엇이고 왜 'BOM 없음'으로 해야 하나요?

A. 처음 UTF-8(BOM 없음)로 저장할 때의 텍스트가 모두 반각 영문숫자이고 그 후에 그 파일을 다시 열어서 한글을 추가해서 저장한 경우에 이런 현상이 나타날 수 있습니다. 이것은 텍스트가 반각, 영문숫자로만 이루어진 경우 UTF-8(BOM 없음)과 한글은 같은 데이터가 되기 때문입니다.

텍스트 에디터는 문자 코드를 추정해서 판단하기 때문에 기본 문자 코드가 한글로 되어 있는 경우, 반각 영문숫자만으로 이루어진 텍스트 파일은 이전에 UTF-8(BOM 없음)로 저장했다 하더라도 기본 문자 코드인 한글로 판단합니다. 따라서 한글을 추가해서 저장할 경우에 UTF-8(BOM 없음)을 명시하지 않으면 의도하지 않게 한글로 저장됩니다. 이것을 방지하기 위해 텍스트 에디터 설정에서 기본 문자 코드를 UTF-8(BOM 무시)로 설정합니다.

BOM은 이와 같은 문자 코드의 판단을 쉽게 하기 위해 파일 앞부분에 입력하는 2바이트 제어 코드입니다. BOM이 설정된 UTF-8의 경우, 반각 영문숫자로만 이루어진 텍스트라고 하더라도 텍스트 에디터는 문자 코드를 UTF-8(BOM 사용)로 판단합니다.

'BOM 없음'으로 설정해야 하는 이유는 PHP가 BOM을 지원하지 않기 때문입니다. BOM이 있으면 BOM 부분은 단지 2바이트 문자열로 인식합니다. 그렇게 되면 '<?php'로 시작하는 파일의 경우 '<?php' 앞에 2바이트 문자열이 존재해서 그것이 HTML 모드로 해석되어 출력됩니다. 따라서 'BOM 없음'으로 설정해야 합니다.

STEP 3-12

3-12 특성 이미지를 이용해서 헤더 이미지 표시하기

각 포스트마다 특성 이미지를 이용해서 포스트, 페이지 등에 헤더 이미지를 표시합니다.

따라하기 순서

01 특성 이미지 등록하기 → 02 functions.php에 추가 입력하기 → 03 템플릿에 태그 입력하기 → 04 헤더 이미지 확인하기

01 특성 이미지 등록하기

다음 표를 참조해서 페이지의 '회사개요', 'Mall 개발 실적', '문의', '개인정보보호정책', '사이트맵'의 각 편집 페이지에서 다운로드한 데이터 'pacific.zip'에서 'upload_image' 내의 [category] 폴더에 있는 이미지를 속성 이미지로 등록합니다(특성 이미지 등록 방법은 STEP 2-6을 참고하기 바랍니다).

페이지별 특성 이미지

포스트 제목	이미지명(upload_image/category/각 이미지)
회사개요	about.jpg
Mall 개발 실적	mall.jpg
문의	inquiry.jpg
개인정보보호정책	privacy.jpg
사이트맵	sitemap.jpg

02 functions.php에 추가 입력하기

헤더 이미지를 표시하는 독자적인 템플릿 태그 the_category_image를 정의합니다. functions.php에 다음과 같이 추가 입력합니다.

소스코드 설명

the_category_image의 처리 내용은 다음 ❶~❸입니다.

❶ 포스트 또는 정적 페이지에서 특성 이미지가 설정되어 있는 페이지의 경우, 특성 이미지를 표시합니다.
❷ 특성 이미지가 설정되어 있지 않은 정적 페이지에서 최상위 정적 페이지에 특성 이미지가 설정되어 있는 경우, 그 특성 이미지를 표시합니다.
❸ 그 이외의 경우는 기본 이미지를 표시합니다.

if (is_singular( ) && has_post_thumbnail( )) { 는 ❶의 조건에 일치하는지 아닌지 판단합니다.

has_post_thumbnail( )은 특성 이미지가 설정되어 있는지 아닌지 판단합니다.

} elseif (is_page( ) && has_post_thumbnail(array_pop(get_post_ancestors($post)))) { 는 다소 복잡하지만 ❷의 조건에 맞는지 아닌지를 판단합니다.

get_post_ancestors( )는 지정한 포스트의 이전 포스트 id를 배열로 반환합니다.

❶이나 ❷의 조건에 일치하는 경우 get_the_post_thumnail 함수로 특성 이미지를 표시하는 HTML 코드를 취득합니다. 제1인수로는 취득하는 특성 이미지가 설정되어 있는 포스트의 id를 지정합니다. null은 해당 포스트, array_pop(get_post_ancestors($post))는 최상위 정적 페이지입니다. 제3인수로 출력되는 태그 id에 category_image를 지정합니다.

글로벌 변수 $post는 해당 포스트에 관한 정보를 수납하는 오브젝트입니다.

if ($image == " ") {
이하에서 ❸의 조건을 판단해서 기본 이미지를 설정합니다.

functions.php

```
(생략)
// category 이미지 표시
// 1. 특성 이미지가 설정되어 있는 경우, 특성 이미지 사용 ❶
// 2. 특성 이미지가 설정되어 있지 않은 페이지에서 최상위 페이지에 특성 이미지가 설정되어 있는 경우, 그 특성 이미지 사용 ❷
// 3. 그 이외의 경우는 기본 이미지 표시 ❸
function the_category_image() {
    global $post;
    $image = "";

    if (is_singular() && has_post_thumbnail())
{
        $image = get_the_post_thumbnail(null, 'category_image', array('id' => 'category_image'));
    } elseif (is_page() && has_post_thumbnail(array_pop(get_post_ancestors($post)))) {
        $image = get_the_post_thumbnail(array_pop(get_post_ancestors($post)), 'category_image', array('id' => 'category_image'));
    }

    if ($image == "") {
        $src = get_template_directory_uri() . '/images/category/default.jpg';
        $image = '<img src="' . $src . '" class="attachment-category_image wp-post-image" alt="" id="category_image" />';
    }
    echo $image;
}
```

03 템플릿에 태그 입력하기

정의한 헤더 이미지 출력용 템플릿 태그를 archive.php와 content.php의 〈header class="page-header"〉 바로 아래에 추가합니다.

archive.php

```
<?php get_header(); ?>
    <section id="contents">
        <header class="page-header">
            <?php the_category_image(); ?>

            <h1 class="page-title">
(생략)
```

content.php

```
<article>
    <header class="page-header">
        <?php the_category_image(); ?>

        <h1 class="page-title"><?php the_title(); ?></h1>
    </header>
(생략)
```

04 헤더 이미지 확인하기

헤더 이미지가 규칙대로 표시되는지 각 페이지에서 확인합니다.

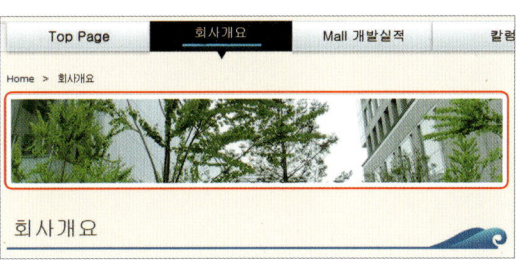

> **tip**
> '회사개요' 페이지에서 등록한 특성 이미지가 회사개요 페이지 뿐만 아니라 회사개요 페이지의 하위 페이지인 '사업소개', '연혁', '오시는 길'의 각 페이지에도 모두 표시됩니다. 즉, 같은 카테고리임을 나타냅니다.

CHAPTER 4
검색엔진 최적화 대책 세우기

CHAPTER 3까지는 비즈니스 사이트로서 이용 가능한 수준의 샘플 사이트를 완성했습니다. 이제부터는 사이트 운용 시에 빠질 수 없는 향상된 기능을 추가합니다. CHAPTER 4에서는 검색엔진의 검색 프로그램에 쉽게 인덱스되도록 SEO(Search Engine Optimization, 검색엔진 최적화) 대책을 세워보겠습니다.

STEP 4-1 검색엔진의 인덱스를 허가해서 접속 수 높이기
STEP 4-2 '업데이트 서비스' 설정하기
STEP 4-3 제목을 노출시켜 검색 순위 높이기
STEP 4-4 meta keyword, meta description 출력하기
STEP 4-5 검색엔진의 검색 프로그램에게 사이트 알리기

Preview

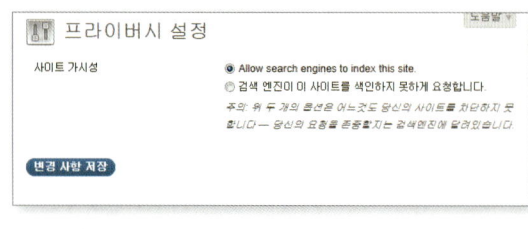

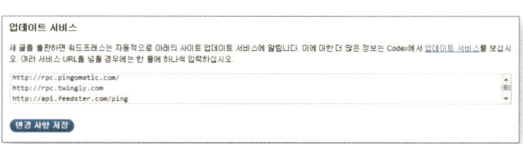

01 검색엔진의 인덱스를 허가해서 '업데이트 서비스'의 URL을 추가합니다.

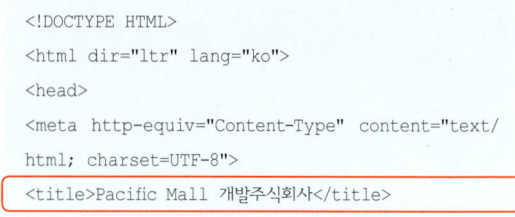

02 제목이 페이지마다 적절하게 출력되도록 설정합니다.

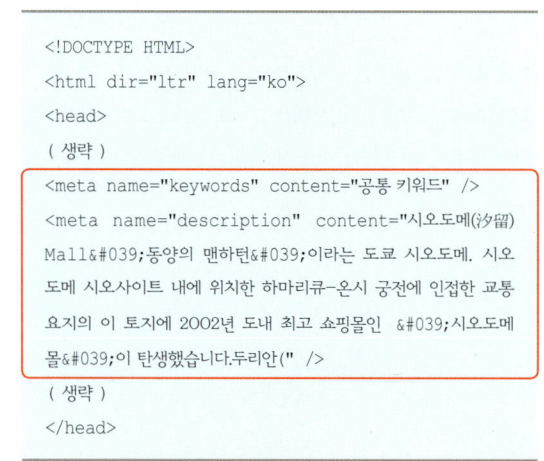

03 플러그인을 이용해서 meta keyword, meta description을 출력시킵니다.

04 sitemap.xml을 자동 생성합니다.

STEP 4-1

4-1 검색엔진의 인덱스를 허가해서 접속 수 높이기

설치 시에 '프라이버시' 설정에서 '이 사이트가 Google 및 Technorati' 등의 '검색엔진이 이 사이트를 색인하지 못하게 요청합니다'에 체크를 하지 않은 경우, 이 사이트를 공개해도 검색엔진의 인덱스가 만들어지지 않습니다. 이 과정에서는 설치 시에 체크하지 않은 경우에 검색엔진에 인덱스를 허가하는 과정 등을 설명합니다.

따라하기 순서

01 현재 상황 확인하기 → 02 '프라이버시 설정' 변경하기 → 03 변경 후 '프라이버시' 설정 확인하기

01 현재 상황 확인하기

제작 도중에 웹페이지가 공개되는 것은 별로 바람직하지 않기 때문에 보통은 설치 시의 '프라이버시' 설정에서 'Allow search engines to index this site'(검색엔진이 이 사이트를 색인하도록 요청)에 체크를 하지 않습니다(CHAPTER 1 참조).

설치 후에는 관리화면의 [설정]-[프라이버시]에서 설정을 변경할 수 있습니다. 사이트가 완성되어 공개할 때 'Allow search engines to index this site'(검색엔진이 이 사이트를 색인하도록 요청)할 수 있도록 설정을 변경합니다.

샘플 사이트는 아직 제작 단계이지만 해설을 위하여 설정을 변경하도록 합니다. 프라이버시 설정을 변경하기 전에 우선 메타 태그 및 robots.txt를 확인해서 검색엔진에 대한 지시 내용을 확인합니다.

체크를 해제합니다.

01 사이트 헤더 부분의 HTML을 확인합니다(브라우저에서 마우스 오른쪽 버튼을 클릭한 후 소스 보기).

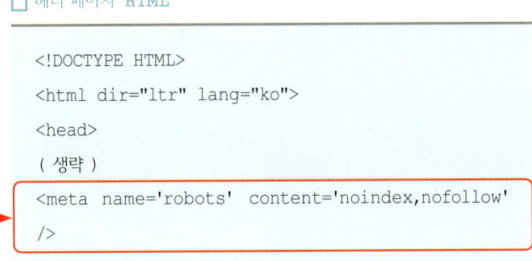

robots의 인덱스를 허가하지 않겠다는 메타 태그가 입력되어 있습니다.

02 브라우저 주소 창에 URL을 입력한 후 접속하면 robots.txt의 내용을 확인할 수 있습니다.

http://호스트 이름/robots.txt

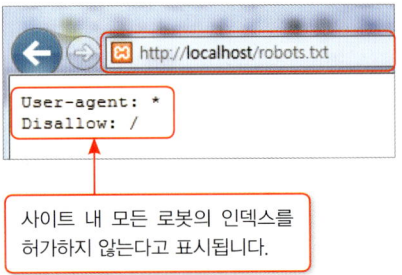

사이트 내 모든 로봇의 인덱스를 허가하지 않는다고 표시됩니다.

tip 이 robots.txt는 워드프레스의 도메인 바로 아래(document root)에 설치한 경우, 워드프레스가 동적으로 생성하는 가상 robots.txt입니다. document root 이외의 디렉터리에 워드프레스를 설치한 경우, 가상 robots.txt는 동작하지 않습니다.

02 '프라이버시 설정' 변경하기

관리화면의 [설정]-[프라이버시]를 클릭해서 '프라이버시 설정'을 엽니다. '사이트 가시성'에서 'Allow search engines to index this site'(검색엔진이 이 사이트를 색인하도록 요청)를 선택합니다.

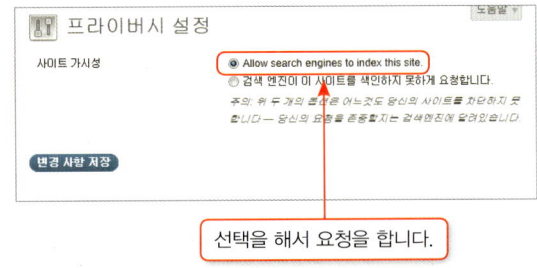

선택을 해서 요청을 합니다.

변경 후 '프라이버시 설정' 확인하기

01 다시 사이트의 헤더 부분의 HTML을 확인하면 〈meta name='robots' content='noindex, nofollow' /〉가 HTML로부터 없어진 것을 확인할 수 있습니다.

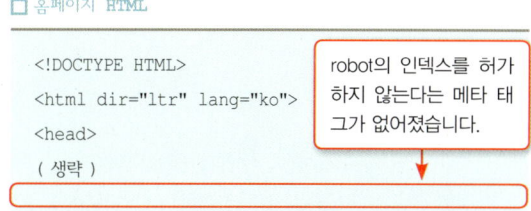

robot의 인덱스를 허가 하지 않는다는 메타 태 그가 없어졌습니다.

02 robots.txt 내용을 확인하면 인덱스가 허가 된 것을 확인할 수 있습니다.

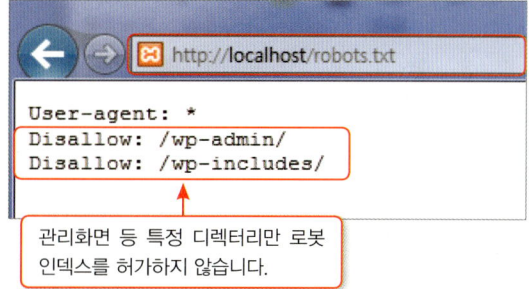

관리화면 등 특정 디렉터리만 로봇 인덱스를 허가하지 않습니다.

Disallow(허가 안 함) 지정이 관리화면 등 특정 디렉터리에 한정되어 있습니다. 바꾸어 말하면 그 외의 모든 페이지는 인덱스해도 좋다는 지시입니다. 이것으로 메타 태그와 robots.txt에서는 검색엔진에 대하여 인덱스 불가에서 인덱스 허가로 변경됐습니다.

STEP 4-2

4-2 '업데이트 서비스' 설정하기

'프라이버시 설정'에서 로봇의 인덱스를 허가했기 때문에 포스트를 한 경우, 갱신 정보가 사이트 업데이트 서비스로 통보됩니다. 단, 통보할 곳이 기본으로 등록되어 있는 미국의 rpc.pingomatic.com 1건이기 때문에 관리화면에서 추가합니다.

01 '업데이트 서비스'에 URL 추가하기

01 관리화면의 [설정]-[쓰기]를 클릭해서 페이지 아랫부분에 '업데이트 서비스' 항목이 활성화된 것을 확인합니다.

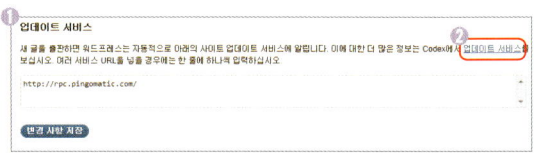

02 '업데이트 서비스'의 설명문 중에 링크되어 있는 '업데이트 서비스'라는 단어를 클릭해서 'Codex Update Service'를 엽니다.

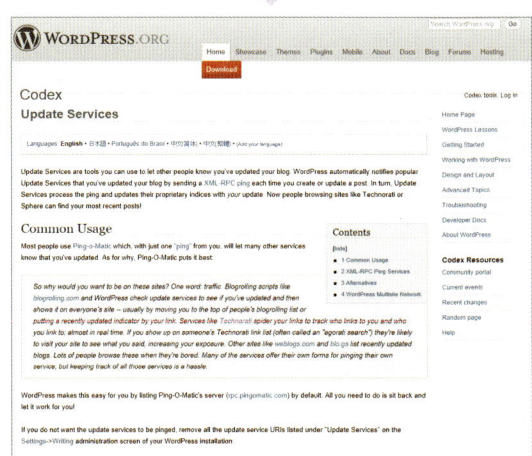

'Codex Update Service'가 표시됩니다.

03 Codex Update Service 페이지에서 'XML-RPC Ping Services'에 있는 목록들을 복사합니다(http://rpc.pingomatic.com 제외).

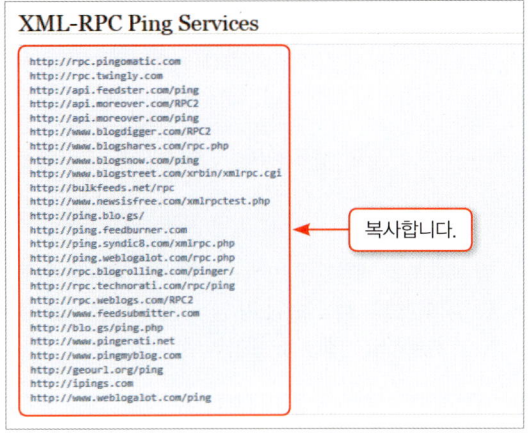

04 '쓰기'로 돌아가서 복사한 목록을 '업데이트 서비스' 란에 추가한 후 [변경 사항 저장] 버튼을 클릭합니다.

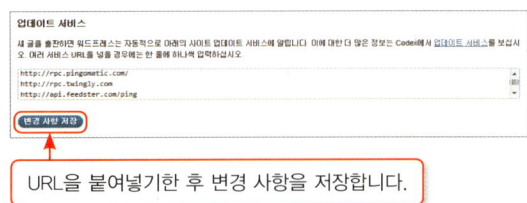

STEP 4-1부터 여기까지의 작업으로 이제 포스트가 작성 갱신될 때마다 등록한 '업데이트 서비스'에 자동적으로 통보됩니다. 통보를 받은 '업데이트 서비스(Google 블로그 검색 및 Yahoo! 블로그 검색 등)'는 독자적으로 인덱스를 갱신해서 갱신된 포스트로 링크를 게재합니다.

이런 점은 사이트 입장에서 몇 가지 장점이 있습니다. 하나는 검색엔진 로봇이 인덱스를 쉽게 할 수 있다는 점이고, 또 다른 점은 검색 사이트쪽에서 링크한 포스트가 증가하기 때문에 사이트 평가가 높아지며, 그에 따라서 사이트 검색 순위도 높아집니다.

STEP 4-3

4-3 제목을 노출시켜 검색 순위 높이기

각 페이지의 제목은 일반적으로 페이지 내용을 단적으로 표현한 것입니다. 페이지마다 적절한 제목을 출력하면 검색엔진의 검색 순위 및 검색 결과에 영향을 주게 됩니다. 또한 사이트 방문자가 페이지 개요를 파악하게 되면 유틸리티 향상에도 도움이 됩니다.

따라하기 순서

01 현재 상황 확인하기 ▶ 02 header.php 수정하기 ▶ 03 변경 후 상황 확인하기

 현재 상황 확인하기

톱페이지 이외의 몇 군데 페이지에서 HTML을 보면 〈title〉 ~ 〈/title〉 안에 사이트 이름이 출력되고 있습니다. 나머지 페이지에서도 페이지마다 제목이 출력되도록 설정합니다.

☐ 회사개요 페이지 HTML

```
<!DOCTYPE HTML>
<html dir="ltr" lang="ko">
<head>
<meta http-equiv="Content-Type" content="text/html; charset=UTF-8">
<title>Pacific Mall 개발주식회사</title>
```

---

 header.php 수정하기

header.php를 열고 〈title〉 ~ 〈/title〉 안을 다음과 같이 수정합니다.

☐ header.php

```
<!DOCTYPE HTML>
<html dir="ltr" lang="ko">
<head>
<meta http-equiv="Content-Type" content="text/
```

소스코드 설명

❶ 글로벌 변수 $page는 포스트와 페이지 등의 각 기사를 멀티 페이지로 한 경우의 페이지 번호입니다. $paged는 아카이브 페이지(목록 페이지)의 페이지 번호입니다.

❷ 페이지 제목과 사이트 이름을 출력합니다. wp_title( )의 제1인수는 세퍼레이터(|), 제3인수는 세퍼레이터의 표시 위치입니다. 제2인수의 true는 출력(값이 아님)을 의미합니다.

❸ 톱페이지의 경우 wp_title( )의 출력이 없기 때문에 사이트 이름 다음에 캐치 프레이즈를 출력합니다.

마지막으로 페이지 번호가 있는 경우, 페이지 번호를 출력합니다.

```
html; charset=UTF-8">
<title><?php
    global $page, $paged;   ←❶
    if (is_search()) :
        wp_title('', true, 'left');
        echo ' | ';
    else :
        wp_title('|', true, 'right');
    endif;
    bloginfo('name');
    if (is_front_page()) :
        echo ' | ';
        bloginfo('description');
    endif;
    if ($paged >= 2 || $page >= 2) :
        echo ' | ' . sprintf('%s페이지', max($paged, $page));
    endif;
?></title>
( 생략 )
```

03 변경 후 상황 확인하기

다시 톱페이지 이외의 페이지에서 HTML을 확인해 보면 〈title〉 ~ 〈/title〉 안에 해당 페이지의 제목과 사이트 이름이 출력됩니다. 검색할 경우에는 검색결과 페이지의 제목에 검색어가 들어갑니다. 또한 검색결과 페이지가 페이저로 분할된 페이지의 경우, 2페이지째 이후의 페이지의 제목에 페이지 수가 표시됩니다.

☐ '회사개요' 페이지 HTML

```
<!DOCTYPE HTML>
<html dir="ltr" lang="ko">
<head>
<meta http-equiv="Content-Type" content="text/html; charset=UTF-8">
<title>회사개요 | Pacific Mall 개발주식회사</title>
```

☐ 검색어 '몰'로 검색한 검색결과 페이지의 HTML

```
<title> Search Results  몰 | Pacific Mall 개발주식회사</title>
```

```
<title> Search Results  몰 | Pacific Mall 개발주식회사 | 2 Page</title>
```

STEP 4-4

4-4 meta keyword, meta description 출력하기

SEO(Search Engine Optimization)를 고려하면 meta keyword와 meta description은 각각의 페이지마다 적절한 내용으로 설정하는 것이 바람직합니다. 단, 페이지마다 완전하게 개별 내용을 작성해서 입력하는 것은 너무 번거롭습니다. 그래서 플러그인 Meta Manager를 이용합니다.

따라하기 순서

01 플러그인 Meta Manager 이용하기 → 02 플러그인 Meta Manager 활성화하기 → 03 meta keyword와 meta description 설정하기 → 04 공통 keyword와 기본 description 설정하기 → 05 출력 확인하기

01 플러그인 Meta Manager 이용하기

■ Meta Manager

Meta Manager는 head 요소 내에 메타 키워드와 메타 디스크립션을 출력하는 플러그인입니다. 편리한 점은 모든 페이지에서 공통으로 메타 키워드를 출력할 수 있다는 점과 옵션 선택에 따라서 각 페이지의 요약문이 자동적으로 메타 디스크립션으로 출력된다는 점입니다.

☐ 'Mall 개발 실적' 페이지 HTML

```
<!DOCTYPE HTML>
<html dir="ltr" lang="ko">
<head>
( 생략 )
<meta name="keywords" content="공통 키워드" />
<meta name="description" content="시오도메(汐留) Mall&#039;동양의 맨하턴&#039;이라는 도쿄 시오도메. 시오도메 시오사이트 내에 위치한 하마리큐-온시 궁전에 인접한 교통요지의 이 토지에 2002년 도내 최고 쇼핑몰인 &#039;시오도메몰&#039;이 탄생했습니다.두리안(" />
( 생략 )
</head>
```

플러그인 Meta Manager 활성화하기

관리화면의 [플러그인]-[설치된 플러그인]에서 '활성화'를 클릭하여 'Meta Manager'를 활성화합니다.

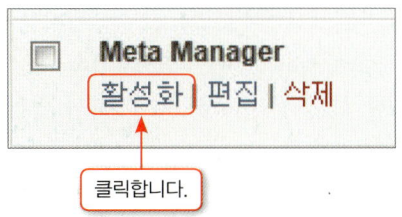

03 meta keyword와 meta description 설정하기

관리화면의 [페이지]-[All Pages]에서 '회사개요' 편집화면을 엽니다. 아래에 있는 '메타 정보'의 '메타 키워드'에는 '회사개요'를, '메타디스크립션'에는 'Pacific Mall 개발주식회사의 회사개요 페이지입니다.'를 입력한 후 [갱신] 버튼을 클릭합니다.

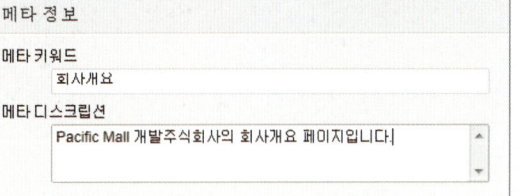

04 공통 keyword와 기본 description 설정하기

관리화면의 [설정]-[Meta Manager]를 클릭해서 '공통 키워드'와 '기본 디스크립션'을 입력한 후 [변경 사항 저장]을 클릭합니다. '공통 키워드'는 모든 페이지의 메타 키워드에 포함됩니다. '기본 디스크립션'은 메타 디스크립션이 설정(요약도 포함)되어 있지 않은 페이지에서 출력됩니다.

> **tip** 여기에서는 HTML 출력을 확인할 때 알기 쉽도록 하기 위해 일부러 입력합니다. 실제 운영할 때는 사이트 내용을 단적으로 표현하는 키워드와 사이트 내용을 간결하게 설명하는 디스크립션을 입력합니다.

05 '회사개요' 페이지 출력 확인하기

'회사개요' 페이지를 표시해서 HTML을 확인합니다. `meta name="keywords"~` 에는 회사개요의 편집 페이지에서 메타 키워드로 설정한 '회사개요'와 함께 공통 키워드가 출력됩니다.

`meta name="description"~` 에는 기본 디스크립션 대신에 개별적으로 설정한 메타 디스크립션이 출력됩니다.

□ '회사개요' 페이지 HTML

```
<!DOCTYPE HTML>
<html dir="ltr" lang="ko">
<head>
( 생략 )
<meta name="keywords" content="회사개요, 공통 키워드" />
<meta name="description" content="Pacific Mall 개발주식회사의 회사개요 페이지입니다." />
( 생략 )
</head>
```

STEP 4-5

4-5 검색엔진의 검색 프로그램에게 사이트 알리기

sitemap.xml은 검색엔진의 검색 프로그램(web crawler)에게 자신의 구조를 인식시켜 빠짐없이 인덱스되도록 도와줍니다. sitemap.xml을 수작업으로 만들면 페이지가 바뀔 때마다 수정해야 하기 때문에 여기에서는 플러그인 'Google XML Sitemap'을 이용해서 자동으로 출력시킵니다.

따라하기 순서

01 Google XML Sitemap 이용하기 → 02 플러그인 Google XML Sitemap 활성화하기 → 03 XML-Sitemaps 설정하기 → 04 sitemap.xml 확인하기

01 플러그인 Google XML Sitemap 이용하기

■ Google XML Sitemap

Google XML Sitemap은 설정 조건에 따라 sitemap.xml을 자동으로 생성하는 플러그인입니다. 포스트를 추가 갱신할 때마다 자동적으로 sitemap.xml을 다시 작성하게 하는 설정도 가능합니다.

02 플러그인 Google XML Sitemap 활성화하기

관리화면의 [플러그인]-[설치된 플러그인]에서 '활성화'를 클릭하여 'Google XML Sitemap'을 활성화합니다.

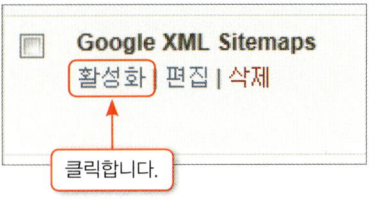

클릭합니다.

03 XML-Sitemaps 설정하기

01 워드프레스를 설치한 디렉터리에 '쓰기'를 할 수 있습니다.

> **tip** 사이트 제작 중 '쓰기' 권한은 이 STEP이 끝난 후 원래대로 돌려놓기 바랍니다(플러그인 Google XML Sitemap과 도큐먼트 루트 아래의 'sitemap.xml', 'sitemap.xml.gz' 파일을 삭제).

Google XML Sitemaps 설정화면의 명칭입니다.

❷ 워드프레스 용 XML 사이트 맵 생성기 3.2.7

The sitemap wasn't generated yet.

사이트 맵이 아직 만들어지지 않았습니다. 여기를 클릭하면 처음으로 사이트 맵을 생성합니다.

만약 작성 과정에 어떠한 문제가 발생한다면 디버그 기능을 이용하여 더 많은 정보를 얻을 수 있습니다.

There is a new beta version of this plugin available which supports the new multi-site feature of WordPress ❸ new functions!
More information and download

클릭합니다.

02 관리화면의 [설정]-[XML-Sitemaps]을 클릭해서 XML Sitemap Generator for WordPress 설정화면을 엽니다.

03 위쪽에 있는 메시지 '사이트맵이 아직 만들어지지 않았습니다. 여기를 클릭하면 처음으로 사이트맵을 생성합니다.' 안에 있는 '여기를 클릭' 텍스트 링크를 클릭합니다.

Result of the last build process, started on 2012년 August 1일 7:40 am.

당신의 사이트 맵 은 2012년 August 1일 7:40 am에 마지막으로 생성되었습니다.
당신의 사이트 맵(압축됨)은 2012년 August 1일 7:40 am에 마지막으로 생성되었습니다.

sitemap.xml이 설정됐습니다.

> **tip** 'Bing으로 통지 중에 문제가 발생됐습니다.'라는 메시지가 표시된다면, 이것은 Bing에서 반환되는 메시지가 한글이고 플러그인이 설정한 영어 메시지와 다르기 때문입니다. Bing으로의 통지 자체는 성공했기 때문에 기능상의 문제는 없습니다.

04 sitemap.xml 확인하기

01 워드프레스를 설치한 디렉터리 내(로컬 PC에서는 'htdocs' 폴더 아래)에 다음 2개의 파일이 만들어졌는지 확인합니다.

sitemap.xml
sitemap.xml.gz

02 브라우저의 주소 창에 다음과 같이 URL을 입력해서 접속한 후 robots.txt 내용을 확인합니다.

http://호스트 이름/robots.txt

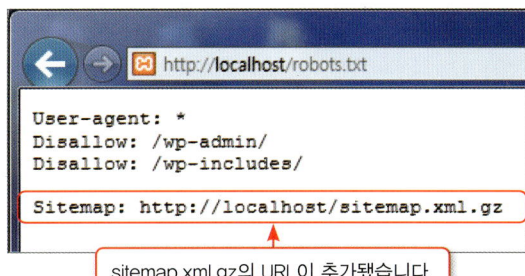

sitemap.xml.gz의 URL이 추가됐습니다.

□ robots.txt

User-agent: *
Disallow: /디렉터리 이름/wp-admin/
Disallow: /디렉터리 이름/wp-includes/

Sitemap: http://호스트 이름/디렉터리 이름/sitemap.xml.gz

tip
DocumentRoot 이외의 디렉터리에 워드프레스를 설치한 경우, 워드프레스에 의한 가상 robots.txt는 동작하지 않습니다. 따라서 다음 순서대로 robots.txt를 설치할 필요가 있습니다.

❶ robots.txt 파일을 새롭게 작성해서 앞에 기술한 robots.txt와 같이 입력합니다.
❷ 워드프레스를 설치한 디렉터리보다 상위, 도큐먼트 루트 바로 아래에 robots.txt를 저장합니다.

도큐먼트 루트 바로 아래에 놓는 이유는 검색엔진의 검색 프로그램(web crawler)이 도큐먼트 루트 바로 아래(호스트 이름)에 놓인 robots.txt만 보기 때문입니다.

03 브라우저 주소 창에 다음과 같이 URL을 입력해서 접속한 후 sitemap.xml 내용을 확인합니다.

http://호스트 이름/sitemap.xml

이제 sitemap.xml이 바르게 출력됩니다. 검색엔진의 검색 프로그램(web crawler)에게 사이트 구조를 확인시켜 빠짐없이 검색되기 위한 준비를 마쳤습니다.

sitemap.xml이 바르게 출력됩니다.

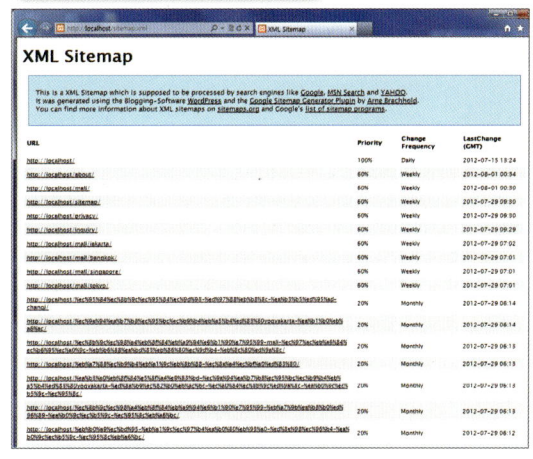

CHAPTER

5

커뮤니케이션 설정하기

이 장에서는 코멘트(댓글) 란 및 소셜 버튼 등을 '칼럼' 카테고리의 포스트 내에 배치합니다. 칼럼 글은 다른 글에 비하여 갱신 빈도가 높고, 사이트 내에서도 비교적 일반적인 내용이며, 많은 사람에게 화제가 될 수 있는 유익한 정보가 많습니다. 또한 CHAPTER 4에 이어 커뮤니케이션에 관한 각종 설정을 적용하는 이 장의 내용도 SEO 대책으로 효과적입니다.

STEP 5-1 댓글 란을 설치해서 댓글 쓰기
STEP 5-2 소셜 서비스와 연동시키기
STEP 5-3 플러그인을 이용해서 스팸 댓글 차단하기

Preview

01 워드프레스 댓글 란을 표시합니다.

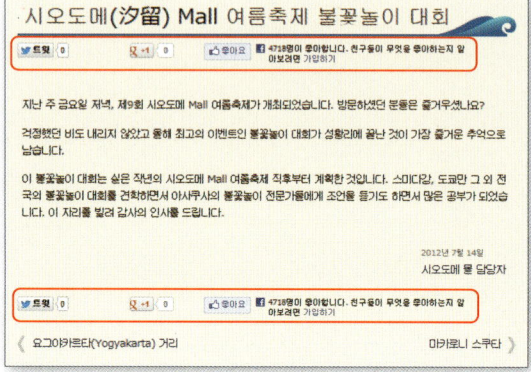

02 컨텐츠 위 아래에 소셜 버튼을 설치합니다.

03 Facebook Like box를 사이드바에 표시합니다.

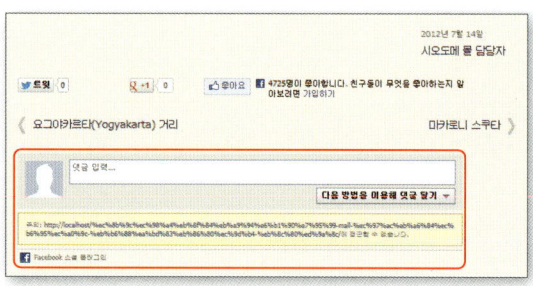

04 Facebook 코멘트를 설치합니다.

STEP 5-1

5-1 댓글 란을 설치해서 댓글 쓰기

'칼럼' 카테고리의 각 포스트에 독자들이 댓글을 쓸 수 있도록 합니다. 여기에서는 워드프레스에서 제공하는 기본 댓글 란을 설치합니다.

따라하기 순서

01 single.php에 추가 입력하기 → 02 댓글 쓰기를 '칼럼' 카테고리로 제약하기 → 03 댓글란 확인하기 → 04 코멘트 템플릿 작성하기 → 05 코멘트(댓글) 확인하기

01 single.php에 추가 입력하기

single.php를 다음과 같이 추가 입력합니다.

소스코드 설명

comments_template(' ', true);

코멘트(댓글) 템플릿을 로딩합니다. 댓글이 없는 경우, 워드프레스 본체의 코멘트 템플릿을 로딩합니다(템플릿 댓글 란 표시가 됩니다).
제1인수는 코멘트 템플릿 파일 이름입니다. 생략하면 comments.php가 됩니다. 제2인수는 코멘트를 나누어서 표시하는 true 또는 false 입니다.

tip 특정 카테고리 안인지, 밖인지를 판단하는 in_category( ), 개별 포스트 기사인지 아닌지를 판단하는 is_single( )과 같은 템플릿 태그를 조건분기 태그라 하고, 이는 템플릿 내에서 표시되는 내용을 제어하기 위해 사용합니다(WordPress Codex에서 조건분기 태그에 관하여 참고하기 바랍니다).

□ single.php

```
<?php get_header(); ?>
        <section id="contents">
<?php
if (have_posts()) :
    while (have_posts()) :
        the_post();
        get_template_part('content');
    endwhile;
    if (in_category('column')) :
        comments_template('', true);
    endif;
endif;
?>
<?php get_template_part('back_to_top'); ?>
        </section><!-- #contents end -->
<?php get_sidebar(); ?>
<?php get_footer(); ?>
```

02 댓글 쓰기를 '칼럼' 카테고리로 제약하기

'칼럼' 카테고리에 있는 포스트에만 댓글을 쓸 수 있도록 제한합니다. functions.php에 다음과 같이 추가로 입력합니다.

소스코드 설명

add_filter( ) 코드로 comments_open filter hook에 comments_allow_only_column 함수를 등록합니다. comment 카테고리에서는 true를, 그 외에는 false를 반환해서 코멘트 기능의 활성, 비활성을 제어합니다.

add_filter( )의 제3인수에서 우선순위를 지정하고 있습니다. 10이 기본값입니다. 같은 filter hook에 등록된 함수는 우선순위가 높은 순서(숫자가 작은 순서)대로 실행됩니다. 제4인수에서는 함수에 전달하는 인수의 수를 '2'로 지정하고 있습니다.

single.php

```php
( 생략 )
// 칼럼 카테고리만 댓글을 달 수 있습니다.
function comments_allow_only_column($open, $post_id) {
    if (!in_category('column')) {
        $open = false;
    }
    return $open;
}
add_filter('comments_open', 'comments_allow_only_column', 10, 2);
```

03 댓글 란 표시 및 동작 확인하기

01 '칼럼' 카테고리의 포스트에 댓글 란이 표시되었는지 확인합니다. 또한 로그인 상태와 로그아웃 상태에 따라 표시가 달라집니다. 로그인 상태는 로그아웃 상태와 달리 댓글 란만 표시됩니다(이름, 메일주소, 웹사이트의 각 입력란은 표시되지 않습니다).

02 우선 로그인 상태에서 댓글 란에 글을 입력한 후 [답글 전송] 버튼을 클릭합니다.

로그인 상태의 댓글 란

03 댓글이 그대로 칼럼 포스트 페이지에 표시되는 것을 확인합니다. 이 댓글은 나중에도 편집 가능하고 로그아웃 상태에서도 표시됩니다.

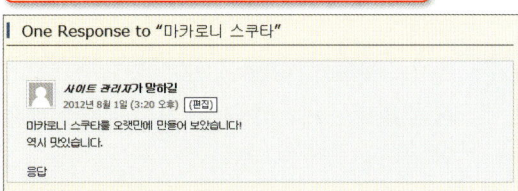

테스트용 댓글을 쓰고 전송하면 바로 표시됩니다.

04 로그아웃 상태에서 댓글을 입력하고 [답글 전송] 버튼을 클릭합니다.

로그아웃 상태의 댓글 란

05 관리화면의 [설정]-[토론]을 클릭합니다.

❶ '댓글이 보이기 전에'라는 항목에는 기본으로 '댓글을 쓴 사람이 예전에 댓글이 승인된 적이 있어야 합니다'에 기본으로 체크되어 있습니다. 이 경우, 로그아웃 상태에서 쓴 댓글을 표시하거나 아직 승인되지 않은 방문자의 댓글을 표시하기 위해서는 '댓글'에서 승인처리가 필요합니다. 승인처리를 하지 않은 댓글은 작성자 본인만 볼 수 있습니다.

❷ '항상 관리자가 승인해야 합니다'에 체크하면 위 항목 '댓글을 쓴 사람이 예전에 댓글이 승인된 적이 있어야 합니다'라는 항목의 체크 유무에 상관없이 모든 댓글은 승인을 받아야 합니다. 만약 전부 체크를 하지 않으면 승인없이 댓글이 표시됩니다.

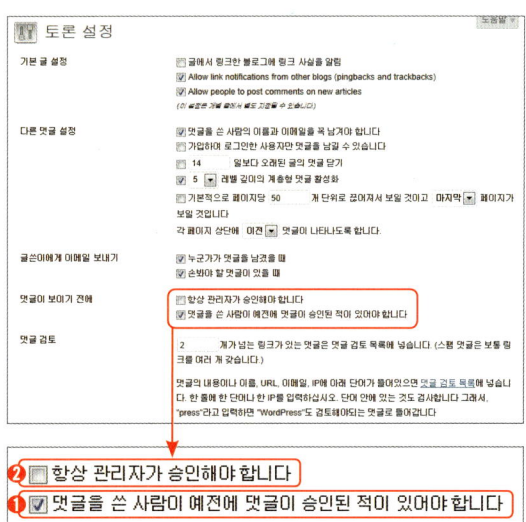

여기에서는 기본 설정('댓글을 쓴 사람이 예전에 댓글이 승인된 적이 있어야 합니다'에 체크)을 전제로 설명합니다. 관리화면 '댓글'을 클릭해서 승인처리를 시작합니다.

06 작성된 댓글이 관리화면 '댓글' 내에서 하이라이트 표시가 되고 마우스를 올려 놓으면 다음과 같이 메뉴가 표시됩니다.

승인하기 | 응답 | 빠른 편집 | 편집 | 스팸 | 휴지통

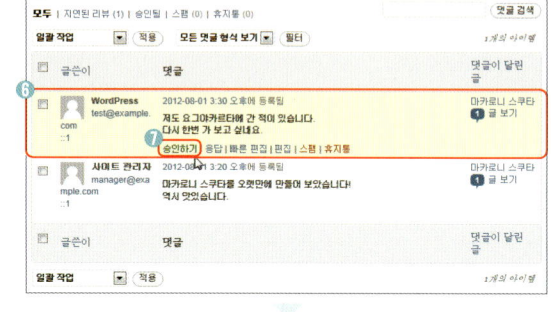

07 [승인하기]를 클릭하면 하이라이트 표시가 통상적인 표시로 변합니다.

tip 한번 승인 처리한 후라도 상태를 승인 대기로 복원시키거나 편집할 수도 있습니다. 반대로 스팸으로 표시되거나 휴지통에 버린 댓글도 원래대로 복원할 수 있습니다. 단, (스팸 표시를 하거나 휴지통에 버리거나 한)댓글을 '삭제'하거나 휴지통에 일정기간(기본 30일) 방치한 댓글은 완전히 삭제되기 때문에 주의하기 바랍니다.

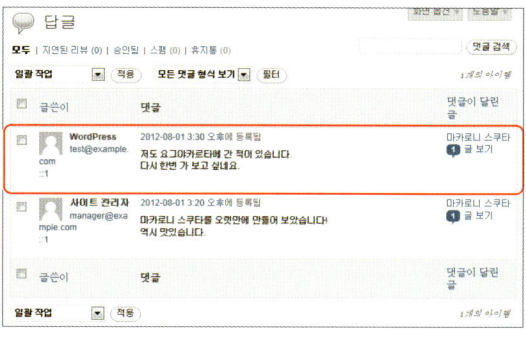

승인된 댓글은 칼럼 페이지에서 다음과 같이 표시됩니다.

08 '칼럼' 페이지로 돌아가서 댓글이 바르게 표시되는지 확인합니다.

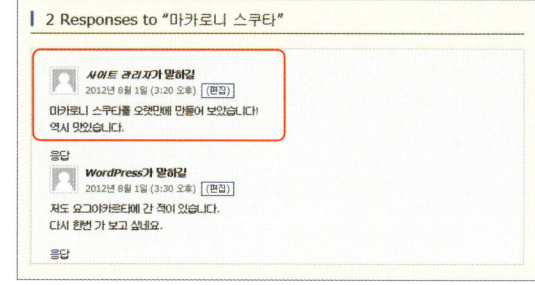

코멘트(댓글) 템플릿 작성하기

앞에서 코멘트 템플릿을 사용하지 않고 워드프레스에 내장된 코멘트 템플릿을 이용해서 표시했습니다. 그러나 코멘트 템플릿이 없는 테마는 워드프레스 3.4에서 추천하지 않습니다. 향후 버전 업으로 워드프레스에 내장된 코멘트 템플릿이 폐지될 가능성도 있기 때문에 코멘트 템플릿 comments.php를 새로 작성해서 다음과 같이 입력합니다.

소스코드 설명

❶ 첫 번째로 댓글을 쓸 수 있는 포스트가 패스워드로 보호되어 있는 경우에 대해서 기술합니다.
if (post_password_required( )) : 는 해당 포스트가 패스워드로 보호되고 있는지 아닌지를 판단해서 보호되어 있는 경우, 코멘트 처리를 중단합니다. 또한 포스트로의 패스워드 설정은 글의 편집화면 내 '공개' 영역에 있는 '공개상태'의 [편집] 버튼을 클릭해서 설정할 수 있습니다.

❷ if (have_comments( )) : 는 해당 포스트에 댓글이 있는 경우, 표시 처리에 대해 입력합니다.
get_the_title( )은 포스트의 제목을, get_comments_number( ))는 포스트에 쓰여진 댓글의 수를 각각의 값으로 취득합니다.
wp_list_comments( )는 실제 댓글을 출력하고 인수로 아바타 이미지의 크기를 40픽셀로 지정합니다.
if (get_comment_pages_count( ) > 1 && get_option('page_comments')) : 는 댓글을 페이지 네비게이션으로 분할 표시할 것인지, 아닌지를 판단해서 분할 표시인 경우 previous_comments_link()와 next_comments_link( )로 분할된 페이지로의 링크를 인수로 갖는 링크 문자열로 출력합니다.

❸ 마지막으로 comment_form( )은 댓글 양식을 표시합니다.

comments.php

```php
<?php
if (post_password_required()) :
    return;
endif;
?>
        <section id="comments">
<?php
if (have_comments()) :
?>
            <h1 id="comments-title">
                <?php echo '<em>' . get_the_title() . '</em>'에 . get_comments_number() . '건의 댓글'; ?>
            </h1>
            <ol class="commentlist">
                <?php wp_list_comments('avatar_size=40'); ?>
            </ol>
<?php
    if (get_comment_pages_count() > 1 && get_option('page_comments')) :
?>
            <nav class="navigation">
                <ul>
                    <li class="nav-previous">
<?php previous_comments_link('이전 댓글'); ?></li>
```

```
                    <li class="nav-next"><?php 
next_comments_link('다음 댓글'); ?></li>
                </ul>
            </nav>
<?php
    endif;
endif;
?>
❸ <?php comment_form(); ?>

        </section>
```

05 코멘트(댓글) 템플릿 표시 및 동작 확인하기

작성한 코멘트(댓글) 템플릿의 표시를 확인합니다. 대략 기본 표시와 같지만 코멘트(댓글) 양식 란의 입력 란과 라벨이 바뀌었습니다.

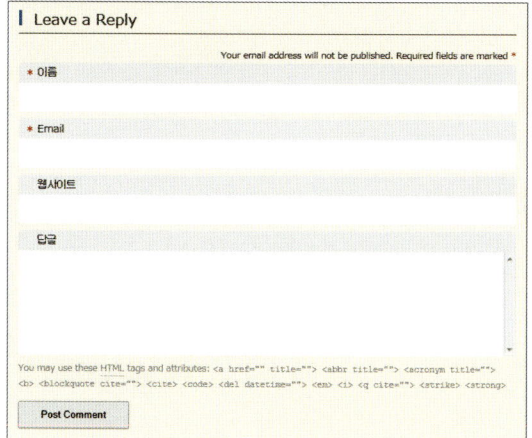

댓글 란(로그 아웃 상태)

tip

Q. 댓글 란이나 관리화면의 사용자 목록에 표시되는 아바타를 자신의 사진으로 바꿀 수 있나요?

A. 댓글 란이나 관리화면의 사용자 목록에 표시되는 아바타는 그라바타(Gravatar)를 이용해서 설정할 수 있습니다. 그라바타는 메일주소와 연동한 아바타입니다.

다음 그라바타 사이트에 접속해서 자신의 메일주소와 자신의 사진 등 아바타 이미지를 그라바타로 등록할 수 있습니다. 그라바타 사이트는 WordPress.com을 운영하는 미국 Automattic 사가 운영하고 있습니다.

Gravatar
http://en.gravatar.com/

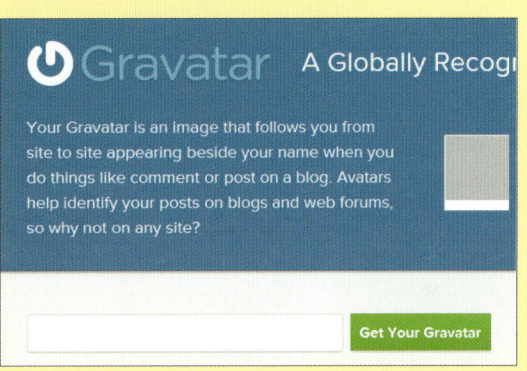

워드프레스는 사용자의 메일 주소을 기초로 자동으로 그라바타를 그라바타 사이트로부터 취득하기 때문에 워드프레스에서 그라바타를 별도로 설정할 필요는 없습니다. 워드프레스에 등록된 사용자 및 댓글을 단 사용자의 메일주소가 그라바타 사이트에 등록되어 있는 경우, 해당 사용자의 댓글 란이나 관리화면의 사용자 목록에 그라바타가 자동적으로 표시됩니다.

STEP 5-2

5-2 소셜 서비스와 연동시키기

대표적인 소셜 서비스인 Twitter, Google+, Facebook과 연동시킵니다. 최신 정보는 각 소셜 서비스 사이트를 확인하고 사양이 변경된 경우에는 그 부분을 대체해서 진행하기 바랍니다.

따라하기 순서

01 social-button.php 작성하기 → 02 트위터 버튼 설치하기 → 03 Google+의 +1 버튼 설치하기 → 04 Facebook의 '좋아요' 버튼(Like Button) 설치하기 →

05 OGP 설정하기 → 06 Facebook Like Box 설치하기 → 07 Facebook 코멘트 설치하기

01 social-button.php 작성하기

 social-button.php를 새롭게 작성해서 다음과 같이 입력합니다.

□ social-button.php

```
<ul class="social_buttons">
    <li>
    </li>
</ul>
```

> **tip**
>
> **Q. 알림판의 표시를 사용자정의로 할 수 있나요?**
>
> **A.** 관리화면에 들어가서 알림판 오른쪽 위에 있는 '화면 옵션'을 클릭하면 제어판이 열립니다. 알림판에 표시할 수 있는 요소들은 '화면에 보여주기' 아래에 체크 박스가 표시되어 있기 때문에 각 요소에 체크를 하거나 없애면 즉시 알림판에 반영됩니다. 각 요소의 레이아웃도 변경할 수 있습니다. 알림판 위에서 각 요소의 제목 부분(예를 들어 '블로그 현황')을 드래그 앤 드롭해서 알림판 내 본인이 원하는 장소에 이동시킬 수 있습니다.
> 또한 기본 설정은 알림판 내의 요소가 2열로 표시되지만, 이것도 '표시 옵션'의 '화면 레이아웃'에서 열의 수를 변경할 수 있습니다.

02 content.php 내 2곳의 내용을 다음과 같이 입력합니다.

`get_template_part('social-button');`

을 입력하고 social-button.php를 호출합니다.

또한

`is_single() && in_category('column')`

에 의해 소셜 버튼의 출력을 '칼럼' 카테고리 내의 개별 포스트 페이지로 제한합니다.

□ **content.php**

```php
        <article>
            <header class="page-header">
                <?php the_category_image(); ?>

                <h1 class="page-title"><?php the_title(); ?></h1>
<?php
    if (is_single() && in_category('column')) :
        get_template_part('social-button');
    endif;
?>

            </header>
            <section class="entry-content">
                <?php the_content(); ?>
( 생략 )
            </section>
        </article>
<?php
if (is_single()) :
    if (in_category('column')) :
        get_template_part('social-button');
    endif;
?>
            <nav class="adjacent_post_links">
                <ul>
                    <li class="previous"><?php previous_post_link('%link', '%title', true); ?></li>
( 생략 )
```

> **tip**
>
> **Q. 로컬 환경에서 현재의 STEP 5-2 과정 중에서 몇 가지가 잘 진행되지 않습니다. 왜 그런가요?**
>
> **A.** 먼저 로컬 서버는 외부(인터넷 연결)로부터 접속할 수 없습니다. 따라서 외부로부터 접속이 필요한 기능은 로컬 환경에서 실행할 수 없습니다. 예를 들어 뒤에 설명할 Facebook 디버거는 웹페이지로 접속해서 출력된 HTML을 검증하는 것입니다. Facebook 디버거로부터 웹페이지에 접속할 수 없는 환경에서는 이용할 수 없습니다. 두 번째로 인터넷 상의 올바른 URL이 필요한 기능도 실행할 수 없습니다. 로컬 환경의 URL은 무한히 존재하고 인터넷 상에서 어느 한 장소를 특정할 수 없기 때문입니다. 예를 들어 localhost 상의 웹페이지에서 '좋아요!' 버튼을 클릭해도 localhost는 무한하게 존재하기 때문에 어떤 특정한 웹페이지를 지정할 수 없습니다.
> 또한 로컬 환경에서도 웹페이지 상에서 버튼의 표시 등 표시에 관한 부분이 대부분 문제없이 재현되기 때문에 CHAPTER 1의 XAMPP 환경(로컬 환경)에서의 제약 사항을 참조하기 바랍니다.

> **tip**
>
> 외부 공개 환경인 경우(임대 서버 사용 등) 소셜 버튼 설치 후 각각의 소셜 서비스에 로그인해서 소셜 버튼의 동작 여부를 확인하기 바랍니다. 또한 로컬 환경(XAMPP 환경)인 경우, 소셜 버튼은 사이트에 문제없이 표시되지만 클릭하면 바르게 동작하지 않기 때문에 표시만 제대로 되는지 확인하고 다음 과정을 진행하기 바랍니다.

02 트위터 버튼 설치하기

01 '트위터 버튼' 페이지에 접속합니다.

> **트위터 버튼**
> http://twitter.com/goodies/tweetbutton

02 페이지 순서대로 작성을 진행합니다.

❶ '버튼 선택'에서 '링크 공유하기'를 선택합니다.

❷ '버튼 설정'의 '언어'에서 '한국어'를 선택합니다.

❸ '미리보기와 코드'에 있는 코드를 복사합니다.

03 복사한 코드를 social-button.php의 〈/ul〉 위에 붙여넣고, li 태그를 입력합니다.

□ social-button.php

```
<ul class="social_buttons">
        <li>
(생략)
        <li>
        <li>
            <a href="https://twitter.com/share" class="twitter-share-button" data-lang="ko">트윗하기</a>
<script>!function(d,s,id){var js,fjs=d.getElementsByTagName(s)[0];if(!d.getElementById(id)){js=d.createElement(s);js.id=id;js.src="//platform.twitter.com/widgets.js";fjs.parentNode.insertBefore(js,fjs);}}(document,"script","twitter-wjs");</script>
        </li>
 </ul>
```

04 '칼럼' 카테고리 내의 포스트를 확인합니다. 포스트의 위 아래에 [트윗] 버튼이 표시됩니다.

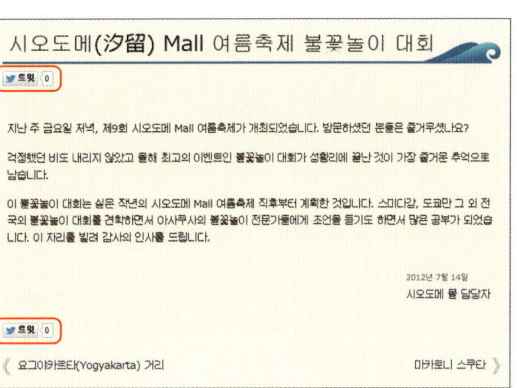

259

Google+의 +1 버튼 설치하기

01 '웹사이트+1' 페이지에 접속합니다.

> **'웹사이트+1' 페이지**
> http://www.google.com/intl/ko/webmasters/+1/button/

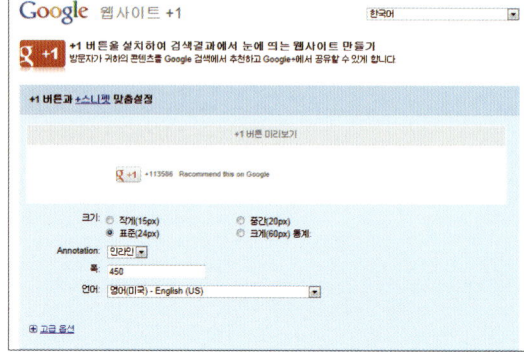

02 페이지 순서대로 작성합니다.

❶ '크기'는 '중간(20px)'을 선택합니다.

❷ 'Annotation'은 '풍선'을 선택합니다.

❸ '언어'는 '한국어'를 선택합니다.

❹ '고급 옵션'을 클릭합니다.

❺ 'HTML5 유효 구문'을 체크합니다.

❻ '+1으로 연결되는 URL'에 사이트의 URL을 입력합니다.

❼ '아래 코드를 복사하여 웹사이트에 붙여넣으십시오.'라는 문구의 아래에 있는 코드를 복사합니다.

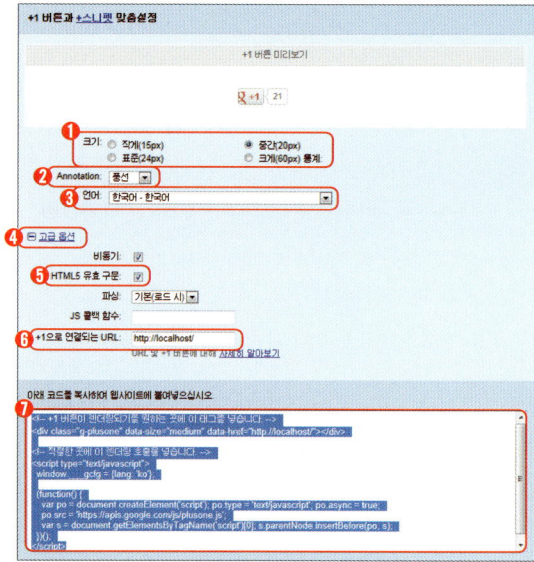

03 복사한 코드 중에서 <!-- +1 버튼이 렌더링되기를 원하는 곳에 이 태그를 넣습니다. -->의 아래 있는 코드를 social-button.php의 </ul> 태그 위에 붙여넣고 li 태그를 입력합니다. 사이트 URL 부분은 <?php the_permalink( ); ?>로 수정합니다.

☐ **social-button.php**

```
<ul class="social_buttons">
        <li>
( 생략 )
        </li>
        <li>
```

260

```
                <div class="g-plusone" data-size="medium" data-href="<?php the_permalink(); ?>"></div>
            </li>
        </ul>
```

04 social-script.php를 새롭게 작성해서 복사한 코드 중에서 '<!--적절한 곳에 이 렌더링 호출을 넣습니다. -->' 아래에 있는 코드를 붙여넣기 합니다.

☐ **social-script.php**

```
<script type="text/javascript">
        window.___gcfg = {lang: 'ko'};

        (function() {
            var po = document.createElement('script'); po.type = 'text/javascript'; po.async = true;
            po.src = 'https://apis.google.com/js/plusone.js';
            var s = document.getElementsByTagName('script')[0]; s.parentNode.insertBefore(po, s);
        })();
</script>
```

05 header.php의 <body> 아래에 social-script.php를 호출하기 위한 코드를 다음과 같이 입력합니다.

☐ **header.php**

```
( 생략 )
<?php wp_head(); ?>
</head>
<body <?php body_class(); ?>>
<?php
    if (is_single() && in_category('column')):
        get_template_part('social-script');
    endif;
?>
<div id="wrap">
<section id="description">
( 생략 )
```

06 '칼럼' 카테고리 내의 포스트에서 [+1] 버튼이 있는지 확인합니다.

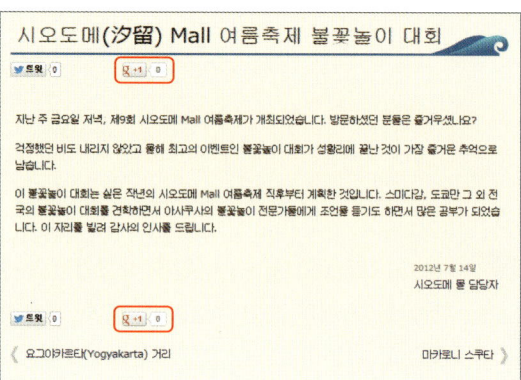

04 Facebook의 '좋아요' 버튼(Like Button) 설치하기

미리 Facebook의 계정을 준비해 둡니다.

01 Facebook에 로그인한 후 'Like Button' 페이지에 접속합니다.

> **Like Button**
> http://developers.facebook.com/docs/reference/plugins/like/

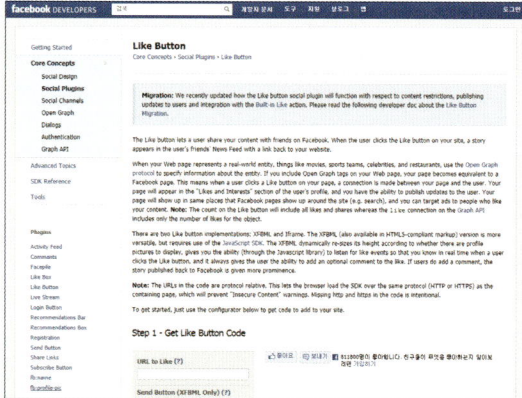

Q. 워드프레스의 템플릿 태그 등의 함수는 어디에서 조사하면 좋을까요?

A. 공식 레퍼런스는 다음과 같습니다.

WordPress Codex
http://codex.wordpress.org/

영문이지만 최신 정보를 접할 수 있고, 신뢰도 역시 가장 높습니다.

'Step 1-Get Like Button Code'에서 다음과 같이 설정합니다.

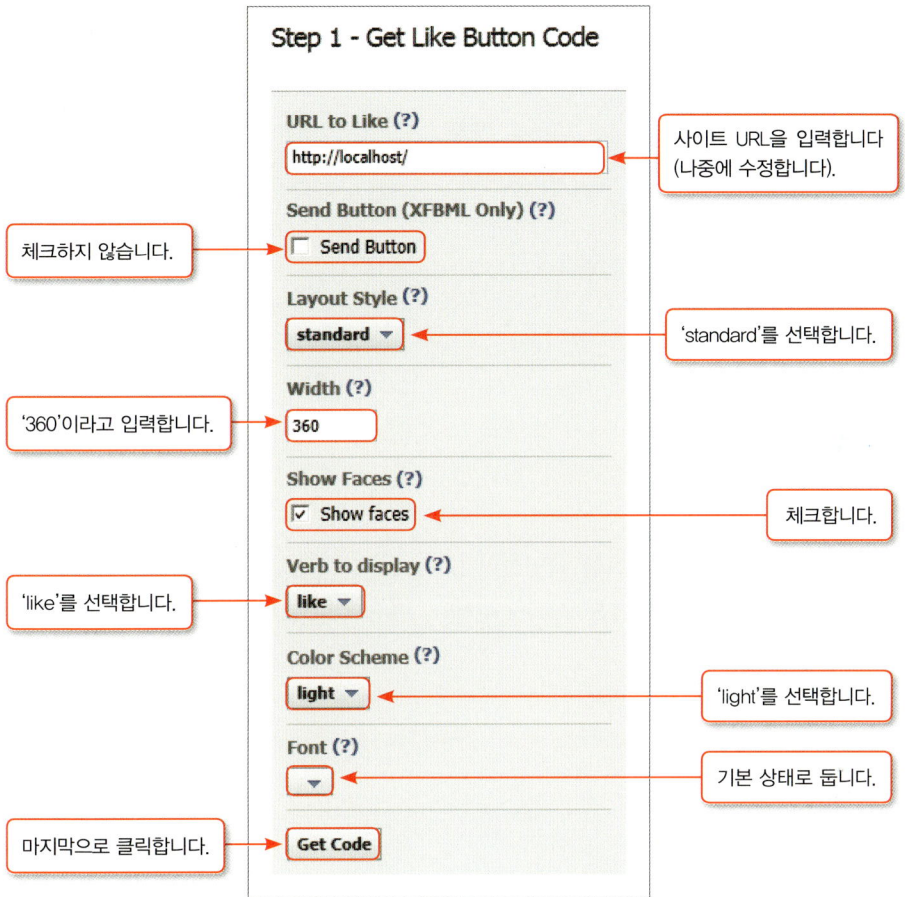

 Get Code를 클릭해서 표시된 'Like Button 플러그인 코드' 내의 [IFRAME]을 클릭해서 'IFRAME' 코드를 복사합니다.

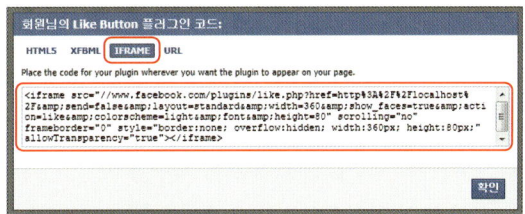

04 복사한 코드를 social-button.php의 </ul> 위에 붙여넣고 li 태그를 입력합니다.
사이트 URL 부분은 <?php the_permalink( ); ?>라고 수정합니다. 높이를 설정하는 'height=***', 'height:**px' 부분은 각각 'height=26', 'height:26px'라고 수정합니다.

□ social-button.php

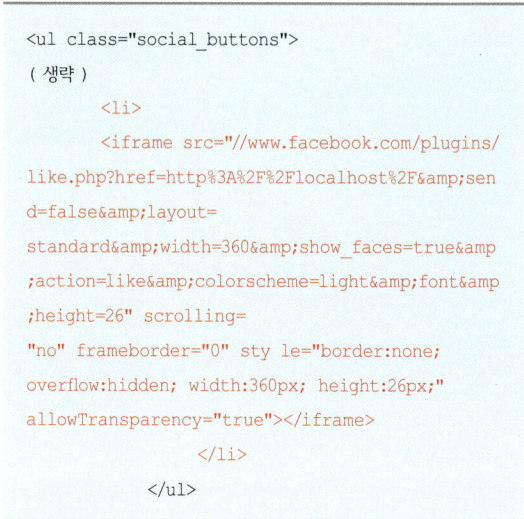

05 '칼럼' 카테고리 내의 포스트를 확인합니다. 포스트 위 아래에 '좋아요' 버튼(Like Button)이 표시됩니다.

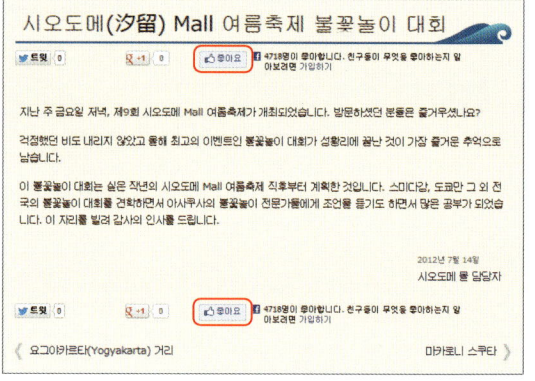

05 OGP 설정하기

OGP(Open Graph Protocol)는 Facebook이나 Google+ 등에서 사용되는 프로그램이 포스트 개요를 쉽게 표현할 수 있게 도와주는 HTML 부가 정보입니다. 예를 들어 OGP를 설정한 후 Facebook '좋아요' 버튼을 클릭하면 Facebook에 게재되는 정보에 페이지 개요를 나타내는 이미지와 문장이 표시됩니다.

특성 이미지를 표시하고 있습니다.

페이지 제목과 본문 내용을 발췌해서 표시하고 있습니다.

01 Facebook에 로그인한 후 'Like Button' 페이지에 접속합니다.

> **Like Button**
> http://developers.facebook.com/docs/reference/plugins/like/

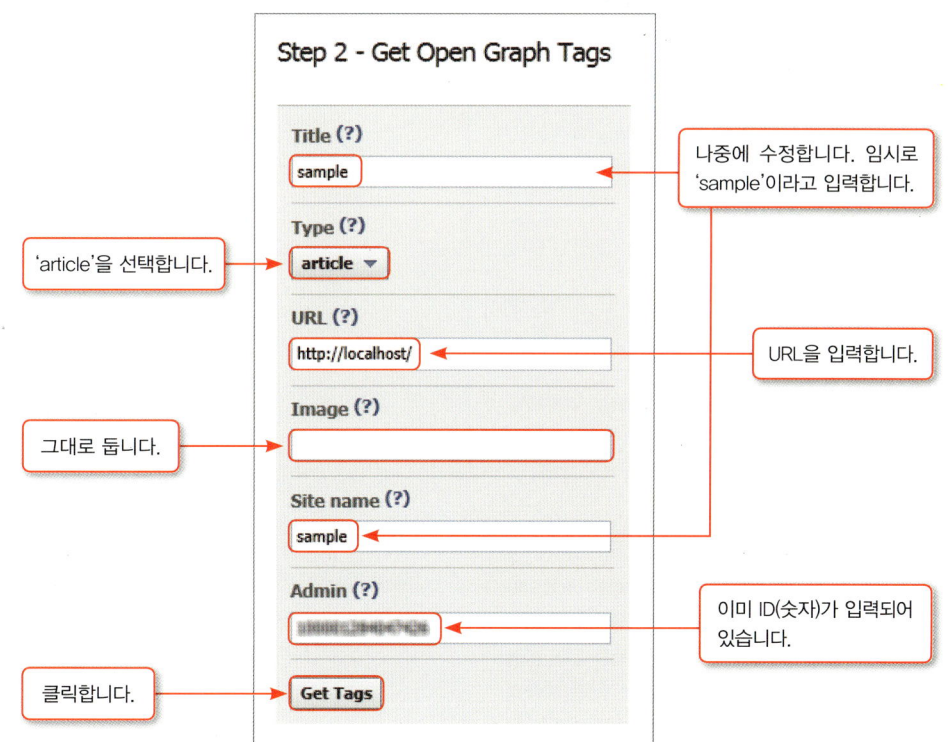

나중에 수정합니다. 임시로 'sample'이라고 입력합니다.

'article'을 선택합니다.

URL을 입력합니다.

그대로 둡니다.

이미 ID(숫자)가 입력되어 있습니다.

클릭합니다.

02 [Get Tags]를 클릭해서 표시된 'Your Open Graph tags:' 아래 코드를 복사합니다.

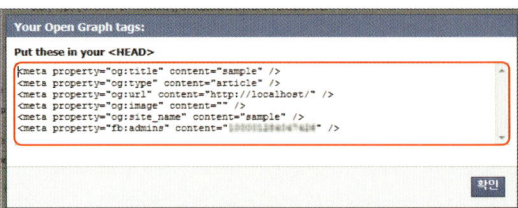

03 header_ogp.php를 새로 작성해서 복사한 코드를 기초로 다음과 같이 입력합니다.

fb:admins
〈meta property="fb:admins" content="상하센터" /〉의 '상하센터'는 관리자 ID입니다. **02** 에서 복사한 ID를 그대로 사용합니다.

og:title
제목 부분은 〈?php the_title( ); ?〉로 수정합니다.

og:type
포스트의 형식을 지정합니다.

og:url
URL 부분은 〈?php the_permalink( ); ?〉로 수정합니다.

og:site_name
사이트 이름 부분은 〈?php the bloginfo('name'); ?〉으로 수정합니다.

og:locale
지역 정보를 지정합니다.

og:image
이미지 부분은 특성 이미지가 있으면 그것을, 없으면 기본 이미지를 지정합니다.

og:description
디스크립션 부분은 각 페이지 본문의 첫 부분부터 동적으로 추출한 요약문을 출력시킵니다.

> **tip**
> 위에서 og:locale과 og:description은 Facebook에서 복사해 온 코드에는 포함되어 있지 않지만 필요하기 때문에 소스코드에 포함시켰습니다. 그리고 위 8개의 항목은 뒤에 설명하는 'Facebook 디버거'에서 체크하는 항목입니다. 즉 이 항목들은 Facebook이 인식하는 항목이기도 합니다.

☐ **header_ogp.php**

```
<meta property="fb:admins" content="**********" />
<meta property="og:title" content="<?php the_title(); ?>" />
<meta property="og:type" content="article" />
<meta property="og:url" content="<?php the_permalink(); ?>" />
<meta property="og:site_name" content="<?php bloginfo('name'); ?>" />
<meta property="og:locale" content="ko_KR" />
<?php
    if (has_post_thumbnail()) :
?>
<meta property="og:image" content="<?php echo get_thumbnail_image_url(); ?>" />
<?php
    else:
?>
<meta property="og:image" content="<?php echo bloginfo('template_url'); ?>/images/fb_default_img.png" />
<?php
    endif;
?>
<meta property="og:description" content="<?php echo get_ogp_excerpted_content($post->post_content); ?>" />
```

04 functions.php에 다음과 같이 추가 입력합니다.

소스코드 설명

❶ get_post_thumbnail_id( )에서는 특성 이미지의 ID를 취득하고, wp_get_attachment_image_src( )에서는 지정한 이미지 정보를 취득합니다.

❷ 포스트 첫 부분의 120문자를 요약합니다.

☐ **functions.php**

```
( 생략 )
// OGP를 위한 각종 설정
// 특성 이미지의 URL 취득
function get_thumbnail_image_url() {
    $img_id = get_post_thumbnail_id();
    $img_url = wp_get_attachment_image_src($img_id, 'thumbnail', true);
    return $img_url[0];
}

// ogp용 description 취득
function get_ogp_excerpted_content($content) {
    $content = strip_tags($content);
    $content = mb_substr($content, 0, 120, 'UTF-8');
    $content = preg_replace('/\s\s+/', '', $content);
    $content = preg_replace('/[\r\n]/', '', $content);
    $content = esc_attr($content) . ' ...';
    return $content;
}
```

05 칼럼 포스트에서 OGP가 출력되도록 header.php에 다음과 같이 추가로 입력합니다.

☐ **header.php**

```
( 생략 )
<!--[if lt IE 9]>
    <meta http-equiv="Imagetoolbar" content="no" />
    <script src="http://html5shiv.googlecode.com/svn/trunk/html5.js"></script>
<![endif]-->
<?php
    if (is_single() && in_category('column')) :
        get_template_part('header_ogp');
    endif;
?>
<?php wp_head(); ?>
( 생략 )
```

06 '칼럼' 카테고리 내의 포스트에서 HTML을 보면 다음과 같이 OGP가 출력되는 것을 확인할 수 있습니다.

☐ 칼럼 내 포스트의 HTML

```
<!--[if lt IE 9]>
    <meta http-equiv="Imagetoolbar" content="no" />
    <script src="http://html5shiv.googlecode.com/svn/trunk/html5.js"></script>
<![endif]-->
<meta property="fb:admins" content="**********" />
<meta property="og:title" content="시오도메(汐留) Mall 여름축제 불꽃놀이 대회" />
<meta property="og:type" content="article" />
<meta property="og:url" content="http://localhost/%ec%8b%9c%ec%98%a4%eb%8f%84%eb%a9%94%e6%b1%90%e7%95%99-mall-%ec%97%ac%eb%a6%84%ec%b6%95%ec%a0%9c-%eb%b6%88%ea%bd%83%eb%86%80%ec%9d%b4-%eb%8c%80%ed%9a%8c/" />
<meta property="og:site_name" content="Pacific Mall 개발주식회사" />
<meta property="og:locale" content="ko_KR" />
<meta property="og:image" content="http://localhost/wp-content/uploads/2012/07/fireworks-150x150.png" />
<meta property="og:description" content="지난 주 금요일 저녁, 제9회 시오도메 Mall 여름축제가 개최되었습니다. 방문하셨던 분들은 즐거웠나요? 걱정했던 비도 내리지 않았고 올해 최고의 이벤트인 불꽃놀이 대회가 성황리에 끝난 것이 가장 즐거운 추억으로 ..." />
```

tip 출력된 OGP는 Facebook 뿐만 아니라 Google+ 등 OGP 기능이 있는 모든 웹서비스에서 유효합니다.

07 Facebook Debugger에서 디버그를 실행합니다. Facebook DEVELOPERS의 Debugger 페이지에 접속합니다.

Debugger
http://developers.facebook.com/tools/debug

268

08 디버그를 하고 싶은 페이지의 URL을 'Input URL, Access Token, or Open Graph Action ID' 아래 입력하고 디버그를 클릭합니다.

09 특별한 에러가 없는 경우 다음과 같이 표시되고, 에러 등의 경고문이 표시되는 경우에는 수정한 후, 다시 같은 순서로 디버그를 실행합니다.

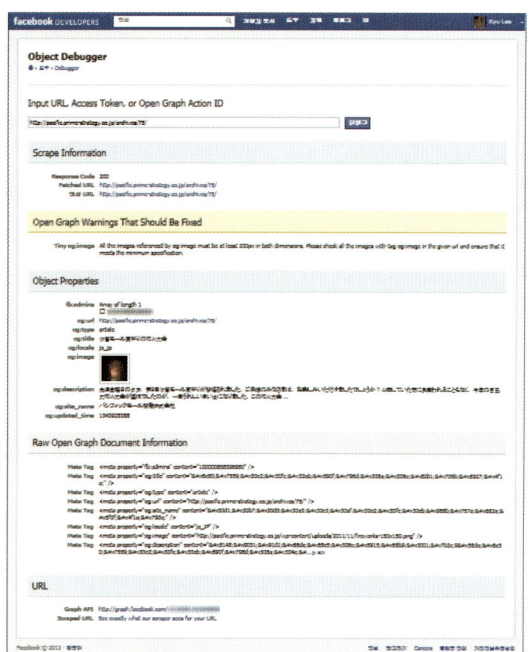

tip
디버그를 하면 OGP 문법을 체크해서 오류를 확인할 수 있고, Facebook 서버가 보유하고 있는 해당 페이지에 관한 OGP 정보의 캐시가 삭제되어 최신 정보로 갱신됩니다.

06 Facebook Like Box 설치하기

미리 Facebook 페이지를 작성해 둡니다.

01 Facebook에 로그인한 후 다음 URL의 'Like Box' 페이지에 접속합니다. 그림과 같이 설정합니다.

> **Like Box**
> http://developers.facebook.com/docs/reference/plugins/like-box/

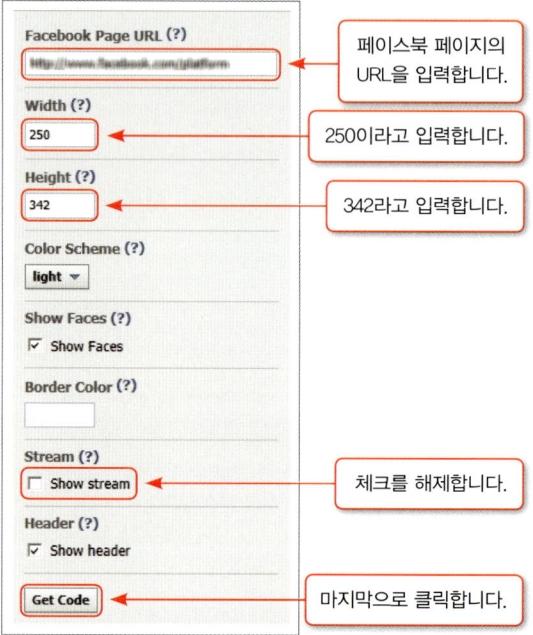

02 'Get Code'를 클릭해서 표시된 '회원님의 Like Box 플러그인 코드'의 'IFRAME'을 클릭해서 IFRAME 코드를 복사합니다. 복사한 코드의 height 값을 '342'로 수정하기 바랍니다(2개).

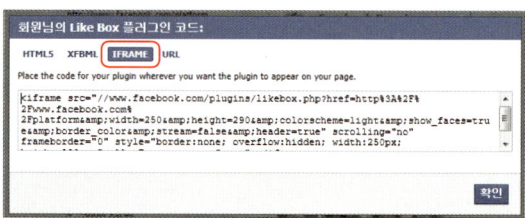

☐ Like Box 코드 예

```
<iframe src="//www.facebook.com/plugins/
likebox.php?href=**********&amp;width=250
&amp;height=342&amp;colorscheme=light&amp;show_
faces=true&amp;border_color
&amp;stream=false&amp;header=true"
scrolling="no" frameborder="0" style=
"border:none; overflow:hidden; width:250px;
height:342px;" allowTransparency=
"true"></iframe>
```

> **tip**
> 이 책을 집필할 시점에서는 생성된 코드에 입력한 height의 값이 반영되지 않았습니다.

03 관리화면의 [외모]-[위젯]을 클릭합니다. 오른쪽에 있는 '사이드바 위젯 영역(하)'을 클릭해서 활성화시키면 드롭용 영역이 전개됩니다. 이 영역에 '사용할 수 있는 위젯' 중에서 '텍스트'를 드래그 앤 드롭합니다.

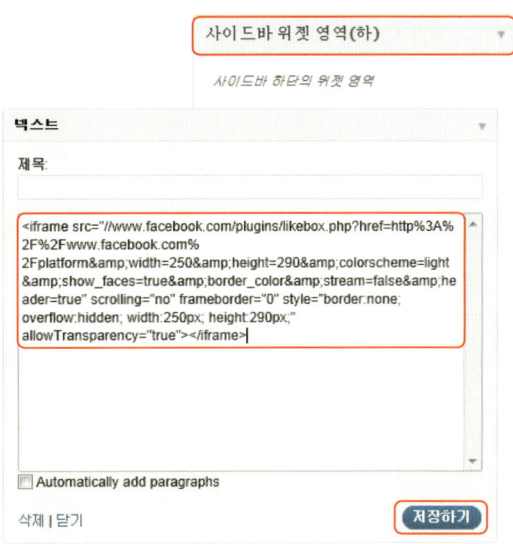

04 02 에서 복사한 코드를 '텍스트' 란에 붙여넣은 후 저장합니다.

> tip
> 제목은 그대로 둡니다.

05 sidebar.php를 열고 'facebook like box' 부분을 다음과 같이 수정합니다.

```
<?php dynamic_sidebar('secondary-widget-area'); ?>
```

□ sidebar.php

```
( 생략 )
<div id="primary" class="widget-area">
    <?php dynamic_sidebar('primary-widget-area'); ?>

</div><!-- #primary end -->
<div id="secondary" class="widget-area">
    <?php dynamic_sidebar('secondary-widget-area'); ?>

</div><!-- #secondary end -->
 </section><!-- #sidebar end -->
```

06 톱페이지를 제외한 다른 페이지에서 다음과 같이 표시되는지 확인합니다.

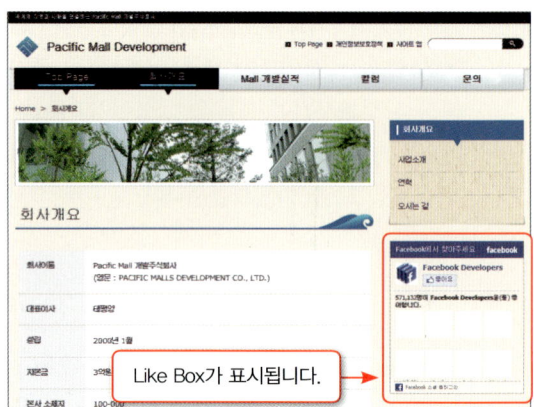

Like Box가 표시됩니다.

07 Facebook 코멘트 설치하기

01 Facebook에 로그인한 후 'Comments' 페이지로 접속합니다. 그림과 같이 설정합니다.

Comments
http://developers.facebook.com/docs/reference/plugins/comments/

사이트 URL을 입력합니다.
20을 입력합니다.
600을 입력합니다.
클릭합니다.

02 'Get Code'를 클릭해서 표시된 '회원님의 Comments 플러그인 코드:'에 있는 'HTML5' 안의 2곳의 코드를 각각 복사해 둡니다.

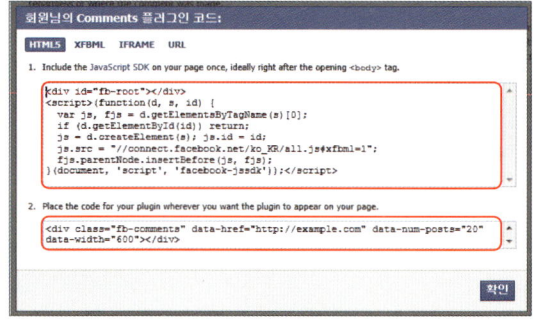

272

03 social-script.php를 열고 **02**에서 복사한 첫 번째 코드를 첫 부분에 붙여넣기 합니다.

☐ **social-script.php**

```
<div id="fb-root"></div>
<script>(function(d, s, id) {
    var js, fjs = d.getElementsByTagName(s)[0];
    if (d.getElementById(id)) return;
    js = d.createElement(s); js.id = id;
    js.src = "//connect.facebook.net/ko_KR/all.js#xfbml=1";
    fjs.parentNode.insertBefore(js, fjs);
}(document, 'script', 'facebook-jssdk'));</script>

<script type="text/javascript">
  window.___gcfg = {lang: 'ko'};

  (function() {
    var po = document.createElement('script'); po.type = 'text/javascript'; po.async = true;
    po.src = 'https://apis.google.com/js/plusone.js';
    var s = document.getElementsByTagName('script')[0]; s.parentNode.insertBefore(po, s);
  })();
</script>
```

04 content.php를 열고 '<?php'와 'endif' 사이에 두 번째 코드를 입력하고 다음과 같이 수정합니다.

if문에서 '칼럼' 카테고리에 한정해서 URL 부분을 <?php the_permalink( ); ?>로 수정합니다.

□ content.php

```
(생략)
        <nav class="adjacent_post_links">
            <ul>
                <li class="previous"><?php previous_post_link('%link', '%title', true); ?></li>
                <li class="next"><?php next_post_link('%link', '%title', true); ?></li>
            </ul>
        </nav>
<?php
    if (in_category('column')) :
?>
        <div class="fb-comments" data-href="<?php the_permalink(); ?>" data-num-posts="20" data-width="600"></div>
<?php
    endif;
endif;
?>
```

05 '칼럼' 카테고리 내의 포스트를 보면 포스트 아래에 Facebook 코멘트가 표시된 것을 확인할 수 있습니다.

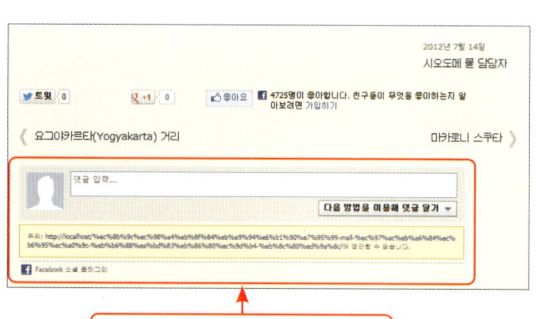

Facebook 코멘트가 표시됩니다.

> **tip**
> Facebook의 '좋아요' 버튼, Like Box의 설치 및 OPG 설정 등을 하면 해당 W3C의 Markup Validation Service에서 에러가 나는 경우가 많지만 기능 및 표시에는 문제 없습니다.

STEP 5-3

5-3 플러그인을 이용해서 스팸 댓글 차단하기

워드프레스 댓글 란에 쓴 글이 스팸인지 아닌지를 플러그인 'Akismet'으로 판단해서 스팸 댓글을 차단하도록 합니다.

따라하기 순서

01 플러그인 Akismet 이용하기 → 02 플러그인 Akismet 활성화하기 → 03 Akismet API 키 취득하기 → 04 스팸 댓글 확인하기

01 플러그인 Akismet 이용하기

■ Akismet

Akismet은 댓글 내용을 Akismet 서버에서 체크하는 스팸 방지 플러그인이며 처음부터 워드프레스에 포함되어 있기 때문에 활성화한 후 'API 키'를 입력하면 사용할 수 있습니다.

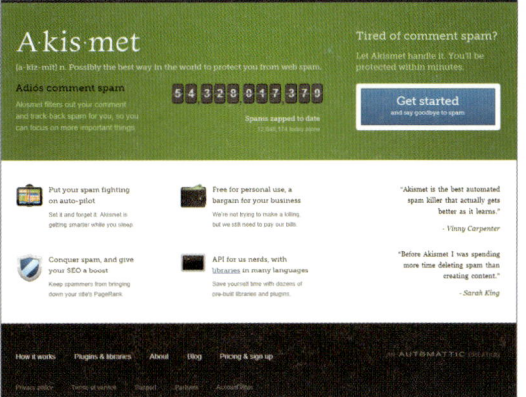

275

플러그인 Akismet 활성화하기

관리화면의 [플러그인]-[설치된 플러그인]에서 '활성화'를 클릭하여 'Akismet'을 활성화합니다. Akismet은 활성화를 해도 작동하지 않습니다. 'API 키'를 취득한 후 입력해야 합니다.

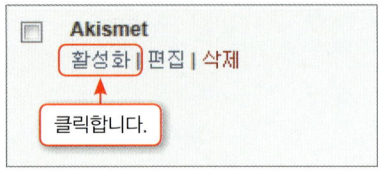

tip
API 키는 Akismet 사이트에서 취득하는 방법과 WordPress.com에 계정을 등록하고 취득하는 방법이 있습니다. 여기에서는 Akismet 사이트에서 취득하는 방법을 설명합니다.

Akismet API 키 취득하기

Akismet에서 계정을 취득합니다.

01 Akismet을 활성화할 때 나타나는 메시지 가운데 'enter your Akismet API key'라는 텍스트 링크를 클릭해서 Akismet 설정화면으로 이동합니다.

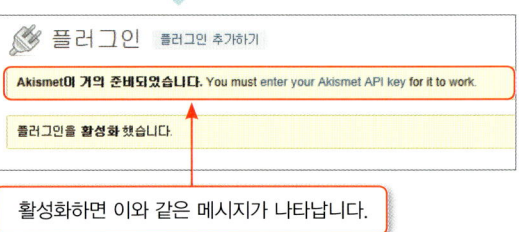

02 Akismet 설정화면의 '키 구하기' 링크를 클릭하면 Akismet 사이트로 이동합니다.

> **Akismet**
> http://akismet.com/wordpress/

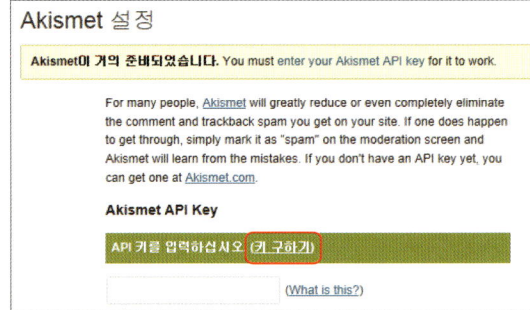

03 Akismet 사이트에서 'Get an Akismet API Key'를 클릭합니다.

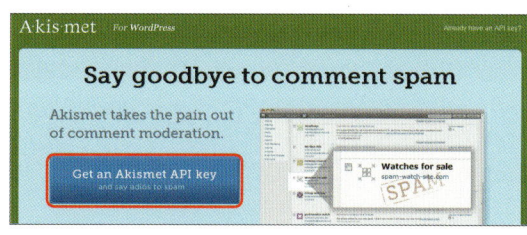

04 3개의 plan 'Enterprise', 'Pro', 'Personal' 이 표시됩니다. 이 샘플 사이트는 개인 학습용이기 때문에 'Personal' 항목의 'SIGN UP'을 선택합니다.

'SIGN UP'을 클릭합니다.

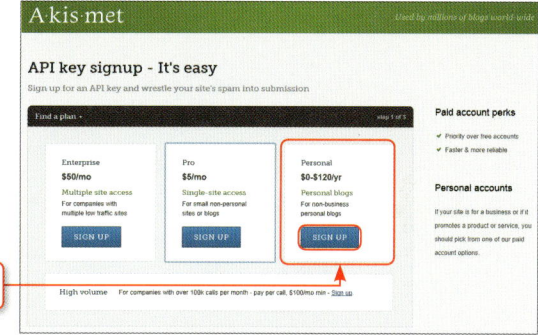

05 지불을 희망하는 금액으로 바를 슬라이드 시킵니다. 지금은 학습용이기 때문에 바를 가장 왼쪽으로 밀어 '$0.00/yr'로 합니다(신용카드에 의한 지불 방법이 사라집니다).

지불을 희망하는 금액으로 바를 슬라이드 시킵니다.

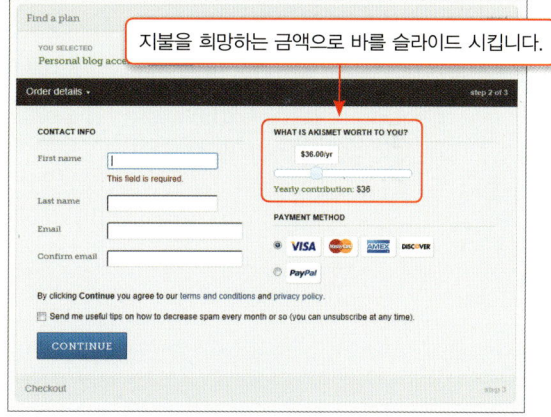

> **tip**
> 본격적으로 사이트를 운용하는 경우 사이트의 규모와 성격에 따라 적절한 plan과 금액을 선택하기 바랍니다.

277

06 이름(First name, Last name), 메일주소 (Email, Confirm email) 등의 연락처를 입력하고 [CONTINUE] 버튼을 클릭합니다.

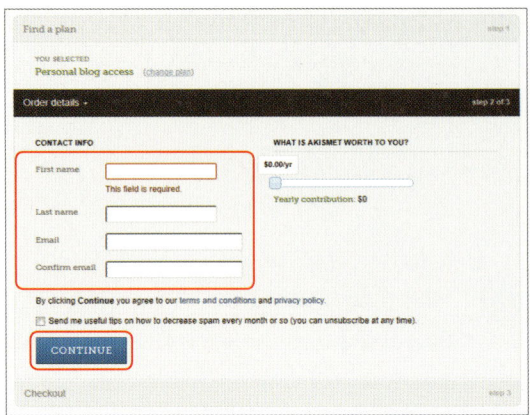

07 계정 등록을 하면서 입력한 메일주소에서 Akismet으로부터 온 메일을 확인하고 메일 내용 가운데 API 키를 복사해 둡니다.

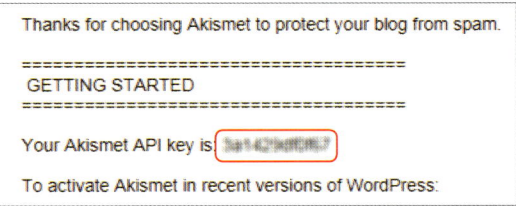

08 관리화면으로 돌아가서 'Akismet 설정' 페이지에서 API 키를 입력합니다. 그 아래에 있는 박스에도 필요에 따라 체크합니다.

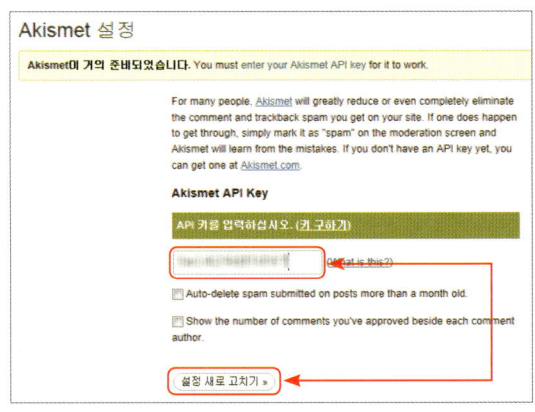

API 키가 확인되었다는 메시지가 나타납니다.

스팸 댓글 확인하기

관리화면의 '댓글'을 클릭합니다. 스팸 댓글이 있으면 Akismet이 스팸 판정을 합니다. 스팸 판정을 받은 댓글은 '스팸'에서 확인할 수 있습니다('0'은 스팸 댓글이 없는 상태입니다). 이제 스팸 댓글을 차단할 준비가 끝났습니다.

 답글

모두 | 지연된 리뷰 (0) | 승인됨 | 스팸 (0) | 휴지통 (0)

액세스 분석하기

사이트 공개 후 액세스 상황을 파악하고 사이트의 개선을 위해 액세스 분석을 하는 3가지 플러그인을 소개합니다. 3가지 모두 각각의 특징이 다르기 때문에 실제로 사이트를 운영할 때 용도에 맞는 플러그인을 선택하기 바랍니다.

STEP 6-1   Google Analyticator를 설치해서 액세스 로그 분석하기
STEP 6-2   WassUp을 설치해서 실시간으로 사용자 행동 추적하기
STEP 6-3   Counterize를 설치해서 자세한 해석 정보 얻기

Preview

01 Google Analytics의 트래킹 코드를 사이트에 적용하기 위한 플러그인 'Google Analyticator'를 설치합니다.

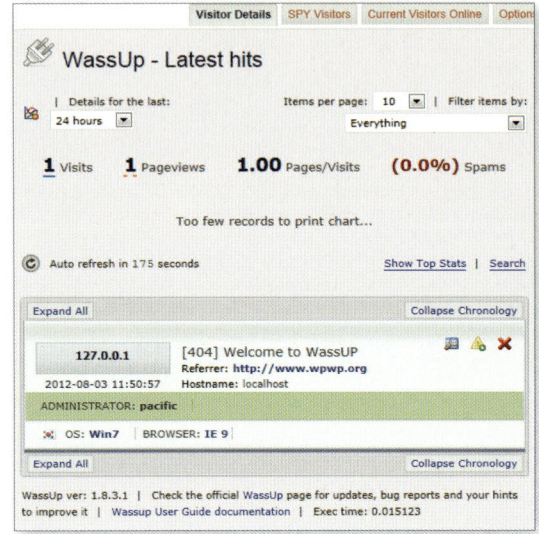

02 실시간으로 사용자의 행동을 추적할 수 있는 'WassUP'을 설치합니다.

03 사이트 방문자의 액세스 상황을 알기 쉽게 표시하는 'Counterize'를 설치합니다.

STEP 6-1

6-1 Google Analyticator를 설치해서 액세스 로그 분석하기

플러그인 'Google Analyticator'를 사용해서 Google Analytics용 트래킹 코드를 사이트의 각 페이지에 적용합니다.

따라하기 순서

01 플러그인 Google Analyticator 이용하기
02 Google Analytics의 계정 작성하기
03 플러그인 Google Analyticator 활성화하기
04 Google 계정으로 액세스 허가하기
05 Google Analyticator 설정하기
06 트래킹 코드 표시 확인하기

01 플러그인 Google Analyticator 이용하기

■ Google Analyticator

Google Analyticator는 Google Analytics의 트래킹 코드(자바스크립트 코드)를 워드프레스로 만들어진 사이트에 동적으로 적용하기 위한 플러그인입니다. 수 시간부터 24시간 정도의 시차는 있지만 Google Analyticator의 요약 정보를 알림판에서 확인할 수 있습니다.

액세스 로그는 자바스크립트를 통해 Google 서버로 전송됩니다. 기록과 해석도 Google 서버에서 이루어지기 때문에 워드프레스를 실행하는 서버에 대한 부하는 없습니다. 또한 페이지 캐시 등을 이용한 경우에도 액세스 로그를 취득할 수 있습니다.

> **tip**
> 로컬 환경에서는 Google Analyticator를 동작시킬 수 없기 때문에 로컬 환경인 경우 이 과정을 넘어가기 바랍니다(이유는 STEP 5-2를 참고하기 바랍니다).

02 Google Analytics의 계정 작성하기

Google Analyticator를 사용할 수 있도록 설정합니다. 먼저 Google Analytics에 로그인한 후 계정을 작성해 둡니다.

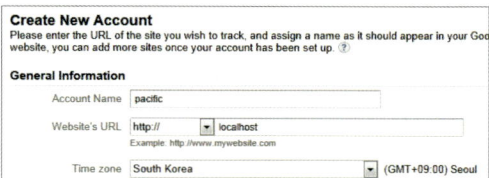

03 플러그인 Google Analyticator 활성화하기

01 관리화면의 [플러그인]-[설치된 플러그인]에서 '활성화'를 클릭하여 'Google Analyticator'를 활성화합니다.

02 'Settings'을 클릭해서 설정을 시작합니다.

04 Google 계정으로 액세스 허가하기

01 'Authenticate with Google'의 오른쪽에 있는 텍스트 링크 'Click here to login to Google, thus authenticating Google Analyticator with your Analytics account.'를 클릭합니다.

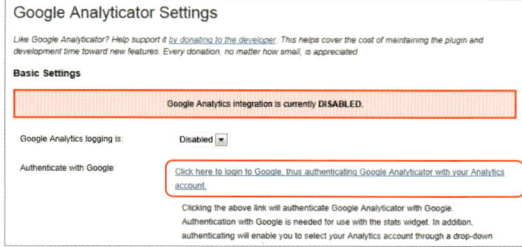

02 해당 사이트에서 Google 계정으로의 액세스를 허가합니다. 'Grant access'(액세스 허가)를 클릭하면 Google Analyticator 설정화면으로 돌아갑니다.

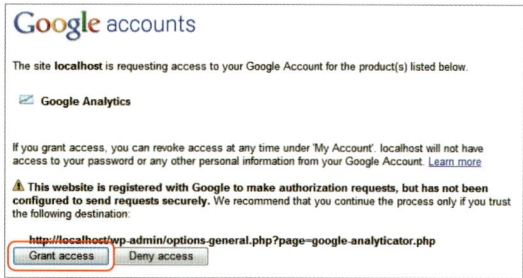

05 Google Analyticator 설정하기

'Google Analytics logging is'에서 'Enabled'를 선택합니다.

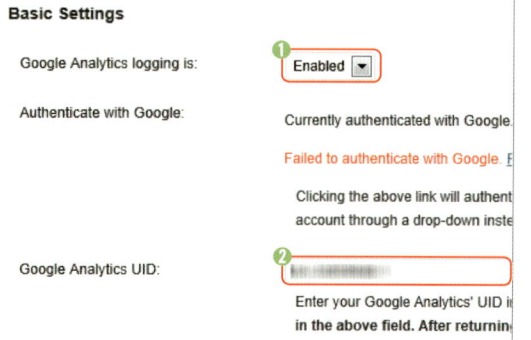

01 'Google Analytics logging is'에서 'Enabled'를 선택합니다.

02 'Google Analytics UID'에 계정을 만들 때 발급받은 'Tracking ID'를 입력하거나 'Google Analytics account'에서 미리 작성한 계정을 선택합니다.

03 마지막으로 'Save Changes'를 클릭해서 저장합니다.

06 트래킹 코드 표시 확인하기

01 임의 페이지의 HTML을 확인합니다. 〈head〉 내에 Google Analytics 트래킹 코드가 출력되는 것을 알 수 있습니다.

☐ 톱페이지 HTML

(생략)

```
<!-- Google Analytics Tracking by Google
Analyticator 6.2: http://ronaldheft.com/
code/analyticator/ -->
<script type="text/javascript">
        var analyticsFileTypes = [''];
        var analyticsEventTracking =
'enabled';
</script>
<script type="text/javascript">
      (생략)
</script>
</head>
```

(생략)

tip 트래킹 코드는 관리자로 로그인하면 출력되지 않습니다. 워드프레스에서 로그아웃을 하던지 다른 브라우저를 실행해서 확인하기 바랍니다.

02 관리화면의 '알림판'을 클릭해서 'Google Analytics Summary'가 표시되는 것을 확인합니다. 일반적으로 수 시간에서 24시간 정도 경과하면 분석 데이터가 표시됩니다.

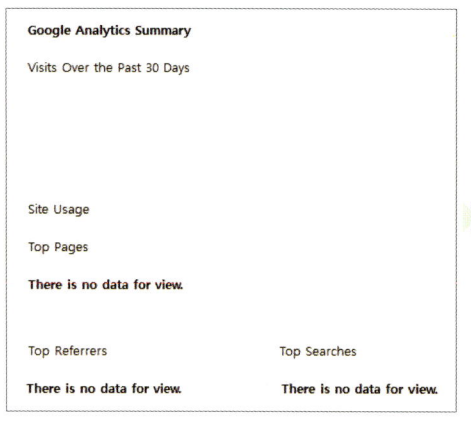 

TIP Plus: Google Analyticator, WassUp, Counterize의 특징

이 장에서 도입할 3가지 액세스 분석 플러그인에는 각각 특징이 있습니다. 실제 운용 상황 등에 따라서 선택하기 바랍니다.

Google Analyticator
Google Analytics의 수준 높은 해석 정보를 간단하게 이용할 수 있습니다. 자바스크립트의 트래킹 코드를 이용하기 때문에 액세스 로그의 기록과 해석은 구글 서버 상에서 이루어집니다. 따라서 워드프레스를 설치한 서버에 부하가 걸리지 않습니다. 페이지 캐시를 이용하는 경우에도 액세스 로그의 취득이 가능합니다. 단, 해석 데이터를 취득할 때는 기본적으로 수 시간에서 24시간을 요하는 경우가 있습니다(부분적으로 실시간으로 취득할 수 있는 정보도 있습니다).

WassUp과 Counterize
이 2가지는 모두 실시간으로 해석되는 정보를 취득할 수 있다는 장점이 있습니다. WassUp은 사용자의 행동에 주안점을 두고 단일 사용자의 행동을 실시간으로 추적할 수 있습니다. Counterize는 통계 정보를 알기 쉽게 표시해 주기 때문에 액세스 분석에 익숙하지 않은 독자에게 추천합니다. 그러나 2가지 모두 액세스 로그의 취득 및 해석은 PHP와 MySQL을 이용해서 워드프레스 실행 시에 이루어지기 때문에 서버에 부담이 됩니다. 페이지 캐시를 이용하는 경우, 액세스 로그 자체가 기록되지 않기 때문에 주의가 필요합니다.

STEP 6-2

6-2 WassUp을 설치해서 실시간으로 사용자 행동 추적하기

WassUp은 실시간으로 사용자의 행동을 추적할 수 있는 액세스 분석 플러그인입니다.

따라하기 순서

01 플러그인 WassUp 이용하기 → **02** 플러그인 WassUp 활성화하기 → **03** 트래킹 확인하기

01 플러그인 WassUp 이용하기

■ WassUp

WassUp은 실시간으로 방문자의 행동을 추적해서 관리화면에 표시하는 액세스 분석 플러그인이며, 실시간으로 단일 사용자의 행동 추적까지 가능합니다. 워드프레스와 같은 서버 상에서 PHP와 MySQL을 실행시켜 자세한 접속 로그 기록을 해석합니다. 따라서 서버에 대한 부하가 클 수 있다는 점에서 페이지 캐시 등을 이용하는 경우, 정상적으로 접속 로그를 취득할 수 없는 단점도 있습니다.

WassUp은 플러그인을 설치한 후 활성화시키면 사용 가능합니다.

> **tip** 이 책을 집필할 무렵에는 SSL을 이용할 때(STEP 7-1 참조) IE에서 WassUp 관리화면으로 들어가면 보안 경고가 표시되는 경우가 있습니다. 이것은 WassUp이 그래프 표시에 이용하고 있는 외부 리소스를 http 프로토콜로 호출하기 때문입니다. 그래프를 표시하려면 경고 메시지의 지시에 따라 https로 보호되고 있지 않은 컨텐츠도 표시되도록 하기 바랍니다.

플러그인 WassUp 활성화하기

관리화면의 [플러그인]-[설치된 플러그인]에서 '활성화'를 클릭하여 'WassUp Real Time Analytics'를 활성화시킵니다. 설치해서 활성화하면 관리화면에 'WassUp' 메뉴가 만들어집니다.

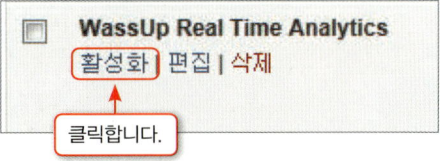

03 트래킹 확인하기

관리화면의 'WassUp'을 클릭하면 트래킹이 시작되는 것을 확인할 수 있습니다. 탭에서 'Visitor Details', 'SPY Visitors', 'Current Visitors Online', 'Options'를 선택할 수 있습니다.

❶ 'Visitor Details'에서는 차트 및 top 100 summary, 사용자 상세정보(IP, referrer(사이트 방문시 남는 흔적), 호스트 이름, 브라우저 및 해상도 등)를 볼 수 있습니다.

❷ 'SPY Visitors'에서는 사용자가 열람한 페이지의 URL을 실시간으로 알 수 있습니다.

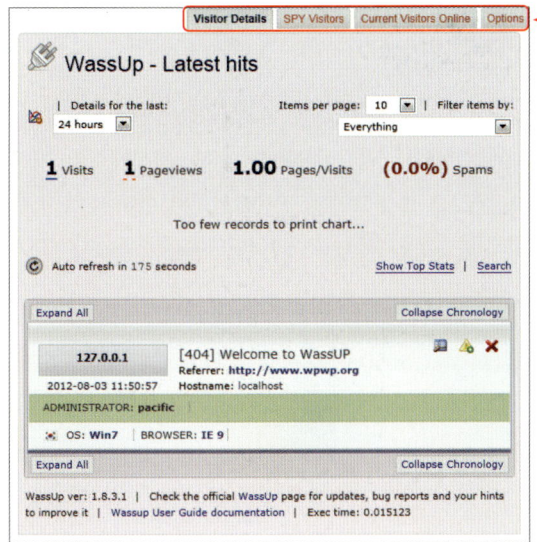

탭으로 선택할 수 있습니다.

STEP 6-3

6-3 Counterize를 설치해서 자세한 해석 정보 얻기

Counterize는 실시간으로 액세스 상황을 알기 쉽게 정리한 통계 정보를 제공하는 플러그인입니다.

따라하기 순서

01 플러그인 Counterize 이용하기 → 02 플러그인 Counterize 활성화하기 → 03 해석 데이터 확인하기

01 플러그인 Counterize 이용하기

■ Counterize

Counterize는 알기 쉽게 정리한 표와 그래프 등으로 실시간으로 방문자의 접속 상황을 확인할 수 있는 접속 해석 플러그인입니다. Counterize의 장점은 '실시간(realtime)'과 '단순함'입니다. 특히 접속 분석에 익숙하지 않은 분에게 추천합니다.

Hit Counter	Today	Last 24 hours	Last 7 days	Last 30 days	Total
Hits	484	1189	5341	21169	149701
Pages views	417	1077	4871	18743	135045
Unique visitors	222	577	2316	8112	51354
Unique visitors (1h interval)	253	682	3027	12102	80916
Unique visitors (30 min interval)	260	706	3118	12428	83346
Hits per unique visitor	2.18	2.06	2.31	2.61	2.92

워드프레스 사이트와 같은 서버 상에서 PHP와 MySQL을 실행시켜 접속 로그 기록과 해석을 하기 때문에 WassUp 정도는 아니지만 서버에 부하가 걸립니다. 또 페이지 캐시 등을 이용하는 경우, 정상적으로 접속 로그를 취득할 수 없기 때문에 주의하기 바랍니다. Counterize도 플러그인을 설치해서 활성화하면 즉시 사용 가능합니다.

플러그인 Counterize 활성화하기

관리화면의 [플러그인]-[설치된 플러그인]에서 '활성화'를 클릭하여 'Counterize'를 활성화합니다.

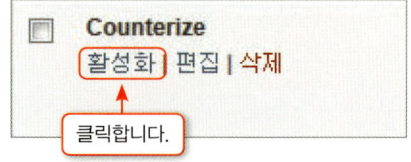

 해석 데이터 확인하기

플러그인을 활성화하면 관리화면에 'Counterize' 메뉴가 만들어집니다.

사이트에 접속하면 해석 데이터가 표시됩니다.

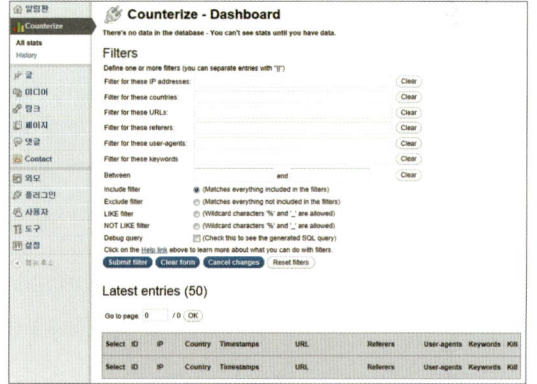

CHAPTER

7

SSL을 이용한 보안 설정하기

사이트의 각 페이지에 SSL을 적용할 것인지 아닌지를 제어하는 플러그인 Admin SSL을 적용합니다. 문의 페이지와 관리화면을 SSL로 보호합니다.

STEP 7-1   관리화면과 '문의' 폼을 보호해서 보안 높이기

Preview

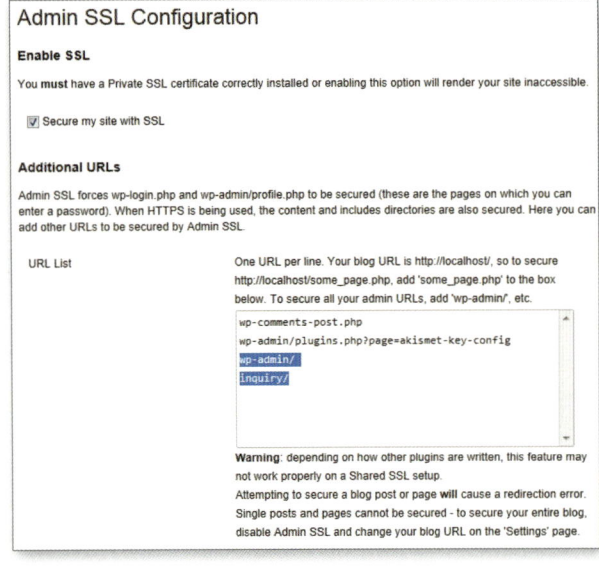 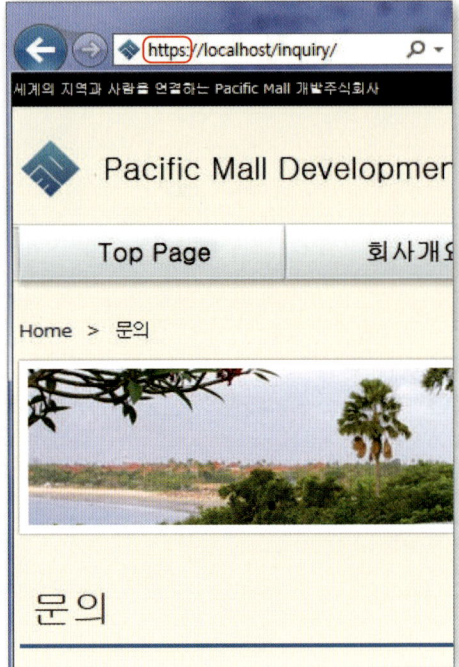

01 플러그인 'Admin SSL'을 적용해서 '문의' 페이지와 관리화면에 SSL(https) 이외의 접속을 금지합니다.

STEP 7-1

관리화면과 '문의' 폼을 보호해서 보안 높이기

워드프레스는 http나 https 프로토콜에서도 동작합니다. 그러나 워드프레스 자체는 웹사이트의 각 페이지에서 어느 프로토콜을 사용할 것인지에 대한 정보나 제어 기능이 충분하지 않습니다. 따라서 플러그인 'Admin SSL'을 적용합니다.

따라하기 순서

01 플러그인 Admin SSL 이용하기 → 02 환경 준비하기 → 03 Admin SSL 활성화하기 → 04 Admin SSL 설정하기

05 header.php 수정하기 → 06 https 접속 확인하기

01 플러그인 Admin SSL 이용하기

■ Admin SSL

Admin SSL은 웹사이트의 각 페이지에서 SSL(https)과 http 가운데 어느 쪽 프로토콜을 사용할 것인지 간단하게 설정하고 제어할 수 있는 플러그인 입니다. 여기에서는 '문의' 페이지와 관리화면을 SSL(https)로 접속하고, 그 이외의 페이지는 http로 접속할 수 있도록 제어합니다.

02 환경 준비하기

SSL(https)로 접속이 가능하도록 웹서버를 설정하기 바랍니다. 워드프레스를 설치한 디렉터리에 SSL로 접속 가능하다는 것을 전제로 설명합니다. 이와 같은 SSL 설정이 가능한지 아닌지 확실하지 않은 경우, 서버 관리자 또는 서버 임대회사에 확인하기 바랍니다.

> **tip** XAMPP 환경인 독자는 처음부터 SSL 설정이 되어 있기 때문에 특별한 준비는 필요 없습니다. 임대 서버를 사용하는 경우 이와 같은 SSL 설정이 불가능하면 이 장을 생략하고 진행해도 상관없습니다.

03 플러그인 Admin SSL 활성화하기

관리화면의 [플러그인]-[설치된 플러그인]에서 '활성화'를 클릭하여 'Admin SSL'을 활성화합니다.

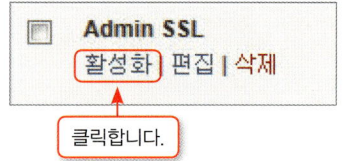

클릭합니다.

04 Admin SSL 설정하기

01 관리화면의 [플러그인]-[Admin SSL]을 클릭해서 설정화면을 열고 다음과 같이 설정합니다.

❶ 'Enable SSL' 내의 'Secure my site with SSL'에 체크합니다.

❷ '문의' 페이지와 관리화면에 강제적으로 SSL을 적용시키기 위해 'Additional URLs' 내의 'URL List'에 다음 내용을 추가합니다.

```
wp-admin/
inquiry/
```

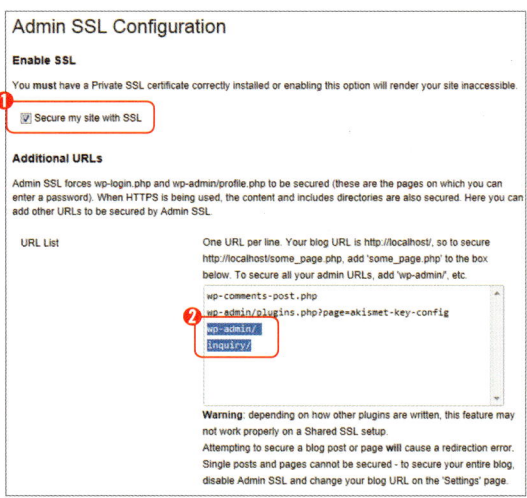

02 [변경 사항 저장]을 클릭하면 'Other Settings'에 있는 'HTTPS Detection' 항목의 빈칸에 'HTTPS'와 'on'이 자동으로 입력됩니다. [저장 사항 변경]을 다시 한번 클릭해서 설정을 저장합니다.

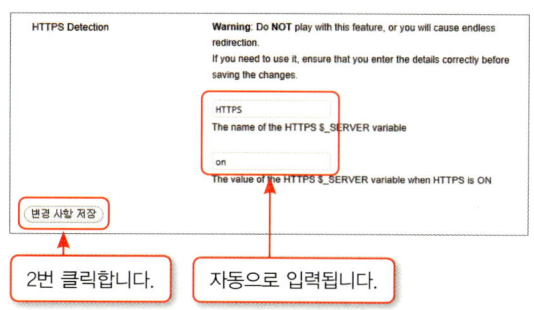

2번 클릭합니다. 자동으로 입력됩니다.

05 header.php 수정하기

header.php를 열고 ⟨!--[if lt IE 9]⟩ 내에 있는 '⟨script⟩ ~ ⟨/script⟩' 사이에 입력한 'src="http://' 코드 중에서 'http:'를 삭제합니다.

이 코드('//')에 의해 html5.js 호출을 표시하고 있는 페이지가 http인 경우 http로, https인 경우 https로 이루어집니다. 즉 표시 페이지와 같은 프로토콜로 호출하게 됩니다.

'http://'를 그대로 사용하면 https 페이지인 경우 페이지 내 일부에 http로 호출하는 리소스가 남기 때문에 SSL에 의한 페이지 보호가 완전하지 않습니다.

구체적으로는 샘플 사이트의 경우 '문의' 페이지를 IE로 열람하면 '이 웹 페이지는 보안 HTTPS 연결을 사용하여 제공할 수 없는 콘텐츠를 포함하고…'라는 경고가 표시되는 경우가 있습니다.

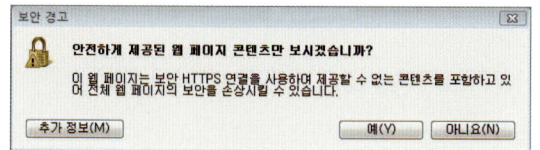

☐ header.php

```
<!DOCTYPE HTML>
<html dir="ltr" lang="ko">
<head>
<meta http-equiv="Content-Type" content="text/html; charset=UTF-8">
<title><?php
  global $page, $paged;
  if (is_search()) :
    wp_title('', true, 'left');
    echo ' | ';
  else :
    wp_title('|', true, 'right');
  endif;
  bloginfo('name');
  if (is_front_page()) :
    echo ' | ';
    bloginfo('description');
  endif;
  if ($paged >= 2 || $page >= 2) :
    echo ' | ' . sprintf('%s Page', max($paged, $page));
  endif;
?></title>
<link rel="apple-touch-icon" href="<?php bloginfo('template_url'); ?>/images/touch-icon.png" />
<link rel="shortcut icon" href="<?php
```

```
bloginfo('template_url'); ?>/images/favicon.ico" />
<link rel="stylesheet" type="text/css" media="all" href="<?php bloginfo('stylesheet_url'); ?>" />
<!--[if lt IE 9]>
  <meta http-equiv="Imagetoolbar" content="no" />
  <script src="http://html5shiv.googlecode.com/svn/trunk/html5.js"></script>
<![endif]-->
<?php
  if (is_single() && in_category('column')) :
    get_template_part('header_ogp');
  endif;
?>
<?php wp_head(); ?>
</head>
<body <?php body_class(); ?>>
<?php
  if (is_single() && in_category('column')) :
    get_template_part('social-script');
  endif;
?>
<div id="wrap">
  <section id="description">
    <h1><?php bloginfo('description'); ?></h1>
  </section><!-- #description end -->
  <div id="container">
    <header id="header">
      <h1 id="site-id">
        <a href="<?php echo home_url('/'); ?>"><img src="<?php bloginfo('template_url'); ?>/images/header/site_id.png" alt="<?php bloginfo('name'); ?>" /></a>
      </h1><!-- #site-id end -->
      <div id="utility-group">
<?php
  wp_nav_menu(array(
    'container' => 'nav',
    'container_id' => 'utility-nav',
    'theme_location' => 'place_utility',
  ));
?>
        <div id="header-widget-area">
          <aside class="widget_search">
            <?php echo get_search_form(); ?>
          </aside><!-- .widget_search end -->
        </div><!-- #header-widget-area end -->
      </div><!-- #utility-group end -->
```

```
        </header><!-- #header end -->
<?php wp_nav_menu(array(
    'container' => 'nav',
    'container_id' => 'global-nav',
    'theme_location' => 'place_global',
  ));
?>
<?php
  if (is_front_page()) :
?>
    <section id="branding">
      <img src="<?php header_image(); ?>" width="<?php echo HEADER_IMAGE_WIDTH; ?>" height="<?php echo HEADER_IMAGE_HEIGHT; ?>" alt="" />
    </section><!-- #branding end -->
<?php
  endif;
?>
    <section id="contents-body">
<?php
  if (!is_front_page() && function_exists('bread_crumb')) :
    bread_crumb('navi_element=nav&elm_id=bread-crumb');
  endif;
?>
```

06 https 접속 확인하기

'문의' 페이지와 관리화면으로 이동해서 https로 접속되어 있는 것을 확인합니다. 톱페이지 이외의 다른 하위 페이지로 접속해서 http로 접속되어 있는지 확인합니다.

> **tip**
> 관리화면 내에서 일부 페이지(특히 일부 플러그인 설정 화면)는 SSL을 전제로 한 외부 리소스의 사용에 대해 허가하지 않습니다. 이런 경우 페이지 내 리소스의 일부가 SSL로 보호되지 않기 때문에 특히 IE로 열람할 때 경고가 표시되는 경우가 있습니다. 기계적으로는 문제가 없지만, 경고 그 자체는 플러그인의 대응을 기다릴 수밖에 없습니다.

CHAPTER

Mall의 점포 정보 쉽게 포스트하기

CHAPTER 7까지 웹사이트 공개 후의 운용에 필요한 각종 설정을 완료했습니다. 이 장에서는 주요 페이지 가운데 하나이면서 앞으로도 빈번하게 페이지가 추가될 각 Mall의 점포 정보를 포스트하기 쉽도록 사용자 필드와 사용자 포스트 타입, 사용자 분류 등을 사용해서 표시하고 동작시킵니다.

STEP 8-1 Custom Post Type 'shops'와 Custom Taxonomy 'mall' 등록하기
STEP 8-2 사용자정의 필드에서 'shops'에 부가정보 등록하기
STEP 8-3 shortcode를 작성해서 점포 정보 표시하기

Preview

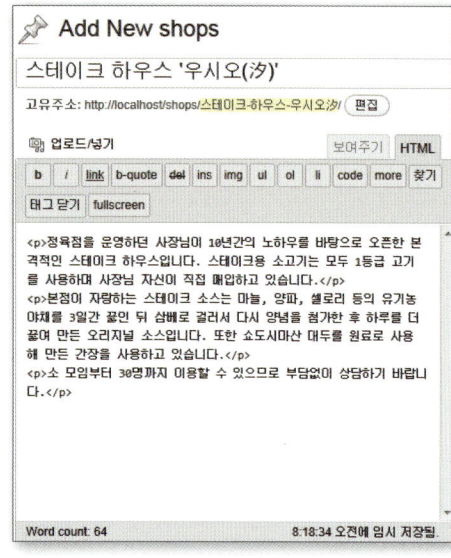

01 플러그인 'Custom Post Type UI'를 이용해서 Custom Taxonomy 'mall'과 Custom Post Type 'shops'를 등록합니다. 또한 각 점포의 기본 정보를 입력합니다.

02 Custom Post Type 'shops'의 포스트 필드에 각 점포의 운영시간 및 장소 등의 부가정보를 등록합니다.

03 shortcode로 점포의 상세정보를 표시하고 각 Mall 페이지를 완성시킵니다.

STEP 8-1

8-1 Custom Post Type 'shops'와 Custom Taxonomy 'mall' 등록하기

플러그인 Custom Post Type UI를 사용해서 Custom Post Type 'shops'와 Custom Taxonomy 'mall'을 등록하고 각 mall의 점포 정보를 포스트합니다.

따라하기 순서

01 플러그인 Custom Post Type UI 이용하기
02 플러그인 Custom Post Type UI 활성화하기
03 Custom Post Type UI에서 Custom Post Type 'shops'와 Custom 카테고리 'mall' 등록하기
04 Custom Taxonomy 'mall' 내용 입력하기
05 Custom Post Type 'shops'에서 점포 정보 입력하기

01 플러그인 Custom Post Type UI 이용하기

■ Custom Post Type UI

Custom Post Type UI는 'Custom Post Type'과 'Custom Taxonomy'를 워드프레스 관리화면에서 간단하게 설정 관리하기 위한 플러그인입니다.

■ Custom Post Type(사용자 포스트 타입)

워드프레스에는 기본적인 포스트 형태로 '포스트(글)'와 '페이지(정적 페이지)' 2개가 있습니다. 워드프레스에서는 '포스트'와 '페이지'가 서로 다른 특징을 갖는 독자적인 포스트 형태를 'Custom Post Type'으로 정의해서 이용할 수 있습니다.

Custom Post Type UI 설정화면

정의한 'Custom Post Type'은 관리화면에서도 '포스트' 및 '페이지'와는 별도로 독립된 항목('shops')으로 표시 및 관리할 수 있습니다.

> **tip**
> 이 책을 집필할 시점에서는 SSL을 활성화한 경우(CHAPTER 7 참조) IE에서 Custom Post Type UI 관리화면으로 들어가면 보안 경고가 표시되는 경우가 있습니다. 이것은 Custom Post Type UI가 이용하는 외부 리소스(이미지)를 http 프로토콜로 호출하기 때문입니다. 기능적으로 문제가 없기 때문에 계속 진행하기 바랍니다.

■ Custom Taxonomy(사용자 분류)

워드프레스에서는 기본적인 분류 방법인 '카테고리' 및 '태그' 이외에도 'Custom Taxonomy'라는 분류방법을 정의해서 이용합니다. 'Custom Taxonomy'는 특정한 포스트 형태와 연결해서 사용합니다.

02 플러그인 Custom Post Type UI 활성화하기

관리화면의 [플러그인]-[설치된 플러그인]에서 '활성화'를 클릭하여 'Custom Post Type UI'를 활성화합니다.

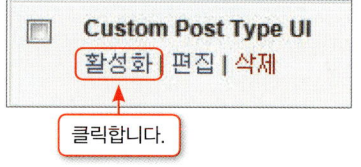

03 Custom Post Type UI에서 Custom Post Type 'shops'와 Custom Taxonomy 'mall' 등록하기

 각 Mall의 점포 정보를 관리하는 Post Type을 Custom Post Type 'shops'라고 등록합니다. Custom Post Type 'shops'는 '시오도메 Mall' 등 각각의 몰 내에 점포 정보를 입력할 때 이용합니다. Custom Type 'shops'는 Mall을 각각 분류하는데, 사용하는 Custom Taxonomy 'mall'과 함께 이용합니다.

예를 들어 시오도메 Mall 등 각 Mall에는 '스테이크 하우스', '남성전용 뷰티살롱' 등 몇 가지 점포가 있고 이 점포들의 데이터를 Custom Post Type 'shops'에서 입력하고 관리할 수 있도록 합니다. 또한 각각의 점포가 소속하는 각 Mall을 Custom Taxonomy 'mall'에서 설정하고 점포와 Mall을 연결시킵니다.

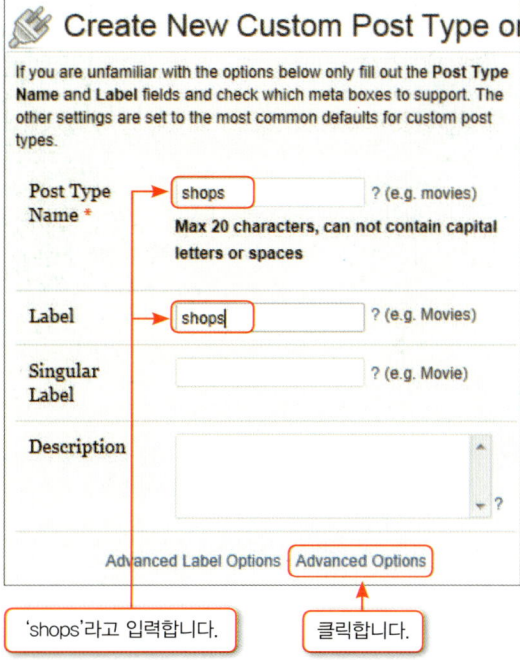

'shops'라고 입력합니다.   클릭합니다.

또한 Custom Post Type 'shops'의 포스트(데이터)는 단일 포스트 페이지로 표시하지 않고 뒤에서 정의할 shortcode 'posts'의 데이터로 이용됩니다. 구체적으로는 '시오도메 Mall' 등 각 Mall을 소개하는 페이지의 포스트 안에 shortcode 'posts'를 입력해서 페이지의 컨텐츠와 함께 표시합니다.

Custom Post Type 'shops'는 shortcode의 데이터로 이용되는 것을 전제로 하기 때문에 고유주소(permalink, URL)를 갖는 단일 페이지로 표시하지는 않습니다. 따라서 지금부터 실행할 Custom Post Type을 등록할 때도 단일 포스트로 표시하지 않는 것을 전제로 설정합니다.

그러면 관리화면에 새로 생긴 [Custom Post Type UI]-[Add New]를 클릭합니다.

02 'Advanced Options'(상세 옵션)가 열리면 'Rewrite'에서 'False'를 선택하고 'Create Custom Post Type'을 클릭해서 저장합니다.

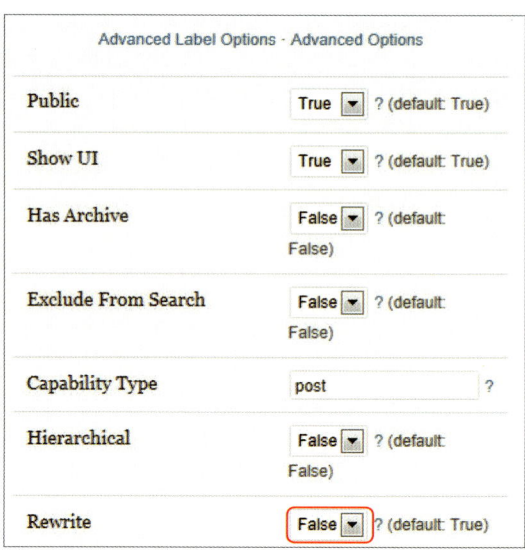

> **tip**
> 여기에서 'Rewrite'(고유주소 설정을 할 것인지 아닌지)를 'False'로 하는 이유는 단일 페이지로 표시하지 않기 위해서 입니다.
> 원래는 'Public'(일반공개)도 'False'로 해야 되지만 Custom Taxonomy 작성 시에 연결이 되지 않기 때문에(플러그인 사양임) 여기에서는 일단 'True'라고 한 후 나중에 'False'로 변경합니다.

03 계속해서 Custom Taxonomy 'mall'을 등록합니다. 같은 화면의 오른쪽 영역에서 'Taxonomy Name'(분류명)에 'mall'을, 'Label'에 'mall'을 입력합니다. 'Attach to Post Type'에서 'shops'를 선택한 후 'Advanced Options'를 클릭합니다.

04 'Advanced Options' 영역이 열리면 'Hierarchical'(계층)에서 'True'를 선택한 후 'Create Custom Taxonomy'를 클릭합니다.

> **tip**
> 'Hierarchical'을 'True'로 하는 이유는 Custom Post Type 'shops'의 편집화면에서 Custom Taxonomy 'mall'로 분류할 때(포스트의 경우 '카테고리'와 같이) 'mall' 목록으로부터 소속할 몰을 선택할 수 있도록 하기 위해서입니다. 또한 'False'로 하면 수동으로 입력하는 형식이 됩니다.

05 관리화면의 [Custom Post Types]-[Manage Post Types]를 클릭해서 앞에서 작성한 'shops'를 편집하기 위해 [Edit]를 클릭합니다.

06 Custom Taxonomy 'mall'을 등록해서 Custom Post Type 'shops'에 연결할 수 있기 때문에 Custom Post Type 'shops'의 'Public'(일반공개)을 'False'로 수정합니다. 'Advanced Options'를 클릭해서 'Public'에서 'False'를 선택한 후 [Save Custom Post Type] 버튼을 클릭합니다.

등록이 끝나면 관리화면에 새로운 메뉴 'shops'가 표시됩니다. 'shops' 메뉴에 'shops', 'Add shops', 'mall' 3가지 항목이 있는지 확인하기 바랍니다.

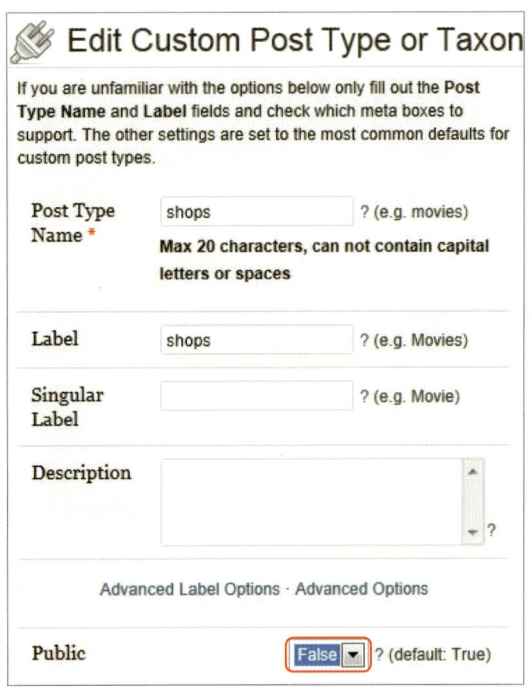

04 Custom Taxonomy 'mall'의 내용 입력하기

이 과정과 다음 과정에서는 Mall 및 점포(shops) 정보를 하나씩 입력하는 일반적인 방법을 설명합니다. 이미 일반적인 입력방법을 알고 있다면 'APPENDIX A-2. 'mall'과 'shops'의 xml 데이터 가져오기'를 참조해서 Mall의 내용을 입력하면 ④, ⑤ 과정을 생략해도 됩니다.

- Custom Taxonomy 'mall'의 내용 등록   • Custom Post Type 'shops'의 점포 정보 입력

단, import(가져오기)를 하는 경우에도 다음 작업은 필요합니다.

- 특성 이미지 등록   • STEP 8-2 사용자정의 필드에서 'shops'로 부가정보 등록하기

01 관리화면에 새롭게 생긴 메뉴 [shops]-[mall]을 클릭합니다.

02 'Add New mall' 영역에서 '이름'에 '시오도메(汐留) Mall'을, '슬러그'에는 'shiodome'라고 각각 입력하고 [Add New mall]을 클릭합니다.

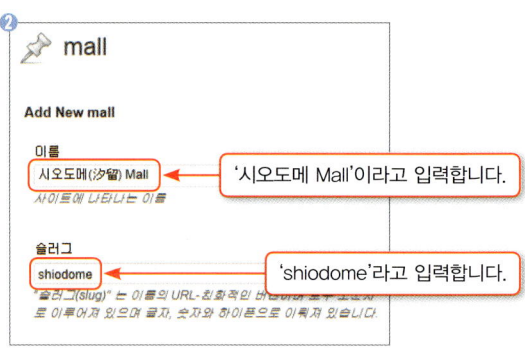

03 다음 표를 참조하면서 위와 같은 방법으로 4개의 Mall을 모두 등록합니다.

이름	슬러그
시오도메(汐留) Mall	shiodome
두리안(Durian) Mall	durian
차오 프라야(Chao Phraya) Mall	chao-phraya
탐린(Thamrin) Mall	thamrin

04 4개의 Mall을 등록하면 다음과 같은 목록을 화면에서 확인할 수 있습니다.

05 Custom Post Type 'shops'에서 점포 정보 입력하기

 다운로드 데이터 'xml' 내의 'shop.xml'을 텍스트 에디터로 엽니다.

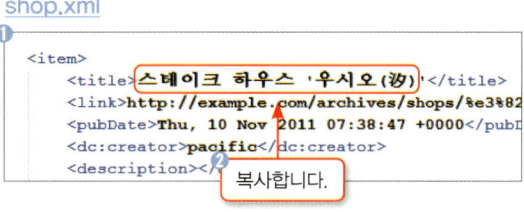

02 '<title> 스테이크 하우스 '우시오(汐)</title>'가 입력된 부분을 찾아서 텍스트 부분 '스테이크 하우스 '우시오(汐)''를 복사합니다.

03 관리화면의 [shops]-[Add New shops]를 클릭해서 제목 영역에 '스테이크 하우스 '우시오(汐)''를 붙여넣기 합니다.

04 마찬가지로 shop.xml의 '<title>스테이크 하우스 '우시오(汐)</title>' 아래에 있는 CDATA 내의 문자열 '<p>정육점을 운영하던~상담하기 바랍니다.</p>'를 복사합니다.

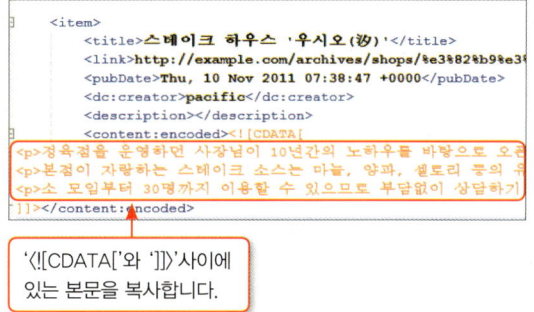

05 [New shops] 화면의 본문 영역에 'HTML' 모드를 선택한 후, 위의 내용을 붙여넣기 합니다.

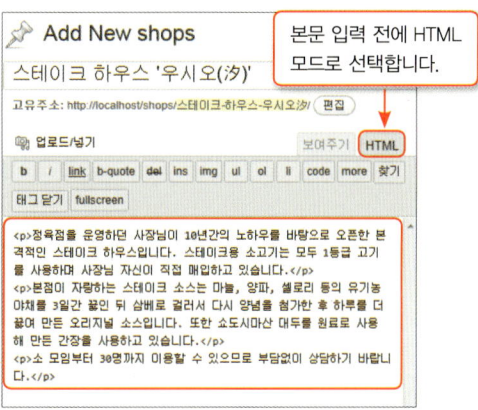

06 ▶ 'mall' 영역에서 '시오도메(汐留) Mall'에 체크 합니다.

07 ▶ [특성 이미지] 영역에서 특성 이미지를 설정 합니다. 특성 이미지에는 다운로드 데이터 'upload_image' 내 'shop' 가운데 'ushio.jpg'를 사용합니다(등록방법은 STEP 2-6을 참고하기 바랍니다).

08 ▶ '공개하기' 영역에 있는 [공개하기] 버튼을 클릭합니다(화면 표시를 확인하려면 [공개하기] 버튼이 [갱신] 버튼으로 변경된 후, [갱신] 버튼을 클릭해야 합니다).

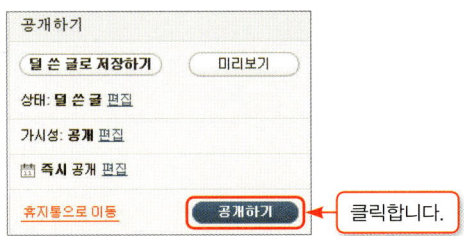

> **tip**
> 여기에서 [공개하기] 버튼을 클릭해도 Custom Post Type 'shops'의 페이지가 공개되는 것은 아닙니다. 왜냐하면 Custom Post Type 'shops'는 다른 정적 페이지에서 데이터로 이용하는 것을 가정해서 플러그인 Custom Post Type UI에서 'Public'(일반공개)을 'false'로 설정했기 때문입니다. 따라서 여기에서 '공개하기'는 '데이터'로서 활성화 시킨다는 의미입니다.

09 다음 표를 참조하면서 위와 같은 요령으로 모든 점포의 내용을 입력합니다.

점포 제목	본문	Mall	이미지
스테이크 하우스 '우시오(汐)'	※ 'shop.xml'에서 해당 내용을 복사한 후 입력하기 바랍니다.	시오도메(汐留) Mall	ushio.jpg
남성전용 뷰티 살롱 '하마 스타일(hama-style)'		시오도메(汐留) Mall	hama-style.jpg
초콜릿 전문점 '카카오 팩토리(Cacao Factory)'		두리안(Durian) Mall	cacao-factory.jpg
플라워숍 '오키드(Orchid)'		두리안(Durian) Mall	orchid.jpg
태국, 방콕 관광 투어 '사누쿠 크라벨'		차오 프라야(Chao Phraya) Mall	sanuc-travel.jpg
마사지 숍 '프라나콘(Phra-nakorn)'		차오 프라야(Chao Phraya) Mall	phranakhon.jpg
인도네시아 공예품점 '올레올레(oleh-oleh)'		탐린(Thamrin) Mall	oleh-oleh.jpg
빠당 요리 레스토랑 '에낙(enak)'		탐린(Thamrin) Mall	enak.jpg

STEP 8-2

8-2 사용자정의 필드에서 'shops'의 부가정보 등록하기

사용자정의 필드(Custom field)를 이용해서 Custom Post Type 'shops'의 각 데이터에 영업시간 등의 부가정보를 등록합니다.

따라하기 순서

01 사용자정의 필드에 상세정보 등록하기 → 02 모든 점포에 대한 정보 등록하기

01 사용자정의 필드에 상세정보 등록하기

■ **사용자정의 필드(Custom field)**

사용자정의 필드는 포스트와 페이지, Custom Post Type 등 각 Post Type의 편집화면에서 임의의 메타 데이터를 추가할 수 있는 기능입니다. 메타 태그는 이름과 값의 형식으로 등록합니다.
템플릿이나 functions.php로부터

`get_post_custom()`

등의 함수를 이용해서 메타 태그를 취득합니다.
여기에서는 Custom Post Type 'shops'의 각 데이터에 '장소', '시간', '캠페인 정보'라는 이름을 가진 메타 태그를 사용자정의 필드를 이용해서 등록합니다.
관리화면의 [shops]-[shops]로부터 스테이크 하우스 '우시오(汐)'를 클릭합니다.

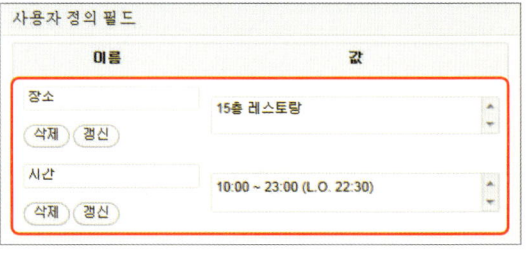

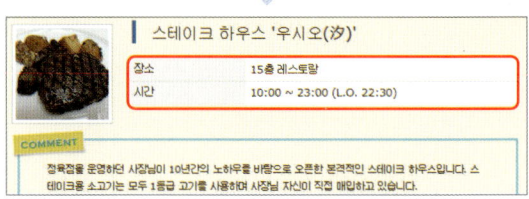

01 '사용자정의 필드' 영역의 [새로 입력]을 클릭합니다.

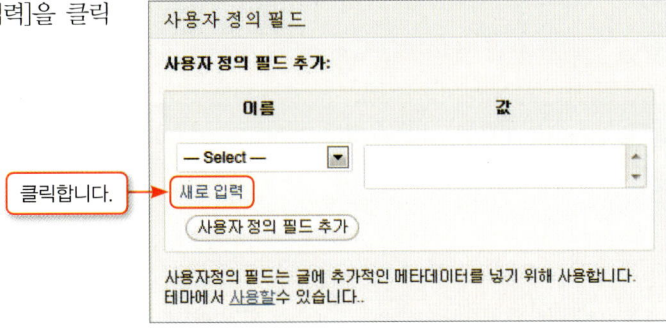

02 '이름'에 '장소', '값'에 '15층 레스토랑'이라고 입력하고 [사용자정의 필드 추가] 버튼을 클릭합니다. 정보가 추가됨과 동시에 '사용자정의 필드 추가' 영역이 나타납니다.

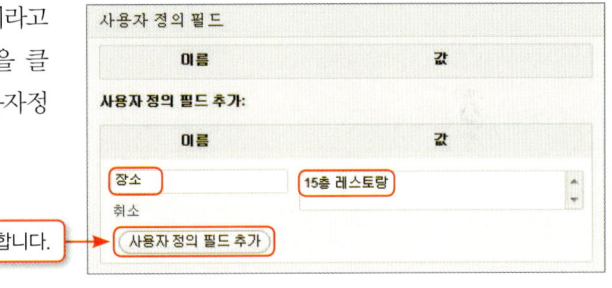

03 위와 같은 방법으로 '사용자정의 필드'의 '이름'에 '시간', '값'에 10:00 ~ 23:00 (L.O. 22:30)'이라고 입력하고 [사용자정의 필드 추가] 버튼을 클릭합니다.
마지막으로 '공개하기'의 영역의 [갱신] 버튼을 클릭합니다. 또한 '장소'와 같이 한번 등록한 이름은 드롭 다운 목록에서 선택할 수 있게 됩니다.

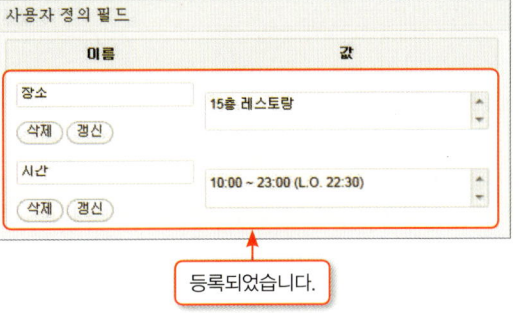

모든 점포에 대한 정보 등록하기

점포 제목	장소	시간	캠페인 정보
스테이크 하우스 '우시오(汐)'	15층 레스토랑	10:00 ~ 23:00 (L.O. 22:30)	
남성전용 뷰티 살롱 '하마 스타일(hama-style)'	3층 뷰티 코너	10:00 ~ 21:00	
초콜릿 전문점 '카카오 팩토리(Cacao Factory)'	1층 식품 코너	10:00 ~ 21:00	
플라워숍 '오키드(Orchid)'	옥상 tropical garden	10:00 ~ 20:00	
태국, 방콕 관광 투어 '사누쿠 크라벨'	10층 문화 코너	10:00 ~ 21:00	
마사지 숍 '프라나콘(Phra-nakorn)'	8층 마사지 코너	10:00 ~ 21:00	
인도네시아 공예품점 '올레올레(oleh-oleh)'	3층 전문점 코너	10:00 ~ 19:00	10월부터 요그야카르타 특산품 전시회가 시작합니다.
빠당 요리 레스토랑 '에낙(enak)'	12층 레스토랑	10:00 ~ 22:00 (L.O. 21:30)	

STEP 8-3

8-3 shortcode를 작성해서 점포 정보 표시하기

shortcode를 이용해서 이전 과정에서 등록한 점포 정보를 각 몰의 페이지에 표시합니다.

따라하기 순서

01 shortcode 'posts' 정의하기 → 02 posts.php에 템플릿 입력하기 → 03 편집화면에서 본문 아래에 shortcode 입력하기 → 04 Shop Info 확인하기

 shortcode 'posts' 정의하기

functions.php에 다음 소스와 같이 입력해서 점포 정보를 표시하는 shortcode 'posts'를 정의합니다.

소스코드 설명

❶ 잠시 후에 작성할 점포 정보의 템플릿 posts.php가 존재하는지 확인합니다.

❷ shortcode의 기본 파라미터를 정의하고 shortcode_atts( )로 shortcode로부터 받은 파라미터와 함께 전달해서 파라미터를 생성합니다. shortcode_atts( )는 기본 파라미터를 기준으로 해서 거기에 포함된 키가 shortcode로부터 전달받은 키와 일치할 때만 기본 파라미터의 배열을 반환합니다. get_posts( )는 인수와 함께 기사 데이터를 취득합니다.

❸ ob_start( )와 ob_get_clean( )으로 출력을 버퍼시킨 값(문자열)을 반환합니다. 이것은 shortcode 사양에서 값으로 반환할 필요가 있기 때문입니다. foreach( )로 Custom Post Type 'shops'로부터 취득한 데이터 수만 루프시켜서 get_post_custom( )에서 사용자정의 필드에 입력된 메타 데이터를 취득해서 include로 점포 정보 템플릿을 호출합니다.

❹ add_shortcode( )로 shortcode 'posts'에 posts_shortcode 함수를 등록합니다.

☐ Function.php

```php
( 생략 )
// ogp용 description 취득
function get_ogp_excerpted_content($content) {
  $content = strip_tags($content);
  $content = mb_substr($content, 0, 120, 'UTF-8');
  $content = preg_replace('/\s\s+/', '', $content);
  $content = preg_replace('/[\r\n]/', '', $content);
  $content = esc_attr($content) . ' ...';
  return $content;
}


// Mall 개발실적 페이지의 shortcode
function posts_shortcode ($args) {
  $template = dirname(__FILE__) . '/posts.php';
❶ if (!file_exists($template)) {
    return;
  }

  $def = array(
    'post_type' => 'shops',
    'taxonomy' => 'mall',
    'term' => '',
❷   'orderby' => 'asc',
    'posts_per_page' => -1,
  );
  $args = shortcode_atts($def, $args);
  $posts = get_posts($args);
  ob_start();
  foreach ($posts as $post) {
    $post_custom = get_post_custom($post->ID);
❸   include($template);
  }
  $output = ob_get_clean();
  return $output;
}
❹ add_shortcode('posts', 'posts_shortcode');
```

posts.php에 템플릿 입력하기

posts.php를 새롭게 작성해서 다음과 같이 입력합니다.

☐ **posts.php**

소스코드 설명

❶ get_the_post_thumbnail( )을 사용해서 특성 이미지를 표시합니다.

❷ 사용자정의 필드에서 입력한 파라미터를 표시합니다. '장소', '시간', '캠페인 정보' 이름을 가진 메타 데이터만 체크해서 표시합니다.

❸ Custom Post Type 'shops' 기사 데이터를 표시합니다.

```php
            <section class="shops">
❶               <?php echo get_the_post_thumbnail
($post->ID, 'large_thumbnail', array('class' =>
'alignleft shop_thumbnail', 'title' => $post-
>post_title, 'alt' => $post->post_title)); ?>

                <h3><?php echo esc_html($post->post_
title); ?></h3>
                <table class="shop_spec">
<?php
     $info_list = array('장소', '시간', '캠페인 정
보');
     foreach ($info_list as $info) :
          if (isset($post_custom[$info]) &&
$post_custom[$info]) :
?>
                <tr>
❷                   <th><?php echo $info; ?></th>
                    <td><?php echo nl2br(esc_html
($post_custom[$info][0])); ?></td>
                </tr>
<?php
     endif;
     endforeach;
?>
                </table>
                <h4 class="shop_content_title">
<img src="<?php bloginfo('template_url'); ?>/
images/h4_shop_comment.png" alt="COMMENT"
width="97" height="35" /></h4>
                <section class="shop_content">
❸→              <?php echo $post->post_content; ?>

                </section>
            </section>
```

편집화면에서 본문 아래에 shortcode 입력하기

페이지 '시오도메(汐留) Mall'의 편집화면을 열고 이미 입력된 본문 아래에 <h2>Shop Info</h2>라고 'shortcode'를 입력한 후 '갱신'합니다.

```
<h2>Shop Info</h2>
[posts term=shiodome]
```

'두리안 Mall', '차오 프라야 Mall,' '탐린 Mall'에 대해서도 같은 방법으로 코드를 입력합니다. shortcode 부분은 다음 표를 참조하기 바랍니다.

이름	shortcode
시오도메 Mall	[posts term=shiodome]
두리안 Mall	[posts term=durian]
차오 프라야 Mall	[posts term=chao-phraya]
탐린 Mall	[posts term=thamrin]

이와 같이 코드를 입력합니다.

04 Shop Info 내용 확인하기

각 Mall에서 'Shop Info' 내용이 표시되는지 확인합니다.

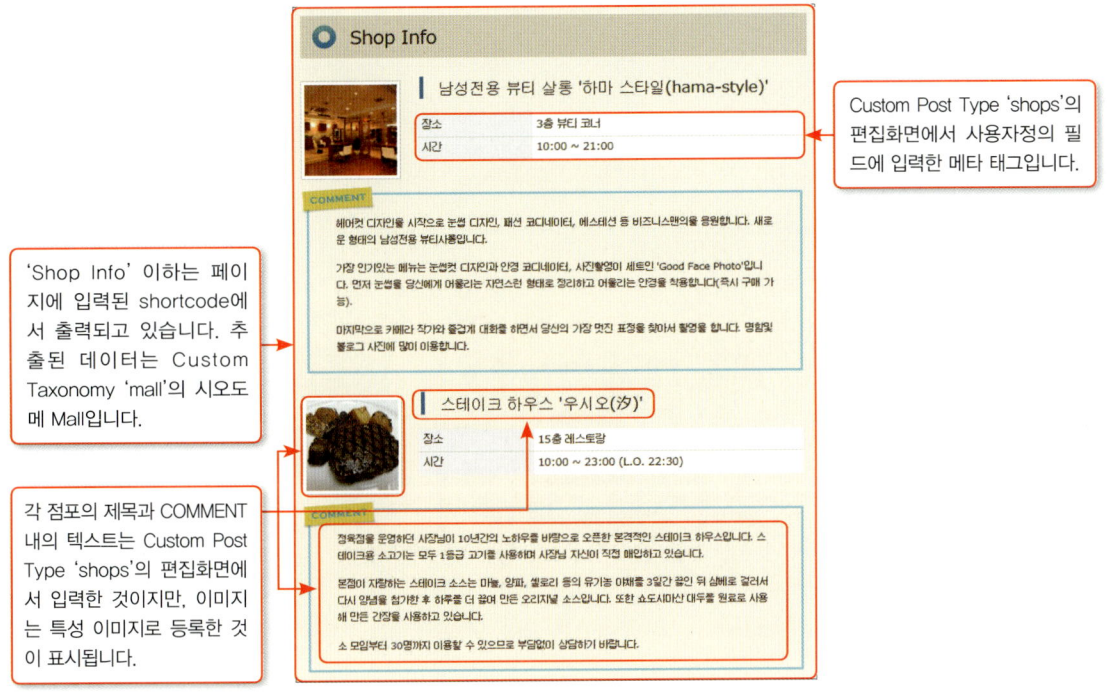

Custom Post Type 'shops'의 편집화면에서 사용자정의 필드에 입력한 메타 태그입니다.

'Shop Info' 이하는 페이지에 입력된 shortcode에서 출력되고 있습니다. 추출된 데이터는 Custom Taxonomy 'mall'의 시오도메 Mall입니다.

각 점포의 제목과 COMMENT 내의 텍스트는 Custom Post Type 'shops'의 편집화면에서 입력한 것이지만, 이미지는 특성 이미지로 등록한 것이 표시됩니다.

CHAPTER

플러그인 작성하기

Shortcode를 이용해서 구글 지도를 표시하는 플러그인과 관리화면에서 설정한 facebook 관리자 ID를 출력시키는 플러그인을 작성해 보겠습니다.

STEP 9-1 구글 맵을 표시하는 shortcode 작성하기
STEP 9-2 shortcode를 플러그인으로 등록하기
STEP 9-3 관리화면에서 설정 가능한 플러그인 작성하기

Preview

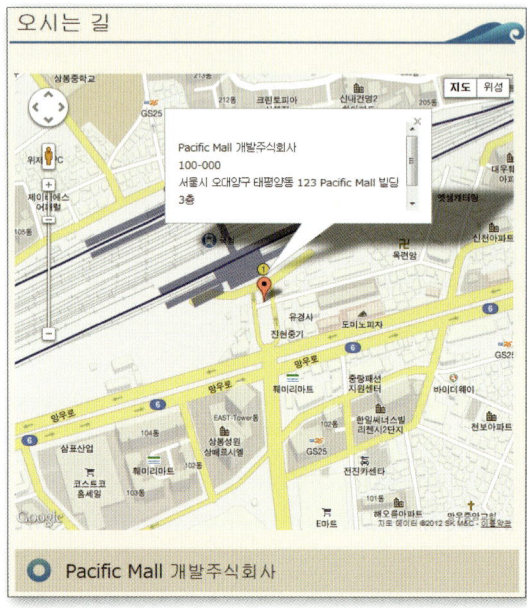

01 이 Google Maps의 지도를 표시하는 shortcode를 작성하고 그 기능을 플러그인으로 등록합니다.

02 페이스북 관리자 ID를 관리하는 플러그인을 작성합니다. 출력용 템플릿 태그를 정의해서 관리화면에서 입력한 값을 템플릿 안에서 이용할 수 있도록 합니다.

STEP 9-1

9-1 구글 맵을 표시하는 shortcode 작성하기

'오시는 길' 페이지에 shortcode를 이용해서 구글 맵의 지도를 표시합니다.

따라하기 순서

01 shortcode show_google_map 정의하기 ▶ 02 shortcode 입력하기 ▶ 03 지도 표시 확인하기

 shortcode show_google_map 정의하기

■ **이 STEP에서 작성하는 shortcode 사양**

구글 맵을 표시하기 위해 shortcode를 작성합니다.

❶ 파라미터는
  1. 속성(lat, lng, width, height)
  2. 컨텐츠(shortcode 태그로 작성한 텍스트)
  모두 5가지입니다.

lat, lng는 위도, 경도를 수치로 지정하고 width, heigth는 가로와 세로 길이의 픽셀을 수치로 지정합니다. 컨텐츠 부분은 풍선말로 표시하는 문자열을 텍스트(html)로 지정합니다. 파라미터가 생략된 경우에는 기본 값을 사용하도록 합니다.

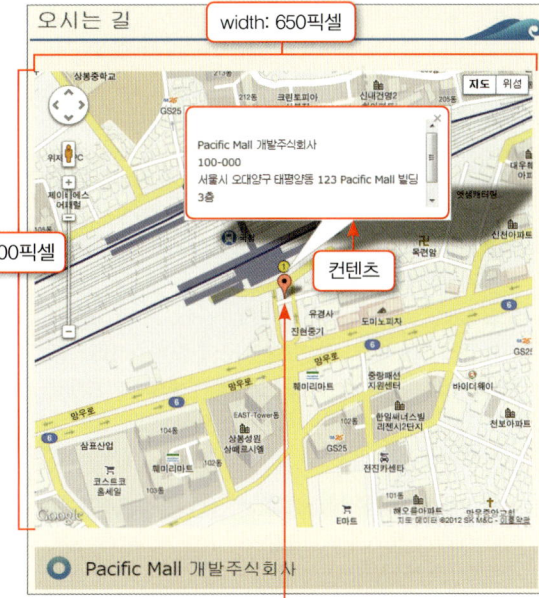

width: 650픽셀
heigth: 600픽셀
컨텐츠
lng(longitude, 경도): 127.092719
lat(latitude, 위도): 37.598830

323

❷ 서식 예는 다음과 같습니다.

```
[show_google_map width=650 height=600
lat=37.598830 lng=127.092719]
<string>Pacific Mall 개발주식회사</string><br />
100-000<br />
서울시 오대양구 태평양동 123 Pacific Mall 빌딩 3층<br />
/>
Tel:03-0000-0000
[/show_google_map]
```

functions.php에 다음과 같이 추가로 입력해서 shortcode 'show_google_map'을 정의합니다(예제 소스 [source]-[chapter9]-[maps-shortcode] 참조).

소스코드 설명

❶ display_google_map 함수의 인수는 $arr과 $content 2가지입니다.

$arr은 shortcode 속성 부분을 배열 형태로, $content는 컨텐츠(shortcode 태그로 작성된 텍스트)를 받습니다. $def는 기본 값 설정입니다.

$opt = shortcode_atts($def, $arr);

에서 $opt에 파라미터를 세트시킵니다. shortcode에서 지정한 속성은 지정한 값이, 지정하지 않은 것은 기본 값이 이용됩니다. 단, 기본 값의 배열에 존재하지 않는 속성은 무시됩니다.
$content는 shortcode의 컨텐츠(shortcode 태그로 작성된 텍스트)입니다. 이 부분은 나중에 자바스크립트의 작은 따옴표(' ') 사이에 작성된 문자열 부분으로 이용하기 때문에 줄 바꿈 기호를 삭제해서 작은 따옴표를 탈출할 수 있게 해둡니다.

❷ HTML 코드를 생성하는 템플릿 부분입니다. 출력용 자바스크립트도 여기에서 생성됩니다. $opt 및 $content를 사용해서 값을 얻습니다.
ob_start()에서 출력을 버퍼링해서 ob_get_clean()으로 버퍼를 문자열로 취득합니다.

functions.php

```php
(생략)
function display_google_map($arr, $content = "") {
    $def = array(
        'width' => 650,
        'height' => 438,
        'lat' => 35.656834,
        'lng' => 139.759406,
    );

    $opt = shortcode_atts($def, $arr);

    $content = preg_replace('/[\r\n]/', '', $content);
    $content = preg_replace("/'/", "\\\\'", $content);

    ob_start();
?>
<script type="text/javascript" src="//maps.google.com/maps/api/js?sensor=false"></script>
<div id="map" style="width:<?php echo $opt['width']; ?>px;height:<?php echo $opt['height']; ?>px;"></div>
<script type="text/javascript">
    var latlng = new google.maps.LatLng(<?php echo $opt['lat']; ?>,
<?php echo $opt['lng']; ?>);
```

❸ add_shortcode( )에서 shortcode 'show_google_map'을 정의해서 display_google_map 함수를 등록합니다.

```
    var myOptions = {
        zoom: 17,
        center: latlng,
        scrollwheel: true,
        scaleControl: false,
        disableDefaultUI: false,
         mapTypeId: google.maps.MapTypeId.ROADMAP
    };
    var map = new google.maps.Map(document.getElementById("map"),myOptions);
    var marker = new google.maps.Marker({
        map: map,
        position: map.getCenter()
    });
     var contentString = '<?php echo $content; ?>';
    var infowindow = new google.maps.InfoWindow({
        content: contentString
    });

    google.maps.event.addListener(marker, 'click', function() {
        infowindow.open(map,marker);
    });

     infowindow.open(map,marker);
</script>
<?php
    return ob_get_clean();
}
add_shortcode('show_google_map', 'display_google_map');
```

❸ `add_shortcode('show_google_map', 'display_google_map');`

02 shortcode 입력하기

페이지 '오시는 길'의 편집화면을 열고 이미 입력되어 있는 본문보다 앞부분에 다음 shortcode를 입력하고 '갱신'합니다.

```
[show_google_map width=650 height=600 lat=37.598830 lng=127.092719]
<string>Pacific Mall 개발주식회사</string><br />
100-000<br />
서울시 오대양구 태평양동 123 Pacific Mall 빌딩 3층<br />
Tel:03-0000-0000
[/show_google_map]
```

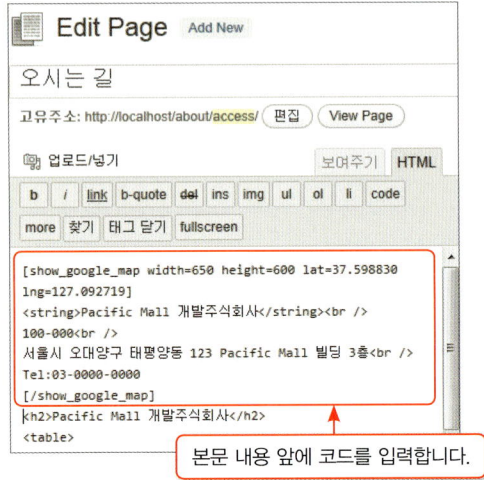

본문 내용 앞에 코드를 입력합니다.

03 지도 표시 확인하기

페이지 '오시는 길'에서 다음과 같이 지도가 표시되는지 확인합니다.

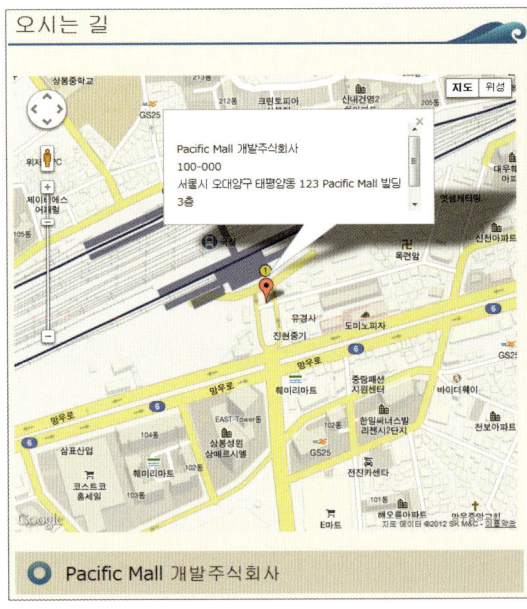

STEP 9-2

9-2 shortcode를 플러그인으로 등록하기

작성한 shortcord를 플러그인으로 등록해서 사용합니다.

따라하기 순서

01 maps-shortcode.php 작성하기
02 maps-shortcode.php 입력하기
03 maps-shortcode 디렉터리 작성하기
04 플러그인 Maps Shortcode 활성화하기
05 플러그인 적용 전후의 지도 표시 확인하기

01 maps-shortcode.php 작성하기

maps-shortcode.php를 새롭게 작성합니다.

01 maps-shortcode.php 첫 부분에 PHP 선언을 합니다.

`<?php`

을 다음과 같이 입력합니다.

02 STEP 9-1에서 functions.php에 추가 입력한 코드를 잘라내서 '`<?php`' 아래에 붙여 넣습니다.

03 functions.php에서 maps-shortcode.php로 잘라낸 부분을 삭제합니다.

☐ maps-shortcode.php

```
① <?php

② function display_google_map($arr, $content = "") {
    $def = array(
        'width' => 650,
        'height' => 438,
        'lat' => 37.598830,
        'lng' => 127.092719,
    );

    $opt = shortcode_atts($def, $arr);

    $content = preg_replace('/[\r\n]/', '', $content);
    $content = preg_replace("/'/", "\\\'",
```

```
$content);
(생략)
    google.maps.event.addListener(marker,
'click', function() {
        infowindow.open(map,marker);
    });

    infowindow.open(map,marker);
</script>
<?php
  return ob_get_clean();
}
add_shortcode('show_google_map', 'display_
google_map');
```

02 maps-shortcode.php 입력하기

maps-shortcode.php의 앞부분에 플러그인 정보를 다음과 같이 추가 입력합니다. style.css의 첫부분에 입력한 것과 마찬가지로 maps-shortcode.php 앞부분에 입력하면 'Maps Shortcode'가 워드프레스에서 플러그인으로 인식됩니다.

☐ maps-shortcode.php

```
<?php
/*
Plugin Name: Maps Shortcode
Plugin URI: http://www.prime-strategy.co.jp/
Description: Generator of shortcode for Google
Maps.
Author: Prime Strategy Co.,Ltd.
Version: 1.1
Author URI: http://www.prime-strategy.co.jp/
*/

function display_google_map($arr, $content =
"") {
    $def = array(
        'width' => 650,
        'height' => 438,
        'lat' => 37.598830,
        'lng' => 127.092719,
    );
(생략)
```

maps-shortcode 디렉터리 작성하기

[wp-content]-[plugins] 안에 [maps-shortcode] 디렉터리를 새롭게 만들고 maps-shortcode.php 를 저장합니다.

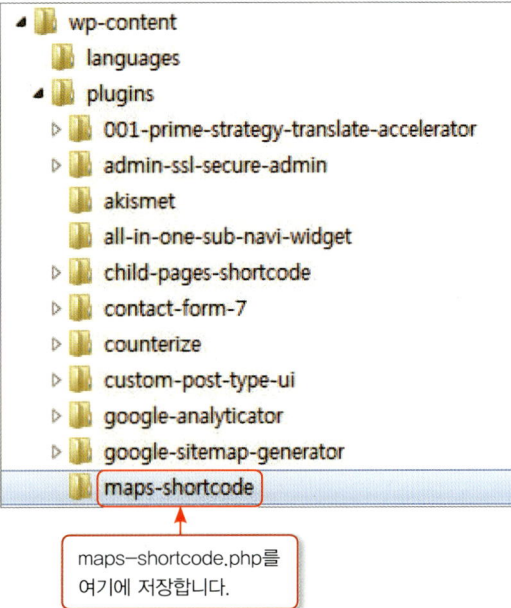

maps-shortcode.php를 여기에 저장합니다.

 **플러그인 Maps Shortcode 활성화하기**

관리화면의 [플러그인]-[설치된 플러그인]에서 '활성화'를 클릭하여 'Maps Shortcode'를 활성화합니다.

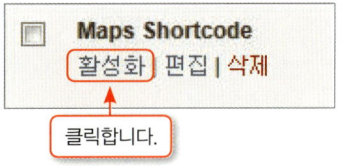

클릭합니다.

플러그인 적용 전후의 지도 표시 확인하기

'오시는 길' 페이지를 보고 플러그인으로 적용하기 전과 후의 지도 표시가 제대로 되는지 확인합니다.

 Q. 소스코드 안의 함수가 워드프레스 함수인지, PHP 함수인지 구분하는 방법이 있나요?
 A. 템플릿의 경우는 관리화면 [외모]-[편집기]-[테마 편집]으로 들어갑니다. 화면 오른쪽의 [템플릿] 영역에서 확인하고 싶은 템플릿을 클릭하면 그 템플릿의 내용이 표시됩니다. 이 상태에서 화면 중앙 아래의 '문서:함수 이름…'이라고 되어 있는 드롭 다운 리스트를 클릭하면 해당 템플릿에 포함되어 있는 워드프레스 함수(템플릿 태그 포함)와 PHP 함수가 표시됩니다. 확인하고 싶은 함수를 선택해서 [찾기] 버튼을 클릭하면 그 함수의 레퍼런스 페이지가 표시됩니다.
 여기에서 PHP 로고가 있는 매뉴얼 사이트(php.net 도메인)가 표시되는 경우는 PHP 함수입니다. 그 이외(wordpress.org 도메인)의 경우는 워드프레스 함수입니다. 사용자정의 함수(functions.php 및 플러그인으로 정의한 함수)의 경우 드롭 다운 리스트에 표시되어 있는지 없는지로 판단합니다.
 플러그인의 경우 관리화면 [플러그인]-[편집기]-[플러그인 편집]으로 들어가면 화면 오른쪽 위 '편집할 플러그인 선택:'에서 확인하고 싶은 플러그인을 선택합니다. 그리고 템플릿 과정과 마찬가지로 확인합니다.

STEP 9-3

9-3 관리화면에서 설정 가능한 플러그인 작성하기

CHAPTER 5에서 파트 템플릿 header_ogp.php에 페이스북 관리자 ID(fb:admins)를 추가했습니다. 여기에서는 독자적인 관리화면에서 설정할 수 있는 플러그인의 기본형을 배우기 위해 페이스북 관리자 ID를 관리화면에서 설정할 수 있도록 심플한 플러그인을 작성합니다.

따라하기 순서

01 fb-admin.php 작성하기
02 fb-admin 템플릿 작성하기
03 플러그인 Fb admi 활성화하기
04 [설정]-[Fb admins] 표시하기
05 관리화면 확인하기
06 관리 페이지의 컨텐츠 표시하기
07 관리 페이지 확인하기
08 관리자 ID를 출력하기 위해 템플릿 태그 정의하기
09 완성한 플러그인 소스코드
10 정의한 템플릿 태그 fb_admins 이용하기
11 HTML 출력 확인하기

01 fb-admin.php 작성하기

■ 이 STEP에서 작성할 플러그인 사양

페이스북 관리자 ID를 관리하는 플러그인을 작성합니다.

❶ 관리자 ID는 관리화면에서 등록 및 수정할 수 있도록 합니다.

❷ 관리 페이지는 관리화면 내 [설정]-[Fb admins]로 설치합니다.

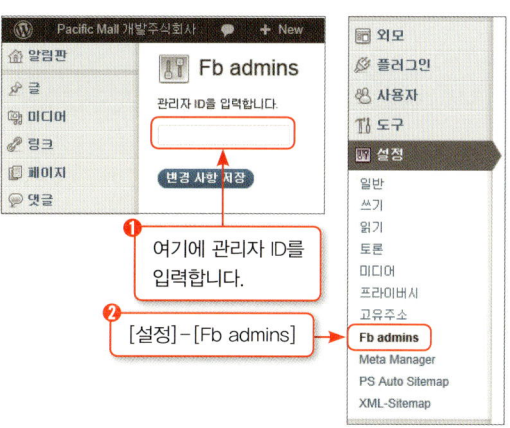

❸ 등록한 관리자 ID는 플러그인에서 정의한 템플릿 태그 fb_admins( )를 이용해서 출력할 수 있도록 합니다.

☐ header_ogp.php

❸ 템플릿 태그를 이용해서 출력합니다.

```
<meta property="fb:admins" content="<?php if (function_exists('fb_admins')) fb_admins(); ?>" />
<meta property="og:title" content="<?php the_title(); ?>" />
<meta property="og:type" content="article" />
<meta property="og:url" content="<?php the_permalink(); ?>" />
<meta property="og:site_name" content="<?php bloginfo('name'); ?>" />
<meta property="og:locale" content="ko_KR" />
( 생략 )
```

fb-admis.php를 새롭게 작성해서 다음과 같이 플러그인 정보를 입력합니다. 코멘트만 있고 프로그램 코드는 없지만 워드프레스에서 플러그인으로 인식합니다.

☐ fb-admins.php

```
<?php
/*
Plugin Name: Fb admins
Plugin URI: http://www.prime-strategy.co.jp/
Description: Facebook의 fb:admins 파라미터를 관리 화면에서 설정합니다.
Author: Prime Strategy Co.,Ltd.
Version: 1.0
Author URI: http://www.prime-strategy.co.jp/
*/
```

02 ▶ fb-admin 템플릿 작성하기

[wp-content]-[plugins] 내에 'fb-admins' 디렉터리를 새롭게 작성해서 fb-admins.php를 저장합니다.

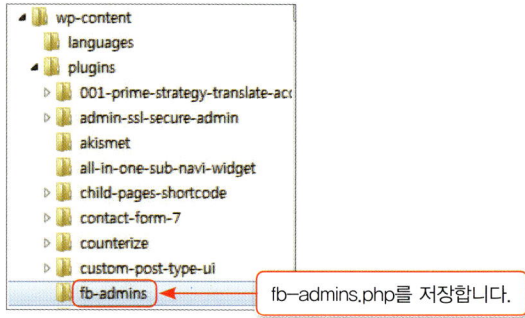

fb-admins.php를 저장합니다.

03 플러그인 Fb admin 활성화하기

관리화면의 [플러그인]-[설치된 플러그인]에서 '활성화' 버튼을 클릭하여 'Fb admins'를 활성화합니다. 플러그인을 활성화시키면 이후에 fb-admins.php에 추가해서 수정하는 내용이 즉시 반영됩니다.

04 [설정]-[Fb admins] 표시하기

fb-admins.php에 다음과 같이 추가 입력해서 설정 페이지를 메뉴로 등록합니다.

소스코드 설명

❶ admin_menu 액션 후크에 add_fb_admins_menu 함수를 등록합니다. 플러그인 관리 페이지의 등록은 이 후크 포인트에서 이루어집니다.

❷ add_options_page 함수로 '설정' 내에 관리 메뉴 'Fb admins'를 추가합니다.

인수는 순서대로 '관리 페이지의 제목', '관리 메뉴 이름', '관리 페이지를 표시, 실행하기 위해 필요한 권한', '관리 페이지의 컨텐츠를 표시하는 PHP 파일', '관리 페이지의 컨텐츠를 표시하는 함수'입니다.

제3인수인 'manage options'는 관리화면 내 '설정'에 대한 권한을 가진다는 의미입니다. 일반적으로 '관리자' 사용자가 이 권한을 가지고 있기 때문에 '관리자' 사용자 로그인을 한 경우, 관리 페이지가 활성화됩니다. 제4인수는 이 파일 자체를 지정합니다. 제5인수는 이후에 추가하는 관리 페이지용 함수 이름을 지정합니다.

☐ fb-admins.php

```php
<?php
/*
Plugin Name: Fb admins
Plugin URI: http://www.prime-strategy.co.jp/
Description: Facebook의 fb:admins 파라미터를 관리
화면에서 설정합니다.
Author: Prime Strategy Co.,Ltd.
Version: 1.0
Author URI: http://www.prime-strategy.co.jp/
*/

function add_fb_admins_menu() {
    add_options_page('Fb admins 설정', 'Fb
admins', 'manage_options', 'fb-admins.php', 'fb_
admins_page' );
}
add_action('admin_menu', 'add_fb_admins_menu');
```

05 관리화면 확인하기

01 관리화면 '설정'에 add_options_page 함수에서 지정한 'Fb admins'가 추가되었습니다.

02 페이지 제목에 add_options_page 함수에서 지정한 'Fb admins 설정'이 표시됩니다 ('Fb admins'를 클릭해도 설정 컨텐츠는 표시되지 않습니다).

06 관리 페이지의 컨텐츠 표시하기

fb-admins.php에 add_options_page 함수에서 지정한 'fb_admins_page' 함수를 다음과 같이 추가 입력해서 관리 페이지의 컨텐츠를 표시합니다.

소스코드 설명

❶ 관리 페이지 컨텐츠의 헤더 부분입니다. 〈?php screen_icon( ); ?〉은 제목 앞에 아이콘을 출력합니다.

❷ 관리자 ID가 입력되고 POST된 경우([저장] 버튼을 클릭한 경우)의 처리와 단순히 관리 페이지가 표시되는 경우의 처리입니다. POST된 경우 처음에
check_admin_referer('fb_admins_action', 'fb_admins_nonce');

는 POST된 데이터가 관리화면 내에서 바르게 보내졌는지를 체크합니다. 부정한 POST의 경우, 여기에서 프로그

☐ fb-admins.php

```php
(생략)
add_action('admin_menu', 'add_fb_admins_menu');

function fb_admins_page() {
?>
<div class="wrap">
    <?php screen_icon(); ?>
    <h2>Fb admins</h2>
<?php
    if (isset($_POST['fb_admins'])) {
        check_admin_referer('fb_admins_action', 'fb_admins_nonce');
        $fb_admins = stripslashes($_POST['fb_admins']);
        if (is_numeric($fb_admins)) {
```

램이 종료됩니다. 여기에서 지정하는 인수는 ❸의 wp_nonce_filed()에 맞추어 같은 인수로 둡니다.

$fb_admins = stripslashes($_POST['fb_admins']);는 POST된 관리자 ID의 문자열에서 백슬러시를 제거합니다. 이것은 워드프레스가 보안 상의 이유로 POST 데이터의 일정 문자열에 대하여 자동적으로 백슬러시를 붙이기 위해서입니다. 관리자 ID는 숫자로 구성되기 때문에 is_number()로 체크하고 ID가 숫자이면 update_option('fb_admins', $fb_admins);는 데이터베이스(옵션 테이블)로 저장합니다.

또한 입력 내용에 따른 메시지를 표시합니다.
POST되지 않은 경우 $fb_admins = get_option('fb_admins');는 (이미 저장된 경우) 데이터베이스로부터 관리자 ID를 취득합니다.

❸ 폼 표시 부분입니다.

〈?php wp_nonce_field('fb_admins_action', 'fb_admins_nonce'); ?〉

는 check_admin_referer()에서 체크하기 위한 hidden 필드가 출력됩니다.

〈input type="text" name="fb_admins" value="〈?php echo esc_attr($fb_admins); ?〉" /〉

는 관리자 ID 입력용 text 필드를 표시합니다. esc_attr()은 속성값을 위한 에스케이프(escapte) 처리를 합니다.
〈?php submit_button(); ?〉 코드는 워드프레스 사양의 [변경 사항 저장] 버튼(Sumit 버튼)을 출력합니다.

```
                update_option('fb_admins', $fb_admins);
            echo '<p>저장했습니다.</p>';
    } else {
            echo '<p style="color: #F00">숫자로 입력합니다.</p>';
        }
    } else {
        $fb_admins = get_option('fb_admins');
        echo '<p>관리자 ID를 입력합니다.</p>';
    }
?>
    <form action="" method="post">
        <?php wp_nonce_field('fb_admins_action', 'fb_admins_nonce'); ?>
        <input type="text" name="fb_admins" value="<?php echo esc_attr($fb_admins); ?>" />
        <?php submit_button(); ?>
    </form>
</div>
<?php
}
```

tip
워드프레스에서는 속성값을 위해 esc_attr() 이외에 텍스트용 esc_html(), URL용 esc_url() 등 이스케이프(escape)용 함수를 준비하고 있습니다. 워드프레스에서 준비된 템플릿 태그 이외의 PHP 함수를 이용해서 HTML로 출력하는 경우, 이 함수를 이용해서 적절하게 이스케이프 처리해야 합니다.

관리 페이지 확인하기

fb_admins_page 함수의 입력으로 관리 페이지의 컨텐츠 부분이 표시됩니다. text 필드에 페이스북의 관리자 ID를 입력해서 [변경 사항 저장] 버튼을 클릭합니다.

 관리자 ID를 출력하기 위해 템플릿 태그 정의하기

fb-admins.php에 관리자 ID를 출력하는 템플릿 태그를 정의합니다. 다음과 같이 추가 입력합니다.

소스코드 설명

fb_admins( )를 정의해서 템플릿으로부터 이용할 수 있도록 합니다.
get_option('fb_admins')는 데이터베이스(옵션 테이블)로부터 관리자 ID를 취득하고 esc_attr( )은 속성용으로 이스케이프 처리한 것을 echo로 출력합니다.

☐ **fb-admins.php**

```php
(생략)
<form action="" method="post">
        <?php wp_nonce_field('fb_admins_action',
'fb_admins_nonce'); ?>
        <input type="text" name="fb_admins"
value="<?php echo esc_attr($fb_admins); ?>" />
        <?php submit_button(); ?>
    </form>
   </div>
<?php
}

function fb_admins() {
    echo esc_attr(get_option('fb_admins'));
}
```

09 완성한 플러그인 소스코드

최종적으로 완성한 플러그인 소스코드는 다음과 같습니다.

☐ fb-admins.php

```php
<?php
/*
Plugin Name: Fb admins
Plugin URI: http://www.prime-strategy.co.jp/
Description: Facebook의 fb:admins 파라미터를 관리화면에서 설정합니다.
Author: Prime Strategy Co.,Ltd.
Version: 1.0
Author URI: http://www.prime-strategy.co.jp/
*/

function add_fb_admins_menu() {
    add_options_page('Fb admins 설정', 'Fb admins', 'manage_options', 'fb-admins.php', 'fb_admins_page' );
}
add_action('admin_menu', 'add_fb_admins_menu');

function fb_admins_page() {
?>
<div class="wrap">
    <?php screen_icon(); ?>
    <h2>Fb admins</h2>
<?php
    if (isset($_POST['fb_admins'])) {
        check_admin_referer('fb_admins_action', 'fb_admins_nonce');
        $fb_admins = stripslashes($_POST['fb_admins']);
        if (is_numeric($fb_admins)) {
            update_option('fb_admins', $fb_admins);
            echo '<p>저장했습니다.</p>';
        } else {
            echo '<p style="color: #F00">숫자로 입력합니다.</p>';
        }
    } else {
        $fb_admins = get_option('fb_admins');
```

```
            echo '<p>관리자 ID를 입력합니다.</p>';
    }
?>
    <form action="" method="post">
        <?php wp_nonce_field('fb_admins_action', 'fb_admins_nonce'); ?>
        <input type="text" name="fb_admins" value="<?php echo esc_attr($fb_admins); ?>" />
        <?php submit_button(); ?>
    </form>
</div>
<?php
}

function fb_admins() {
    echo esc_attr(get_option('fb_admins'));
}
```

10 정의한 템플릿 태그 fb_admins 이용하기

pacific 디렉터리 내 (index.php와 같은 디렉터리) header_ogp.php를 다음과 같이 수정해서 페이스북 관리자 ID가 입력되어 있던 부분을 템플릿 태그로 수정합니다.

□ header_ogp.php

```
<meta property="fb:admins" content="
<?php if (function_exists('fb_admins')) fb_admins(); ?>" />
<meta property="og:title" content="<?php the_title(); ?>" />
<meta property="og:type" content="article" />
(생략)
```

소스코드 설명

〈?php if (function_exists('fb_admins')) fb_admins( ); ?〉

플러그인으로 정의된 템플릿 태그는 플러그인이 활성화되지 않으면 오류가 발생하기 때문에 템플릿에 입력할 때 functions_exists( )로 체크하도록 합니다.

HTML 출력 확인하기

'칼럼' 카테고리 내 임의의 포스트 페이지에 접속해서 HTML을 확인합니다. 관리화면에서 입력한 facebook의 관리자 ID가 출력되면 완성입니다.

☐ HTML 예

```
<!DOCTYPE HTML>
<html dir="ltr" lang="ko">
<head>
<meta http-equiv="Content-Type" content="text/html; charset=UTF-8">
<title>마카로니 스쿠타 | Pacific Mall 개발주식회사</title>
(생략)
<!--[if lt IE 9]>
    <meta http-equiv="Imagetoolbar" content="no" />
    <script src="http://html5shiv.googlecode.com/svn/trunk/html5.js"></script>
<![endif]-->
<meta property="fb:admins" content="입력한 관리자 ID" />
<meta property="og:title" content="마카로니 스쿠타" />
(생략)
```

---

tip

Q. 관리화면에서 템플릿 및 플러그인을 편집할 수 있다고 들었는데 어떻게 하면 되나요?
A. 템플릿의 경우 관리화면의 [외모]-[편집기]-[테마 편집]에서, 플러그인인 경우 [플러그인]-[편집기]-[플러그인 편집]에서 소스코드를 편집해서 저장할 수 있습니다. 단, 편집하고 싶은 템플릿이나 플러그인 파일에 대한 '쓰기' 권한을 웹 서버로부터 얻어야 합니다. 또한 새로운 파일은 작성할 수 없기 때문에 사전에 빈 파일을 작성해서 '쓰기' 권한을 설정해 둡니다.
또한 플러그인의 파일 및 functions.php에 에러가 발생한 경우, 관리화면으로 접속할 수 없기 때문에 관리화면 상에서 편집을 할 수 없습니다.

CHAPTER

10

워드프레스 최적화하기

워드프레스의 성능을 향상시키기 위한 최적화 방법은 여러 가지가 있지만 여기에서는 플러그인 및 .htaccess로 간단하게 설정할 수 있는 방법을 소개합니다.

STEP 10-1   워드프레스 다중 실행을 방지해서 최적화하기
STEP 10-2   번역에 걸리는 시간을 단축해서 최적화하기
STEP 10-3   WP Super Cache로 페이지 표시 최적화하기

Preview

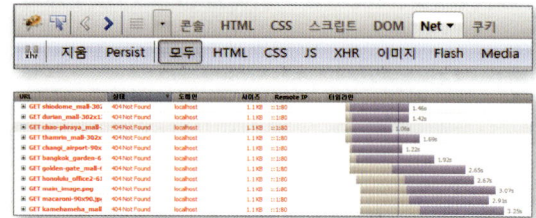

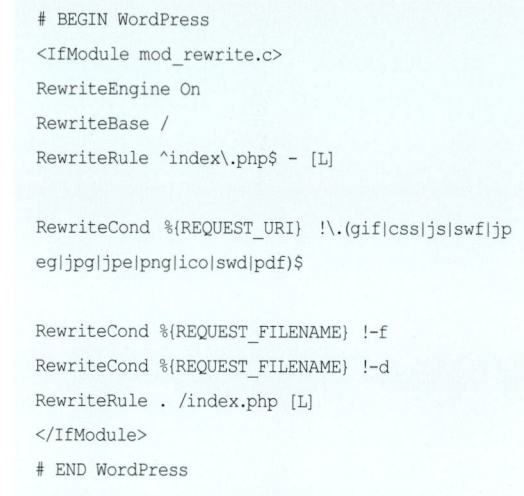

① 파이어버그(Firebug)를 이용해서 성능 체크를 합니다.

② 워드프레스의 다중실행을 방지하기 위한 코드를 .htaccess 에 추가 입력합니다.

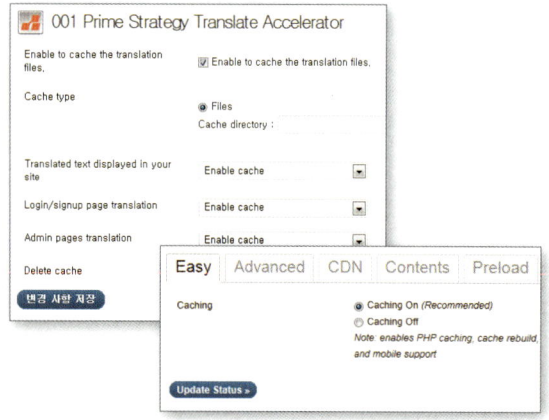

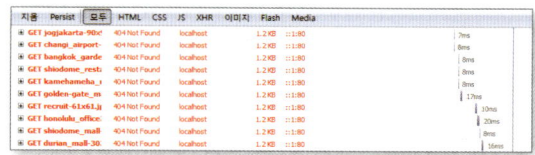

③ 플러그인을 이용해서 성능 향상을 시킵니다.

④ 튜닝 성과도 파이어버그(Firebug)를 사용해서 확인합니다.

STEP 10-1

10-1 워드프레스 다중 실행을 방지해서 최적화하기

고유주소(permalink)를 설정한 상태에서 페이지 내 리소스로 링크할 때 링크가 차단되면 워드프레스의 다중 실행이 발생해서 서버 부하가 증가하는 원인이 되고, 성능도 저하됩니다. 이와 같은 경우를 대비해서 .htaccess를 수정합니다.

따라하기 순서

01 파이어버그로 성능 체크하기 ▶ 02 워드프레스의 고유주소 설정으로 발생하는 문제 ▶ 03 .htaccess 추가 입력하기 ▶ 04 파이어버그 확인하기

01 파이어버그로 성능 체크하기

웹사이트의 성능을 측정할 때 파이어폭스(Firefox)의 부가 기능인 파이어버그를 이용하면 편리합니다. 파이어버그는 DOM 및 CSS 조사부터 성능 측정까지 폭넓게 사용할 수 있는 웹 제작 필수 툴입니다. 파이어폭스를 설치하지 않았다면 반드시 이 기회에 사용해보기 바랍니다.

> **Firefox :: Add-ons for Firefox**
> https://addons.mozilla.org/ko/firefox/addon/firebug/

❶ Firebug를 실행합니다.

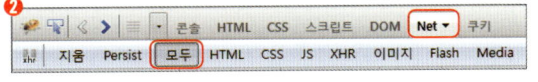

❶ 샘플 사이트의 톱페이지에 접속해서 Firebug를 실행합니다.

❷ Firebug 메뉴에서 [Net]-[모두]를 클릭합니다. 'Panel is disabled'인 경우 'Enable'을 클릭합니다.

❸ 이 상태에서 브라우저를 갱신해서 재로딩하면 다음과 같이 타임라인이 표시됩니다. 타임라인이 표시되는 것은 웹페이지와 그 내부로부터 호출되고 있는 각 리소스가 실제로 취득될 때까지 걸리는 수 초 동안입니다. 단위는 ms (=1/1000초)입니다. 이 초 수를 보고 성능을 체크합니다.

❹ [상태] 항목에서는 리퀘스트가 정상적으로 완료되었는지 수치로 표시됩니다.

02 워드프레스의 고유주소 설정으로 발생하는 문제

워드프레스의 고유주소 기능은 매우 편리하지만 조금 신경써야 할 문제가 있습니다. 그것은 고유주소를 설정하고 있는 상태에서 페이지 내 리소스에 대한 링크 차단이 발생하면 워드프레스의 다중 실행이 발생해서 서버 부하 증가와 성능 저하를 초래합니다.

실제로 10개의 리소스에 대한 링크를 일부러 차단한 후 테스트한 결과가 다음 그림입니다. 여기에서 파이어버그의 [상태] 항목을 보면 404가 11개 있고 타임라인을 보면 각각 100ms 이상 걸리고 있습니다.

일반적으로 웹 서버가 404를 처리하는데 필요한 시간은 수 ms입니다. 상태가 404이고, 처리하는데 100ms 이상 걸리는 것은 워드프레스가 실행되고 있기 때문입니다. 여기에서 워드프레스가 실행되고 있는 것은 고유주소가 웹 서버의 rewrite 기능을 사용하고, 리퀘스트가 있었던 URL에 해당하는 파일이 없는 경우, 모두 워드프레스로 처리하게 하는 구조이기 때문입니다.

즉, 404의 경우도 워드프레스가 실행됩니다. 확실히 일반적인 페이지의 경우는 워드프레스로 404 페이지를 표시하게 하는 것이 맞지만, 페이지 내의 리소스에 대하여 링크 차단 등에서 발생하는 404는 사

※ 여기에서는 테스트를 위해 일부러 이미지의 링크를 차단했습니다.

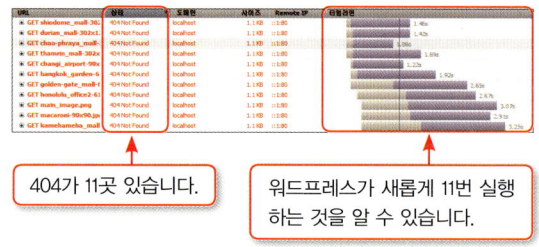

404가 11곳 있습니다.

워드프레스가 새롭게 11번 실행하는 것을 알 수 있습니다.

용자가 직접 보는 것이 아니기 때문에 워드프레스로 처리할 필요가 없습니다.
그래서 웹 서버의 rewrite 기능 설정을 일부 수정해서 워드프레스로 404 처리가 필요없는 이미지 파일 및 CSS 파일 등을 제외합니다.

> **tip** 이 현상은 워드프레스를 설치한 디렉터리 내에 하위 디렉터리를 차단해서 다른 워드프레스 이외의 사이트 및 시스템을 설치한 경우에도 발생합니다. .htaccess의 유효범위에 하위 디렉터리도 포함되기 때문입니다. 따라서 하위 디렉터리 안에 있는 사이트에 대해 링크를 차단해도 상위 디렉터리의 워드프레스가 실행되는 현상이 발생하기도 합니다.

03 .htaccess 추가 입력하기

워드프레스를 설치한 디렉터리에 있는 .htaccess에 다음과 같이 한 줄을 추가합니다. 이 한 줄은 리퀘스트된 파일의 확장자가 gif 및 jpg 등이 아닌 경우에만 rewrite를 실행하기 위한 코드입니다. 이 코드를 추가하면 이미지 파일 등 페이지 내 리소스가 링크 차단될 때 워드프레스가 실행되지 않게 됩니다.

□ .htaccess

```
# BEGIN WordPress
<IfModule mod_rewrite.c>
RewriteEngine On
RewriteBase /
RewriteRule ^index\.php$ - [L]

RewriteCond %{REQUEST_URI} !\.(gif|css|js|swf|jpeg|jpg|jpe|png|ico|swd|pdf)$

RewriteCond %{REQUEST_FILENAME} !-f
RewriteCond %{REQUEST_FILENAME} !-d
RewriteRule . /index.php [L]
</IfModule>
  # END WordPress
```

> **tip** 위 .htaccess의 예는 워드프레스의 도큐먼트 루트에 설치한 경우입니다. 도큐먼트 루트 내 디렉터리에 설치한 경우, 다소 코드가 다를 수 있지만 추가 입력하는 한 줄은 같습니다.

파이어버그에서 .htaccess 설정 확인하기

.htaccess 설정이 반영되고 있는지 파이어버그로 확인합니다.

모든 404 에러의 타임라인이 10ms 전후가 되어 워드프레스의 페이지 리소스가 감소된 것을 확인할 수 있습니다.

STEP 10-2

10-2 번역에 걸리는 시간을 단축해서 최적화하기

한국어 워드프레스로 작업하면 번역 처리하는 과정만큼 영문 워드프레스보다 처리시간이 더 걸립니다. 워드프레스의 번역 처리는 상상 이상으로 부하가 걸리는 작업이기 때문에 플러그인을 이용해서 이 시간을 단축시킵니다.

따라하기 순서

01 플러그인 001 Prime Strategy Translate Accelerator 이용하기 ▶ 02 cache 디렉터리에 쓰기 권한 부여하기 ▶ 03 플러그인 001 Prime Strategy Translate Accelerator 활성화하기 ▶ 04 플러그인 설정하기 ▶ 05 파이어버그 확인하기

01 플러그인 001 Prime Strategy Translate Accelerator 이용하기

'001 Prime Strategy Translate Accelerator'는 워드프레스를 번역(영어 이외의 언어로 번역)하는 파일(mo 파일)의 로딩 처리를 캐시 또는 정지시켜서 표시하는데 걸리는 실행시간을 단축시키는 플러그입니다. 간단한 설정만으로 워드프레스 처리시간을 10% ~ 30% 정도 단축시킬 수 있습니다. 설정하기 전에 플러그인을 활성화하지 않은 상태에서 톱페이지 표시에 걸리는 시간을 측정해 둡니다.

01 관리화면으로부터 로그아웃한 상태에서 톱페이지로 접속해서 파이어버그를 실행합니다.

파이어버그를 실행합니다.

02 파이어버그의 메뉴 [Net]-[모두]를 클릭합니다.

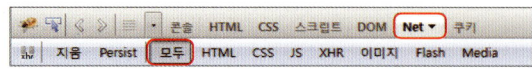

03 여러 차례 페이지를 갱신한 후 메인 페이지의 타임라인에 표시되는 시간의 평균값을 측정합니다. 참고로 필자의 경우에는 평균 약 250ms였습니다.

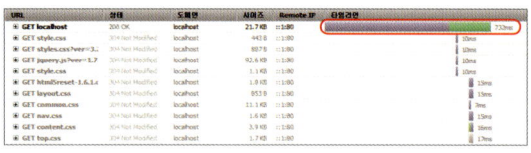

02 cache 디렉터리에 쓰기 권한 부여하기

플러그인 디렉터리 '001-prime-strategy-translate-accelerator' 안에 있는 'cache' 디렉터리에 웹 서버로부터 쓰기 권한(0777 등)을 부여합니다.

03 플러그인 001 Prime Strategy Translate Accelerator 활성화하기

01 관리화면의 [플러그인]-[설치된 플러그인]에서 '활성화'를 클릭하여 '001 Prime Strategy Translate Accelerator'를 활성화합니다.

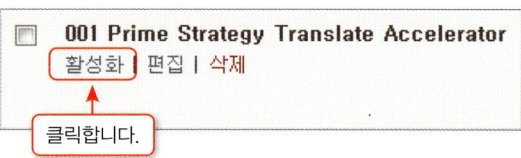

02 '001 Prime Strategy Translate Accelerator'의 [설정]을 클릭해서 설정을 시작합니다.

 플러그인 001 Prime Strategy Translate Accelerator 설정하기

'Enable to cache the translation files.'(캐시를 활성화하기)에 체크하고 [변경 사항 저장] 버튼을 클릭합니다.

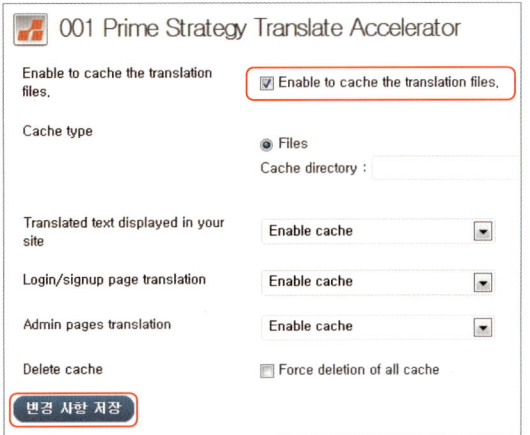

> **tip**
> 만약 APC를 이용할 수 있는 환경이면 'Cache type'에서 'APC'를 선택하면 더욱 빨리 동작합니다. 또 'Translated text displayed in your site'(사이트에 표시되는 번역된 문장)에 'Disable translation'(번역 정지)을 선택하면 관리화면 및 로그인 화면 외에는 번역 처리가 정지되므로, 더욱 빠른 처리 속도를 얻을 수 있습니다(단, 이 경우 댓글 폼 등 일부 표시가 영어로 표시됩니다).

05 파이어버그에서 시간의 평균값 확인하기

관리화면에서 로그아웃한 후 다시 톱페이지를 열고 여러 번 갱신해서 타임라인에 표시되는 시간의 평균값을 측정합니다. 필자의 경우 적용하기 전에 250ms였고, 적용한 후 200ms였기 때문에 약 20% 속도가 향상되었습니다.

STEP 10-3

10-3 WP Super Cache로 페이지 표시 최적화하기

페이지 캐시를 이용해서 사이트 표시 속도를 현격하게 향상시킵니다. 여기에서는 널리 알려진 WP Super Cache 플러그인을 이용합니다.

따라하기 순서

- 01 플러그인 WP Super Cache 이용하기
- 02 플러그인 WP Super Cache 활성화하기
- 03 플러그인 WP Super Cache 설정하기
- 04 캐시 테스트하기
- 05 WP Super Cache가 만든 캐시 파일 확인하기
- 06 WP Super Cache 설정 변경하기
- 07 WP Super Cache 사용 시 주의할 점

01 플러그인 WP Super Cache 이용하기

WP Super Cache는 한번 접속한 페이지의 캐시를 생성해서 재접속할 경우 표시할 때 걸리는 실행시간을 단축시키는 플러그인입니다. 페이지 캐시를 사용하면 사용하지 않는 경우와 비교해서 약 10배~100배 정도 속도가 향상됩니다.

단, 캐시 유효기간이 지날 때까지 오래된 페이지가 표시되기 때문에 주의해야 합니다. 또한 이전 과정과 마찬가지로 파이어버그를 이용해서 캐시를 사용하기 전과 후의 실행속도를 측정해보기 바랍니다.

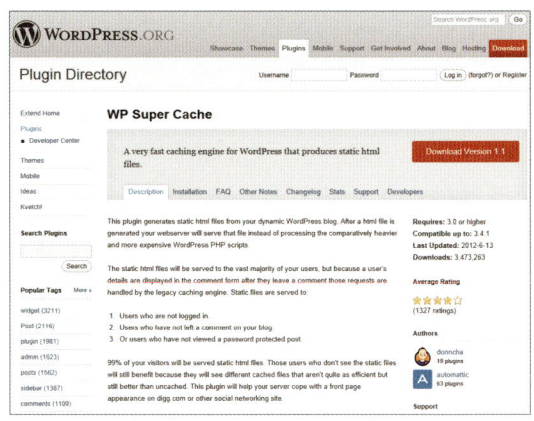

02 플러그인 WP Super Cache 활성화하기

01 관리화면의 [플러그인]-[설치된 플러그인]에서 '활성화'를 클릭하여 'WP Super Cache'를 활성화합니다.

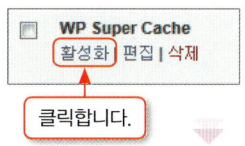

02 WP Super Cache의 [설정]을 클릭해서 설정을 시작합니다.

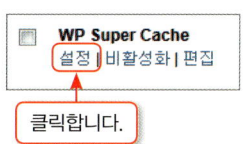

환경에 따라서 사용 권한 등의 이유로 에러 메시지가 표시되는 경우가 있지만 에러 메시지의 지시대로 수정하기 바랍니다. 대부분의 경우 다음의 순서로 진행됩니다.

❶ wp-content 디렉터리에 '쓰기' 권한 부여
❷ wp-config.php에 define('WP_CACHE', true); 추가
❸ wp-content 디렉터리의 권한 복원

03 플러그인 WP Super Cache 설정하기

'Caching'에서 'Caching On (Recommended)'를 체크하고 [Update Status] 버튼을 클릭합니다.

04 캐시 테스트하기

계속해서 'Update Status' 아래에 있는 'Test Cache'를 클릭한 후 'The timestamps on both pages match!'라는 메시지가 표시되면 테스트에 성공한 것입니다.

05 WP Super Cache가 만든 캐시 파일 확인하기

테스트가 성공하면 WP Super Cache에 의해 만들어진 'cache' 디렉터리 및 파일을 서버의 wp-content 디렉터리 내에서 확인할 수 있습니다.

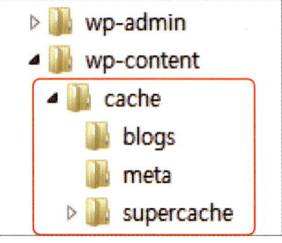

06 WP Super Cache 설정 변경하기

[WP Super Cache] 설정화면에서 [Advance] 탭을 누르면 상세설정 화면이 표시됩니다. 특히 알아두면 유익한 항목에 대해서 설명합니다.

❶ Compress pages so they're served more quickly to visitors.(Recommended)
페이지를 압축해서 방문자에게 보다 빨리 페이지를 공급하기(추천)

이 항목을 체크하면 gzip 압축된 파일을 이용할 수 있기 때문에 데이터 전송시간이 단축되며 전송량도 감소시킬 수 있습니다. 최근에는 대부분의 브라우저에서 gzip 압축에 대응하고 있기 때문에 체크해서 활성화하면 매우 유익할 것입니다.

❷ 'Don't cache pages for known users.(Recommended)
'알려진 사용자는 페이지 캐시를 하지 않기(추천)'

이 항목을 체크하면 로그인 중인 사용자에 대하여 캐시를 사용하지 않고 워드프레스가 동적으로 생성하는 일상적인 페이지를 표시합니다. 이 경우 사이트에 추가된 변경사항이 바로 반영되기 때문에 특히 사이트 관리자에게 유익합니다.

❸ Clear all cache files when a post or page is published or updated.
포스트 및 페이지가 공개되거나 갱신되었을 때 모든 캐시 지우기

이 항목을 체크하면 포스트 또는 페이지가 공개되거나 갱신되었을 경우 모든 캐시를 지웁니다. 또한 캐시의 유효기간도 [Cache Timeout] 항목에서 변경할 수 있습니다(기본 3600초).

07 WP Super Cache 사용 시 주의할 점

WP Super Cache는 워드프레스의 성능을 극적으로 개선합니다. 단, 페이지 자체를 캐시하는 구조이기 때문에 캐시의 유효기간 중에는 갱신되지 않은 페이지가 표시됩니다. 또한 'WassUp' 및 'Counterize'와 같은 액세스 해석 플러그인은 워드프레스가 실행될 때 데이터베이스나 파일 등에 데이터를 쓰거나 또는 접속한 브라우저 등의 조건에 따라 다른 표시를 하는 경우에는 제대로 동작하지 않기 때문에 주의하기 바랍니다.

APPENDIX

A-1	'포스트'와 '페이지'의 xml 데이터 가져오기
A-2	'mall'과 'shops'의 xml 데이터 가져오기
A-3	이 책에서 사용한 플러그인 목록
A-4	플러그인 업데이트하기
A-5	디버그 효율화를 위한 3가지 방법
A-6	이 책에서 작성한 템플릿 및 플러그인(PHP 파일)

APPENDIX A-1

'포스트'와 '페이지'의 xml 데이터 가져오기

포스트와 페이지 정보는 원래 하나씩 직접 입력하게 되지만 xml 데이터로 된 것을 워드프레스로 가져오면 입력 작업을 대폭 줄일 수 있습니다(이것으로 이 책의 샘플 사이트도 간단하게 실행할 수 있습니다). 여기에서는 플러그인 'WordPress Impoter'를 사용해서 포스트와 페이지의 xml 데이터를 가져오는 방법을 설명합니다.

포스트와 페이지의 xml 데이터를 가져오려면 STEP 2-1까지의 작업이 끝나야 합니다. 또한 포스트와 페이지의 xml 데이터를 가져오는 경우, STEP 2-2에서 설명하는 포스트와 페이지의 본문 입력이 중복되지 않게 하기 바랍니다.

01 import용 플러그인 활성화하기

관리화면의 [플러그인]-[설치된 플러그인]을 클릭합니다. 플러그인 목록에서 'WordPress Importer'를 찾아서 '활성화'를 클릭합니다.

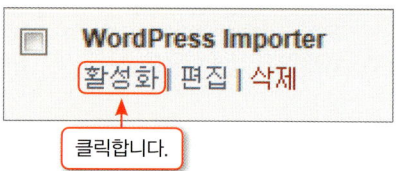

클릭합니다.

02 포스트용 xml 데이터 가져오기

01 관리화면의 [도구]-[가져오기]를 클릭합니다.

02 '가져오기' 화면에서 'WordPress'를 클릭합니다.

03 'Import WordPress' 화면이 열립니다. [찾아보기] 버튼을 클릭합니다.

04 예제 소스 [pacific] 안의 [xml] 디렉터리에서 'posts.xml'을 선택한 후 [열기] 버튼을 클릭합니다.

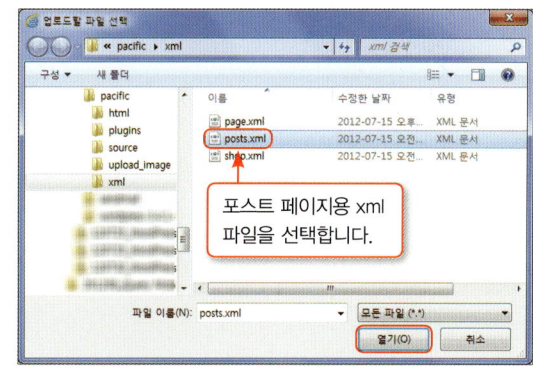

포스트 페이지용 xml 파일을 선택합니다.

05 '파일 업로드 후 가져오기'를 클릭해서 posts.xml 파일을 업로드합니다.

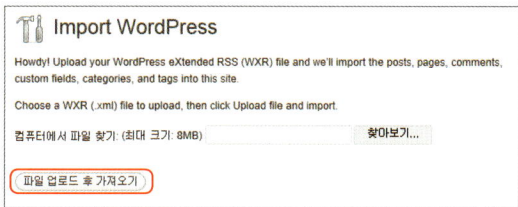

06 'assign posts to an existing user'에서 'pacific'을 선택한 후 [Submit] 버튼을 클릭합니다.

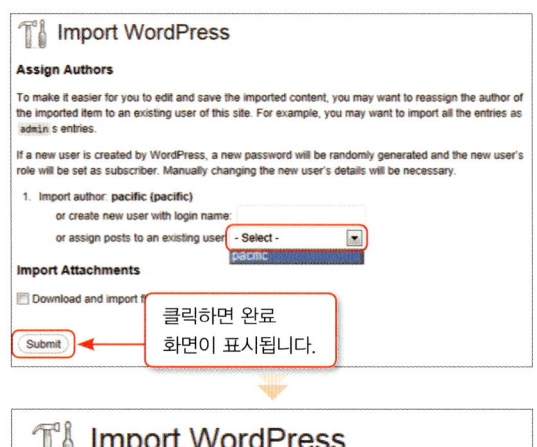

03 Categories에서 확인하기

포스트에는 카테고리가 연결되어 있습니다. 먼저 관리화면의 [글]-[Categories]를 클릭해서 카테고리가 import되었는지 확인합니다.

포스트가 import된 것 확인하기

01 관리화면의 [글]-[All Posts]를 클릭해서 포스트가 import되었는지 확인합니다.

클릭해서 포스트의 내용을 확인합니다.

02 포스트 목록에서 임의의 제목을 클릭해서 모든 내용이 바르게 import되었는지 확인합니다.

이상으로 포스트의 '가져오기(import)'가 완료되었습니다. 다음에는 페이지의 '가져오기'를 해봅니다.

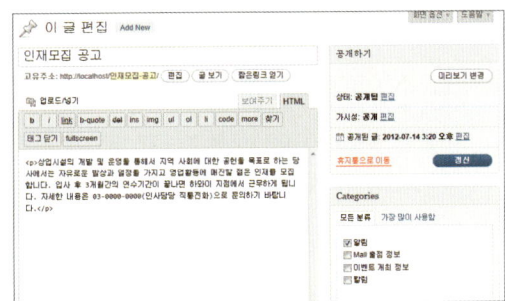

05 페이지용 xml 데이터 가져오기

앞의 '02 포스트용 xml 데이터 가져오기'와 같은 순서로 페이지용 xml 데이터를 import합니다. 다른 점은 업로드 디렉터리에서 page.xml 파일을 선택하는 것뿐입니다.

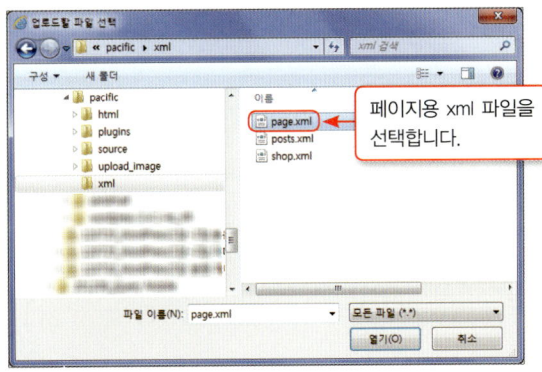

페이지용 xml 파일을 선택합니다.

06 페이지가 import된 것 확인하기

01 관리화면의 [페이지]-[All Pages]를 클릭해서 페이지가 바르게 import되었는지, 페이지끼리 상하관계가 반영되었는지도 확인합니다.

페이지끼리 상하관계가 반영되고 있습니다.

02 페이지 목록에서 임의의 제목을 클릭해서 모든 내용이 바르게 import되었는지 확인합니다. 이상으로 페이지 '가져오기(import)'가 완료되었습니다.

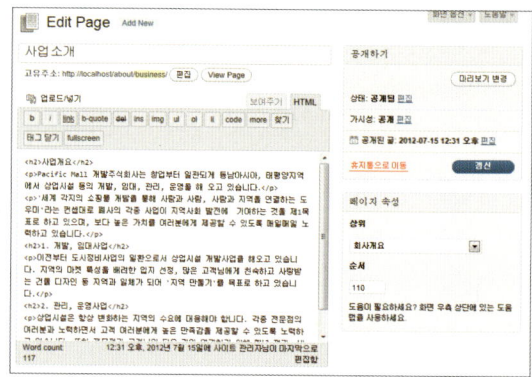

APPENDIX A-2

'mall'과 'shops'의 xml 데이터 가져오기

플러그인 WordPress Importer를 사용해서 Custom Taxonomy 'mall'과 Custom Post Type 'shops'의 xml 데이터를 가져오는(import) 방법을 설명합니다.

Custom Taxonomy 'mall'과 Custom Post Type 'shops'의 xml 데이터를 가져오려면 STEP 8-1의 ③ 과정까지 작업이 끝나야 합니다. 또한 Custom Taxonomy 'mall'과 Custom Post Type 'shops'의 xml 데이터를 가져오는 다음 작업은 안해도 됩니다.

- Custom Taxonomy 'mall'의 내용 등록
- Custom Post Type 'shops'의 점포정보 입력

단, 가져오기를 하는 경우에도 다음 작업은 필요합니다.

- 특성 이미지 등록
- STEP 8-2의 Custom 필드의 부가정보 입력

01 플러그인 WordPress Importer 활성화하기

관리화면의 [플러그인]-[설치된 플러그인]을 클릭합니다. 플러그인 목록에서 'WordPress Importer'를 찾아서 '활성화'를 클릭합니다.

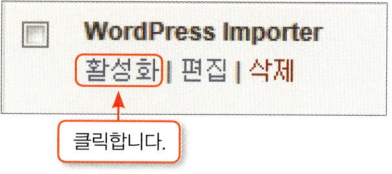

클릭합니다.

tip 이미 WordPress Importer가 활성화되어 있는 경우 번으로 넘어가기 바랍니다.

02 Custom Taxonomy 'mall'과 Custom Post Type 'shops'의 xml 데이터 가져오기

01 관리화면의 [도구]-[가져오기]를 클릭합니다.

02 '가져오기' 화면에서 'WordPress'를 클릭합니다.

03 'Import WordPress' 화면을 열고 '컴퓨터에서 파일 찾기'의 [찾아보기] 버튼을 클릭합니다.

04 예제 소스 [pacific] 안의 [xml] 디렉터리에서 'shop.xml'을 선택한 후 [열기] 버튼을 클릭합니다.

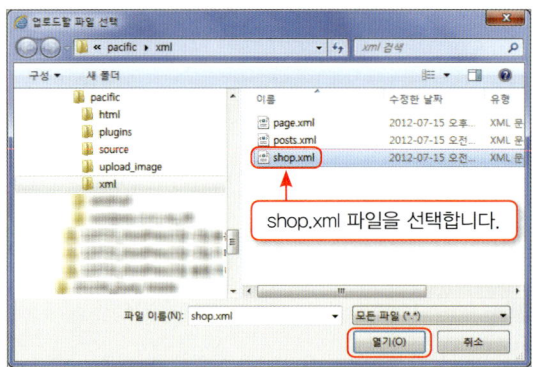

05 [파일 업로드 후 가져오기] 버튼을 클릭해서 shop.xml 파일을 업로드합니다.

06 'assign posts to an existing user'에서 '사이트 관리자'를 선택하고 [Submit] 버튼을 클릭합니다. Custom Taxonomy 'mall'과 Custom Post Type 'shops'가 각각 제대로 import되었는지 확인합니다.

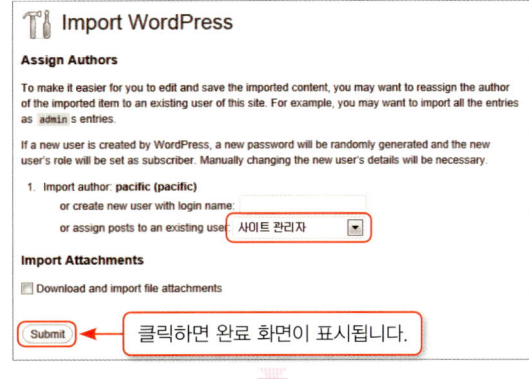

03 Custom Taxonomy 'mall'이 import된 것 확인하기

Custom Post Type 'shops'에는 Custom Taxonomy 'mall'과 연결되어 있습니다. 먼저 관리 화면의 [shops]-[mall]을 클릭해서 mall의 항목이 import된 것을 확인합니다.

04 Custom Post Type 'shops'가 import된 것 확인하기

01 관리화면의 [shops]-[shops]를 클릭해서 shop이 import되었는지 확인합니다.

> 클릭해서 포스트의 내용을 확인합니다.

02 shops 목록 가운데 임의의 제목을 클릭해서 내용이 바르게 import되었는지 확인합니다. 또한 'Edit shops' 편집화면 오른쪽 아래의 '특성 이미지'는 import되지 않으므로 STEP 2-6, STEP 8-1을 참고하면서 특성 이미지와 사용자 포스트 타입을 업로드해야 합니다.

이상으로 Custom Taxonomy 'mall'과 Custom Post Type 'shops'의 '가져오기(import)'가 완료되었습니다.

APPENDIX A-3

이 책에서 사용한 플러그인 목록

이 책의 각 장에서 사용한 플러그인을 소개합니다. 각각의 최신 버전은 공식 URL로부터 다운로드할 수 있습니다.

CHAPTER 02

■ WP Mulibyte Patch (145, 215페이지)

멀티바이트 문자를 워드프레스 환경에서 동작시키는 플러그인입니다.

> **공식 URL**
> http://wordpress.org/extend/plugins/wp-multibyte-patch/

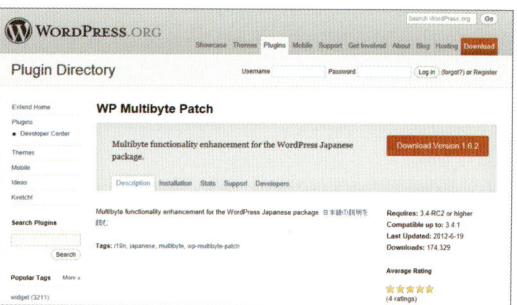

■ Child Pages Shortcode (162페이지)

하위 페이지 목록을 워드프레스의 'shortcode' 기능을 사용해서 출력하는 플러그인입니다. 몇 가지 속성을 지정해서 간단하게 사용자정의 설정을 할 수 있습니다.

> **공식 URL**
> http://wordpress.org/extend/plugins/child-pages-shortcode/

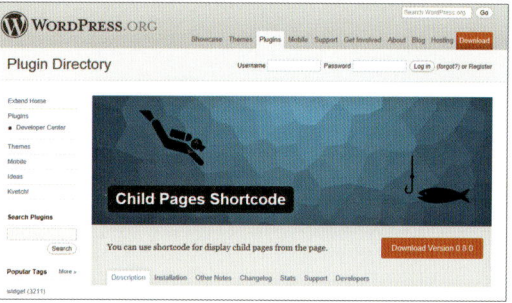

■ **Contact Form 7** (166페이지)

여러 개의 Contact Form을 관리화면에서 작성하고 관리할 수 있는 플러그인입니다. Form과 Mail 각각의 사용자정의도 쉽게 설정할 수 있습니다.

> **공식 URL**
> http://wordpress.org/extend/plugins/contact-form-7/

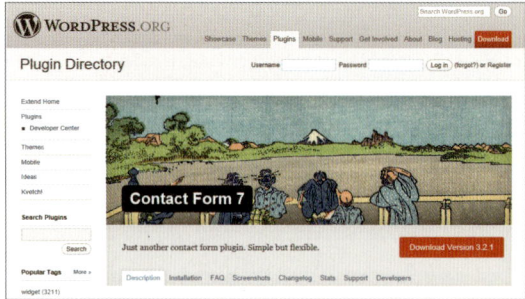

CHAPTER 03

■ **All in One Sub Navi Widget** (181페이지)

Sub Navigation을 위젯으로 출력하는 플러그인입니다.

> **공식 URL**
> http://wordpress.org/extend/plugins/all-in-one-sub-navi-widget/

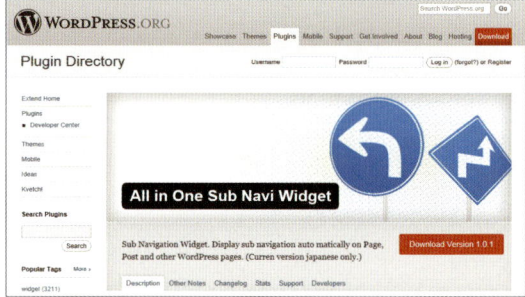

■ **PS Auto Sitemap** (186페이지)

사이트맵을 출력하는 플러그인입니다.

> **공식 URL**
> http://wordpress.org/extend/plugins/ps-auto-sitemap/

■ **Prime Strategy Bread Crumb**(189페이지)

사이트 이동경로를 출력하는 플러그인입니다.

> **공식 URL**
> http://wordpress.org/extend/plugins/prime-strategy-bread-crumb/

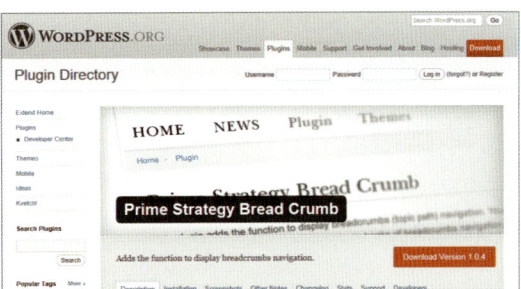

■ **Prime Strategy Page Navi**(205페이지)

페이지 네비게이션을 출력하는 플러그인입니다.

> **공식 URL**
> http://wordpress.org/extend/plugins/prime-strategy-page-navi/

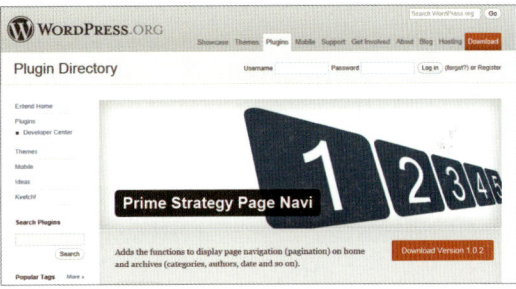

CHAPTER 04

■ **Meta Manager**(240페이지)

메타 디스크립션(meta description)과 메타 키워드(meta keyword)를 출력하는 플러그인입니다.

> **공식 URL**
> http://wordpress.org/extend/plugins/meta-manager/

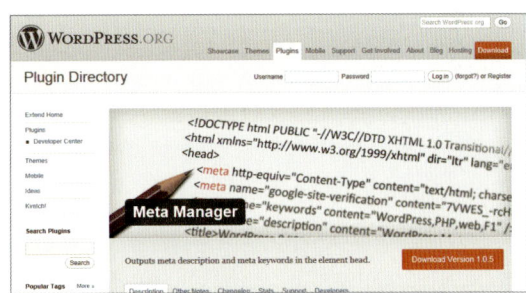

■ **Google XML Sitemaps**(243페이지)

sitemap.xml을 출력하는 플러그인입니다.

> **공식 URL**
> http://wordpress.org/extend/plugins/google-sitemap-generator/

CHAPTER 05

■ **Akismet** (107, 275페이지)

댓글(comment)이 스팸인지 아닌지 체크하는 플러그인입니다.

> **공식 URL**
> http://wordpress.org/extend/plugins/akismet/

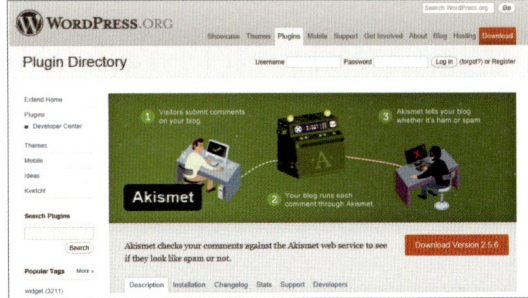

CHAPTER 06

■ **Google Analyticator** (283페이지)

Google Analytics의 트래킹 코드를 사이트의 각 페이지에 적용하기 위한 플러그인입니다. 관리화면에서 summary를 확인할 수 있습니다.

> **공식 URL**
> http://wordpress.org/extend/plugins/google-analyticator/

■ **WassUp(WassUp Real Time Analytics)** (288페이지)

사이트 방문자의 행동을 실시간으로 해석하고 표시하는 플러그인입니다.

> **공식 URL**
> http://wordpress.org/extend/plugins/wassup/

■ **Counterize** (290페이지)

사이트 방문자의 접속 상황을 알기 쉽게 표시하는 플러그인입니다.

> 공식 URL
> http://wordpress.org/extend/plugins/counterize/

CHAPTER 07

■ **Admin SSL** (295페이지)

관리화면 및 문의 페이지 등 SSL로 보호해야 할 페이지를 설정해서 SSL 이외의 접속을 금지하도록 하는 플러그인입니다.

> 공식 URL
> http://wordpress.org/extend/plugins/admin-ssl-secure-admin/

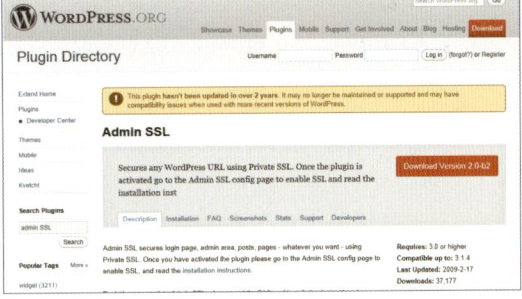

tip
다운로드 URL로 접속하면 '2년간 업데이트가 없었기 때문에 최신 버전의 워드프레스와 호환성 문제가 생길 수도 있다'는 메시지가 표시됩니다. 아마 저자가 집필할 무렵에는 없었던 메시지겠지만 워드프레스 3.4 버전에서 사용할 때 큰 문제는 없었습니다. 만약 워드프레스에 능숙해지면 다른 SSL 플러그인을 사용해 보기 바랍니다.

> ⓘ This plugin **hasn't been updated in over 2 years**. It may no longer be maintained or supported and may have compatibility issues when used with more recent versions of WordPress.

CHAPTER 08

■ Custom Post Type UI (303페이지)

Custom Post Type과 Custom Taxonomy를 등록하는 플러그인입니다.

> **공식 URL**
> http://wordpress.org/extend/plugins/custom-post-type-ui/

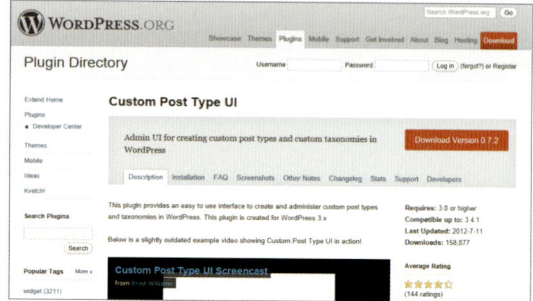

CHAPTER 10

■ 001 Prime Strategy Translate Accelerator (349페이지)

워드프레스를 다국어로 번역하는 번역 파일(mo 파일)의 로딩 처리를 캐시 또는 정지시켜서 표시에 걸리는 실행시간을 단축하는 플러그인입니다.

> **공식 URL**
> http://wordpress.org/extend/plugins/001-prime-strategy-translate-accelerator/

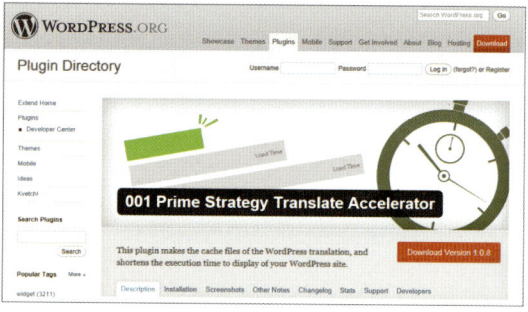

■ WP Super Cache (352페이지)

한 번 접속한 페이지의 캐시를 생성해서 다음에 재접속하면 다시 이용해서 표시할 때까지 걸리는 실행시간을 단축하는 플러그인입니다.

> **공식 URL**
> http://wordpress.org/extend/plugins/wp-super-cache/

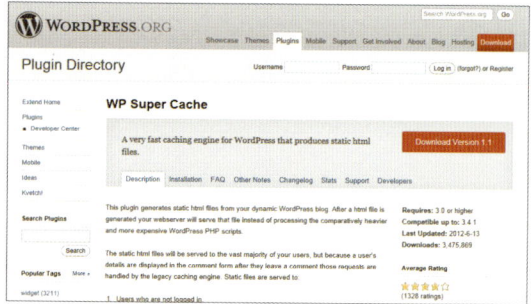

APPENDIX

■ **WordPress Importer** (356, 361페이지)

포스트, 페이지, 카테고리, 사용자정의 필드 등의 데이터를 가져오기(import) 위한 플러그인입니다.

> **공식 URL**
> http://wordpress.org/extend/plugins/wordpress-importer/

APPENDIX A-4

A-4 플러그인 업데이트하기

관리화면에 플러그인 업데이트 알림이 표시되어 있는 경우 업데이트 방법을 소개합니다.

01 업데이트 알림 확인하기

관리화면의 [알림판]-[업데이트] 메뉴에 업데이트 알림이 표시된 경우, 다음과 같은 순서로 업데이트 작업을 하기 바랍니다.

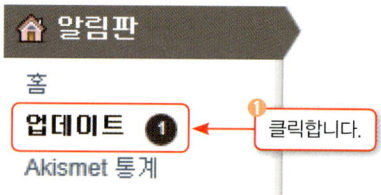

01 관리화면의 [알림판]-[업데이트]를 클릭합니다.

02 '워드프레스 업데이트' 페이지를 보고 '플러그인' 아래에 있는 새로운 버전의 플러그인을 확인합니다.

03 업데이트하고 싶은 플러그인의 '버전 **** 세부사항 보기'의 텍스트 링크를 클릭합니다.

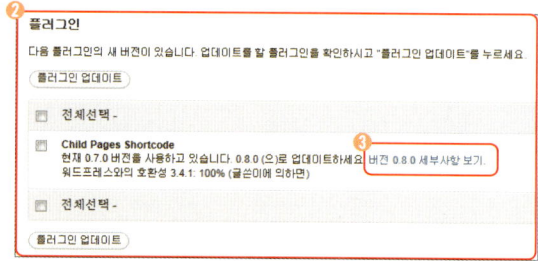

최신 버전 다운로드하기

01 다음과 같이 표시되면 'WordPress.org 플러그인 페이지' 텍스트 링크를 클릭해서 WordPress.org 공식 디렉터리로 이동합니다.

클릭해서 공식 디렉터리로 이동합니다.

tip 시스템 환경에 따라서는 [지금 업데이트 설치하기] 버튼을 클릭해서 업데이트를 할 수도 있습니다.

02 WordPress.ogr 공식 디렉터리 내 플러그인 페이지의 [Download Version ***] 버튼을 클릭해서 다운로드를 시작합니다.

03 다운로드한 데이터는 zip 형식이기 때문에 압축 풀기를 합니다.

압축을 풉니다.

03 설치하기

01 관리화면의 [플러그인]-[설치된 플러그인]에서 업데이트할 플러그인을 비활성화합니다.

클릭합니다.

02 서버 내 [wp-content]-[plugins]에 있는 업데이트할(비활성화한) 플러그인을 삭제하고 다운로드해서 압축을 푼 최신 버전의 데이터를 디렉터리까지 업로드합니다.

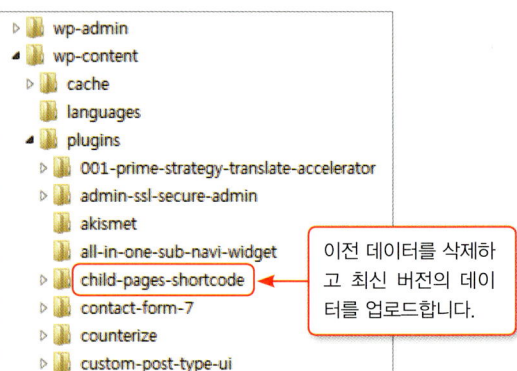
이전 데이터를 삭제하고 최신 버전의 데이터를 업로드합니다.

04 동작 확인하기

관리화면의 [플러그인]-[설치된 플러그인]에서 업데이트 대상인 플러그인을 활성화합니다. 플러그인 및 사이트 전체가 정상적으로 동작하는지 확인하고 완료합니다.

클릭합니다.

APPENDIX A-5

A-5 디버그 효율화를 위한 3가지 방법

화면이 정상적으로 표시되지 않고 하얗게 되는 경우는 대개 PHP 입력 오류가 원인입니다. 이런 경우 화면에 '에러 표시'가 출력되면 문제 해결의 실마리를 찾기 쉽습니다. 여기서는 에러 표시를 하는 3가지 방법을 소개합니다.

01 현재 상황 확인하기

우선 현재 상황을 확인하기 위해 일부러 에러 상태를 만든 후, 확인하는 방법을 설명합니다.

01 header.php의 적당한 곳에(여기에서는 첫 부분) 존재하지 않는 함수 〈?php test( ); ?〉를 입력합니다.

> **tip**
> 이 과정이 끝난 후 header.php에 입력했던 〈?php test(); ?〉는 삭제하기 바랍니다.

02 톱페이지에 접속하면 에러 상태(아무 표시가 없거나, 설정에 따라 간단한 에러 메시지가 표시)가 됩니다.

03 파이어폭스(Firefox)의 파이어버그(Firebug)로 '500 Internal Server Error' 에러 상태를 확인합니다(로컬 PC 상태에서는 표시되지 않을 수도 있습니다).

□ header.php

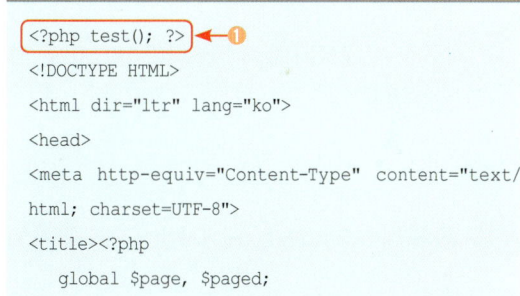

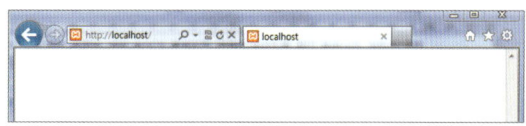

02 워드프레스 디버그 모드 사용하기

워드프레스의 디버그 모드를 사용해서 화면에 에러 내용을 표시합니다.

01 워드프레스를 설치한 디렉터리 아래의 wp-config.php에 입력되어 있는

`define('WP_DEBUG', false);`

을 찾아서 'false' 부분을 'true'로 수정합니다.

□ wp-config.php

```
( 생략 )
/**
 * For developers: WordPress debugging mode.
 *
 * Change this to true to enable the display
of notices during development.
 * It is strongly recommended that plugin and
theme developers use WP_DEBUG
 * in their development environments.
 */
define('WP_DEBUG', true);
         ( 생략 )
```

02 톱페이지에 접속하면 다음과 같이 표시됩니다. 이 상태로는 보기 힘드니까 HTML로 확인합니다.

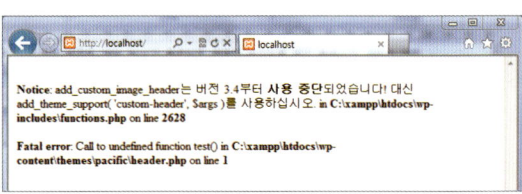

03 톱페이지의 HTML 내에서 'error' 문자를 검색하면 'Fatal error: Call to undefined function test( ) in …'이라는 문장을 볼 수 있습니다. 이 표시로 'header.php'가 에러의 원인인 파일이고, 'line 1' 즉 첫 번째 줄 또는 그 부근에서 에러(입력 오류)의 가능성이 있다는 것을 알 수 있습니다.

□ 홈페이지 HTML

(생략)

Fatal error: Call to undefined function test()
in C:\xampp\htdocs\wp-content\themes\pacific\
header.php on line 1

Notice: add_custom_image_header는 버전 3.4부터 사용 중단되었습니다!
대신 add_theme_support('custom-header', $args)를 사용하십시오.
in C:\xampp\htdocs\wp-includes\functions.php on line 2628

04 에러 내용을 확인한 후 `define('WP_DEBUG', true);`의 'true'를 'false'로 다시 수정합니다.

이와 같이 워드프레스의 디버그 모드를 사용하면 가장 자세한 정보를 알 수 있습니다. 반면 사용 중인 플러그인에 따라서는 Notice 및 비추천 등 동작상 문제가 없는 것까지 표시되어 에러를 찾기 힘든 단점이 있습니다.

03 PHP 에러 표시 실행하기

보다 간단하게 에러를 표시할 수 있는 방법입니다.

01 이전 과정과 마찬가지로 wp-config.php의 <?php 직후에

`ini_set('display_errors', 1);`

을 추가합니다.

☐ **wp-config.php**
```
<?php
ini_set('display_errors', 1);
( 생략 )
```

> **tip**
> wp-config.php에 코드를 입력하는 것은 wp-config.php가 워드프레스 실행 시에 반드시 로딩되는 파일이기 때문입니다.

02 톱페이지에 접속하면 다음과 같이 에러 메시지가 표시됩니다.

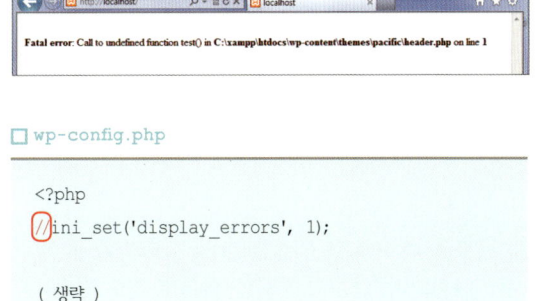

03 에러 내용을 확인한 후 `ini_set('display_errors', 1);`의 코드 앞에 슬래시 2개(//)를 추가해서 코멘트 아웃시킵니다.

☐ **wp-config.php**
```
<?php
//ini_set('display_errors', 1);
( 생략 )
```

이상과 같이 ini_set( )을 이용해서 에러 내용을 표시하면 워드프레스 디버그 모드를 사용한 경우보다 출력되는 정보가 좁혀집니다(서버의 에러 레벨 설정에 따라 다릅니다). 이 방법은 단순하고 알기 쉽기 때문에 에러의 원인을 찾기 쉬운 장점이 있습니다. 단 ini_set( )을 사용한 경우도 워드프레스 디버그 모드를 사용한 경우도 wp-config.php 자체에 에러가 있거나 wp-config.php가 워드프레스로 로딩되기 전에 에러가 생긴 경우에는 화면에 에러 내용이 표시되지 않는 단점이 있습니다.

04 .htaccess로 에러 표시 실행하기

이번에는 wp-config.php 자체 에러 및 로딩시간에 상관없이 에러 내용을 표시하는 방법입니다.

01 워드프레스를 설치한 디렉터리 아래를 확인합니다. .htaccess 파일이 이미 있는 경우 그것을 사용합니다. 아직 없는 경우에는 새롭게 .htaccess 파일을 작성합니다.

그리고 파일 첫 부분에 `php_flag display_errors On` 을 추가 입력합니다.

☐ .htaccess

```
php_flag display_errors On
( 생략 )
```

02 톱페이지로 접속하면 다음과 같이 에러 내용이 표시됩니다.

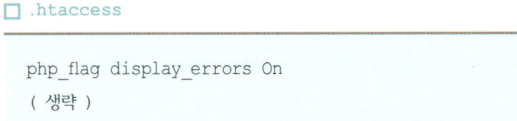

03 에러 내용을 확인한 후 php_flag_display_error On의 코드 앞에 '#'을 추가해서 코멘트 아웃해 둡니다.

☐ .htaccess

```
#php_flag display_errors On
( 생략 )
```

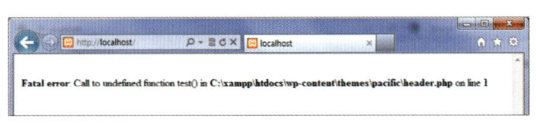

이렇게 .htaccess를 이용해서 에러 내용을 표시하면 .htaccess 아래의 모든 디렉터리를 대상으로 에러 내용이 표시되며, 단순하고 알기 쉬운 장점도 있습니다. 단, 임대 서버에 따라서는 .htaccess에 위 코드를 입력할 수 없는 경우도 있습니다. 마지막으로 header.php에 입력했던 〈?php test( ); ?〉을 삭제합니다.

APPENDIX A-6

A-6 이 책에서 작성한 템플릿 및 플러그인(PHP 파일)

이 책에서 작성한 PHP 프로그램의 소스코드를 표시 화면과 연관시켜 정리했습니다. 소스코드를 반복해서 연습하면 워드프레스의 처리 과정에 관해 이해가 깊어지고, 생각하지 못했던 문제의 해결 및 새로운 기능의 확장과 플러그인 개발을 위해 도움이 될 것입니다.

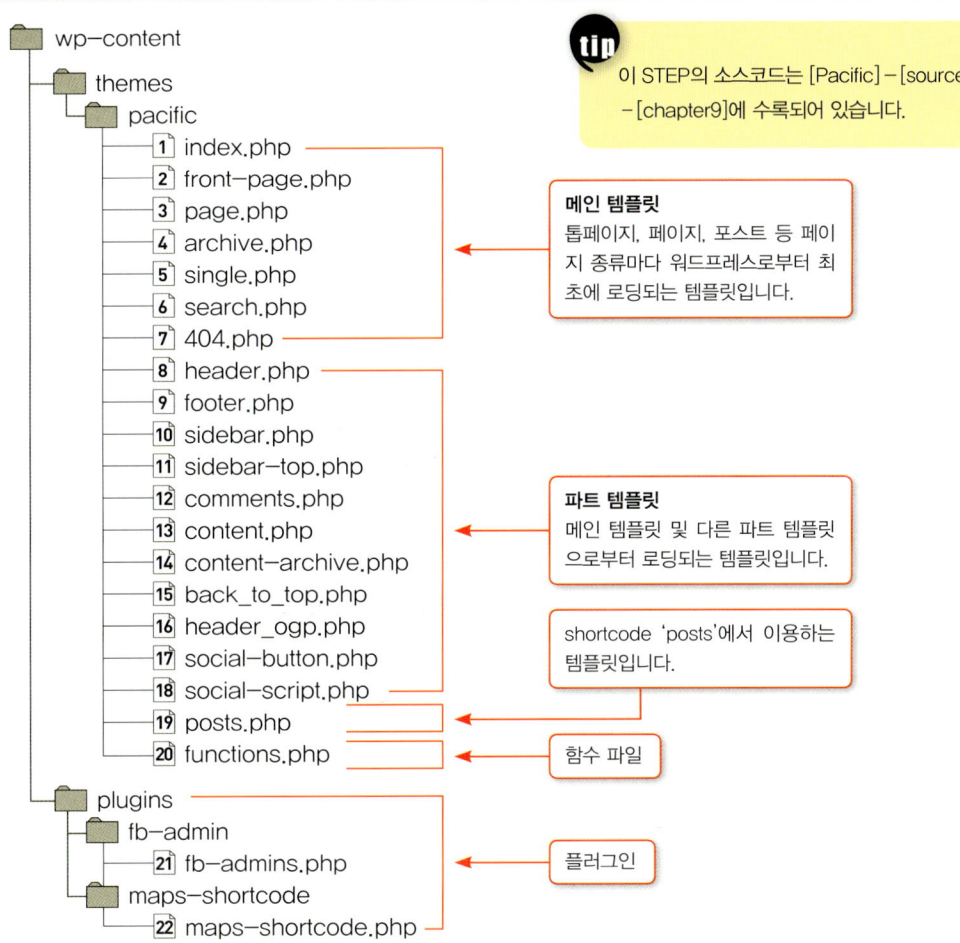

tip 이 STEP의 소스코드는 [Pacific]–[source]–[chapter9]에 수록되어 있습니다.

- wp-content
  - themes
    - pacific
      1. index.php
      2. front-page.php
      3. page.php
      4. archive.php
      5. single.php
      6. search.php
      7. 404.php
      8. header.php
      9. footer.php
      10. sidebar.php
      11. sidebar-top.php
      12. comments.php
      13. content.php
      14. content-archive.php
      15. back_to_top.php
      16. header_ogp.php
      17. social-button.php
      18. social-script.php
      19. posts.php
      20. functions.php
  - plugins
    - fb-admin
      21. fb-admins.php
    - maps-shortcode
      22. maps-shortcode.php

메인 템플릿
톱페이지, 페이지, 포스트 등 페이지 종류마다 워드프레스로부터 최초에 로딩되는 템플릿입니다.

파트 템플릿
메인 템플릿 및 다른 파트 템플릿으로부터 로딩되는 템플릿입니다.

shortcode 'posts'에서 이용하는 템플릿입니다.

함수 파일

플러그인

01 index.php

index.php는 작성한 테마가 워드프레스에서 인식되기 위해 최소한으로 필요한 파일 가운데 하나입니다(또 하나는 style.css). index.php는 워드프레스에서 사용되는 어떤 종류의 템플릿과 비교해도 우선순위가 낮습니다(STEP 2-3의 'TIP Plus. 템플릿 구조와 우선순위(1)' 참조).

이 책에서는 index.php를 디버그용 템플릿으로 사용합니다. 구체적으로는 본래 필요한 페이지마다 템플릿이 존재하지 않는 경우, 브라우저 상에서 'index'라고 출력되도록 해서 필요한 템플릿이 없는 것을 한 눈에 알 수 있게 합니다.

```
<?php echo "index";
```

[2] front-page.php
[3] page.php
[4] archive.php

[1] index.php

우선순위가 높은 템플릿이 하나도 존재하지 않는 경우, index.php가 호출됩니다.

02 front-page.php

톱페이지 표시용 템플릿으로 워드프레스로부터 호출됩니다. front-page.php는 header.php, sidebar-top.php, footer.php 3개의 파트 템플릿을 호출합니다.

[2] front-page.php
[8] header.php
[11] sidebar-top.php
[9] footer.php

□ header.php

```php
<?php get_header(); ?>          ───▶ 8 header.php
      <section id="contents">
        <section id="malls-pickup">
          <div class="malls-group">
<?php
query_posts('posts_per_page=-1&post_type=page&orderby=menu_order&order=asc&post_parent=60');
if (have_posts()) :
  $count = 1;
  while (have_posts()) :
    the_post();
    if ($count % 2 > 0 && $count != 1) :
?>
          </div><!-- .malls-group end -->
          <div class="malls-group">
<?php
    endif;
?>
            <article>
              <h1><a href="<?php the_permalink(); ?>"><?php the_title(); ?></a></h1>
              <a href="<?php the_permalink(); ?>">
<?php the_post_thumbnail( 'pickup_thumbnail', array('alt' =>
the_title_attribute('echo=0'),'title' => the_title_attribute('echo=0'))); ?></a>
              <?php the_pickup_excerpt(); ?>

              <div class="continue-button">
                <a href="<?php the_permalink(); ?>">자세히 보기</a>
              </div>
            </article>
<?php
    $count++;
  endwhile;
endif;
wp_reset_query();
?>
          </div><!-- .malls-group end -->
        </section><!-- #malls-pickup end -->
        <section id="latest-columns">
          <h1 id="latest-columns-title">신규 칼럼</h1>
          <span class="link-text archive-link"><a href="
```

```php
<?php echo get_term_link('column', 'category'); ?>">칼럼 목록</a></span>
          <div class="column-group head">
<?php
query_posts('posts_per_page=4&category_name=column');
if (have_posts()) :
  $count = 1;
  while (have_posts()) :
    the_post();
    if ($count % 2 > 0 && $count != 1) :
?>
          </div><!-- .column-group end -->
          <div class="column-group">
<?php
    endif;
?>
            <article class="column-article" >
              <h1 class="update-title"><a href="<?php the_permalink(); ?>" title="<?php the_title_attribute(); ?>"><?php the_title(); ?></a></h1>
              <time class="entry-date" datetime="<?php the_time('Y-m-d'); ?>"><?php the_time(get_option('date_format')); ?></time>
              <a href="<?php the_permalink(); ?>"><?php the_post_thumbnail('post-thumbnail', array('alt' => the_title_attribute('echo=0'), 'title' => the_title_attribute('echo=0'))); ?></a>
              <?php the_short_excerpt(); ?>

              <span class="link-text"><a href="<?php the_permalink(); ?>">계속 읽기</a></span>
          </article>
<?php
    $count++;
  endwhile;
endif;
wp_reset_query();
?>
          </div><!-- .column-group end -->
        </section><!-- #latest-columns end -->
      </section><!-- #contents end -->
<?php get_sidebar('top'); ?>  ──────────▶ 11 sidebar-top.php
<?php get_footer(); ?>  ──────────▶ 9 footer.php
```

382

03 page.php

페이지용 템플릿이고 워드프레스로부터 호출됩니다. page.php는 header.php, content.php, back_to_top.php, sidebar.php, footer.php 5개의 파트 템플릿을 호출합니다.

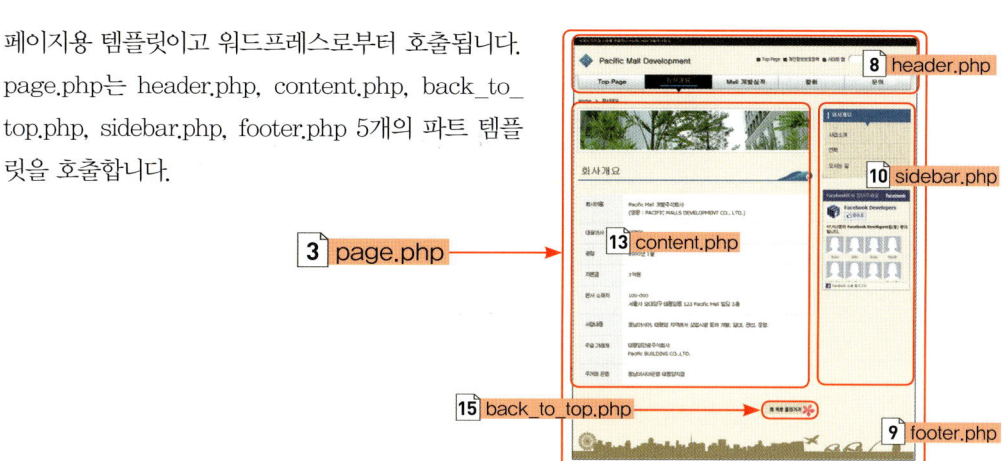

```
<?php get_header(); ?>                               8 header.php
        <section id="contents">
<?php
if (have_posts()) :
  while (have_posts()) :
    the_post();
    get_template_part('content');                    13 content.php
  endwhile;
endif;
?>
<?php get_template_part('back_to_top'); ?>           15 back_to_top.php
        </section><!-- #contents end -->
<?php get_sidebar(); ?>                              10 sidebar.php
<?php get_footer(); ?>                               9 footer.php
```

APPENDIX

383

04 archive.php

archive.php는 카테고리 '칼럼', '이벤트 개최 정보', 'Mall 출점 정보', '알림' 및 작성자별 아카이브 페이지(목록 페이지)의 템플릿이고 워드프레스로부터 호출됩니다.

archive.php는 header.php, content-archive.php, back_to_top.php, sidebar.php, footer.php 5개로 구성되는 파트 템플릿을 호출합니다.

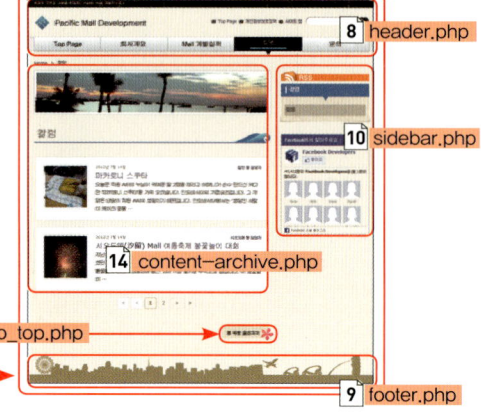

```
<?php get_header(); ?>                                      ▶  8  header.php
      <section id="contents">
        <header class="page-header">
          <?php the_category_image(); ?>
          <h1 class="page-title">
<?php
if (is_author()) :
  echo esc_html(get_the_author_meta('display_name', get_query_var('author')));
else :
  single_cat_title();
endif;
?>
          </h1>
        </header>
        <div class="posts">
<?php
if (have_posts()) :
  while (have_posts()) :
    the_post();
    get_template_part('content-archive');         ▶  14  content-archive.php
  endwhile;
  if (function_exists('page_navi')) :
    page_navi('elm_class=page-nav&edge_type=span');
```

```
  endif;
endif;
?>
        </div>
<?php get_template_part('back_to_top'); ?>         15 back_to_top.php
      </section><!-- #contents end -->
<?php get_sidebar(); ?>                             10 sidebar.php
<?php get_footer(); ?>                              9 footer.php
```

05 single.php

포스트(개별 기사)용 템플릿이며 워드프레스로부터 호출됩니다. single.php는 header.php, content.php, back_to_top.php, sidebar.php, footer.php와 '칼럼' 카테고리 내 포스트의 경우에는 comments.php도 호출합니다.

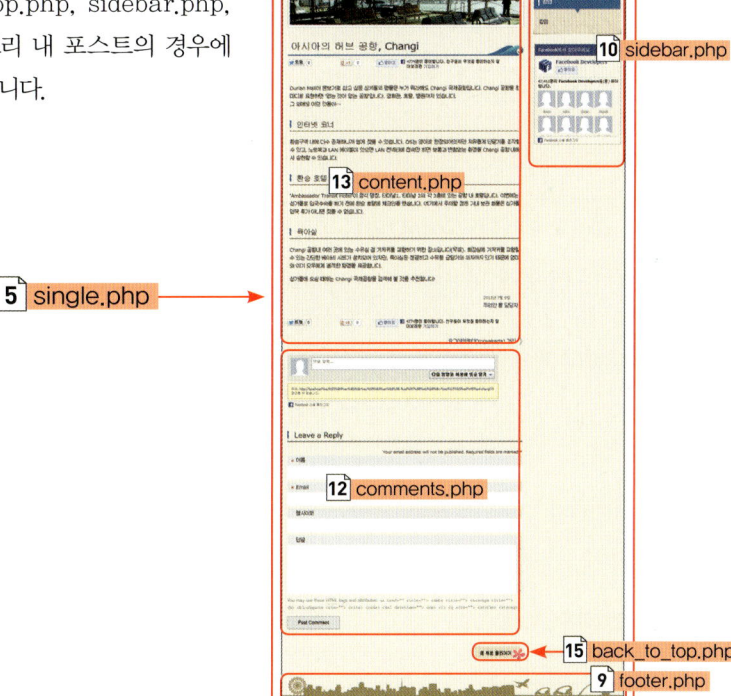

```
<?php get_header(); ?>                              ─────────▶ 8 header.php
    <section id="contents">
<?php
if (have_posts()) :
  while (have_posts()) :
    the_post();
    get_template_part('content');                   ─────────▶ 13 content.php
  endwhile;
  if (in_category('column')) :
    comments_template('', true);                    ─────────▶ 12 comments.php
  endif;
endif;
?>
<?php get_template_part('back_to_top'); ?>          ─────────▶ 15 back_to_top.php
    </section><!-- #contents end -->
<?php get_sidebar(); ?>                             ─────────▶ 10 sidebar.php
<?php get_footer(); ?>                              ─────────▶ 9 footer.php
```

06 search.php

검색 결과 목록 페이지용 템플릿이며 워드프레스로부터 호출됩니다. search.php는 header.php, content-archive.php, back_to_top.php, sidebar.php, footer.php 5개의 파트 템플릿을 호출합니다.

```
<?php get_header(); ?>                              ─────────▶ 8 header.php
    <section id="contents">
        <header class="page-header">
            <h1 class="page-title">'<?php the_search_query(); ?>'의 검색 결과</h1>
        </header>
```

```
        <div class="posts">
<?php
if (have_posts() && get_search_query()) :
  while (have_posts()) :
    the_post();
    get_template_part('content-archive');         ──────────▶ 14 content-archive.php
  endwhile;
  if (function_exists('page_navi')) :
    page_navi('elm_class=page-nav&edge_type=span');
  endif;
else :
?>
        <p>해당하는 포스트가 없습니다.</p>
<?php
endif;
?>
        </div>
<?php get_template_part('back_to_top'); ?>          ──────────▶ 15 back_to_top.php
      </section><!-- #contents end -->
<?php get_sidebar(); ?>                             ──────────▶ 10 sidebar.php
<?php get_footer(); ?>                              ──────────▶ 9 footer.php
```

07 404.php

사이트 내 존재하지 않는 URL로 접속한 경우, 표시되는 404페이지용 템플릿이며 워드프레스로부터 호출됩니다.

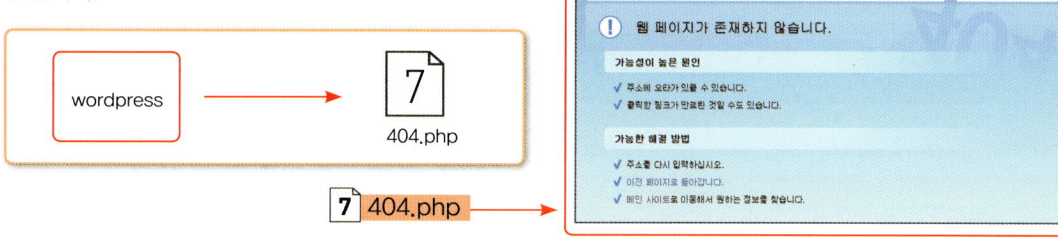

```
<!DOCTYPE HTML>
<html dir="ltr" lang="ko">
<head>
<meta http-equiv="Content-Type" content="text/html; charset=UTF-8">
<title>페이지가 존재하지 않습니다. | <?php bloginfo('name'); ?></title>
<link rel="stylesheet" type="text/css" media="all" href="<?php bloginfo('template_url'); ?>/css/404.css" />
</head>
<body>
  <div id="outside">
    <div id="wrapper_page">
      <h1>404 File not found</h1>
      <h2>웹 페이지를 찾을 수 없습니다.</h2>

      <div id="content">
        <h3>가능성이 높은 원인</h3>
        <ul>
          <li>주소에 오타가 있을 수 있습니다.</li>
          <li>클릭한 링크가 만료된 것일 수도 있습니다.</li>
        </ul>
        <h3>가능한 해결 방법</h3>

        <ul>
          <li>주소를 다시 입력하십시오.</li>
          <li><a href="javascript:history.back();">이전 페이지로 돌아갑니다.</a></li>
          <li><a href="<?php echo home_url('/'); ?>">기본 사이트</a>로 원하는 정보를 찾습니다.</li>
        </ul>
      </div>
    </div>

  </div>
</body>
</html>
```

08 header.php

사이트 헤더 부분부터 글로벌 네비게이션까지를 출력하는 템플릿입니다. front-page.php, page.php, archive.php, single.php, search.php 5개의 메인 템플릿으로부터 호출됩니다.

톱페이지의 경우에는 메인 이미지까지 출력하고 하위 페이지인 경우 '이동 경로'까지 출력합니다. header.php는 '칼럼' 카테고리 내 포스트인 경우 header_ogp.php와 social-script.php를 호출합니다.

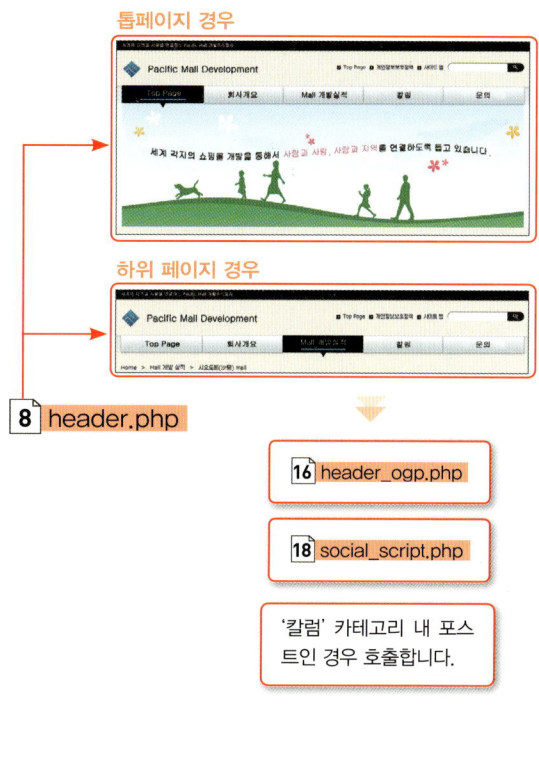

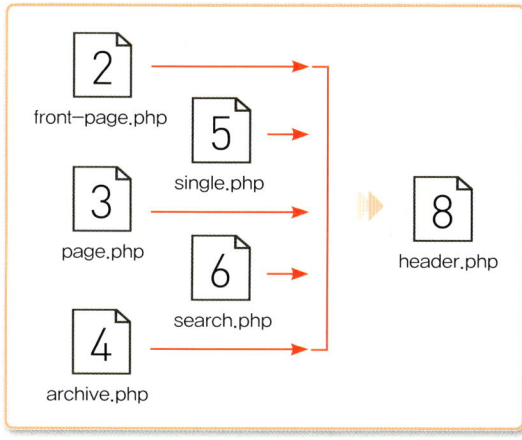

```
<!DOCTYPE HTML>
<html dir="ltr" lang="ko">
<head>
<meta http-equiv="Content-Type" content="text/html; charset=UTF-8">
<title><?php
  global $page, $paged;
  if (is_search()) :
    wp_title('', true, 'left');
    echo ' | ';
  else :
```

```
      wp_title('|', true, 'right');
    endif;
    bloginfo('name');
    if (is_front_page()) :
      echo ' | ';
      bloginfo('description');
    endif;
    if ($paged >= 2 || $page >= 2) :
      echo ' | ' . sprintf('%s Page', max($paged, $page));
    endif;
?></title>
<link rel="apple-touch-icon" href="<?php bloginfo('template_url'); ?>/images/touch-icon.png" />
<link rel="shortcut icon" href="<?php bloginfo('template_url'); ?>/images/favicon.ico" />
<link rel="stylesheet" type="text/css" media="all" href="<?php bloginfo('stylesheet_url'); ?>" />
<!--[if lt IE 9]>
  <meta http-equiv="Imagetoolbar" content="no" />
  <script src="http://html5shiv.googlecode.com/svn/trunk/html5.js"></script>
<![endif]-->
<?php
  if (is_single() && in_category('column')) :
    get_template_part('header_ogp');              ──────────▶  16  header_ogp.php
  endif;
?>
<?php wp_head(); ?>
</head>
<body <?php body_class(); ?>>
<?php
  if (is_single() && in_category('column')) :
    get_template_part('social-script');           ──────────▶  18  social_script.php
  endif;
?>
<div id="wrap">
  <section id="description">
    <h1><?php bloginfo('description'); ?></h1>
  </section><!-- #description end -->
  <div id="container">
    <header id="header">
      <h1 id="site-id">
        <a href="<?php echo home_url('/'); ?>"><img src="
<?php bloginfo('template_url'); ?>/images/header/site_id.png" alt="
```

```php
<?php bloginfo('name'); ?>" /></a>
      </h1><!-- #site-id end -->
      <div id="utility-group">
<?php
  wp_nav_menu(array(
    'container' => 'nav',
    'container_id' => 'utility-nav',
    'theme_location' => 'place_utility',
  ));
?>
        <div id="header-widget-area">
          <aside class="widget_search">
            <?php echo get_search_form(); ?>
          </aside><!-- .widget_search end -->
        </div><!-- #header-widget-area end -->
      </div><!-- #utility-group end -->
    </header><!-- #header end -->
<?php wp_nav_menu(array(
    'container' => 'nav',
    'container_id' => 'global-nav',
    'theme_location' => 'place_global',
  ));
?>
<?php
  if (is_front_page()) :
?>
    <section id="branding">
      <img src="<?php header_image(); ?>" width="
<?php echo HEADER_IMAGE_WIDTH; ?>" height="
<?php echo HEADER_IMAGE_HEIGHT; ?>" alt="" />
    </section><!-- #branding end -->
<?php
  endif;
?>
    <section id="contents-body">
<?php
  if (!is_front_page() && function_exists('bread_crumb')) :
    bread_crumb('navi_element=nav&elm_id=bread-crumb');
  endif;
?>
```

09 footer.php

컨텐츠 및 '위로 올라가기' 버튼, '사이드바'보다 밑에 표시되는 사이트 가장 아랫 부분(저작권 등)을 출력하는 템플릿입니다. front-page.php, page.php, archive.php, single.php, search.php 5개 템플릿으로부터 호출됩니다.

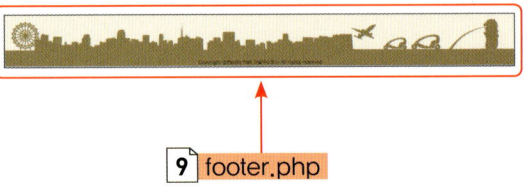

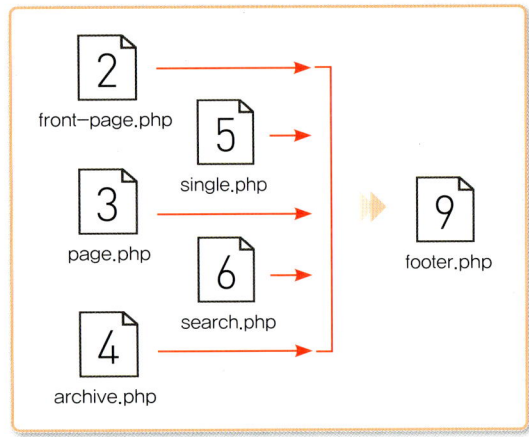

```
    </section><!-- #contents-body end -->
  </div><!-- #container end -->
  <div id="footer-container">
    <footer id="footer">
      <p id="copyright"><small>Copyright &copy;<?php bloginfo('name'); ?>
 All rights reserved.</small></p>
    </footer><!-- #footer end -->
  </div><!-- #footer-container end -->
</div><!-- #wrap end -->
<script src="<?php bloginfo('template_url'); ?>/js/scroll.js"></script>
<?php wp_footer(); ?>
</body>
</html>
```

10 sidebar.php

하위 페이지용 사이드바를 출력하는 템플릿이며 page.php, archive.php, single.php, search.php 4개의 메인 템플릿으로부터 호출됩니다.

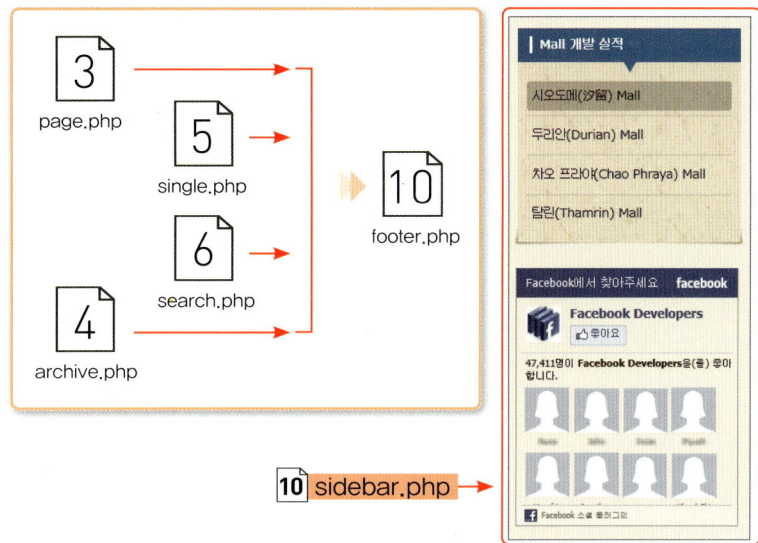

```
        <section id="sidebar">
<?php
if (is_category('column') || (is_single() && in_category('column'))) :
?>
        <aside class="rss_link">
            <a href="<?php echo get_category_feed_link(get_category_by_slug('column')->term_id); ?>"><img src="<?php echo get_template_directory_uri(); ?>/images/btn_rss_feed.png" width="250" height="28" alt="RSS" /></a>
        </aside>
<?php
endif;
?>
        <div id="primary" class="widget-area">
          <?php dynamic_sidebar('primary-widget-area'); ?>

        </div><!-- #primary end -->
        <div id="secondary" class="widget-area">
          <?php dynamic_sidebar('secondary-widget-area'); ?>

        </div><!-- #secondary end -->
      </section><!-- #sidebar end -->
```

11 sidebar-top.php

톱페이지용 사이드바를 출력하는 템플릿이며 front-page.php로부터 호출됩니다.

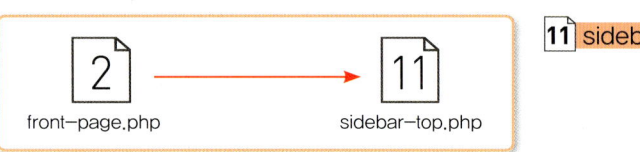

```
        <section id="sidebar">
            <aside class="rss_link">
                <?php the_feed_link('<img src="' . get_template_directory_uri() . '/images/btn_rss_feed.png" width="250" height="28" alt="RSS" />'); ?>
            </aside>
            <div id="primary" class="widget-area">
<?php
$sidebar_cat_list = array(
  'event' => 2,
  'malls' => 2,
  'information' => 2,
);

foreach ($sidebar_cat_list as $sidebar_cat_name => $sidebar_cat_num) :
query_posts('posts_per_page=' . $sidebar_cat_num . '&category_name=' . $sidebar_cat_name);
?>             <aside id="<?php echo $sidebar_cat_name; ?>-info" class="news-list">
                <h1><?php echo esc_html(get_category_by_slug($sidebar_cat_name)->name); ?></h1>
                <div class="info-wrap">
                    <ul>
<?php
  if (have_posts()) :
    while (have_posts()) :
      the_post();
?>
```

```
                    <li>
                        <time class="entry-date" datetime="<?php the_time
('Y-m-d'); ?>"><?php the_time(get_option('date_format')); ?></time>
                        <h2><a href="<?php the_permalink(); ?>">
<?php the_title(); ?></a></h2>
                        <a href="<?php the_permalink(); ?>">
<?php the_post_thumbnail('small_thumbnail', array('alt' => the_title_attribute('echo=0'), 'title' =>
the_title_attribute('echo=0'))); ?></a>
                        <?php the_short_excerpt(); ?>
                    </li>
<?php
    endwhile;
  endif;
?>
                </ul>
                <span class="link-text">
                    <a href="<?php echo get_term_link($sidebar_cat_name,
'category'); ?>"><?php echo esc_html(get_category_by_slug
($sidebar_cat_name)->name); ?> 목록</a>
                </span>
            </div>
        </aside>
<?php
  wp_reset_query();
endforeach;
?>
        </div><!-- #primary end -->
    </section><!-- #sidebar end -->
```

12 comments.php

댓글과 코멘트 폼(comment form)을 출력하는 템플릿이며, [칼럼] 카테고리 내 포스트인 경우 single.php로부터 호출됩니다.

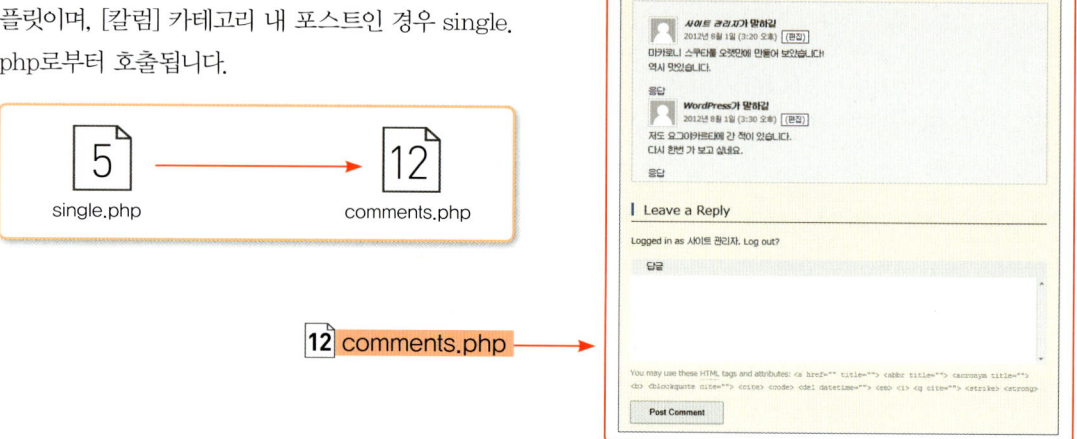

12 comments.php

```
<?php
if (post_password_required()) :
  return;
endif;
?>
        <section id="comments">
<?php
if (have_comments()) :
?>
        <h1 id="comments-title">
          <?php echo '"<em>' . get_the_title() . '</em>" 에 댓글 ' .
get_comments_number() . '개'; ?>

        </h1>
        <ol class="commentlist">
          <?php wp_list_comments('avatar_size=40'); ?>

        </ol>
<?php
  if (get_comment_pages_count() > 1 && get_option('page_comments')) :
?>
```

```
            <nav class="navigation">
                <ul>
                    <li class="nav-previous"><?php previous_comments_link('이전 댓글
'); ?></li>
                    <li class="nav-next"><?php next_comments_link('다음 댓글'); ?></li>
                </ul>
            </nav>
<?php
    endif;
endif;
?>
<?php comment_form(); ?>

        </section>
```

13 content.php

페이지 및 포스트로 작성된 컨텐츠를 출력하는 템플릿이며 page.php와 single.php로부터 호출됩니다. content.php는 [칼럼] 카테고리 내 포스트인 경우 social-button.php를 호출합니다.

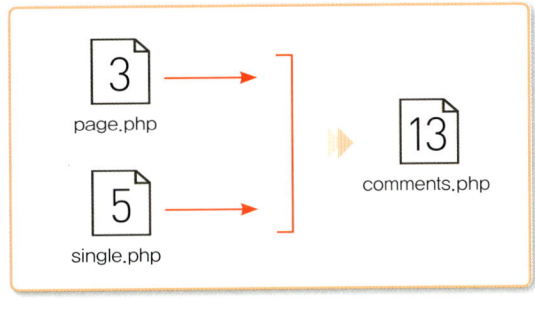

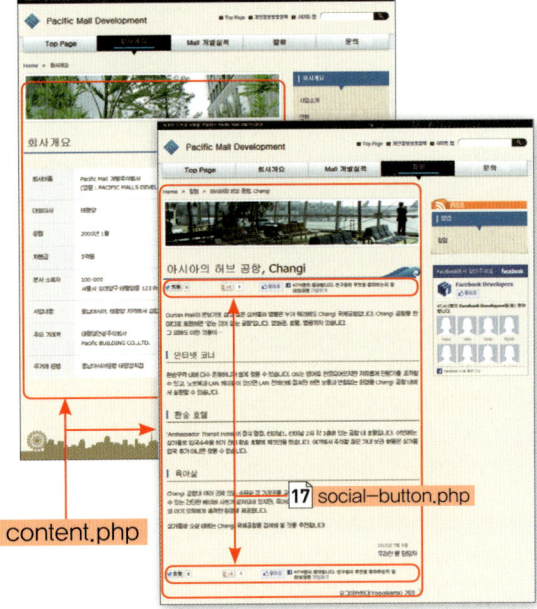

397

```
            <article>
                <header class="page-header">
                    <?php the_category_image(); ?>

                    <h1 class="page-title"><?php the_title(); ?></h1>
<?php
  if (is_single() && in_category('column')) :
    get_template_part('social-button');                ─────────▶ [17] social-button.php
  endif;
?>
                </header>
                <section class="entry-content">
                    <?php the_content(); ?>
<?php
if (is_single()) :
?>
                    <div id="content_date_author">
                      <ul class="alignright">
                        <li>
                          <time pubdate="pubdate" datetime="<?php the_time('Y-m-d'); ?>" class="entry-date">
<?php the_time(get_option('date_format')); ?></time>
                        </li>
                        <li>
                          <?php the_author_posts_link(); ?>
                        </li>
                      </ul>
                    </div>
<?php
endif;
?>
                </section>
            </article>
<?php
if (is_single()) :
  if (in_category('column')) :
    get_template_part('social-button');                ─────────▶ [17] social-button.php
  endif;
?>
            <nav class="adjacent_post_links">
              <ul>
                <li class="previous"><?php previous_post_link('%link', '%title', true); ?></li>
```

```
                <li class="next"><?php next_post_link('%link', '%title', true); ?></li>
            </ul>
        </nav>
<?php
   if (in_category('column')) :
?>
            <div class="fb-comments" data-href="<?php the_permalink(); ?>" data-num-posts="20" data-width="600"></div>
<?php
   endif;
endif;
?>
```

14 content-archive.php

포스트의 목록 표시용 컨텐츠를 출력하는 템플릿이며 archive.php와 search.php로부터 워드프레스 루프로 호출됩니다.

[칼럼] 카테고리 내 포스트인 경우 호출합니다.

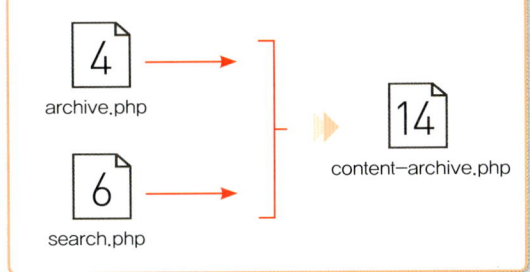

399

```
            <article <?php post_class(); ?>>
                <a href="<?php the_permalink(); ?>">
                    <?php the_post_thumbnail('large_thumbnail', array('alt' =>
the_title_attribute('echo=0'), 'title' => the_title_attribute('echo=0'))); ?>
                </a>
                <header class="entry-header">
                    <time pubdate="pubdate" datetime="<?php the_time('Y-m-d'); ?>
"class="entry-date"><?php the_time(get_option('date_format')); ?></time>
<?php
if (!is_search()) :
?>
                    <span class="author vcard"><?php the_author_posts_link(); ?></span>
<?php
endif;
?>
                    <h1 class="entry-title"><a href="<?php the_permalink(); ?>">
<?php the_title(); ?></a></h1>
                </header>
                <section class="entry-content">
                    <?php the_excerpt(); ?>
                </section>
            </article>
```

15 back_to_top.php

하위 페이지에서 '위로 올라가기' 링크를 출력하는 템플릿이며 page.php, archive.php, single.php, search.php 4개의 메인 템플릿으로부터 호출됩니다.

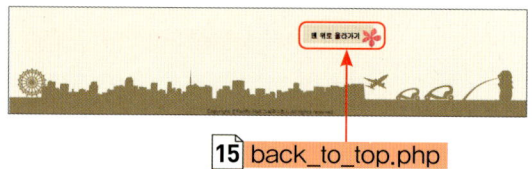

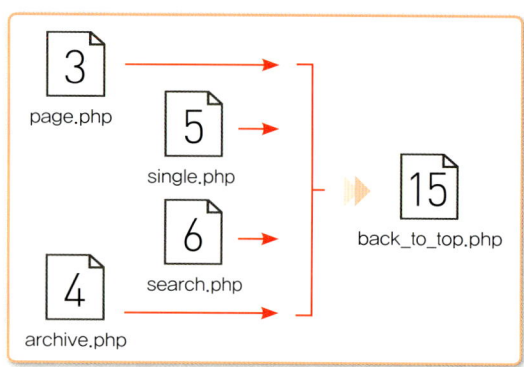

```
<aside id="back_to_top"><a href="#wrap"
onclick="scrollup(); return false;"><img src="
<?php bloginfo('template_url'); ?>/images/btn_
back_to_top.png" alt="위로 올라가기" width="146"
height="42"></a></aside>
```

16 header_ogp.php

OGP(Open Graph Protocol)를 출력하는 템플릿이며 [칼럼] 카테고리 내 포스트인 경우 header.php로부터 호출됩니다.

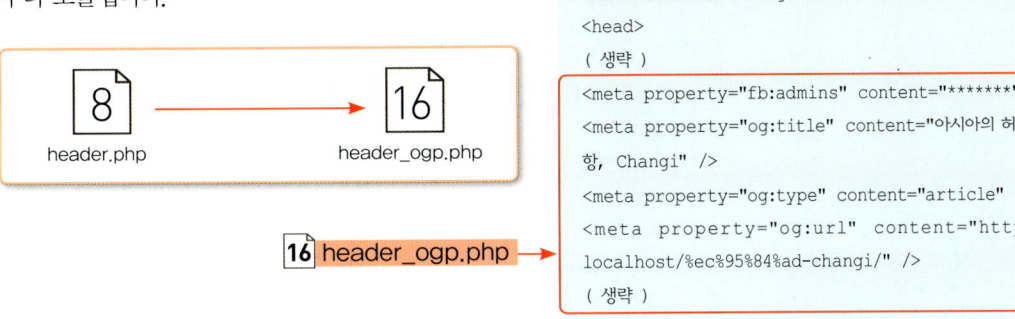

☐ '칼럼' 카테고리 내 포스트의 HTML

```
<!DOCTYPE HTML>
<html dir="ltr" lang="ko">
<head>
( 생략 )
<meta property="fb:admins" content="*******" />
<meta property="og:title" content="아시아의 허브 공항, Changi" />
<meta property="og:type" content="article" />
<meta property="og:url" content="http://localhost/%ec%95%84ad-changi/" />
( 생략 )
```

```
<meta property="fb:admins" content="<?php if (function_exists('fb_admins')) fb_admins(); ?>" />
<meta property="og:title" content="<?php the_title(); ?>" />
<meta property="og:type" content="article" />
<meta property="og:url" content="<?php the_permalink(); ?>" />
<meta property="og:site_name" content="<?php bloginfo('name'); ?>" />
<meta property="og:locale" content="ko_KR" />
<?php
  if (has_post_thumbnail()) :
?>
<meta property="og:image" content="<?php echo get_thumbnail_image_url(); ?>" />
<?php
  else:
?>
<meta property="og:image" content="
<?php echo bloginfo('template_url'); ?>/images/fb_default_img.png" />
<?php
  endif;
?>
<meta property="og:description" content=
"<?php echo get_ogp_excerpted_content($post->post_content); ?>" />
```

17 social-button.php

Twitter 버튼, Google+의 +1 버튼, facebook의 '좋아요' 버튼(Like Button)을 출력하는 템플릿이며 [칼럼] 카테고리 내 포스트인 경우 content.php로부터 호출됩니다.

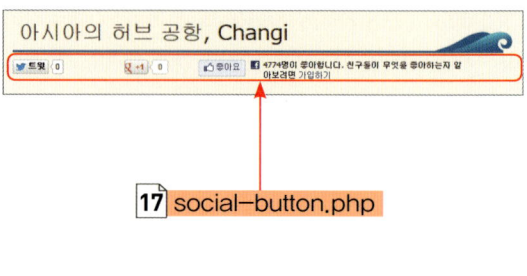

```
        <ul class="social_buttons">
            <li>
                <a href="https://twitter.com/share" class="twitter-share-button" data-lang="KO">Tweet</a><script>!function(d,s,id){var js,fjs=d.getElementsByTagName(s)[0];if(!d.getElementById(id)){js=d.createElement(s);js.id=id;js.src="//platform.twitter.com/widgets.js";fjs.parentNode.insertBefore(js,fjs);}}(document,"script","twitter-wjs");</script>
            </li>
            <li>
                <div class="g-plusone" data-size="medium" data-href="<?php the_permalink(); ?>"></div>
            </li>
            <li>
                <iframe src="//www.facebook.com/plugins/like.php?href=<?php the_permalink(); ?>&amp;send=false&amp;layout=standard&amp;width=360&amp;show_faces=true&amp;action=like&amp;colorscheme=light&amp;font&amp;height=26" scrolling="no" frameborder="0" style="border:none; overflow:hidden; width:360px; height:26px;" allowTransparency="true"></iframe>
            </li>
        </ul>
```

18 social-script.php

소셜 버튼용 스크립트를 출력하는 템플릿이며 [칼럼] 카테고리 내 포스트인 경우 header.php로부터 호출됩니다.

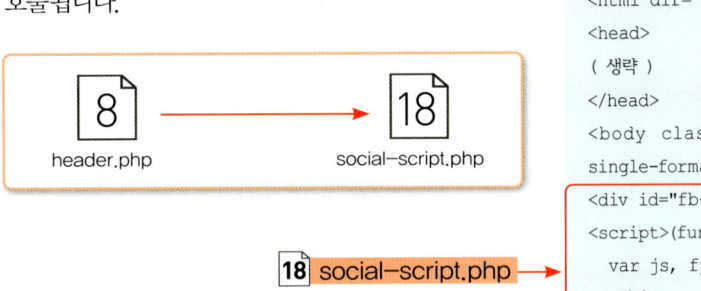

□ '칼럼' 카테고리 내 포스트의 HTML

```
<!DOCTYPE HTML>
<html dir="ltr" lang="ko">
<head>
( 생략 )
</head>
<body class="single single-post postid-12 single-format-standard">
<div id="fb-root"></div>
<script>(function(d, s, id) {
  var js, fjs = d.getElementsByTagName(s)[0];
( 생략 )
</script>
```

```
<div id="fb-root"></div>
<script>(function(d, s, id) {
  var js, fjs = d.getElementsByTagName(s)[0];
  if (d.getElementById(id)) return;
  js = d.createElement(s); js.id = id;
  js.src = "//connect.facebook.net/ko_KR/all.js#xfbml=1";
  fjs.parentNode.insertBefore(js, fjs);
}(document, 'script', 'facebook-jssdk'));</script>

<script type="text/javascript">
  window.___gcfg = {lang: 'ko'};

  (function() {
    var po = document.createElement('script'); po.type = 'text/javascript'; po.async = true;
    po.src = 'https://apis.google.com/js/plusone.js';
    var s = document.getElementsByTagName('script')[0]; s.parentNode.insertBefore(po, s);
  })();
</script>
```

19 posts.php

'시오도메 Mall', '두리안 Mall', '차오 프라야 Mall', '탐린 Mall' 내에 있는 각 점포의 정보를 출력하는 템플릿이며 shortcode 'posts'로부터 호출됩니다.

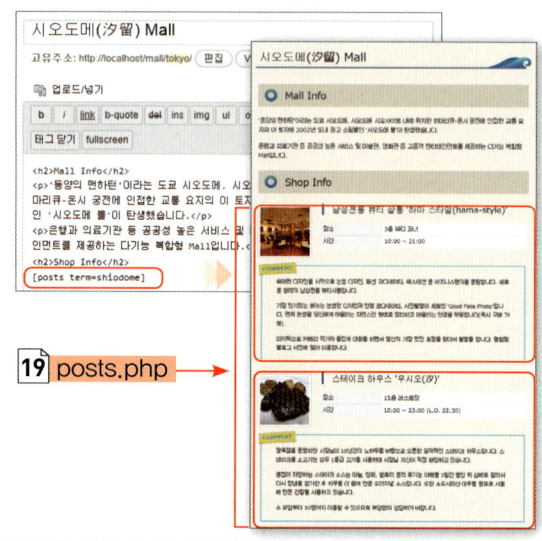

```
            <section class="shops">
                <?php echo get_the_post_thumbnail($post->ID, 'large_thumbnail', array('class' => 'alignleft shop_thumbnail', 'title' => $post->post_title, 'alt' => $post->post_title)); ?>

                <h3><?php echo esc_html($post->post_title); ?></h3>
                <table class="shop_spec">
<?php
    $info_list = array('장소', '시간', '캠페인 정보');
    foreach ($info_list as $info) :
        if (isset($post_custom[$info]) && $post_custom[$info]) :
?>
                    <tr>
                        <th><?php echo $info; ?></th>
                        <td><?php echo nl2br(esc_html($post_custom[$info][0])); ?></td>
                    </tr>
<?php
        endif;
    endforeach;
?>
                </table>
                <h4 class="shop_content_title"><img src="<?php bloginfo('template_url'); ?>
```

```
/images/h4_shop_comment.png" alt="COMMENT" width="97" height="35" /></h4>
        <section class="shop_content">
          <?php echo $post->post_content; ?>

        </section>
      </section>
```

20 functions.php

템플릿 내에서 이용하는 독자적인 템플릿 태그 및 함수를 정의하기 위한 파일입니다. 사용자정의 헤더와 같이 워드프레스에 표준으로 탑재되어 있는 기능을 활성화해서 이용 가능하게 하는 경우에도 functions.php를 사용합니다. 페이지 종류에 상관 없이 다른 어떤 템플릿보다 먼저 워드프레스 본체로부터 로딩됩니다(PHP 코드로서 실행됩니다).

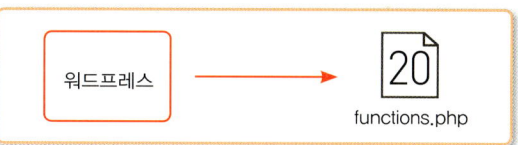

```
<?php

// custom header
add_custom_image_header('', '__return_false');

define('NO_HEADER_TEXT', true);
define('HEADER_TEXTCOLOR', '');
define('HEADER_IMAGE', '%s/images/top/main_image.png');
define('HEADER_IMAGE_WIDTH', 950);
define('HEADER_IMAGE_HEIGHT', 295);


// custom menu
register_nav_menus(
  array(
    'place_global' => 'global',
    'place_utility' => 'utility',
  )
```

```php
);

// 특성 이미지를 이용할 수 있도록 합니다.
add_theme_support('post-thumbnails');

// 특성 이미지 크기 설정
set_post_thumbnail_size(90, 90 ,true);

// 사이드바용 이미지 크기 설정
add_image_size('small_thumbnail', 61, 61, true);

// 아카이브용 이미지 크기 설정
add_image_size('large_thumbnail', 120, 120, true);

// 하위 페이지 헤더용 이미지 크기 설정
add_image_size('category_image', 658, 113, true);

// 몰 이미지용 이미지 크기 설정
add_image_size('pickup_thumbnail', 302, 123, true);

// Child Pages Shortcode의 CSS의 URL을 갱신합니다.
function change_child_pages_shortcode_css() {
  $url = get_template_directory_uri() . '/css/child-pages-shortcode/style.css';
  return $url;
}
add_filter('child-pages-shortcode-stylesheet', 'change_child_pages_shortcode_css');

// 위젯
register_sidebar(array(
  'name' => '사이드바 위젯 영역(상)',
  'id' => 'primary-widget-area',
  'description' => '사이드바 상단의 위젯 영역',
  'before_widget' => '<aside id="%1$s" class="widget-container %2$s">',
  'after_widget' => '</aside>',
  'before_title' => '<h1 class="widget-title">',
  'after_title' => '</h1>',
));

register_sidebar(array(
  'name' => '사이드바 위젯 영역(하)',
  'id' => 'secondary-widget-area',
  'description' => '사이드바 하단의 위젯 영역',
```

```
    'before_widget' => '<aside id="%1$s" class="widget-container %2$s">',
    'after_widget' => '</aside>',
    'before_title' => '<h1 class="widget-title">',
    'after_title' => '</h1>',
));

// 검색어가 입력되지 않거나 0인 경우 search.php를 템플릿으로 사용
function search_template_redirect() {
  global $wp_query;
  $wp_query->is_search = true;
  $wp_query->is_home = false;
  if (file_exists(TEMPLATEPATH . '/search.php')) {
    include(TEMPLATEPATH . '/search.php');
  }
  exit;
}

if (isset($_GET['s']) && $_GET['s'] == false) {
  add_action('template_redirect', 'search_template_redirect');
}

// 요약문이 자동적으로 생성되는 경우, 마지막에 부여되는 문자열을 변경합니다.
function cms_excerpt_more() {
  return ' ...';
}
add_filter('excerpt_more', 'cms_excerpt_more');

// 요약문이 자동적으로 생성되는 경우 기본 문자수를 변경합니다.
function cms_excerpt_length() {
  return 120;
}
add_filter('excerpt_mblength', 'cms_excerpt_length');

// '페이지'에서 요약문 입력하기.
add_post_type_support('page', 'excerpt');

// short 문자표시 요약(자동생성인 경우) 표시 템플릿 태그의 정의
function the_short_excerpt() {
  add_filter('excerpt_mblength', 'short_excerpt_length', 11);
  the_excerpt();
  remove_filter('excerpt_mblength', 'short_excerpt_length', 11);
}
```

```
function short_excerpt_length() {
  return 10;
}

// pickup 문자표시 요약 표시 템플릿 태그의 정의
function the_pickup_excerpt() {
  add_filter('get_the_excerpt', 'get_pickup_excerpt', 0);
  add_filter('excerpt_mblength', 'pickup_excerpt_length', 11);
  the_excerpt();
  remove_filter('get_the_excerpt', 'get_pickup_excerpt', 0);
  remove_filter('excerpt_mblength', 'pickup_excerpt_length', 11);
}

// 톱페이지 픽업(Mall 소개) 부분의 요약문을 잘라냅니다.
function get_pickup_excerpt($excerpt) {
  if ($excerpt) {
    $excerpt = strip_tags($excerpt);
    $excerpt_len = mb_strlen($excerpt);
    if ($excerpt_len > 50) {
      $excerpt = mb_substr($excerpt, 0, 50) . ' ...';
    }
  }
  return $excerpt;
}

function pickup_excerpt_length() {
  return 50;
}

// category 이미지 표시
// 1. 특성 이미지가 설정되어 있는 경우 특성 이미지 사용
// 2. 특성 이미지가 설정되어 있지 않은 페이지에서 최상위 페이지에 특성 이미지가 설정되어 있는 경우 그 특성 이미지 사용
// 3. 그 이외의 경우는 기본 이미지 표시
function the_category_image() {
  global $post;
  $image = "";

  if (is_singular() && has_post_thumbnail()) {
    $image = get_the_post_thumbnail(null, 'category_image', array('id' => 'category_image'));
  } elseif (is_page() && has_post_thumbnail(array_pop(get_post_ancestors($post)))) {
    $image = get_the_post_thumbnail(array_pop(get_post_ancestors($post)),
```

```
'category_image', array('id' => 'category_image'));
  }

  if ($image == "") {
    $src = get_template_directory_uri() . '/images/category/default.jpg';
    $image = '<img src="' . $src . '" class="attachment-category_image wp-post-image" alt="" id="category_image" />';
  }
  echo $image;
}

// 칼럼 카테고리만 댓글을 달 수 있습니다.
function comments_allow_only_column($open, $post_id) {
  if (!in_category('column')) {
    $open = false;
  }
  return $open;
}
add_filter('comments_open', 'comments_allow_only_column', 10, 2);

// OGP를 위한 각종 설정
// 특성 이미지의 URL 취득
function get_thumbnail_image_url() {
  $img_id = get_post_thumbnail_id();
  $img_url = wp_get_attachment_image_src($img_id, 'thumbnail', true);
  return $img_url[0];
}

// ogp용 description 취득
function get_ogp_excerpted_content($content) {
  $content = strip_tags($content);
  $content = mb_substr($content, 0, 120, 'UTF-8');
  $content = preg_replace('/\s\s+/', '', $content);
  $content = preg_replace('/[\r\n]/', '', $content);
  $content = esc_attr($content) . ' ...';
  return $content;
}

// Mall 개발실적 페이지의 shortcode
function posts_shortcode ($args) {
  $template = dirname( __FILE__ ) . '/posts.php';
  if (!file_exists($template)) {
```

```
    return;
  }
  $def = array(
    'post_type' => 'shops',
    'taxonomy' => 'mall',
    'term' => '',
    'orderby' => 'asc',
    'posts_per_page' => -1,
  );
  $args = shortcode_atts($def, $args);
  $posts = get_posts($args);
  ob_start();
  foreach ($posts as $post) {
    $post_custom = get_post_custom($post->ID);
    include($template);
  }
  $output = ob_get_clean();
  return $output;
}
add_shortcode('posts', 'posts_shortcode');
```

21 fb-admins.php

facebook 관리자 ID(fb:admins)를 관리화면에서 설정할 수 있도록 하는 플러그인입니다.

```
<?php
/*
Plugin Name: Fb admins
Plugin URI: http://www.prime-strategy.co.jp/
Description: Facebook의 fb:admins 파라미터를 관리화면에서 설정합니다.
Author: Prime Strategy Co.,Ltd.
Version: 1.0
```

```
Author URI: http://www.prime-strategy.co.jp/
*/

function add_fb_admins_menu() {
    add_options_page('Fb admins 설정', 'Fb admins', 'manage_options', 'fb-admins.php',
'fb_admins_page' );
}
add_action('admin_menu', 'add_fb_admins_menu');

function fb_admins_page() {
?>
<div class="wrap">
  <?php screen_icon(); ?>
  <h2>Fb admins</h2>
<?php
  if (isset($_POST['fb_admins'])) {
    check_admin_referer('fb_admins_action', 'fb_admins_nonce');
    $fb_admins = stripslashes($_POST['fb_admins']);
    if (is_numeric($fb_admins)) {
      update_option('fb_admins', $fb_admins);
      echo '<p>저장했습니다.</p>';
    } else {
      echo '<p style="color: #F00">숫자로 입력합니다.</p>';
    }
  } else {
    $fb_admins = get_option('fb_admins');
    echo '<p>관리자 ID을 입력합니다.</p>';
  }
?>
  <form action="" method="post">
    <?php wp_nonce_field('fb_admins_action', 'fb_admins_nonce'); ?>
    <input type="text" name="fb_admins" value="<?php echo esc_attr($fb_admins); ?>" />
    <?php submit_button(); ?>
  </form>
</div>
<?php
}
function fb_admins() {
  echo esc_attr(get_option('fb_admins'));
}
```

22 maps-shortcode.php

shortcode를 이용해서 Google Maps의 지도를 표시하는 플러그인입니다.

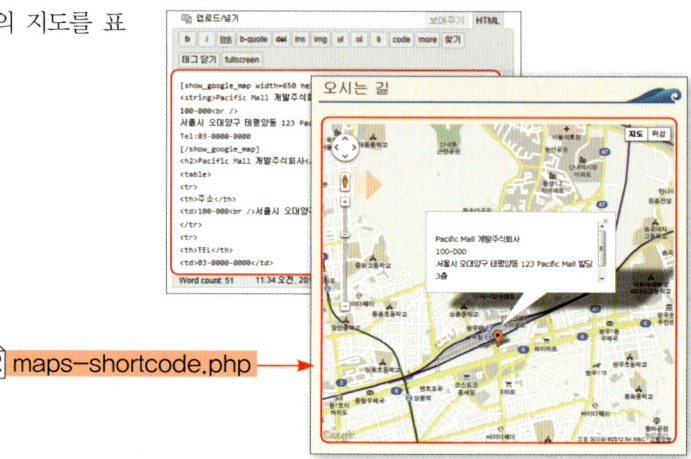

22 maps-shortcode.php

```
<?php

/*
Plugin Name: Maps Shortcode
Plugin URI: http://www.prime-strategy.co.jp/
Description: Generator of shortcode for Google Maps.
Author: Prime Strategy Co.,Ltd.
Version: 1.1
Author URI: http://www.prime-strategy.co.jp/
*/

function display_google_map($arr, $content = "") {
  $def = array(
    'width' => 650,
    'height' => 438,
    'lat' => 37.598830,
    'lng' => 127.092719,
  );

  $opt = shortcode_atts($def, $arr);

  $content = preg_replace('/[\r\n]/', '', $content);
```

```php
  $content = preg_replace("/'/", "\\\'", $content);

  ob_start();
?>
<script type="text/javascript" src="//maps.google.com/maps/api/js?sensor=false">
</script>
<div id="map" style="width:<?php echo $opt['width']; ?>px;height:
<?php echo $opt['height']; ?>px;"></div>
<script type="text/javascript">
var latlng = new google.maps.LatLng(<?php echo $opt['lat']; ?>,
<?php echo $opt['lng']; ?>);
  var myOptions = {
    zoom: 17,
    center: latlng,
    scrollwheel: true,
    scaleControl: false,
    disableDefaultUI: false,
    mapTypeId: google.maps.MapTypeId.ROADMAP
  };
  var map = new google.maps.Map(document.getElementById("map"),myOptions);
  var marker = new google.maps.Marker({
    map: map,
    position: map.getCenter()
  });
  var contentString = '<?php echo $content; ?>';
  var infowindow = new google.maps.InfoWindow({
    content: contentString
  });

  google.maps.event.addListener(marker, 'click', function() {
    infowindow.open(map,marker);
  });

  infowindow.open(map,marker);
</script>
<?php
  return ob_get_clean();
}
add_shortcode('show_google_map', 'display_google_map');
```

INDEX

| 기타 |

$arr	324
$content	324
$page	239
$sidebar_cat_list	158
.htaccess	101, 345, 346
[글]-[Categories]	358
[글]-[All Posts]	113, 200, 201
[도구]-[가져오기]	356
[사용자]-[모든 사용자]	199
[사용자]-[사용자 추가하기]	198
[설정]-[Fb admins]	331, 333
[설정]-[쓰기]	236
[설정]-[읽기 설정]	206
[설정]-[토론]	251
[설정]-[프라이버시]	233
[설정]-[Meta Manager]	241, 243
[설정]-[XML-Sitemaps]	244
[알림판]-[업데이트]	372
[외모]-[편집기]-[테마 편집]	330
[외모]-[위젯]	182, 184
[외모]-[테마]	71
[페이지]-[Add New]	114
[페이지]-[All Pages]	217, 360
[플러그인]-[설치된 플러그인]	241, 276, 329, 374
[플러그인]-[편집기]-[플러그인 편집]	330
[플러그인]-[Admin SSL]	296
[Contact]-[Contact Form 1]	169
[Custom Post Type UI]-[Add New]	305
[Custom Post Types]-[Manage Post Types]	306
[HTML] 모드	110
[shops]-[mall]	308
[shops]-[shops]	312
[wordpress]	45, 46
[wp-content]-[plugins]	329, 332, 374
<?php body_class( ); ?>	127
<?php echo "index";	380
<?php test( ); ?>	375
<?php the_permalink( ); ?>	274
<?php	327
<php echo get_search_form( )	208
001 Prime Strategy Translate Accelerator	347, 370
404 File not found	191
404.html	41
404.php	191, 387
500 Internal Server Error	375

| A |

add_fb_admins_menu	333
add_image_size( )	148
add_options_page	333, 334
add_shortcode	315, 325, 329
Add-ons for Firefox	343
Admin SSL	295, 296, 369
admin_menu	333
Advanced Options	306
after_widget	183
Akismet API	276, 278
Akismet	106, 107, 275, 276, 368
All in One Sub Navi Widget	181, 366
All Posts	201
Allow search engines to index this site	233
APACHE FRIENDS XAMPP for Windows	52
Apache	55, 56, 64
API	276
archive.php	143, 197, 205, 384, 389, 392, 393
assign posts to an existing user	358, 363
auth_password	64
auth_username	64

| B |

back_to_top.php	193, 194, 383, 384, 385, 386, 400

| B |

before_widget	183
bloginfo( )	73
BOM 없음	83, 119

| C |

categories	111
check_admin_referer( )	335
Child Pages Shortcode	162, 365
Chrome	76
Codex Update Service	237
comments.php	396
comments_template(' ', true);	249
comments	272
Contact Form 7	166, 173, 366
container_id	136
container	136
content.php	141, 203, 213, 383, 385, 397
content-archive.php	196, 384, 386, 399
Counterize	287, 290, 369
Create Custom Taxonomy	306
CSS	151, 164
css/nav.css	138, 139
Current Visitors Online	289
Custom field	312
custom header	90
Custom Post Type UI	303, 304, 370
custom post type	118, 303
custom taxonomy	118, 303

| D |

Debugger	268
define('WP_DEBUG', false);	376
description	183
disallow	235
display_google_map	324
dyname_sidebar( )	185

| E |

Eclipse	119
edge_type=span	206
eim_class=page-nav	206
Enable SSL	296
Enable to cache the translation files	349
enter your Akismet API key	276
esc_attr( )	335
esc_html( )	335
esc_url( )	335
excerpt_mblength	215
excerpt_more	215

| F |

Facebook Like Box	270, 271
fake sendmail for windows	67
Fb admins	334
fb:admins	266
fb_admins( )	331, 336, 338
fb_admins_page	334, 336
fb-admin 템플릿	332
fb-admin.php	332,, 333, 334, 336, 337, 410
FileZilla	94
Firebox	76
Firebug	375
Firefox	343, 375
footer.php	193, 380, 383, 384, 385, 386, 392
foreach( )	315
front-page.php	220, 380, 389, 392
FTP 소프트웨어	94
function.php	132, 147, 210, 215, 324, 405
functions_exists( )	338

| G |

Get code	263, 270
get_footer( )	83
get_header( )	83

get_post_custom( )	312, 315
get_query_var('author')	197
get_sidebar( )	83
get_template_part('content')	144
get_template_part('content-archive')	144
get_template_part( )	84, 142, 257
get_the_post_thumbnail( )	317
global	133
Google 계정	284
Google 서버	283
Google Analyticator	66, 283, 287, 368
Google Analytics account	285
Google Analytics logging	285
Google Analytics Summary	286
Google Analytics UID	285
Google Analytics	66, 283, 284
Google XML Sitemaps	367
Google+	260
gravator	255

H	
have_posts( )	125
header.php	208, 238, 297, 375, 380, 381, 383, 384, 385, 386, 389
header_ogp.php	266, 338, 401
Hello Dolly	106
hidden 필드	335
Hierarchical	306, 307
hook 포인터	86
htdocs 폴더	65
HTML 구조	42
HTML 모드	126
https 접속	299
HTTPS Detection	297

I	
IFRAME	263, 270

Import WordPress	362
import용 플러그인	356
in_category( )	249
index.php	71, 73, 78, 80, 122, 380
ini_set( )	378
is_author( )	197
is_front_page( )	127
is_single( ) && in_category	257
is_single( )	203, 249

L	
libeay32.dll	67
Like Box	270
Like Button 플러그인 코드	263
Like Button	262
link	206

M	
main templates	85
Mall 개발 실적	153
Maps Shortcode	329
maps-shortcode.php	327, 328, 412
Mercury	62
meta description	240
meta keyword	240
Meta Manager	367
mo 파일	347, 348
MySql	55, 56, 58

N	
nav	136
next_post_link( )	213
none	206
Notepad++	131
npp.6.1.6.Installer.exe	131

| O |

ob_get_clean( )	315
ob_start( )	315, 324
og:description	266
og:image	266
og:locale	266
og:site_name	266
og:title	266
og:url	266
OGP	265, 267, 268
Open Graph Protocol	265
Options	289

| P |

Pacific Malls Development	71, 72
page navi	205, 207
page.php	141, 142, 383, 389, 392, 393
page.xml	114
part templates	80, 85
permalink	305
permanent link	99
PHP 모드	126
PHP 에러 표시	377
php 종료 태그	212
PHP 함수	330
php.ini	62
php_flag display_errors On	378
phpMyAdmin	60
place_global	133
place_utility	133, 136
POP BEFORE SMTP	61, 64
POP3 서버의 유저 이름	61
POP3 서버의 패스워드	61
POP3 서버의 호스트 이름	61
pop3_password	64
pop3_server	64
pop3_username	64
Post Type	305, 312
posts.php	317, 404
posts.xml	357
previous_post_link( )	213
Prime Strategy Bread Crumb	189, 367
Prime Strategy Page Navi	205, 367
PS Auto Sitemap	186, 366

| Q |

query_posts	158

| R |

register_nav_menus( )	132
register_sidebar( )	181, 183
rewrite 기능	344
robots.txt	233, 234
RSS 링크	224
RSS 피드 링크	161

| S |

safari	76
screenshot.png	78
search.php	209, 386, 389, 392, 393
Secure my site with SSL	296
sendmail.exe	62, 67
sendmail.ini	63, 67, 68
shop.xml	309, 362
shortcode 'posts'	315, 379
shortcode show_google_map	323
shortcode_atts( )	315
shortcode	163, 305, 315, 318, 323, 325
show_ google_map	324
sidebar.php	123, 185, 224, 383, 384, 385, 386, 393
sidebar-top.php	158, 380, 394
single.php	142, 249, 385, 389, 392, 393
sitemap.xml.gz	244

sitemap.xml	244	UTF-8	83, 119
slug	105	utility	133
SMTP 서버의 유저 이름	61	utility-nav	136

| V |

Vim	119
Visitor Details	289

SMTP 서버의 패스워드 61
SMTP 서버의 호스트 번호 61
SMTP 서버의 호스트 이름 61
SMTP 인증 64
smtp_sender 63
smtp_server 63

| W |

WassUp Real Time Analytics	289, 368
WassUp	287, 288, 289, 368
WordCamp korea	176
WordCamp	176
wordpress codex	73, 249
WordPress Importer	361, 356, 371
wordpress.org	106, 373
WP Multibyte Patch	215, 365
WP Super Cache	350, 351, 352, 370
wp_nav_menu( )	136, 137
wp_nonce_filed( )	335
wp-config.php	48, 49, 376, 377, 378

social-button.php 256, 402
social-script.php 273, 403
span 206
SPY Visitors 289
SSL 66, 288, 295, 296, 304
ssleay32.dll 67
Step 1-Get Like Button Code 263
style.css 71, 73, 78
Sub Navi 181

| T |

The timestamps on both pages match 351
the_author_post_link( ) 203
the_content( ) 125
the_feed_link( ) 224
the_pickup_excerpt( ) 219
the_post_thumbnail( ) 150
the_search_query( ) 209
the_short_excerpt( ) 218
theme_location 136
Translated text displayed in your site 349
Trash 104
Twenty Eleven 51, 112

| X |

XAMPP 제어판	55
XAMPP for Windows	52, 53, 57
XAMPP SECURITY	58
XML-Sitemaps Generator for WordPress	244

| ㄱ |

가상 robots.txt	66
개행	209
검색결과 페이지 템플릿	209
검색결과 확인	211
검색엔진 인덱스	233
고유주소	99, 114, 305, 344
공개적으로 표시할 이름	199, 202

| U |

UAC 53
Used as featured image 149
User Account Control 53

공개하기 영역	111	사용자정의 헤더	90
글로벌 네비게이션	131, 137, 140	사이드바 위젯 영역	184
기본 설정	252	사이드바용 템플릿	122
		사이트 관리자	95
| ㄴ |		사이트 구성	43
닉네임	199	사이트 기본 정보	49
		사이트 ID	89
| ㄷ |		사이트맵 설치	186
답글 전송	251	사이트맵 페이지 표시	188
댓글 란	249	사이트의 로고마크	89
댓글 쓰기	250	상대경로	74
도큐먼트 루트	44, 46	새 사용자 생성하기	198
디버그 효율화	375	소셜 서비스	256
		스팸 댓글	279
| ㄹ |		슬러그	105, 308
로컬 환경의 URL	65	승인된 댓글	252
링크 문자열	224	신규 칼럼	155
링크 없이 표시하기	206		
링크 표시	206	**| ㅇ |**	
		아카이브 페이지	118
| ㅁ |		알림판 표시	256
메인 템플릿	85, 379	앞뒤 페이지	213
메일 서버 설정	61	액세스 로그	283
메일 설정	173	액세스 분석 플러그인	288
메일 전송 서버	62	액세스 허가	285
메타 디스크립션	240	업데이트 서비스	236
메타 태그	312	업데이트 알림	372
목록 페이지	118	에디터 프로그램	131
문의 페이지	167	요약 영역	217
		요약문	216
| ㅅ |		요약문 문자 수	215
사용자 분류	304	워드프레스 3.4.1 한국어 버전	44, 45
사용자 추가	198	워드프레스 디버그 모드	376, 378
사용자 포스트 타입	303	워드프레스 루프	125
사용자명	49, 51	워드프레스 사용자 권한	200
사용자정의 메뉴 기능	132	워드프레스 사용자 포럼	177
사용자정의 필드	312	워드프레스 설치 위치	65

워드프레스 업데이트	372
워드프레스 커뮤니티	176
워드프레스 코덱스	73
워드프레스 테마	69
워드프레스 함수	330
웹사이트+1 페이지	260
위젯	181, 183
이동경로 표시	190

ㅈ	
전면 페이지	121
전후 포스트	214
접속 로그 기록	288
접속 해석 플러그인	290
정적 페이지	184, 303
정적 페이지용 템플릿	122
줄 바꿈	209

ㅋ	
칼럼 목록	202, 203
칼럼 카테고리	150
캐치프레이즈	89
코멘트 템플릿	253

ㅌ	
태그 생성	170
태그라인	89
텍스트 에디터	84, 119
텍스트 입력란	170, 171
템플릿 구조	129
템플릿 태그	130
템플릿	80, 129
톱페이지용 사이드바	158
트래킹 코드	283, 286
트위터 버튼	258
트윗 버튼	259
특성 이미지	227

특성 이미지 사용	149
특성 이미지 설정	148
특성 이미지 영역	310
특성 이미지	146, 147

ㅍ	
파이어버그	343, 375
파이어폭스	343, 375
파트 템플릿	80, 85, 379
페이지 속성	114
페이지 이동 표시	195
페이지 이동 확인	206
페이지 캐시	288
페이지용 xml 데이터	359
편집화면	187
포스트 할당	200
포스트 ID	154
포스트	118
포스트용 xml 데이터	356
프라이버시 설정	233, 235

ㅎ	
하위 네비	184
해석 데이터 확인하기	291
헤더 이미지	229
헤더 페이지	234
헬로우 달리	106